건국정신과 미래의 길

건국정신과미래학회는
건국정신을 오늘의 제도와 삶 속에
새롭게 구현하고자 합니다.
본 단행본은
4년간의 건국학술대회 성과를 담은
첫 번째 결실로서
독자들께 성찰과 울림을
전하기를 바랍니다.

건국정신과 미래의 길

■ 건국정신과미래학회 편저

건국정신과미래학회
Society of National Building Spirits for Future

차 례

발간사

최원목

대한민국의 건국이념은 무엇인가. 대한민국의 미래의 모습은 무엇이어야 하는가. 80년 전 대한민국 건국의 아버지들이 고민했던 바를 지금 우리는 다시 심각하게 고민하고 있습니다. 1940년대 건국 과정에서 벌어진 좌·우, 보수·진보 간의 이념 및 진영 논리의 갈등과 미·소 간 각축전은, 오늘날 미·중 패권 갈등 속에 치열한 진영 다툼을 벌이고 있는 현재의 상황과 유사합니다.

이승만건국대통령기념사업회는 2021년 8월 30일 제1회 대한민국 건국기념 학술대회를 개최한 이래로 매년 건국기념 학술행사를 개최하여 왔습니다. 2024년 12월 6일 창립된 건국정신과미래학회는 그동안의 건국기념 학술행사에서의 연구 발표와 토론 내용을 집대성하고, 학회 주관 학술행사의 연구 결과까지 포함하여 단행본으로 출간하게 되었습니다. 건국정신과미래학회는 80년 전 건국의 아버지들의 정신과 행보를 하나하나 복기하면서, 배울 것은 배우고 버릴 것은 버려 대한민국의 미래 건설을 위한 로드맵을 만들기 위해 모였습니다.

자유대한민국의 체제와 이념들이 하나둘씩 흔들리고 있는 지금, 지식인들은 건국정신이 제시한 자유·독립·선진사회 구현의 등불을 치켜들고 사회를 밝혀야 합니다. 삼권분립, 사법부 독립, 소수의 정당한 요구를 존중하는 바탕 위에서의 다수 지배, 진정한 검찰개혁, 정직한 정부 회복 등 자유민주주의 국가의 기본질서를 회복해 나가는 작업을 지속해야 합니다.

이번에 발간한 『건국정신과 미래의 길』은 우리 사회의 이념적 혼란과 갈등의 원인을 분석하고, 건국정신에 깃든 대한민국 건설의 기본 토대를 도출하여 진정한 선진 미래사회로 나아가기 위한 지적 기반을 제시하는 의미 있는 지적 자산이 되리라 믿습니다. 2025년은 광복 80주년이자 기념사업회 창립 50주년의 해입니다. 이 뜻깊은 해에 새로운 대한민국을 건설해 나갈 지침서를 내놓게 되어 뜻깊게 생각합니다.

이런 미래지향적 연구에 시간과 노력을 기울여 주신 많은 연구자, 학회 운영자, 토론자들께 감사드리며, 기념사업회의 끊임없는 후원과 격려에도 깊이 감사드립니다. 학회의 초대 편집위원장을 맡아 단행본 출간에 힘써 주신 남광규 위원장과 실무 책임자인 전민정 사무처장께도 특별한 감사를 드립니다. 건국정신과미래학회는 앞으로도 이념 논쟁의 한계를 넘어 미래의 대안을 제시하는 실용적 싱크탱크의 역할을 충실히 수행할 것입니다. 또한 치열한 연구와 토론의 결과물은 계속 단행본으로 출간해 나갈 것입니다.

2025년 12월 6일

최 원 목
건국정신과미래학회 회장
이화여대 국제법 교수

정운찬

건국정신과미래학회
단행본 발간을 축하하며

건국정신과미래학회가 창립 이래 꾸준히 지향해 온 학문적 탐구와 지적 성찰이 드디어 첫 단행본이라는 결실로 맺어지게 된 것을 진심으로 축하드립니다.

오늘날 우리 사회는 수많은 과제 앞에 서 있습니다. 분단의 현실과 가치의 혼란, 미래에 대한 방향 감각의 상실은 단지 정치와 경제의 문제가 아니라, 사상과 철학의 문제이기도 합니다. 이러한 시대에, 건국의 이념을 현대적으로 재조명하고, 이를 바탕으로 대한민국의 미래를 설계하고자 하는 여러분의 노력은 그 자체로 큰 의미를 지닙니다.

지적 공동체로서 학회의 사명은 단지 과거를 기리는 데 머물지 않습니다. 그 정신을 오늘에 되살리고, 제도와 사회, 국민의 의식 속에 구현함으로써 더 정의롭고 자유로운 공동체를 건설하는 데 있습니다. 이번 단행본은 그

뜻깊은 여정의 첫 이정표로서, 우리 모두에게 깊은 울림과 성찰의 기회를 줄 것이라 확신합니다.

앞으로도 건국정신과미래학회가 시대의 지성으로서, 그리고 통일과 도약의 대한민국을 준비하는 중심적 학술 공동체로서 더욱 큰 역할을 해주시기를 기대하며, 다시 한 번 이번 단행본 발간을 진심으로 축하드립니다.

감사합니다.

2025년 12월 6일

정 운 찬
전 국무총리
이승만건국대통령기념사업회 상임고문 대표
건국정신과미래학회 고문
동방성장연구소 이사장

김남수

『건국정신과 미래의 길』단행본 발간에 부쳐

이승만건국대통령기념사업회는 대한민국의 건국정신을 올바르게 계승하기 위해 2021년부터 「건국학술대회」를 개최해 왔습니다. 이러한 연구와 교류의 흐름 속에서 2024년 12월 「건국정신과미래학회」가 창립되었고, 이번 단행본은 그동안의 성과를 집약한 첫 결실입니다.

대한민국의 건국은 제도의 수립을 넘어 자유·독립·국민주권이라는 가치의 실현이었습니다. 그 중심에는 이승만 건국대통령의 확고한 국가관과 지도력이 있었습니다. 그러나 오늘날 건국의 역사와 국부의 명예가 왜곡되는 현실 앞에서, 올바른 역사 인식의 확립은 더욱 절실한 과제가 되었습니다. 기념사업회는 그 정당한 평가를 바로 세우고자 학문적 노력을 계속해 왔습니다.

본 단행본은 대한민국 건국의 정통성과 이념적 기초를 성찰하고, 이를 둘러싼 담론을 학술적으로 재조명한 결과물입니다. 관점은 서로 다를 수 있으나, 건국의 역사적 의미를 정당하게 이해하고 미래 비전을 모색한다는 문제의식은 모두가 공유하고 있습니다.

건국정신과미래학회가 앞으로도 건국의 철학을 현대적 가치로 재정립하고, 대한민국의 정체성과 법치의 원리를 굳건히 세우는 연구를 지속해 주시기를 기대합니다. 학문과 공공성을 겸비한 지적 공동체로 성장하여 통일 대한민국의 미래를 준비하는 데에도 큰 역할을 해 주시기 바랍니다.

이번 단행본이 건국의 의미를 되새기고, 더 나은 대한민국을 향한 사유와 토론을 확장시키는 계기가 되기를 바랍니다. 그동안 연구와 학술대회에서 함께해 주신 모든 분들께 깊이 감사드립니다.

2025년 12월 6일

김 남 수
이승만건국대통령기념사업회 회장

역경 속에 탄생한 대한민국,
대한민국 역사 국민이 지킨다

1. 대한민국의 위대한 탄생
최대권 서울대학교 법학전문대학원 명예교수

2. 건국헌법의 이념과 가치
김학성 강원대 로스쿨 명예교수 전 한국헌법학회 회장

3. 신생취약국가 대한민국의 건국과
남로당의 무장폭동 : 제주4·3사건을 중심으로
이주천 원광대학교 사학과 명예교수

4. 6·25와 사상전
이희천 전 국가정보대학원 교수

대한민국의 위대한 탄생

건국 73주년 기념 학술대회를 축하하며

최 대 권

서울대학교 법학전문대학원 명예교수

1

　보기 드문 코로나역병의 전 세계적 창궐과 좌파정부가 가져온 유례가 없는 퇴행적 경제정책 및 사상적 정치적 혼란과 삶의 고단함·어려움 속에서도 이제는 UN기구(유엔무역개발회의: UNCTAD)까지도 선진국으로 선포한, 전 세계적으로도 우뚝 선 우리 대한민국의 건국일을 당당히 기억하고 소리 높여 기념하는 건국 73주년 기념 학술대회 행사장에 이렇게 떳떳하게 나와 대한민국의 헌법학자로서 축사를 하게 됨을 자랑스럽고 진심으로 영광이라 생각합니다. 금년 8·15건국기념일을 지내면서 문재인정부 인사들은 물론 언론에서도 광복을 기념한다고 했을 뿐 건국기념일임을 언급하는 일은 전혀 들어본 일이 없었습니다! 건국기념일이 없는 나라가 이 세상에 있는지요. 그리고 이래도 되는 것인지요.

2

    대한민국 건국일은 1948년 8월 15일입니다.[1] 오늘의 이 기념학술 행사가 특히 의미가 있는 것은 이 기념비적인 대한민국의 건국을 언급하지 아니함은 물론 여러 가지로 폄훼하는 시각과 괴담의 참담함을 우리 눈앞에서 보고 있기 때문에 그렇습니다. 지금 우리가 반만년 역사에서 처음으로 누리고 있는 이 자유로움, 풍요로움, 그리고 세계 어딜 나가도 당당히 어깨를 펴고 다닐 수 있게 만들어 준 그 기본이 어디에서 유래한 것인데, 이제 돌아서서 그 성취의 과일은 향유하면서도 그 기본을 폄하고 부인해서 얻는 이득은 무엇이며, 또 무엇을, 또는 누구를 위한 것인지 묻지 않을 수 없기 때문입니다.

    우리를 자랑스럽게 만든 그 기본은 남북분단, 좌우대립 등 우리나라 해방 정국의 극도의 어려움과 혼란 속에서도 38도선 이남에서는 1948년 5월 10일 우리나라 역사상 처음으로 제헌국회의원을 뽑는 자유선거가 실시되었고, 그 결과에 따라 구성된 제헌국회를 통하여 우리(대한국민)는 자유민주주의와 시장경제체제를 그 정체성(正體性: identity)[2]으로 하는 대한

---

1 이주영, 대한민국의 건국과정, (서울: 건국이념보급회 출판부, 2013); 강규형·김용삼·남정욱·정경희, 대한민국 건국 이야기 1948, (서울: 가파랑, 2019) 참조.

2 최대권, "대한민국의 정체성(正體性)은 무엇인가," 국가전략연구 *Global Affairs*, 세종대학교 세종연구원, 2011년 가을호(국가정체성 위기 특집호), 38-58면 참조.

민국 헌법의 채택을 결단하였으며, 그 대한민국의 헌법에 따라 그 해 8월 15일 이승만 대통령을 비롯한 3부 요인들로 구성된 대한민국 정부의 수립을 선포함으로써 완성된 대한민국의 건립을 세계만방에 천명하게 되었다는 위대한 역사적 사실입니다. 국가는 국민, 영토 및 주권 등 3요소로 구성된다는 사실은 초등학교 상급반 학생만 되어도 누구나 다 아는 지식이며 상식이고, 그리고 정부(수립)란 주권(행사)의 핵심을 차지합니다.[3] 그 8·15날 대한민국 정부의 수립을 선포함으로써 국민, 영토 및 주권을 지닌 대한민국으로 태어난 것입니다. 그런데 대한민국의 건국을 폄훼하는 주장 가운데 하나는, 1948년 8월 15일 날 중앙청 건물 앞에 걸린 플랫카드에 쓰여 있듯이, 그날 선포된 것은 단지 대한민국 정부 수립 선포였지, 대한민국 건국 선포가 굳이 아니라는 것입니다. 그것은 단독정부 수립에 지나지 않는다는 좌파들의 대표적인 대한민국 폄훼주장의 하나에 불과합니다.

이와 관련된 좌파들의 또 다른 대한민국 폄훼 주장의 하나는 대한민국 건국일은 1919년 3월 1일의 자주독립운동을 구현 계승한 4월 11일의 중국 상해 임시정부 수립일, 그 날이라는 것입니다. 자주독립, 자유민주주의 및 시장경제체제를 선포한 임시정부 헌법의 정신이랄까 법통을 우리 대한민국 헌법은 이를 계승한다고 명시·구체화하고 있습니다. 대한국민

---

3   최대권, "근현대史는 역사학자 전유물 아니다," 문화일보 2015.11.11.일자 포럼 참조.

의 자유와 독립을 위한 피눈물 나는 임정의 투쟁사를 모르는 바는 아니지만, 외국 영토에서 선포한 임시정부 수립이 건국일 수가 없음은 분명합니다. 그런데 정작 운동권 주사파 등 친북 좌파들이 사모하는 북한 정부는 자기들의 정통성을 대한민국의 경우처럼 상해 임시정부 수립에서 찾는 것이 아니라 김일성의 항일무장투쟁의 전통과 정신에서 찾고 있음은 주지의 사실입니다.[4] 더구나 월북한 김원봉이 한국 국군의 뿌리라는 좌파정부의 주장은 웃길 뿐입니다. 그는 김일성체제의 핵심각료였으며 6·25전쟁 때 공훈을 세운 인물이었습니다.[5]

좌파들의 대한민국 건국 폄훼 주장은 미묘하게도 대표적 독립운동가 가운데에서 유독 단독정부 수립을 반대한 김구 선생을 앞세우고 대한민국의 수립으로 그 방어와 번영의 기초를 닦은 이승만 박사에 대하여는 마치 불구대천의 원수인양 친일파와 손잡고 단독정부를 수립한 독재자 등의 폄하주장으로 연계합니다. 그러한 주장은 나아가 대한민국을 "태어나서는 안 될 나라"로 폄하하는 좌파 대통령의 연설로도 표현되곤 합니다. 그리고 6·25전쟁의 백척간두에서 목숨 걸고 나라를 구한 백선엽 장군의 친일파 논쟁 및 현충원 안장 반대에 이릅니다. 또 산업화로 대한민국의 발전과 번영에 기여한 박정희 대통령을 친일파요 독재자로 폄훼하고

---

4   북한헌법(2016) 서문 참조.
5   최대권, "김원봉 추앙은 '대한민국 가치' 배신," 2019.6.11.일자 문화일보 포럼 참조.

있습니다. 그러면 대한민국의 건국, 그리고 그 부강이 과연 그 같은 원죄(peccatum originale; original sin)일까요? 천우신조의 묘수였을까요? 소련군이 진주했던 북에서는 궁극적으로 적화통일을 노린 사실상의 공산정권인 북조선인민위원회가 이미 1946년부터 설립[6], 정부로서 계속 활동해왔으면서도 줄기차게 좌우합작을 명분으로 하여 남한만의 단독정부 수립을 반대한다면서 여러 모습으로 1948년 8월 15일의 대한민국 건국을 방해해왔습니다. 단지 이름만 바꾼 조선민주주의인민공화국 선포를 1948년 9월 9일에 했을 뿐입니다. 오늘 여기 세미나에서 다루려는 4·3사태는 북의 지령을 받아 대한민국 탄생의 초석인 5·10선거를 좌초시키려는 제주노동당책 김달삼이 이끈 빨치산 무장대가 도내 12개 경찰지서 등을 습격해 경찰·선거관리위원장 등을 참살한 무력폭동사태로부터 시작된 것입니다.

그러한 만큼 우리가 제기해야할 질문은 "남한 단독정부 수립"이라 폄하된 대한민국 건국은 저주인가요? 축복인가요? 남한에서만이라도 이룩한 자유민주주의·시장경제체제를 장착한 대한민국의 건국은, 무력 적화통일을 꾀한 피와 파괴의 6·25전쟁, 그 후의 온갖 파괴공작 등으로 야기된 간난고초를 극복하고 오늘의 위상, 오늘의 발전을 이룩한 대한민국을 꾸릴 수 있게 한 그 기본이 되었다는 점에서, 원래 남한에 거주했던 국민

---

[6] 처음 즉 1946년에는 "임시"를 붙여 북조선임시인민위원회라고 불렀습니다.

을 위해서는 물론, 그 후 합류한 월남 또는 탈북 국민을 위해서도, 그리고 장차 대한민국 헌법으로 통일되었을 시 끌어안게 될 북쪽 동포를 포함한, 온 대한국민의 크나큰 축복이요 영광이라 믿습니다.

첫째로 해체된 옛 소련 연방 사회주의체제를 포함해 북측에 건설된 공산사회주의 인민공화국의 전체주의체제와 남측 자유민주주의체제 사이의 체제 경쟁에서 어느 체제가 승자인가는 남북대결에서나 세계적으로도 이미 판가름 나 있습니다.[7] 해방 후 및 6·25때의 월남, 그리고 오늘날의 탈북은 체제 승자에게 지지를 보여주는 자발적 국민투표행위입니다. 1987년 봄 아직 사회주의체제가 살아있던 시절의 동구 위성국가에서 온 한 학자와 방문교수로 가 있던 미국대학(UC Berkeley)의 한 연구실에서 나눈 대화에서, 내가 당신네는 공산체제 치하에 있지만 나라가 분단되지 않아서 좋겠다고 했더니 정색하며 나온 "너희는 남쪽만이라도 자유가 있어서 참 좋겠다."는 그의 아주 즉각적인 대답은 잊을 수 없는, 참으로 깊은 인상을 내게 남겨 주었습니다. 이 자유가 있었기 때문에 우리는 선진국으로 발전할 수 있었고 이제는 북녘의 동포들을 우리 품 안에 껴안을 수 있

---

7 2020년 6월 25일 한국전쟁70주년기념식에서 행한 "남북 간 체제경쟁은 이미 오래전에 끝났습니다." "국내 총생산(GDP)은 북한의 50배가 넘고, 무역액은 400배가 넘는다."는 좌파 민주당 문 대통령의 특별연설 참조. 그리고 Deidre Nansen McCloskey, *Why Liberalism Works: How True Liberal Values Produce a Freer, More Equal, and Prosperous World for All,* (New Haven and London: Yale University Press, 2019); Matthew Kroenig, *The Return of Great Power Rivalry: Democracy versus Autocracy from the Ancient World to the U.S. and China,* (New York: Oxford University Press, 2020) 등 참조.

는 자신감과 능력을 지니게 된 것이 아닙니까? 2018년 개헌 논의 때 좌파에서는 자유민주주의 조항으로부터 자유를 **빼고** 개헌안을 내놓았었는데, 자유를 **뺀** 민주주의를 더 이상 자유민주주의라고 할 수 있겠습니까?

둘째로 대한민국으로 하여금 체제 경쟁력을 지닐 수 있게 만든 핵심적 요인을 어떻게 설명할 수 있을까요? 그 요인을 대한민국 헌법은 그 전문에서 아주 썩 잘 설명해주고 있습니다. 북한에서처럼 모든 것을 중앙의 결정이나 통제에 의하여 하게 하지 아니하고, "…정치·경제·사회·문화의 모든 영역에 있어서 각인의 기회를 균등히 하고, 능력을 최고도로 발휘하게 하여" 보이지 아니하는 손을 통하여 전체를 아우르게 하는 자유시장적인 체제가 그것입니다.[8]

셋째로 노동당(공산당) 영도주의[9]와 민주적 중앙집권제(democratic centralism)[10]를 장착한 사회주의적 전체주의체제와 기본적 인권·권력분립·견제와 균형 원리(사법권독립 포함)·다원주의체제를 장착한 자유민주주의는 서로 양립할 수 없습니다. 그러한 까닭에 이 두 체제 사이에서는 좌파들이 좋아하는 연방제 통일방안은 원천적으로 실현 불가능합니다. 사

---

8 Ralf Dahrendorf, "Market and Plan: Two Types of Rationality," in Ralf Dahrendorf, *Essays in the Theory of Society,* (Stanford: Stanford University Press, 1968), 215-231면 (8장) 참조.

9 북한헌법(2016) 제11조.

10 북한헌법(2016) 제5조.

회주의적 전체주의를 아우르는 법치주의는 영어로 the Rule by Law이고, 자유체제를 담보하는 법치주의는 법 지배의 원칙 the Rule of Law입니다. 그러므로 진정한 연방제는 당영도주의·민주적 중앙집권제를 담보하는 the Rule by Law와도 양립할 수 없습니다. 연방제는 동일한 헌법적 틀 안에서의 지역분권에 지나지 않기 때문입니다. 즉 연방제는 헌법 차원의 지역분권이고 단일국가의 지방자치는 법률 차원의 지역분권이기 때문입니다. 옛 소련 연방에서 (미국의 주에 상당하는) 공화국들을 하나로 아우르는 장치는 공산당중앙입니다.[11] 그러니까 당영도주의 하에 견제와 균형의 원리가 타당한 지역분권이 있을 수 있겠습니까? 권력분립에는 3권분립과 마찬가지로 연방제도 권력분립장치인데 일당독재(즉 당영도주의) 및 민주적 중앙집권제의 체제에서는 지역분권(즉 중앙정부와 주정부 사이의 지역분권) 즉 연방제는 개념상 있을 수 없겠지요. 진정한 연방제라면 중앙정부의 조직원리가 문제겠지요. 만약 1당영도주의와 민주적 중앙집권제를 견지하는 북과 자유선거체제를 견지하는 다원주의적인 남이 어느 쪽도 헤게모

---

11 최대권, "민족주의와 자유민주주의," 본질과 현상, 2019년 겨울 58호, 46-69면, 특히 55-61면 및 65면 이하 참조. 그리고 최대권, 법치주의와 민주주의, (서울대학교출판문화원, 2012); 최대권, "김대법원장이 '법의 지배' 무너뜨린다," 2021.2.5.일자 문화일보 포럼; 최대권, "정부 존재 이유 저버린 文정권 4년, 2021.4.7.일자 문화일보 포럼 등; 그리고 최대권, "聯邦制度," 憲法學: 法社會學的 接近, (서울: 박영사, 1989), 373-418면; Brian Z. Tamanaha, *On the Rule of Law: History, Politics, Theory,* (Cambridge University Press, 2004); Tom Ginsburg and Tamir Moustafa, eds. *Rule by Law: Politics of Courts in Authoritarian Regimes,* (Cambridge University Press, 2008); Tom Bingham, *The Rule of Law,* (Penguin Books, 2010); Franz Neumann, *The Rule of Law: Political Theory and the Legal System in Modern Society,* (Leaminton Spa: Heidelberg: Dover, NH: Berg Publishers, 1986) 등 참조.

니를 쥐지 아니하고 동등한 입장에서 연합정부를 구성한다면 그것은 통일된 중앙정부가 아니고 1991년의 남북합의서에서 합의한 바 있는 국가(또는 체제)연합체제 또는 그와 유사한 체제일 것이라 생각됩니다.[12] 그것은 통일을 지향하는 잠정적 체제일 수는 있어도 대한민국 헌법(제4조)이 상정하는 통일은 아니겠지요.

대한민국 헌법은 자유민주체제 하의 통일을 주문하고 있습니다(제4조). 또 자유민주체제에서 형성된 인격을 지닌 사람은 체질적으로도 전체주의에서는 살 수 없을 뿐만 아니라 통일이라면 체제의 우월한 경쟁력 때문에 자유민주체제 하의 통일일 수밖에 없습니다. 나아가 대한민국의 주권은 국민에게 있다는 국민주권 조항(제1조제2항)은 한국민족주의 조항이기도 한데, 심정적으로는 물론 헌법적으로도 대한민국 국민으로서 누리는 자유와 경제적 부(富)를 대한민국 국민이기도 한 북녘의 동포에게도 누리게 해야 한다는 명제를 헌법 제4조는 규정하고 있다고 해석됩니다. 국민이란 영어로 nation 혹은 nationality이고, 흔히 민족주의로 번역되는 nationalism은 실은 국민주의로 이해되어야 합니다. 두 단어 모두 nation을 공유하고 있기 때문입니다.[13]

---

12   최대권, "「南北合意書」와 관련된 제반 法問題 - 특히 「特殊關係」의 의미를 중심으로," 서울대학교 法學, 제34권 3·4호, 1-38면(1993). 그리고 최대권, 韓國憲法의 座標: "'領土條項'과 '平和的 統一條項'," 事例中心 憲法學, 증보판, (서울: 박영사, 2001), 557-579면 참조.

13   위에서 인용한 최대권, "민족주의와 자유민주주의," 특히 49-61면; 최대권, "民族主義와 憲法," 위 憲法學: 法社會學的 接近, 106-143면 등 참조.

지정학적으로 한반도의 통일이 어려운 것은 공산사회주의체제의 중국이 순망치한(脣亡齒寒)의 위치 내지 기능을 지닌다고 간주하는 북한을, 그저 굶어죽지 않을 만큼이지만, 확실히 도와주고 있기 때문이기도 하다고 생각합니다. 국력 등 경쟁력이 약한 북한이 우리에게 위협이 되는 핵 및 그 운반체제의 개발로 겨우 버티며 생존하고 있으나, 그것은 소련이 쥔 핵이 소련사회주의체제의 붕괴(개혁·개방)의 방해요소가 되지 않았던 예를 보면, 중국에서 기독교화·민주화가 일어나 전체주의적 통제체제가 붕괴되면 북의 핵이 반드시 남북통일의 방해요소가 되는 것은 아닐 것이라 생각됩니다. 6·25전쟁 때 사회주의 중국의 개입이 없었다면 그 때에 남북통일은 이미 이뤄졌을 것입니다.

　넷째로 대한민국을 폄하하는 좌파들은 대한민국의 기초를 놓고(건국) 절대절명의 위기(6·25전쟁 등)에서 나라를 지키며 그 발전(산업화)에 결정적으로 기여한 애국자들(한국의 the Founding Fathers)에게는 예외 없이 친일파의 테두리를 씌우고 있습니다(framing). 이승만 및 박정희 두 대통령에게 씌운 친일파 테두리는 대표적 예죠. 백선엽 장군도 그 예의 하나죠. 대한민국에는 진정으로 건국의 아버지 즉 the Founding Fathers가 없는 것일까요? 이 현상의 이유 내지 원인을 살펴볼 필요가 있습니다. 우선 ① 현재 우리나라에서 사람의 이념, 사상 내지 가치를 좌·우로 분류할 때, 안정된 자유민주주의 국가에서 통용되는 좌의 spectrum이 우리나라에서는 예컨대 영국이나 미국의 경우와 비교해서 지나치게 너무 넓습니다. 영국이나 미국이나 프랑스 등 앞서고 오래된, 세계를 이끄는 자유민주주의 국가에서는 좌라고 하면 자기 나라가 발전해 나아가야할 방향이나 정책을 놓고 좌우를 분류하지, 자기 나라의 기본 내지 정통성(입헌군주제, 건국의 아버지가 세운 의회주의·입헌주의·자유민주주의체제)자체를 부인하는 입장은 반역적이라 보고 좌에 포함시키지 않음을 관찰할 수 있습니다. 자유 대한민국을 "태어나서는 안되는 나라"로 보는 입장이 어떻게 좌라고 할 수 있겠습니까? 특히 자유가 없는 공산사회주의적 전체주의 북한과 자유민주주의 남한과의 체제경쟁 관계에 있는 우리 형편에서 말입니다. 자유민주주의 체제의 대한민국을 부인한다면 북의 체제를 따르겠다는 것입니까?

다음으로 ② 좌파들로 하여금 우리의 건국의 아버지들에게 쉽사리 친일파의 테두리를 씌울 수 있게 만든 그 근본(그 원인제공자)을 지적해야 합니다. 그 근본은 단연 조선을 통치했던 일제의 우민정책입니다. 국가를 운영하려면 다수의 하급인 9급 공무원이나 7급 공무원도 필요하지만 상급인 과장급, 국장급, 장관급 공무원, 군대로 치면 다수의 사병이나 하사관도 필요하지만 상급인 영관급, 장군급 군인도 필요하다는 것은 상식입니다. 그런데, 일제는 기껏해야 하급 실무자급 조선인을 뽑아 썼지 독립한 국가 운영에 필요할 고급인재를 채용해 의도적으로 교육·훈련을 시키지 않았습니다. 그리고 수많은 조선청년들을 노무자나 잡부로 혹은 사병이나 군속으로 강제로 징용해서 부려먹었지, 고급인재를 양성치 않았음은 우리가 다 잘 알고 있습니다. 건국 후 이승만 박사는 자주 "인재가 없다"고 한탄하셨다고 들었습니다.[14] 그 이유를 알만하지 않습니까? 오래 전에 읽은 서민호 의원의 글에서 일제 강점기 한국어학회사건으로 수감 됐을 때 형무소 한국인 간수였던 사람이 1950년대 살인혐의에 연루되어 수감됐을 때 보니 교도소 소장이 되어있더라고 말한 것이 기억납니다. 그 래서 일제 행정기구나 군대조직의 하급 관리직이나 하사관이나 초급간 부급의 경험자이면 이들을 채용해서 그것도 상위직급의 자리에 앉혀 그 노하우를 활용했으리라는 점은 충분히 상상할 수 있지 않겠습니까? 애국 지사 색출에 유능했던 그 유명한 일제 고등계 형사였던 노덕술이 해방 후 공산간첩 잡는데도 유능함을 보인 경찰간부가 되고 나중에는 헌병수사 대장이 되었습니다. 악명 높았던 그를 꼭 언급하는 것이 적절할지는 문제 가 있을 수 있습니다. 다만, 그 이외의 일제 행정기구나 군대의 하위직급 경험자들은 실은 건국에 따라 당장 급했던 각 분야의 교육받은 유경험자 인재수요를 충족시킬 수 있었던 유일의 인재 풀이었으니, 건국 후의 산적 한 국가 업무를 수행하기 위해서는 그들이 지닌 재능과 훈련과 경험을 그 것도 중히 활용하지 않을 수 없었을 것임에 틀림없을 것입니다.

일제의 탄압과 우민정책의 전개 속에서도 지식인 사이에는 우리도 인 재를 길러야 한다는 여러 형태의 깨달음이 일어납니다. 아니나 다를까 3·1운동에 이어 1920년대에 민족지도자들에 의한 민립대학운동이 일어

---

14 위 이주영, 대한민국의 건국과정, 145-146면 참조.

났었습니다. 그러나 일제는 이를 허락지 않으면서(그래서 연세대, 고대 등은 겨우 연희전문, 보성전문 등으로만 허가되었습니다), 그리고는 한 학년 200여 명의 오직 의학부·법문학부로 구성된 경성제국대학[15]을 설립하기에 이릅니다(조선인 출신은 대략 그 10~30%를 차지했었다고 합니다). 그러나 한국인에게 정치·경제이론이나 과학과 고등기술에 관한 교육을 실시하지 않으려고 정치학부·경제학부나 이공학부를 두지 않았습니다. 그러나 제2차 세계대전 무렵이 되어서야 전쟁 때문에 이공학부를 키워야할 필요성을 인지하면서(그러니까 패망 불과 몇 년 전에야) 겨우 이공학부를 두었다는 기록이 있습니다. 다 알다시피 해방 전 남한은 주로 농업 및 경공업 지역이었는데 해방이 되자 남한에는 과학자(scientist 및 engineer)는 물론 훈련받은 기술자도 별로 없었습니다. 내 기억으로는 한국인 과학자로 해방 전에 이공계 박사학위를 받은 이는 단 두 분뿐이었는데, 이태규 박사는 6·25전에 이미 미국으로 이주해 Utah대학 화학과 교수가 되었고, 이승기 박사는 월북해 석탄에서 인조섬유(비날론)를 뽑아내는 기술로 공로상을 받는 등 북한에서 유명했었습니다. 해방 전 일제 치하에 지주집안으로 재정능력이 있어 일본으로 유학 보낼 수 있던 집안 출신 자식이 아닌, 가난했지만 똑똑했던 조선 청년들이 쉽사리 고급 지식을 터득해 자기의 재능을 활용할 수 있었던 진로가 무엇이었을까요? 아마도 겨우 당시의 사범학교나 일본의 여러 군관학교였을 것입니다. 그래서 당시의 사범학교를 나와 일제의 (식민지교

---

15 정선이, 경성제국대학 연구, (서울: 문음사, 2002); 정종현, 제국대학의 조센징, (서울: 휴머니스트, 2019) 등 참조.

육을 담당하는)교사가 되거나 군관학교를 나와 일제하의 초급장교가 된 조선청년들이 친일파였기 때문에 그런 선택을 한 것일까요? 그리고 이들을 건국 후 대한민국 정부기관의 상급 공직자 및 국군의 상급 장교로 발탁해서 유용하게 쓰인 행위도 친일이 되는 것일까요?

3

대한민국을 건물로 치면 대한민국 헌법은 그 설계도입니다. 빌딩이나 거대 건축물 등 설계도를 보면 그 건물의 목적이나 미래의 용도나 그 건물에 관한 모든 것의 청사진을 보여줍니다. 대한민국 헌법이 그러합니다. 대한민국 헌법에는 대한민국이 지향해야 하는 목표, 가치, 이상 등을 모두 설정하고 있습니다. 대한민국은 대한민국 헌법의 설계대로 조직·구성되었습니다. 그러므로 대한민국 헌법을 곧 대한민국이라 할 수 있습니다. 그러므로 대한민국의 정치라면 대한민국 헌법이 지향하는 목표, 가치, 이상을 어떻게 실현해나가느냐에 관한 것이어야 합니다. 그런데 대한민국이 "태어나서는 안 되는 나라"라니, 그리고 툭하면 헌법을 바꾸자고 권력취득에 유리한 권력구조변경에 초점을 맞춘 개헌론을 버젓이 정치라며 전개하고 있습니다. 남들이 다 부러워하는 기념비적 건물을 놓고 허물어야 한다거나 이리저리 뜯어 고쳐야 한다고 주장하는 정치를 전개하고 있습니다. 그래가지고야 그 건물이 원형은 물론 안전마저도 담보할 수 있겠습니까. 우리나라 헌법은 그 전문에서 "안으로는 국민생활의 균등한 향상을 기하고 밖으로는 항구적인 세계평화와 인류공영에 이바지"하는, 세계를 리드하는 선진국의 목표, 가치, 이상을 설정·지향하고 있습니다. 지금 자유세계를 리드하는 영·독·불·일본·미국에서 자기 나라를 "태어나서는 안 되는 나라," "건국의 아버지"들을 자기나라에서 타기하는 인물(즉 친일파) 등으로 우리처럼 매도하는 타령들을 권력 취득을 위한 좌파정치라는 이름으로 전개하는 나라가 어디에 있습니까? 탈레반이 나라를 결딴내는 아프카니스탄같은 나라를 지향하는 것이 아니라면 말입니다.

세계 여러 나라들이 부러워하는 자유 대한민국은 건국의 아버지들의 공로로 1948년 8월 15일 건국되어 그 후 맞이한 온갖 위기와 고난을 극복하고 오늘날 적어도 경제적으로는 선진국의 대열에 섰습니다. 세계에서 유일하게 고유한 문자를 가진, BTS 등 여러 문화영역에 걸쳐 문화국가로서의 세계적 위상도 뽐내고 있습니다. 이제 대한민국의 목표, 가치, 이상은 분명합니다. 이제는 정치·경제·사회·문화 모든 영역에 걸쳐 자유세계를 리드하며 국제평화의 유지에 앞장서 노력하는 명실상부하게 선진국의 위상을 이루어내자는 다짐을 건국 경축행사의 내용으로 다짐합시다. 무엇보다도 자유민주주의에 바탕을 둔 남북통일의 성취를 이러한 다짐의 핵심 내용의 하나로서 다짐합시다(헌법 제4조). 대한민국 헌법 하의 남북통일이야말로 대한민국의 건국을 완성하는 것이기 때문이 아니겠습니까? 말할 것도 없이 대한민국의 영토는

자유 대한민국 헌법이 선언한바 한반도와 그 부속도서로 이루어져야

하는 것이기 때문입니다(헌법 제3조).

참고문헌

강규형·김용삼·남정욱·정경희, 대한민국 건국 이야기 1948, (서울: 가파랑, 2019).

강진용, 주체의 나라 북한, (오월의봄, 2018).

박병엽 구술, 유용규·정창현 엮음, 조선민주주의인민공화국의 탄생, 전 노동당 고위간부가 겪은 비화, (서울: 선인출판사, 2010).

전병무, 조선총독부 조선인 사법관, (서울: 역사공간, 2012).

정선이, 경성제국대학 연구, (서울: 문음사, 2002).

정종현, 제국대학의 조센징, (서울: 휴머니스트, 2019).

최대권, "김대법원장이 '법의 지배' 무너뜨린다," 문화일보 2021.2.5.일자 포럼.

_____, "김원봉 추앙은 '대한민국 가치' 배신," 문화일보 2019.6.11.일자 포럼.

_____, "근현대사는 역사학자 전유물 아니다," 문화일보 2015.11.11.일자 포럼.

_____, "「南北合意書」와 관련된 제반 法問題 - 특히 「特殊關係」의 의미를 중심으로," 서울대학교 法學, 제34권 3·4호, 1-38면(1993).

_____, "대한민국의 정체성(正體性)은 무엇인가," 국가전략연구 Global Affairs, 세종대학교 세종연구원, 2011년 가을호(국가정체성 위기 특집호), 38-58면.

_____, "민족주의와 자유민주주의," 본질과 현상, 2019년 겨울 58호.

_____, "民族主義와 憲法," 憲法學: 法社會學的 接近, 106-143면.

_____, 법치주의와 민주주의, (서울대학교출판문화원, 2012).

_____, "聯邦制度," 憲法學: 法社會學的 接近, (서울: 박영사, 1989), 373-418면.

_____, "정부 존재 이유 저버린 文정권 4년," 문화일보 2021.4.7.일자 포럼.

_____, "韓國憲法의 座標: '領土條項'과 '平和的 統一條項'," 事例中心 憲法學, 증보판, (서울: 박영사, 2001), 557-579면 참조.

Tom Bingham, The Rule of Law, (Penguin Books, 2010).

Tom Ginsburg and Tamir Moustafa, eds. Rule by Law: Politics of Courts in Authoritarian Regimes, (Cambridge University Press, 2008).

Franz Neumann, The Rule of Law: Political Theory and the Legal System in Modern Society, (Leaminton Spa: Heidelberg: Dover, NH: Berg Publishers, 1986) 등 참조.

Matthew Kroenig, The Return of Great Power Rivalry: Democracy versus Autocracy from the Ancient World to the U.S. and China, (New York: Oxford University Press, 2020).

Deidre Nansen McCloskey, Why Liberalism Works: How True Liberal Values Produce a Freer, More Equal, and Prosperous World for All, (New Haven and London: Yale University Press, 2019).

Robert A. Scalapino and Chong-Sik Lee, Communism in Korea, 2 vols., (Berkeley: University of California Press, 1972).

Brian Z. Tamanaha, On the Rule of Law: History, Politics, Theory, (Cambridge University Press, 2004).

건국헌법의 이념과 가치

김 학 성

강원대 로스쿨 명예교수, 전 한국헌법학회 회장

들어가면서

대한민국에는 언제부턴가 8월 15일 광복절을 기념하면서 건국이라는 말은 사라지고 해방이란 말만 난무한다. 건국절 날 태극기를 아파트에 걸면서도, 또 태극기를 등에 꽂고 걸어도 눈총을 받는 나라로 전락했다. 나라가 이렇게 어두운 시절 건국 73주년을 기념하는 학술대회가 열려 뜻깊다.

건국헌법의 이념과 가치란 건국헌법이 지향한 이념이나 가치를 말한다. 이념과 가치는 통상 헌법 규범에 구체화되므로 건국헌법의 이념과 가치는 건국헌법에 구체화된 규정들을 중심으로 살피는 것이 적절하다.

건국헌법의 이념과 가치를 살펴봄에 있어 첫째, 1948년 헌법을 왜 건국헌법이라고 하는가가 먼저 규명되어야 하고 둘째, 건국헌법에 영향을 준 이념과 가치의 내용이 무엇인지 셋째, 이념과 가치가 구체화된 개별적 헌법 규정의 내용과 의의가 무엇인지 확인할 필요가 있다. 마지막으로 건국헌법이 채택한 이념과 가치가 지금의 우리에게 무엇을 시사하고 있는지를 차례로 보기로 한다.

1. 1948년 헌법은 건국헌법으로 부르는 것이 적절하다.

⑴ 1948년 헌법을 제헌헌법이라고 부르는 견해도 충분히 설득력을 지니고 있지만, 건국헌법으로 보고자 한다. 1948년 5월 10일 선거는 '헌법을 만들 의원'인 '제헌의원'을 선출하는 선거이며, 선거 결과로 만들어진 의회는 '헌법을 만들 의회', 즉 '제헌국회'이다. 제헌국회는 제헌에 초점을 두었기에 의원의 임기를 2년으로 하였다(건국헌법 부칙 제102조). 제헌국회는 '제헌위원회'의 성격 외에도 '의회'의 성격을 지니고 있었다. 건국헌법

은 헌법이 만들어진 후 의회의 해산을 예정하지 않고 국회의 존속 유지를 가능하게 하였기 때문이다.

(2) 제헌의회가 만든 헌법은 '헌법을 만드는 헌법(제헌헌법)'이 아니라 '나라를 세우는 헌법'이라는 건국헌법으로 부르는 것이 적절하다. '제헌의원, 제헌국회, 건국헌법'으로 이어지는 것이 논리적이고 바람직하다.

(3) 일부 논자들은 1919년 임시정부 수립을 건국으로 보려고 하는데 수많은 논거가 이를 부정하고 있다. 1919년 임시정부가 만든 헌법인 '대한민국임시헌장'[1]과 그 이하 5차례 개정된 헌법은, 나라를 세우기 위한 준비단체인, 말 그대로 '임시'정부가 만든 헌법이기에 건국헌법으로 불릴 수 없다.

2. 건국헌법에 영향을 준 이념과 사상

건국헌법은 임시정부의 '독립 및 건국 정신'과 국호, 영토, 국민 등의 '국가의 기본 틀'을 기초로 하고 있다. 또한 1941년 임시정부가 만든 '대

---

[1] 위 헌장은 국호를 대한민국으로, 국가형태를 민주공화국으로, 국무총리를 임시정부의 수반으로 하였고 평등권, 종교의 자유, 언론의 자유, 이전의 자유, 신체의 자유, 소유권, 선거권, 기본의무 등을 그 내용으로 하였다. '대한민국임시헌장'은 민주공화제를 선포함으로써 기존의 군주정의 정치질서를 거부하고 새로운 정치질서를 수립하였다. 임시헌장은 국가형태를 공화국으로 했는데, 1,000년 이상 군주제를 유지해 온 나라에서 서구 역사에서 흔히 볼 수 있는 군주파와 공화파의 갈등이 없었다는 것은 특이한 현상이다(김학성, 헌법학원론, 2021, 67면).

한민국건국강령'에 상당한 영향을 받고 있다.

(1) 건국헌법은 임시정부가 마련한 국가의 기본 틀을 유지하고 있다.

⑺ 국호, 법통

건국헌법은 임시정부와 마찬가지로 국호를 '대한'으로 하는 민주공화국 헌법이다. 임시정부가 대한민국을 국호로 정함에 '대한'은 망한 국호이며 일본에 합병된 국호이니 사용하지 말자는 적극적 반대의견이 있었지만 일본에게 **빼앗긴** 국호이니 다시 찾아 독립했다는 의미를 살리자는 의견이 지배적이어서, 대한으로 했다.

건국헌법이 3·1 운동으로 건립된 대한민국을 계승한 것이지만, 건국헌법을 제정할 당시에도 국호를 어떻게 정할 것인가를 놓고 다시 치열하게 다투어졌다. 국호를 무엇으로 할 것인가에 관해 헌법기초위원회의 투표 결과 대한민국 17표, 고려공화국 7표, 조선공화국 2표, 한국 1표로 건국헌법은 대한민국을 국호로 채택하였다. 현행 헌법은 3·1운동으로 세워진 대한민국 임시정부의 법통[2]을 이어받은 한반도 유일의 합법정부 헌법임을 분명히 하고 있다.

---

2 북한은 임시정부를 전면 부정하면서, 김일성 그룹의 무장투쟁 및 해방 이후의 사회변혁을 강조하고 있다(박명림, "남한과 북한의 헌법제정과 국가정체성 연구", 국제정치논총 제49집, 2009, 258면).

(나) 영토

건국헌법은 한반도와 부속도서를 그 영토로 한다고 하여 한반도 전역을 지배하는 헌법이었다. 건국헌법의 영토조항(제4조)은 임시정부 제1차 개정 헌법(대한민국임시헌장) 제3조(대한민국의 강토는 구한국의 판도로 함)에 기초하고 있다. 한편 북한은 '조선과 민주주의와 인민공화국'의 조합으로 국호를 '조선민주주의인민공화국'으로 하는 헌법을 1948년 9월 제정하였다. 북한은 영토조항을 두지 않은 대신 수도조항을 두었는데, 서울을 그 수도로 하였다(북한헌법 제103조). 1972년 12월 헌법 개정을 하면서 24년간 유지하였던 서울-수도조항을 삭제하고 평양을 수도로 규정하였다.

(2) 1941년 대한민국건국강령과 1944년 대한민국임시헌장

(가) '대한민국 건국강령'은 1941년 11월 대한민국 임시 정부가 발표한 새 민주국가의 청사진을 밝힌 선언이다. 건국강령은 3개의 장(총강, 복국, 건국)으로 구성되어 있는데, 총강 7개 조, 복국 8개 조, 건국 7개 조로 총 22개 조로 되어 있다. 조소앙의 삼균주의[3]를 정치이념으로 하고 독립 후 새 나라의 건국을 위한 일종의 정치선언으로, 1944년 제5차 임시정부 개정 헌법인 '대한민국임시헌장'의 기초가 되었고, 1948년 7월 제정된 건국헌법 기초에도 중요한 참고자료가 되었다. 건국강령은 '민족주의·민주주의·사회주의'를 종합하고 있다. 건국강령은 대한민국 정부수립과 건국헌법 제정에 기여하였

---

3 조소앙의 이념과 사상에 관해서는 많은 연구 결과가 나와 있는데 최근에 나온 것으로는, 송석윤, 조소앙의 헌법사상: 삼균주의의 형성과 전개, 2020, 헌법학연구, 한국헌법학회 참조.

지만, 조선민주주의인민공화국의 건국과는 무관하다.

(나) 1944년 4월 임시정부 제5차 개정헌법인 '대한민국임시헌장'은 본문 62개 조로 된 헌법으로 임시정부 헌법 중 가장 방대한 내용을 지니고 있다. 44년의 임시헌장은 1941년의 건국강령의 정신을 상당 부분 반영하고 있다. 44년의 임시헌장은 제1조 국호(대한민국), 제1조 국체 및 정체(민주공화국), 제2조 영토, 제3조 국민, 제4조 주권을 규정함으로써 국가의 기본틀을 명기하였다.

동시에 44년의 임시헌장은 국민의 기본권을 제5조에서 보장하고 있는데, 현행 헌법의 기본권조항에 비추어도 크게 손색이 없을 정도로 보장내용을 구체화하고 있다. 제6조는 국민의 의무를 규정하고 있다. 제11조는 선거권은 18세 이상으로 피선거권은 25세로 규정하고 있다.

3. 건국헌법의 개별 규정에 내재된 이념과 가치

위에서 본 바와 같이 건국헌법의 전문은 '민주주의 원리, 법치주의 원리, 사회국가 원리, 국제평화주의'를 분명히 하고 있다. 이하에서는 각각의 헌법 원리가 어떻게 구체적으로 개별규정에 구현되어 있는가를 보기로 한다.

(1) 건국헌법은 민주주의 원리를 그 기본 헌법 원리로 하고 있다.

(가) 민주주의, 자유민주주의, 인민민주주의, 사회주의[4]

민주주의란 자유와 평등을 실현하려는 정치원리로서, 모든 국가권력의 정당성이 국민에게 있으며 국민에 의해 국가권력이 만들어지고 행사되도록 하는 국가구성 원리이다. 민주주의는 당연히 자유주의[5]를 그 내용으로 하므로 자유와 민주가 결합된 자유민주주의는 민주주의와 동의어로 보아야 한다. 이같이 자유민주주의와 민주주의는 동일한 의미를 지닌 것이나, 자유가 더 수식되어 있는 것은 사회주의 헌법이 자신의 통치 원리를 인민민주주의라 하면서 자신들이 진정한 민주주의라고 주장하고 있어, 서구 입헌주의 헌법질서로서의 민주주의 개념을 좀 더 분명히 하기 위함이다. 과거 동구권이나 현재 북한 또는 중국 등의 사회주의국가 헌법의 인민민주주의[6]는 서구 헌법에서 규정하고

---

4 사회주의를 한마디로 정의하기가 매우 어렵지만, 사회주의란 공동체 구성원 전체의 이익이나 행복을 위해서는 생산수단이 개인이 아닌 공동체 구성원 전체에 의해 공유되어야 한다는 사상을 말한다. 사회주의는 첫째, 국가는 개인의 행복을 위해 봉사해야 한다는 개인주의와 반대되며(전체주의), 둘째, 경제적 측면에서의 자유를 보장해야 하는 자유주의와 반대되고(경제활동에 대한 규제강화), 셋째, 생산수단의 사적 소유를 반대하며(생산수단의 사회화 강조), 넷째, 자유보다 실질적 평등을 강조하는 특징을 지닌다(김학성, 전게서, 128면 이하 참조).

5 민주주의와 자유주의 관계에 대해서는, 김학성, 전게서, 125면 이하 참조.

6 1948년 북한 헌법은 인민민주주의를 지도원리로 하였다. 인민민주주의는 인민에 의한 지배를 말하는 것으로 이 경우 인민은 노동자계급과 농민, 지식인을 지칭한다(지주, 대자본가 등은 제외됨). 인민민주주의의 과정을 거쳐 사회주의로 이행된다고 하는 것이 그들의 주장인데, 사회주의로 이행되면 그들이 말하는 인민, 즉 모든 근로자에 의한 지배(프롤레타리아 독재)가 실현된다고 한다. 북한은 1972년 헌법부터 사회주의를 중요한 구성원리로 하는 사회주의 헌법으로 이행되었다고 스스로 주장하고 있다(장명봉, "북한 사회주의 헌법의 구조와 특색", 저스티스, 1992, 131면).

있는 자유민주주의와 근본적으로 다르며, 이들을 진정한 민주주의라 할 수 없다.

(나) 국민주권

민주주의는 국민주권을 그 내용으로 하며, '정당, 선거, 지방자치'로 실현된다. 국민주권의 의의는 첫째, 군주주권을 부정하는 것이며 둘째 국민 중 특정 계층에게만 주권을 긍정하는 인민주권을 부정하는 것이며 셋째, 국가권력의 정당성의 근거가 국민에게 있음을 확인 천명한 것이다. 건국헌법은 제2조에서 국민주권을 선언하고 있다.

(다) 보통선거, 선거권, 친일파 청산, 선거공영제

㉠ 보통선거

건국헌법 제25조는 모든 국민에게 선거권을 허용하고 있고, 제32조는 국회는 보통, 직접, 평등, 비밀선거에 의하여 공선된 의원으로 조직한다고 함으로써, 1948년에 이미 보통선거를 실현하고 있다. 미국도 흑인에게 선거권을 허용한 것이 1960년대이고, 스위스가 여성참정권을 인정한 것이 1971년인 것에 비하면 정말 일찍이 민주의 상징인 '보통'선거를 실현시키고 있다.

㉡ 선거연령, 서명과 날인, 무기명 투표

1947년 6월 과도입법의원에서 제정한 입법의원선거법은 23세 이상,

선거인 등록 시 직접 서명하게 하였으며, 본 선거에서는 후보의 이름을 직접 쓰는 자서제였다. 당시 문맹률이 80%에 이르렀기에 문맹자들은 선거에서 사실상 배제될 수 있었다. 문맹자투표를 위한 제도개선을 이룬 사람이 이승만 박사였다.

1948년 3월 공표된 입법의원선거법은 선거연령을 23세에서 21세로, 선거인 등록은 직접 서명하는 대신 날인의 방식으로, 이름을 쓰는 자서제를 후보를 선택하는 기표제로 바꿨다. '남녀' 및 '문맹·비문맹' 모두 선거 참여를 가능하게 했다. 이승만의 놀라운 업적이다. 당시 5·10 선거의 투표율이 71.6%에 달할 정도로 참여율이 높았는데, 이 모든 것은 문맹자를 깊이 배려한 이승만 박사의 노력에 기인한다.

이러한 선거방법은 1948년 제정된 국회의원선거법에 그대로 반영되었다. 국회의원선거법 제15조는 선거인등록을 함에 있어, 등록표 용지에 자서하거나 문자를 해득하는 증인 2인 앞에서 무인하게 하였고, 동법 제32조는 단기무기명투표로 행하게 하였다. 70년 전 선거법치고는 획기적인 내용을 담고 있어 민주주의 실현에 크게 기여하였다.

ⓒ 선거권 및 피선거권의 박탈, 선거공영제

동법 제2조는 '일본 정부로부터 작을 받은 자, 일본 제국의회의 의원이 되었던 자'에게 선거권을 박탈하였고, 동법 제3조는 '일제 강점기에 판임관 이상의 경찰관급 헌병, 헌병보 또는 고등경찰의 직에 있던 자 및 그 밀정행위를 한 자', '일제 시대에 중추원의 부의장, 고문 또는 참의가 되었던 자', '일제 시대에 부, 또는 도의 자문 혹은 결의기관의 의원이 되었던 자', '일제 시대의 고등관으로서 3등급 이상의 지위에 있던 자 또는 훈7등 이상을 받은 자'의 피선거권을 박탈하였다. 친일파에 대한 철저한 응징을 실현했다. 동법 제7조는 국회의원선거에 관한 비용을 국고부담으로 함으로써 선거공영제의 기틀을 잡았다.

(라) 지방자치

건국헌법은 제8장에서 지방자치의 실시를 예정하고 있다. 이는 풀뿌리 민주주의의 정착을 위함이다. 제96조와 제97조는 현행 헌법에서도 그 원형을 유지하고 있다.

(2) 건국헌법은 법치주의 원리를 그 기본 헌법 원리로 하고 있다.

(가) 법치주의

국가권력은 민주적 정당성의 충족만으로 부족하다. 국가권력의 행사는 일정한 원칙에 따라 이루어져야 하는데, 만일 원칙에서 벗어나 궤도를 이탈하게 되면 힘을 지닌 국가권력은 남용되고 결국 자유와 권리의 보장 체계는 훼손되게 된다. 따라서 정치적 공동체는 국가권력의 행사가 그 방법이나 절차 및 형식에 있어 일정한 원칙에 따라 이루어질 것을 요구하게 된다. 법치주의란 국가권력을 법에 기속시켜 생명, 신체, 자유, 재산 등과 같은 국민의 중요한 자유와 권리가 국가에 의해 부당하게 침해당하지 않을 것을 요구하는 헌법 원리이다.

(나) 법치주의는 법의 지배, 기본권, 권력분립, 국가권력에 대한 법적 구속, 법률유보, 법적 안정성, 신뢰보호 등을 그 내용으로 하는데, 건국헌법에 규정된 기본권만 보기로 한다.[7]

건국헌법은 제8조에서부터 제28조까지 기본권을 보호하고 있다. 특히 제28조는 국민의 모든 자유와 권리는 헌법에 열거되지 아니한 이유로 경시되지 않는다고 규정하여 기본권을 포괄적으로 보장하고 있다. 동시에 국민의 자유와 권리에 대한 법률유보를 규율하고 있다.

헌법은 초등교육을 무상의 의무교육으로 하였고, 여자와 소년의 근로에 대한 특별한 보호를 천명하고 있다. 70년 전의 '국가백지상황'을 감안할 때 매우 획기적 규정이 아닐 수 없다.

또한 재산권을 보장하면서 그 행사를 공공복리에 적합하도록 하고 있는데(건국헌법 제15조), 이는 독일의 바이마르 헌법을 모델로 한 것으로 재산권을 천부인권으로 보지 않고 국민 모두를 위해 강한 제한이 가능한 실정권으로 보고 있다는 점이다.

가장 특이한 점은 사기업의 근로자에게 이익분배에 균점할 권리를 인정하고 있다는 것이다(건국헌법 제18조). 이는 강한 사회주의 색채를 지닌 것으로 자본주의 시장경제질서와 양립하기 어려운 제도이다. 물론 시행되지 못하고 제5차 헌법 개정 시 삭제되었다. 당시 사회주의나 공산주의와 체제경쟁을 하는 와중에 사기업의 근로자 보호를 위해 들어간 것으로

---

7 법의 지배, 형식적 법치주의, 실질적 법치주의에 관한 자세한 논의는, 김학성, 헌법학원론, 239면 참조.

추정된다.

(3) 건국헌법은 사회적 시장경제를 그 기본 헌법 원리로 하고 있다.

(가) 자본주의 시장경제, 사회적 시장경제, 사회주의 계획경제

㉠ 자본주의 시장경제

자본주의 시장경제는 개인의 자유와 완전경쟁을 최고의 가치로 삼는 경제체제로, 재화의 생산·유통·소비 등을 전적으로 개인의 자유에 맡기고 자유로운 경쟁에 의해 경제균형이 이루어질 수 있다고 믿는 경제를 말한다. 고전적 경제이론에 의해 지탱되고 발전되었다. 그러나 경제·사회적 영역에서의 자유보장은 불평등의 근원이 될 수 있다는 것까지 예견하지 못했다. 부의 편재로 인한 부익부 빈익빈, 근로계급의 형성과 근로자와 사용자 간의 갈등과 투쟁, 독점자본의 발생으로 인한 새로운 경제권력의 등장이 그것이다.

㉡ 사회적 시장경제와 사회주의 계획경제

경제·사회적 영역에서 나타난 실질적인 불평등, 특히 경제적 불평등의 해결방법은 그 방향과 정도에 따라 접근방법이 달라진다. 이미 형성된 불평등을 제거할 것인가 아니면 불평등의 근원을 없앨 것인가, 또 점진적으로 할 것인가 아니면 혁명적으로 일시에 할 것인가이다. '불평등 제거'에 중점을 두게 되면 '소득분배와 재분배'에 중점을 두게 되지만(사회개혁), '불평등의 근원 제거'에 중점을 두게 되면 소유 자체를 사인에게서 빼앗아 '국유화 내지는 사회화'하는 방법을 시도하게 된다(사회혁명).

자본주의 시장경제가 지니는 모순을 해결하기 위해 '사회개혁' 대신에 '사회혁명'의 방법으로 불평등의 근원 제거를 이념으로 하는 '사상, 경제체제, 국가'가 있다. 이들 국가는 사유재산을 부정하고 중앙에서 경제를 독점적으로 관리하여 기존의 자본주의 시장경제체제의 문제점을 해결하고자 한다. 이러한 경제체제를 '사회주의 계획경제'라 한다. 사회주의 계획경제는 '사회적 시장경제'[8]와 전혀 다른 것으로서 모든 생산수단의 사회화, 중앙집권적 계획경제, 경제에 대한 국가적 통제를 그 내용으로 한다. 전체국가는 필연적으로 계획경제일 수밖에 없으며 계획경제는 반드시 독재로 이어진다.

(나) 건국헌법의 경제질서

㉠ 통제경제질서

건국헌법의 경제질서는 자유시장경제를 기반으로 하였으나 경제에 대한 강력한 국가간섭이 허용된 경제체제, 일종의 통제경제질서였다. 건국헌법 제84조는 "대한민국의 경제질서는 모든 국민에게 생활의 기본적 수

---

8 사회적 시장경제는 다음과 같은 내용을 지닌다. 첫째, 시장경제를 그 내용으로 한다. 자유경쟁을 원칙으로 하며, 가격은 시장을 중심으로 형성되고, 기업과 소비자의 자유로운 결정에 기초한다. 둘째, 순수한 자유방임정책을 부정한다. 경제에 대한 자유방임은 시장의 권력화가 이루어지고 이를 기초로 형성된 독과점은 시장의 경쟁구조를 위협하게 되어 자유로운 시장질서를 방해함으로써 결국은 경제의 비효율을 초래하기 때문이다. 경쟁을 최대한 허용하면서 효율성을 추구할 것이 요구된다. 셋째, 국가의 경제개입이나 관여가 요구된다. '자유와 경쟁'에서 낙오된 경제·사회적 약자를 보호하고 경제권력의 남용을 방지하기 위해서 국가의 경제개입·규제·조정이 필요하게 된다(김학성, 전게서, 264면 이하).

요를 충족할 수 있게 하는 사회정의의 실현과 균형 있는 국민경제의 발전을 기함을 기본으로 한다. 각인의 경제상 자유는 이 한계 내에서 보장된다"고 규정하고 있는데, 이는 개인의 경제상 자유와 창의를 기본으로 하면서 균형 있는 국민경제 발전을 위해 경제에 대한 규제와 조정을 할 수 있도록 한 현행 헌법 제119조의 경제질서와 비교할 때 '원칙과 예외'에 있어 차이가 있다.

현행 헌법이 자유를 원칙으로 규제를 예외로 하였다면 건국헌법은 규제를 원칙으로 자유를 예외로 했다. 결국 건국헌법은 현행 헌법의 사회적 시장경제질서보다 더 통제경제적 성격을 지닌 경제 질서였다.

건국헌법의 통제경제질서의 성격을 더욱 분명히 해주는 것은, 헌법 제18조의 '이익분배균점권', 헌법 제87조의 '중요기업 및 공공성 기업의 국·공유', 헌법 제88조의 '사영기업의 국·공유이전' 등에 잘 나타나 있다.[9] 이것은 당시 좌우의 극심한 이념적 대립과 갈등[10] 속에서 선택된 불가피한 타협의 산물로 보인다. 광범위한 영역에 걸쳐 국가의 경제에 대한 개입과 관여를 허용했던 것은 당시 시장경제에 대한 경험이 전무하였고

---

9 건국헌법 제18조는 "영리를 목적으로 하는 사기업에 있어서는 근로자는 법률의 정하는 바에 의하여 이익의 분배에 균점할 권리가 있다", 제87조는 "중요한 운수, 통신, 금융, 보험, 전기, 수리, 수도, 가스 및 공공성을 가진 기업은 국영 또는 공영으로 한다", 제88조는 "국방상 또는 국민생활상 긴절한 필요에 의하여 사영기업을 국유 또는 공유로 이전하거나 또는 그 경영을 통제, 관리함은 법률이 정하는 바에 의하여 행한다"고 규정하고 있다.

10 북한은 1946년 '중요산업국유화령'을 제정하여 중요 기업들의 소유권을 정권에 귀속시켰다. 작은 소규모 기업들의 경우는 개인 소유권을 인정했다. 1953-1958년 집단농장제로 개편하여 모든 토지 소유권을 개인에게서 협동농장으로 귀속시켜 토지의 사회주의화를 종결했다.

자본주의 경제질서에 대한 회의가 상당했기 때문이다.

ⓒ 농지개혁

건국헌법 제86조는 농지를 농민에게 분배한다는 경자유전의 원칙을 천명하였다. 일제 강점기 80%가 넘는 소작인들에게 토지를 분배하는 농지개혁은 가장 최우선의 헌법과제였다. 자유 민주체제의 유지를 위해서도 필요한 조치였다.

농지개혁과 관련하여 잘못된 인식이 있는데 북한의 토지개혁[11]이 대한민국의 농지개혁보다 더 낫다고 보는 것이다. 북한의 토지개혁은 '무상몰수 무상분배'를, 남한의 농지개혁은 '유상몰수 유상분배'방식을 취하다 보니, 북한의 개혁이 남한보다 더 나은 것으로 이해되기도 했다. 그러나 북한은 '무상몰수 무상분배'후 국가가 소출의 40%를 세금으로 거두어 갔고, 1950년대 중반에는 무상분배된 농지를 모두 '집단 농장화'했다. 반면 남한은 유상분배를 적용했지만 소출의 30%를 5년만 내면 자신의 농지가 될 수 있도록 했기에, 30% 상환이 부담스러워 분배받은 땅을 포기한 사람은 아무도 없었다. 농지개혁의 성과를 분배의 '무상'인가 '유상'인가의 외형적 형식으로만 비교해서는 안 되며, 농민에게 어떤 것이 실질적으로 유

---

11 1946년 2월 북한은 사실상 정부인 '북조선임시인민위원회'를 수립하고 3월에 토지개혁을 25일 만에 전격적으로 완료했다. 무상분배를 시행한 결과 4,500명에 불과한 공산당원이 토지개혁 직후 27만 명으로 급증했다. 토지를 무상으로 빼앗긴 지주들은 48시간 이내에 마을을 떠나도록 강요받았고 20여만 명의 지주들이 고향을 떠나거나 38선 이남으로 탈출했다. 이들은 반공전사가 되어 대한민국의 공산화를 막는 역할을 했다.

리한가로 판단해야 한다. 경작자에게 농지소유권을 인정해주는 제도가 유리함은 두말할 필요가 없다. 해방 당시 농민의 85%가 소작농이었는데, 1949년 농지개혁은 소작농의 '세습 천형'으로부터 농민을 해방시켜주었다. 대한민국의 농지개혁은 세계적 성공사례로서 대한민국 산업화를 이루게 하는 근간이 되었다.

(다) 자유주의적 경제질서로의 전환

1954년 제2차 개정헌법은 건국헌법의 통제경제질서를 좀 더 '자유주의적 경제질서'로 전환시켰다. 제2차 헌법 개정에서는 건국헌법 제87조의 "중요한 운수, 통신, 금융, 보험, 전기, 수리, 수도, 가스 및 공공성을 가진 기업은 국영 또는 공영으로 한다"는 내용이 삭제되었다. 이는 '공공성을 지닌 기업의 사영'을 인정한 것이다. 또한 제88조의 사영기업의 국공유화 규정을 수정하였다. 사유재산의 사회화를 쉽게 허용하였던 것을 어렵게 했다. 사유재산의 국공유화를 원칙적으로 불허하되 예외적으로 가능하게 하였다. 그 후 제5차 개정헌법에서 다시 경제조항이 수정되는데 건국헌법 제18조의 "영리를 목적으로 하는 사기업에 있어서는 근로자는 법률의 정하는 바에 의하여 이익의 분배에 균점할 권리가 있다"는, 소위 '근로자이익분배균점권'을 삭제하였다.

⑷ 건국헌법은 국제평화주의를 그 기본 헌법 원리로 하고 있다.

헌법 제7조는 "비준 공포된 국제조약과 일반적으로 승인된 국제법규는 국내법과 동일한 효력을 가진다. 외국인의 법적 지위는 국제법과 국제조약의 범위 내에서 보장된다."고 규정하고 있다. 이는 헌법이 국제법을 존중하겠다는 '국제법 존중주의'와 '외국인의 법적 지위'를 국제법 차원에서 보장하겠다는 것으로, 이러한 태도는 현행 헌법에도 그대로 반영되어 있다.

4. 건국헌법이 채택한 이념과 가치는 지금의 우리에게도 유효함은 물론 유지 발전되어야 한다.

⑴ 주지하는 대로 1945년 해방 이후부터 대한민국의 정부수립이 이루어질 때까지의 해방정국은 그야말로 혼돈 그 자체였다. 일본의 패전으로 인해 해방되었기에 독립국가를 만드는 과정에 많은 어려움과 고통이 수반되었다. 좌익과 우익 간의 이념 대립으로 인해 수많은 사람이 피를 흘렸고, 강대국들의 독립유보(신탁통치)로 민족이 두 동강이 날 정도로 첨예한 갈등을 빚었다. 1945년 후반부터 소련은 북한에 대한 야욕을 드러냈고, 북한 지역에 인민위원회를 설치하고 인민군을 창설하는 등 북한을 위성국가로 만들려는 계획을 착착 진행하였다.

반면 남한은 미군정의 좌우합작 정책으로 인해 많은 혼란과 갈등을 겪었다. 이승만 대통령의 뛰어난 정치적 '안목과 결단 그리고 뚝심'으로 '자유민주주의와 시장경제를 근간으로 하는 경제 질서'를 지닌 대한민국을 출발시킬 수 있었다.

20세기 전반부는 공산주의 시대라고 할 정도로 공산주의가 많은 신생 국가에 빠르게 전파되고 있었다. 동북아의 몽골, 중국, 북한이 공산화되 었는데 기적적으로 남한은 민주국가로 존속할 수 있었고 이 모든 것은 이 승만 대통령 덕분으로 보아야 한다.

당시 남한사회는 민주주의 지지자가 20% 미만이었고 대신 사회주의 나 공산주의 지지자는 70-80%에 이르렀던 상황이었다. 당시 이런 현상 은 사회주의가 '노동자와 농민'의 나라를 만든다고 선전하고 있었기에 사 회주의에 마음이 쏠렸기 때문이다. 더구나 우리는 일제 강점기를 지나면 서 80% 이상이 소작농이었기에 '농민을 위한 나라'라는 구호에 미혹될 수밖에 없었다. 그럼에도 이승만 대통령의 거시적 혜안, 결단, 뚝심의 덕 분으로 오늘 우리는 민주주의 국가에서 자유롭게 살 수 있게 되었다. 그 렇지 않았다면 세계 최악의 인권탄압 국가이며 세계 최빈국인 북한 정권 의 지배하에서 고통을 당하고 있었을지도 모른다.

(2) 건국헌법이 대통령제를 채택한 것은 이승만 박사의 주장으로 된 것 인데 이는 대한민국이 신생국가이기에 강하고 안정된 국가권력이 필요 하다고 보았기 때문이다. 동시에 전체주의 북한에 맞서기 위해서도 강한 힘을 지니는 대통령제를 선택한 것이라 보인다. 우리 헌정사를 돌아보면 대통령제의 우여곡절이 많았지만, 이승만 대통령의 대통령제 결단이 옳

았다고 본다. 건국헌법은 대통령을 국회에서 간선으로 선출하고 있는데 이는 대통령제의 본질과 거리가 있지만, 당시의 정치 상황을 고려할 때 국회에서 선출하는 것이 보다 효율적이라고 보았기 때문이다. 또 1948년 8월 15일에 맞추어 정부를 수립하려면 '국민의 직선'으로는 시간을 맞출 수 없었기 때문이다.

③ 현행 헌법은 건국헌법의 지배 이념이나 가치를 유지하고 있지만, 국가사회 전반에 걸쳐 국가를 위협하는 사상, 특히 북한의 주체사상을 지지·동조하는 세력들에 의해 많은 위협에 처해 있다. 얼마 전 제주 4·3 사건에 대한 문 대통령의 추모사[12]를 보면, 남로당 반란 세력을 진압한 군경을 국가폭력으로 천명하고 있는데, 대한민국의 정체성을 훼손하고 침해하고 있다. 대통령의 추모사는 대통령에게 국가의 계속성과 헌법수호의무를 부과한 헌법 제66조 제2항에 정확히 위반된다. 건국헌법의 이념과 가치를 논하는 것도 이러한 현 사태를 돌아보고자 함이며, 대한민국의 정체성을 지키기 위한 노력의 일환으로 그 의의가 크다고 하겠다.

---

12 문재인 대통령 제73주년 제주 4·3 회생자 추념식 추도사, 헤드라인 제주, 2021.4.3.

참고문헌

김학성, 헌법학원론, 2021.

박명림, 남한과 북한의 헌법제정과 국가정체성 연구, 국제정치논총 제49집, 2009.

송석윤, 조소앙의 헌법사상: 삼균주의의 형성과 전개, 2020 헌법학연구, 한국헌법학회.

장명봉, 북한 사회주의헌법의 구조와 특색, 저스티스, 1992.

신생취약국가 대한민국의 건국과 남로당의 무장폭동

제주4·3사건을 중심으로

이 주 천 [1]

원광대학교 사학과 명예교수

---

1   제주4·3사건재정립시민연대 역사수호위원장

I. 문제의 제기: 건국의 배경과 대한민국의 국가체제 성격

제2차 세계대전 이후 추축국에 점령당하거나 일제의 식민지 상태에 있었던 수많은 민족들이 신생국가로서 건국을 했는데, 건국의 절차는 정당성을 확보하기 위해서 반드시 국내적 선거와 국제적 승인을 거쳐야 했다. 1차, 2차 대전의 비극을 겪으면서 연합국은 항구적 세계 평화를 정착시키기 위해서 모든 국제 문제를 토의할 유엔을 창설하게 된다. 향후 신생국가들은 모두 연합국이 만든 유엔의 승인을 받아야 국제사회에서 신생국가로서 인정을 받고, 국제적 활동을 개시하게 된다. 대한민국의 건국도 이런 유엔의 승인 절차를 수용하여 오늘날 성장, 발전해 온 것이다. 즉 대한민국은 유엔이 승인하고 탄생시킨 국가라고 할 수 있다.

1945년 8월 15일, 일제가 패망하자 연합국은 한반도를 접수하면서 북한에는 소련군이 점령하고 남한에는 미군이 점령하여 각각 군정을 실시하였다. 그 당시 1945년 12월, 미영소 외상들의 모임인 삼상회의가 열려 한반도의 신탁통치가 결정되었다. 신탁통치를 구체적으로 실시하기 위해 미소공동위원회가 서울에서 열리게 된다.

그러나 미소공위는 공전을 거듭하게 된다. 남한의 우익세력은 반탁운동을, 남로당을 위시한 좌익세력은 소련의 지령을 받고 찬탁으로 급선회하면서 정국은 혼미를 거듭했다. 미군정은 가급적 소련의 협조를 통한 신탁통치에 대한 미련을 버리지 못했고, 그래서 김규식-여운형이 중심이

된 좌우합작 정부를 구상했다. 그러나 남한에서 반탁운동을 주도한 지사들을 신탁통치정부의 각료 인선에 포함시킬 수 있는가에 대해서 소련 측이 강력하게 반발하였고, 1947년 여름 2차 공위에서는 미소 간에 아무런 양보가 없이 완전한 결렬상태가 되었다. 결국 미국은 그해 가을 한국문제를 유엔에 상정하였고 미군정은 이때부터 대한민국의 건국을 서두르게 되었다. 국군과 경찰의 병력을 급속도로 증강하기 시작했다.

1948년 5·10총선은 유엔의 대한민국 건국을 위한 결의사항의 이행이었던 것이다. 1월에 총선거를 감독하기 위해 유엔한국임시위원단이 입국하고 활동을 개시했는데, 북한의 김일성은 국제적 결정을 일방적으로 무시하고, 위원단의 38선 월경을 거절하였다. 이것은 국제법 위반으로 김일성이 총선거에 의한 통일정부 구성을 거절한 것이다. 이 배후에는 소련의 스탈린 지령이 있었다. 그렇다면 5·10총선거를 거절하고 통일정부를 방해한 것은 스탈린과 김일성이었지, 트루먼과 이승만이 아니었다.

대한민국은 건국할 당시부터 신생취약국가(newborn vulnerable state)의 성격을 여지없이 보여주었다. 한때 역사학계에서는 대한민국의 국가 체제적 성격논쟁에서 '파시즘 국가'로 정의한 적이 있었지만, 파시즘 국가는 강력한 무장력을 갖춘 군대와 치밀한 관료제, 그리고 자본가그룹의 형성을 전제로 하는 것이다. 2차 대전을 발발했던 독일, 이탈리아, 일본의 경우가 여기에 해당된다. 건국 초기 대한민국의 국가적 성격은 파시즘 국가가 아니고, 치안의 유지와 국가안보에 국력을 집중했던 권위주의 국가로 정의할 수 있다.

그러나 일제 식민지 시대를 겪은 남한은 경공업 중심으로 공장 자체도 제대로 돌리지 못했다. 일본인 기술자와 자본가들이 대거 일본으로 탈출했기 때문이다. 그러므로 자본주의 체제가 발달하지 못하고 시민사회 역시 형성되지 못했던 한국에서는 시민사회의 동의를 바탕으로 정치적 정당성을 획득해 이데올로기적 지배를 꾀할 수 없었고 당장의 치안유지와 질서유지를 통한 체제유지가 가장 긴박한 현안문제로 등장했다. 경찰, 군대, 관료 등의 국가기구를 통한 강권 지배를 추구할 수밖에 없었다. 그러나 이 기구들 역시 일제 강점기와는 달리 창설 과정부터 미국으로부터 제대로 된 지원을 받지 못해 충분한 권력자원을 지닐 수 없었다.

요약해보면, 미군정기와 제1공화국 초기의 국가는 국가건설을 위한 모든 자원이 부족했고, 정치적 정통성과 부르주아라는 정치적, 사회적 메커니즘 역시 갖추지 못해 상층부 권력과 하부구조적 권력 모두가 낮았던 취약국가였다. 대한민국이 출범한 이후에도 국가의 구성원들은 대한민국 국민이라는 정체성도 갖지 못했기 때문에, 1948년에 수립된 정부는 단지 사법상의 국가(judicial state)에 불과했다. 1945년 해방 당시 한국의 문맹률은 78%에 달했고, 대학 졸업자 역시 7,500여 명으로 전체 인구의 1%에 불과했다.[2]

1948년 당시 산업 생산성은 2차 대전 이전의 80%에 불과했고 높은 인

---

2 이택선, 『취약국가 대한민국의 탄생: 국가건설의 시대 1945-1950』 (미지북스, 2020), 247-248.

플레와 식료품 부족, 숙련된 기술자와 전력 부족, 그리고 갈수록 늘어나는 피난민들과 귀국자들로 인해 경제 성장의 전망마저 암울했다.[3]

해방 이후 한국의 국가기구는 모든 자원이 미비한 상태에서 건설되었다. 그러므로 단순히 일제강점기의 국가기구와 비슷한 외양과 인적 자원을 구비하고 있었다 하더라도 이 기구들이 여전히 동일한 실제의 군사, 관료 엘리트들에 의해 지배세력으로 성장했다고 인식하는 것은 과대포장된 것이다. 유능하고 경험 있는 관료의 충당이 어려웠고 치안을 담당할 경찰의 수급과 배치도 수요를 충족시키기에는 턱없이 부족했다. 그 중요한 이유는 반일 분위기로 인해 참여를 꺼리면서 효율적인 운영과 임무수행에 막대한 지장을 초래했다.

대부분의 신생국가에서 최우선 과제는 치안과 안보문제에 있다. 특히 대한민국과 같이 국토가 분단된 적대적 상태에서의 국가 형성의 경우 더욱 비중이 크다. 최소한의 치안과 안보가 보장된 이후, 시민사회가 출현할 수 있는 경제성장의 기반이 제공되고, 최종적으로 외부 지원 없이도 생존할 수 있는 시민사회가 법체계를 바탕으로 나타나기 시작하기 때문이다.

이렇게 대한민국은 소련의 한반도 공산화 전략의 위험 속에서 안보가 극도로 취약한 신생취약국가로서 힘들게 탄생되었다. 한반도에 대한 전략적 가치도 일본이나 서독에 비해 낮게 평가되었기 때문에, 미국은 하루

---

3 위의 책, 145.

빨리 철군하려고 준비를 서두르고 있었다. 미국의 해외 원조도 한국이 높은 비중을 차지한 것이 아니었다. 그에 비해, 소련군정은 치밀하게 북한을 중심으로 해서, 인민위원회 구성, 토지개혁, 북한군대 창설 등으로 북한을 대남진공의 전초기지로 강화하면서 한반도 공산화 작업을 면밀하게 추진하였다. 이에 당황한 미국은 한국 문제를 유엔으로 가져갔고, 이에 반발한 남한의 좌익 남로당세력이 배후의 소련군정을 등에 업고, 무장폭동을 일으키면서 대한민국의 수립을 정면으로 방해하였다. 반란의 명분은 단독정부를 반대하고 통일정부의 수립이었다. 여기에서 통일정부란 공산화를 지향하는 통일정부를 일컫는다.

II. 소련의 한반도 공산화 전략과 남로당

1. 소련군정의 북조선 '민주기지화'

미군정이 2차 미소공위 결렬 이후 서둘러서 건국 준비에 돌입했다면, 소련군정은 45년 9월 북한에 진주하면서 북한을 한반도 전체의 공산화를 위한 '민주기지'로 삼아 치밀한 정치공작을 진행시켜갔다. 북조선인민임시위원회가 1946년 2월에 결성되어, 위원장에 김일성을 앉히고 곧이어 토지개혁에 착수하여 무상몰수, 무상분배를 원칙으로 공산당을 선전하면서 농민들의 환심을 사기에 바빴다.

이미 북한에서는 소련군의 지도하에 1946년 1월 11일 최초의 군대로 창설된 철도보안대가 미군정과의 관계를 고려하여 경찰대로 위장하고 있었다. 그러나 제1차 미소공동위원회가 결렬된 후인 1946년 8월 15일 경부터는 본격적으로 소련군이 관여해 간부 장교 양성을 위한 보안간부 훈련대대를 창설했다. 1947년 5월 17일, 소련은 보안간부훈련대대를 북조선인민집단군사령부로 개칭한 후, 전 장병에게 소련군 계급장을 모방한 계급장을 수여하고 소련제 무기를 보급하여 정규군의 모습을 구체화했다. 1947년 7월 제2차 미소공동위원회가 실패로 돌아간 이후 미국이 한반도 문제를 국제연합에 이관하자, 소련은 1948년 2월 8일 조선인민군 창설을 선포했다.[4]

제주4·3사건이 발발하기 하루 전인 4월 2일자 NSC(국가안전보장회의)의 'NSC 8' 보고서는 4만 5천 명의 소련군이 12만 5천 명의 북한 정규군을 양성하고 있는데, 남한의 경우, 불과 2만 명의 주한 미군이 2만 7천 명의 조선경비대와 해안경비대만을 운영하고 있다고 보고하고 있다.[5] 이렇게 남한의 미군정과 북한의 소련군정은 남북한에서 군대를 양성하는 관심도와 지원 규모에서 확연히 큰 차이점이 있었다.

2. 박헌영의 남로당과 배후의 소련군정

지금은 중국공산당의 영향력이 한반도에 깊게 드리우고 있지만, 1945년에서 1948년에 이르는 해방 정국과 건국 사이의 시기는 한반도에 대한

---

4 위의 책, 90-91.
5 위의 책, 91에서 재인용.

소련의 영향력을 제외한다면, 한반도를 둘러싼 동북아 정세를 논의하기가 어려운 시절이었다. 소련군정은 스탈린의 지시를 받아서 해방 이후부터 6·25전쟁까지 남한의 남로당을 위시한 좌익공산계열에 끊임없이 파업과 폭동지령을 내렸다. 즉 남한의 파업과 폭동은 자주적으로 발생한 것이 아니라, 북한의 소련군정의 지령 하에 이루

박헌영

어진 것이 태반이었다. 1946년 5월 '조선정판사 위조지폐 사건'이 발생하자 미군정은 조선공산당을 사실상 불법화하고 이 사건에 연루된 인사들에 대해 체포령을 내린다. 9월 파업을 주도했던 공산당 지도부는 북한에 주둔 중이었던 소련군 사령부에 파업 방침을 문의했다. 9월 9일 박헌영의 문의에 쉬티코프 사령관은 200만 엔을 지원하고, 임금 인상, 체포된 좌익 활동가들의 석방, 미군정이 정간한 좌익신문들의 속간, 공산당 지도자에 대한 체포령 철회 등의 요구 조건들이 받아들여질 때까지 파업투쟁을 할 것을 지시했다.[6] 이것은 박헌영과 남로당 등 남한의 좌익세력들이 소련군정에게 얼마나 철저하게 예속되었는가를 잘 반증하는 것이다.

한반도에서 소련군정의 영향력을 가장 잘 알 수 있는 대목은 남북한 공산당 창당에 소련군정이 깊이 개입한 사실이다. 1946년 7월, 남북한 양쪽에서 좌익세력의 새판짜기 헤쳐 모여가 시작됐다. 소련군정은 한반도

---

6 위의 책, 114.

의 공산화를 보다 효율적으로 추진하기 위해 공산당 창당 작업을 서둘렀다. 그리하여 소련 군정의 지시 하에 북에서는 북조선공산당과 조선신민당을 합쳐 북조선노동당(북로당)을 창당하고, 남한에서는 조선공산당, 조선인민당, 남조선신민당 등을 한데 모아 남조선노동당(남로당)을 결성하는 작업이 비밀리에 진행되었다. 반대세력의 저항이 미미한 북한에서의 북로당 결성은 순조롭게 진행돼 8월 28일 창당됐지만, 남로당은 미군정의 탄압과 3당간의 이해관계로 우여곡절을 겪었다. 남한에서의 합당은 비밀리에 평양과 모스크바를 방문하고 돌아온 박헌영이 인민당 당수 여운형에게 합당문제를 꺼내고, 여운형이 이에 호응하면서 급물살을 탔다. 그러나 합당을 계기로 내연해 온 조선공산당 내부의 갈등이 폭발해 반(反)박헌영파와 친(親)박헌영파로 갈라지고 인민당과 신민당도 이에 영향 받아 소극적으로 대처하면서 합당은 물 건너가는 듯했다. 그러나 합당은 그들의 의지와는 무관한 일이었다. 결국 소련의 개입으로 1946년 11월 23일부터 이틀간 결성대회가 열렸고 이 자리에서 남로당 출범이 확정됐다. 소련 군정을 등에 업은 박헌영이 승리한 것이다.[7]

남한 내의 **빨치산 부대** 활동은 1946년 10월에 시작되었는데, 빨치산 부대의 존재는 소련군정에게 향후 공산당의 행동 방침을 문의해 온 조선공산당의 보고를 통해 확인된다. 북에 있던 박헌영은 빨치산 부대의 식량과 탄약이 부족하다고 호소하면서 향후 투쟁 방침에 대한 교시를 내려달

---

7 '역사속의 오늘' 조선일보, http://weekly1.chosun.com/site/data/html_dir/2004/11/24/2004112477005.html (검색일, 2021.8.18).

라고 요청했다. 한편 군경에 쫓겨서 도주한 좌익세력들 중 일부는 1948년 2월 7일 총파업과 제주4·3사건 이후 전라남도 곡성군과 구례군 일대에서 '야산대'로 불리는 무장 유격대로 전환했다. 그리고 이 야산대 중 일부가 1948년 여수 순천 사건이후 군 정규 부대에서 전환한 유격대로 흡수되면서 본격적인 게릴라 활동이 시작된다.[8]

III. 제주4·3사건의 배경: 유엔 결의 반대투쟁

1945년 8월 15일, 한국인들의 해방이 된 기쁨도 잠시 분단의 고통과 함께 1950년 6·25전쟁까지 그야말로 한국은 내전상태에 있었다. 미군정, 이승만 박사, 그를 지지하는 국군과 경찰은 대한민국을 건국하려고 했으나, 여기에 대항하여 사사건건 건국을 방해하려는 훼방꾼 남로당과의 치열한 혈전이 곳곳에서 벌어졌다. 대표적 사건이 바로 제주4·3사건이었다. 무장폭동을 일으킨 남로당 제주도당은 1948년 4월 3일 새벽 한라산 중턱을 중심으로 제주도 거의 전역에서 봉화를 올리고 무장투쟁을 개시하였다. 그 명분은 5·10총선거에 반대하여 소위 한반도 통일정부를 구성하기 위해 불가피하게 항쟁을 벌였다는 것이다. 여기에 제주도 민중들도 함께 저항했기에 '민중항쟁'이었다고 항변하고 있다. 민중항쟁은 흔히 역사에서 마치 부패하고 민중을 억압하는 잘못된 공권력에 대항한 정의로

---

8 이택선, 『취약국가 대한민국의 탄생』, 117.

운 민중의 항거를 표현할 때, 사용되는 용어이다. 제주4·3사건이 유엔 결의에 대한 반대투쟁으로 촉발되었다는 역사적 배경에 대해서는 이론의 여지가 없다.[9]

해방된 한국은 1945년 12월 모스크바 삼상회의에서 신탁통치가 결정되었으며, 임시정부의 구성안을 두고 미국과 소련군정이 크게 대립하여 1차 미소공위와 2차 미소공위가 모두 무산되었다. 이에 미국은 한국 문제를 유엔에 상정했으며, 1947년 11월 유엔 총회는 한반도 전역에서 유엔 감시 하에 자유총선을 실시하여 남북한 통일정부를 구성하라는 결의를 채택하였다. 이에 반발한 소련과 남북한의 공산세력은 유엔 결의의 이행을 저지하기 위하여 맹렬한 투쟁을 전개했다. 소련은 북한을 먼저 공산화해놓는 전략으로 북한을 '민주기지'로 삼아 차후에 남한을 공산화하려는 공작을 진행해 왔는데 유엔 결의의 이행은 남한의 공산화가 불가능해짐을 의미하는 것이었다. 더 나아가 이를 방치한다면 자칫 북한의 공산화마저도 수포로 돌아갈 위험이 있었다.

여기에서 나온 소련의 책략은 한국인들끼리 자주적으로 한반도 통일정부 수립문제를 해결하도록 촉구하는 미소 양군 철수론이었다. 소련은 이를 통해 유엔 결의를 무력화하고 남한에서 미국의 영향력을 배제시키려고 시도했다. 북한지역에서는 1946년 2월부터 북조선임시인민위원회

---

9 양동안, 『대한민국 건국전후사 바로알기』 (대추나무, 2019), 116-118.

를 구성하여 실질적인 단독정부가 출범해있었고, 북조선노동당(공산당)의 일당독재가 안정되게 실현되고 있었는데 반해, 남한지역에서는 독자적인 정부도 구성되지 못했고, 정치세력들이 좌익, 우익, 중도로 3분되어서 격렬한 투쟁을 전개하여 정치적 혼란이 심각한 상태였기에, 당시의 한반도 상황을 면밀하게 고려해 볼 때, 소련의 제안대로 이행된다면 한반도는 조만간 공산화 통일이 이루어질 가능성이 농후했다. 교활한 소련은 이 점을 노린 것이다.

마침내 유엔 총회의 한국 결의가 채택되자, 소련은 남북한의 노동당에게 유엔 결의를 거부하고 소련이 제시한 방안을 지지하는 군중집회 투쟁을 전국적으로 전개하라고 지시했다. 소련의 그런 지시에 따라 남북한의 공산세력은 좌익 통일전선단체인 민주주의민족전선을 앞세워 남북한 각지에서 유엔 결의 거부와 소련 제안 수용을 주장하는 군중집회와 시위를 전개했다. 그러나 좌익의 군중투쟁은 남한지역에서는 그다지 큰 위력을 발휘하지 못했다. 유엔 결의가 합리적이어서, 대다수 국민들이 그것을 지지했기 때문이었다.

유엔은 소련과 남북한 공산세력의 반발을 무시하고, 유엔 결의를 이행하기 위하여 1948년 1월초 유엔한국임시위원단을 서울로 파견했다. 서울에 온 유엔위원단이 유엔 결의 이행을 위한 활동을 전개하자, 소련은 유엔위원단의 활동을 저지하기 위해 대규모 파업, 폭동, 무장테러를 전개하라고 남로당에 지시했다. 소련의 지시에 따라 남로당은 2월 7일부터 남로당과 민전의 영향권에 있는 노동자들과 학생들의 선도하에 전국 각지에서 유엔 결의 거부, 유엔위원단 추방, 남한지역 단독선거 반대 등을 주장하며 파업, 맹휴, 집회, 시위 등을 전개했다. 더욱이 무장한 좌익 인민유격대들은 경찰관서 습격, 전신, 전화선 절단, 철도 시설 파괴 등을 자행했다.

좌익세력은 그 투쟁을 '2·7구국투쟁'으로 작명했다. 유엔 결의가 이행되면 한반도가 미국의 식민지가 된다는 억지 주장을 펴면서, 미제의 식민지로부터 조국을 구제한다는 의미에서 '구국투쟁'이라 명명한 것이다. 투쟁 개시일을 2월 7일로 잡은 이유는 소련과 남북한 좌익이 유엔 결의를 격렬하게 반대한 상황에 직면하여, 유엔 결의를 어떻게 이행할 것인지를 결정해 달라고 유엔위원단이 유엔 소총회에 요청한 날이 바로 그날이었기 때문이다.

좌익세력의 2·7투쟁은 별다른 효과를 보지 못했다. 유엔 소총회는 소련과 남한 좌익세력의 반대투쟁을 무시하고, 2월 26일 유엔 결의를 이행 가능한 지역에서만 이행하라고 결의하였다. 유엔 소총회의 결의는 자유선거가 가능한 남한지역에서 유엔 감시 하에 선거를 실시하여 한국인의 독립정부를 구성하라는 것이었다.

유엔 소총회가 이런 결정을 내리자 남로당과 민전은 유엔 소총회의 결의를 '남조선을 식민지화, 군사기지화하려는 미제의 노골적인 단독정부 수립계획'이라고 비난하면서 단독정부 수립을 위한 단독선거를 물리적인 힘으로 저지, 파탄내기 위해 무장투쟁의 비중을 확대하면서 투쟁의 강도를 더욱 높였다.

한마디로, 제주4·3폭동은 1947년 11월부터 전국적으로 전개된 남로당과 기타 좌익분자들의 유엔 결의 및 남한 선거 저지를 위한 투쟁의 일환으로 진행된 것이다.

남로당 제주도당은 1947년 11월부터 시작된 유엔 결의 반대투쟁에 참여했으나, 강도 높은 투쟁은 전개하지 못했다. 전단지 살포, 소규모 시위, 경찰지서 습격 등에 그치고 말았다. 그 이유는 경찰과 우익 청년단체들의 남로당에 대한 조직파괴 공세로 인해 많은 수의 남로당원들이 구속되어 남로당 제주도당의 투쟁 역량이 약화되었기 때문이다.

그런데 미군정은 유엔 결의에 따른 남한의 선거를 보다 자유로운 분위기에서 실시하기 위해 1948년 3월 정치범에 대한 대규모 사면을 단행했다. 그로 인해 경찰서와 형무소에 구금되어있던 남로당 제주도당의 당원들이 거의 모두 석방되어 당 조직으로 복귀했으며, 제주도당의 투쟁 역량이 급속도록 회복되고 말았다.

남로당 제주도당은 비밀리에 인민유격대와 자위대를 조직하고, 그들을 총기와 수류탄 및 죽창으로 무장시켰다. 이것은 선거를 보다 자유로운 분위기 속에서 치르기 위해 공산분자들에게 관용을 베푼 미군정의 선의를 좌익세력은 선거를 저지, 파탄 내는 무장투쟁의 준비에 악용했음을 의미한다.

IV. 제주4·3사건의 6대 쟁점들

한국의 국토 남단에 자리 잡은 따뜻한 섬 제주도에서 1948년 4월 3일 새벽 2시에 한라산 기슭에 있는 여러 오름(岳)에서 봉화가 올랐다. 이를 계기로 무장한 남로당 인민유격대는 도내 12곳 경찰지서를 습격하여 경찰관을 살해하였고, 5·10선거 관계자들을 비롯한 우익단체 인사와 그들의 가족을 테러하는 피의 반란을 일으켰다. 이후 계속되는 선거 방해로 북제주 2개 선거구가 투표자 미달로 선거 무효가 되었고, 11연대장 박진경 대령을 암살하고, 11연대 좌익 장병 41명을 탈영시켜 대정지서 경찰을 살해하는 등 만행을 자행하였다. 그 이후 폭동이 진압된 듯했으나, 8월 2일 김달삼이 이북으로 간 후 이덕구가 제주인민해방군 총사령관이 되어 다시 경찰과 우익인사들을 학살하자 정부에서는 10월 11일 경비사령부를 신설하고 폭동진압에 나섰는데, 11월 2일 9연대 6중대를 제주인민군이 공격하여 하루에 국군 14명 외 다수가 전사하는 등 치열한 전투가 벌어졌다. 그래서 이승만 정부는 11월 17일 제주 전역에 계엄령을 선포하였다. 이리하여 폭동을 주도한 남로당의 單選(단선) 單政(단정) 반대 투쟁은 제주에서만 선거 방해의 성공을 거두었다. 1954년 9월 21일 한라산이 전면 개방된 이후에도 한라산에는 남로당의 최후의 폭도들이 여전히 활약하고 있었다. 4·3폭동은 1957년 4월 2일 마지막 빨치산 오원권이 체포됨으로써 만 9년 만에 대단원의 막을 내렸다.

오늘날 좌익운동권들은 4·3사건을 자주적 통일정부 구성을 위해 몸부

림치며 희생당한 민중항쟁으로 정당화하고 있으며, 많은 한국사 교재에서도 그렇게 기술되어있다. 그러나 정작 4·3사건의 역사적 배경과 남로당 제주도당의 배후에 대해서는 언급을 회피하여 역사적 왜곡이 장기화되고 있다. 2021년 KBS제주방송의 다큐 '암살 1948'도 제11연대장 박진경 대령을 암살한 인물들(문상길 중위, 손선호 하사)을 마치 안중근 열사가 이토 히로부미를 저격한 경우와 비교하여 '의인'으로 묘사하였다. 그러나 해방 정국에서 6·25전쟁 시까지 한반도 전체를 공산화하려는 소련 스탈린의 야욕과 그의 충견노릇을 마다하지 않은 남로당의 활동을 제외한다면, 남한지역에서의 무수한 폭동과 반란행위를 이해하기는 불가능하다.

제주4·3사건을 6대 쟁점으로 나누어 재검토해보고, 이를 토대로 좌익운동권들이 주장하는 허구를 지적하고 역사적 진실규명에 더 가까이 다가서 보려 한다.

1. 4·3사건의 성격 논쟁

제주4·3사건의 성격규정은 논자에 따라 폭동, 반란, 민중항쟁, 인민무장투쟁 등 여러 가지로 분류될 수 있다. 이것은 논자의 입장, 시각, 역사관의 차이에서 비롯된다. 제주4·3사건 발발 초기에는 폭동론이, 대한민국 정부 수립 이후에는 반란론이 우세하였다. 정부는 사건 발발 초기에는 4·3사건을 폭동으로 보도하다가, 정부 수립 이후인 11월 17일의 계엄령 선포 시에는 선포문에 "제주도의 반란을 급속히 진정하기 위하여..."로 표현함으로서 '반란'임을 명확히 하였다. 그러다가 1980년대 말에 '광주

5·18사건'이 민주화운동으로 자리매김되면서 제주4·3사건은 '민중봉기' '민중항쟁'으로 불리어지기 시작하였다.[10]

폭동론의 경우, 주체를 남로당으로 지목하고, 원인을 인민공화국 수립으로 설정하고, 인민공화국을 수립하기 위한 남로당의 극좌모험주의적 도발(폭동)로 규정한다.

반란론은 주체를 좌익과 우익으로 갈라서 우익의 대한민국 정부 수립에 대항한 좌익의 반란으로 규정함으로써 4·3의 본질을 좌우익간의 헤게모니 쟁탈전으로 파악한다.

인민무장투쟁론은 주로 공산주의적 관점에서의 입장으로 주체를 '남로당과 인민'으로 설정하고 인민의 反(반)제국주의 무장투쟁으로 규정하여 그 배경으로 미제국주의의 침탈에 맞서 인민정부를 수립하기 위한 것으로 설명한다.

한편 민중항쟁론은 위의 3가지 관점과 본질적으로 판이하게 다르다. 이 관점은 주체를 '민중'으로 설정하며, 제주4·3사건을 제국주의에 대한 저항운동이며 통일정부를 수립하기 위한 자주적 항쟁으로 규정한다. 남로당은 부차적 존재로 파악된다. 민중항쟁론은 여러 가지 면에서 인민항쟁론과 유사하면서도 차이점을 갖는다. 양자 모두 남로당과 민중 또는 인민을 내세운다는 점에서 비슷하나, 前者(전자)가 사실상 '민중'을 주체로 보는데 반해, 後者(후자)는 남로당을 주체로 보되 인민과 남로당을 동일시

---

10   나종삼, 『제주4·3사건의 진상』, 475.

한다는 점에서 차이가 있다. 또 후자가 '제국주의와의 대결'로 규정하는 반면에 전자는 '제국주의에 대한 저항'으로 규정하고 있다. 또 후자가 봉기목적으로서 '인민정부 수립'을 설정하고 있는데 반해, 전자는 정부의 성격을 규정하지 않은 채 '통일(단선단정 반대)'을 내세운다는 점이 중대한 차이라고 할 수 있다.[11]

제주4·3사건의 성격 규정은 무엇보다 역사적 사실에 기반을 두어야한다. 그렇다면, 제주4·3사건을 '민중항쟁'이나 '인민항쟁론'으로 보는 해석은 수긍하기 어렵다. 그 이유는 제주4·3사건은 남로당이 자신들의 정치적 목적, 즉 '5·10총선 반대와 대한민국 건국 저지'를 위해 무력도발을 감행했기 때문이다. 민중이든지 인민이든지 이들은 남로당에 의해 조직화되고 동원된, 철저하게 이용된 대상이었을 뿐이다. 한마디로, 제주4·3사건의 주체는 민중도 아니고 인민도 아닌 '남로당'이었다.

남로당 중앙당은 제주도당에게 최초에는 대한민국 건국을 위한 제헌의원 선출을 저지하기 위하여 폭동 지령을 내렸다가 그 후 올구[12]를 통해 경비대 동원을 명령했고, 남로당 제주도당은 장기간 군경을 상대로 전투하면서 친정부 인사들과 경찰 가족을 살해했으며, 대한민국 정부가 수립되었음에도 불구하고 북한을 상징하는 인공기를 게양했고, 대정부 선전포고를 했으며, 국군과 장기간 치열한 전투를 했고, 제주도를 무력으로

---

11 조남현, 『제주4·3사건의 쟁점과 진실』(돌담, 1993), 191-193.

12 조직지도원 (오르그)

장악하여 인민공화국을 수립하려 했으며, 나아가 육지에서의 무장봉기로 육지가 혼란해지면 북한의 무력남침으로 적화통일을 하려 했던 점을 종합적으로 감안하면, 제주4·3사건의 성격은 단순 폭동이 아니라 명확하고 분명한 반란인 것이다.[13]

2. 제주남로당의 무장폭동의 목적은?

남로당 제주도당의 무장폭동은 우발적이고 제한적이 아니라 계획적이고 전면적이었다. 이는 승리에 대한 확신이나 최소한의 가능성을 전제하지 않고서는 감행되기 어려운 것이었다. 그렇다면 그 배경은 무엇인가? 또 남로당이 봉화를 올린 것은 단순히 '단선단정 반대'를 위한 것으로만 설명하기 어렵다. 남로당이 '단선단정 반대'를 통해 추구한 것이 무엇이었나?

더욱이 4·3사건이 발생할 당시 이미 남로당은 총수 박헌영이 북으로 피신하는 등 합법공간에서의 입지를 사실상 상실하고 있었고, 남한에 자유민주주의 체제를 근간으로 하는 대한민국이 건국될 경우, 남로당은 완전히 근거지를 잃게 될 상황이었다. 결국 결사적으로 남한지역에 미국식 자유민주주의 체제가 수립되는 것을 막자는 것이었다. 즉 남로당의 단선단정 반대, 통일정부 수립투쟁은 공산체제 건설을 위한 것이었다. 이것은 남로당의 사활이 걸린 문제였다.

---

13 나종삼, 『제주4·3사건의 진상』, 481.

남로당이 공산체제 구축을 목적으로 3·1기념식투쟁, 나아가 4·3사건을 일으킨 점은 다음과 같은 지침서에서도 확인된다.

「선전선동 요강」

첫째로, 3·1운동의 원인, 진행, 의의, 교훈 등을 명확하게 해설하여 선전선동할 것. 곧 국제적으로 민족자결주의의 타협노선과 위대한 소련 10월 혁명에 의한 혁명노선의 영향. 국제적으로 일제의 병합 이래의 극악한 반동정책, 노예정책이 이 3·1운동의 원인이 된 것....

둘째로, 우리는 3·1기념식을 어떻게 맞이할 것인가를 구체적으로 당의 기본노선에 결부시켜 광범히 선전선동할 것. 곧 위대한 10월 인민항쟁과 북조선 민주건설이 전국적으로 인민위원회에 정권을 넘기고 인민공화국의 토대를 튼튼히 구축해 나가는 것. 민주세력의 기본역량은 노동자, 농민, 근로지식인이라는 것[14](후략).

이 문건에서 나타났듯이, 남로당이 추구한 것은 소련의 10월 혁명 전통에 따른 '북조선식 민주건설'이었고 이것은 곧 공산주의 체제의 건설이라고 할 수 있다. 또 남로당은 제주도에서 봉기하면 남한 각지에서 이에 호응하여 또 다른 봉기가 잇따르고 결국에는 북에서 밀고 내려올 것으로 계산한 것이다. 이런 예측은 부분적으로는 맞아떨어졌다. 여수와 순천에

---

14 남로당문건 (1947.2.21.), 『제주항쟁』 (실천문학사, 1991), 12.

서의 14연대 반란사건과 김일성의 6·25남침이 바로 그것들이다.

3. 중앙당 지령이 없었나?

　제주4·3사건의 또 다른 쟁점은 남로당 제주도위원회 차원에서 이루어 졌나? 아니면 남로당 중앙당이나 평양이나 모스크바에서 내린 지령에 연계되었는가의 여부이다. 과거에는 제주도당 차원에서 벌인 것이라는 추정이 강하게 제기되었으나, 점차 중앙당 차원에서 행해진 일이라는 것이 중론으로 자리잡고 있다.

　우선 중앙당에서 지침을 내렸다고 주장한 최초의 인물이 박갑동이다. 그의 주장에 의하면, 중앙당이 제주도를 폭동 장소로 선정했다는 것이다.

　"그러던 중 중앙당의 폭동지령이 떨어졌다. 아마도 그 지령은 3월 중순 쯤에 현지의 무장행동대 두목 김달삼에게 시달된 것으로 안다. 이에 따라 김달삼은 자기 부하 조몽구와 국방경비대 안에서 밀령을 받고 있던 문상길 중위 등과 밀회하여 치밀하게 폭동계획을 짰던 것이다[15] (중략)."

　그러나 박갑동의 주장은 설득력이 있으나 입증할 만한 구체적 증거가 부족한 것이 허점이었다. 고창훈은 『4·3 민중항쟁의 전개와 성격』에서 "남로당 제주도당 위원회가 단선·단전 반대의 전국적 맥락과 결합시켜 독자적으로 결정을 내려 감행하였고, 감행 이후 도당대회서 의견조정을 거쳐 중앙당에 보고하였고, 중앙당은 이를 조정함과 동시에 전남당부 조

15　박갑동, 『박헌영-그 일대기를 통한 현대사의 재조명』 (인간사, 1983), 198.

직지도원(남도 올구)을 파견하여 지도하였다"고 주장한다.[16] 특히 고창훈은 4월 20일 평양대회에서도 제주도의 상황과 4·3에 관한 논의가 없었다는 점은 4·3봉기가 중앙당의 지령에 의한 것이 아니었음을 의미한다고 주장한다. 그러나 당시에 북로당이 헤게모니를 쥐고 있을 때이지만 여전히 김일성과 박헌영은 경쟁관계에 있었다고 할 수 있다. 제주4·3사건은 박헌영의 입장을 강화시켜준다는 점에서, 김일성으로서는 이에 대한 논의를 아예 회피했을 개연성이 크다. 오히려 김일성은 박헌영이 주도한 남반부의 봉기가 실패하기를 내심으로는 바라고 있었을 것이다.

김달삼의 급격한 부상도 중앙당의 개입이 없이는 설명하기 어려운 부문이다. 김달삼이 제주도당을 주도한 것은 4·3을 전후해서의 일이다. 하위직의 강경파인 김달삼과 이덕구 등이 상위직인 온건파 안세훈, 조몽구, 김유환 등의 무장투쟁 반대를 제치고 주도권을 장악하게 된 것은 중앙당의 개입 없이는 이해되기 어렵다.

그리하여 제주4·3폭동은 남로당 중앙의 지령에 의해 발발했고, 인민무장투쟁의 총지휘는 현지의 제주도당위원회 통제 하에 군사부책들인 김달삼, 이덕구, 김성규 등이 담당했으며, 인민해방군(빨치산)의 무장은 일본군이 지하에 매장하여 버리고 간 총기와 탄약 등을 발굴하여 충당한 것으로 정리되었다.

그러나 이것을 부정하는 증언이 다시 나왔다. 제주폭동 당시 인민해

---

16   고창훈, 『4·3 민중항쟁의 전개와 성격』, 『해방전후사의 인식4』 (한길사, 2006), 277-278.

방군 제2연대장 출신으로 일본에 망명한 김봉현[17]이 일본의 문예잡지 『민도(民濤)』(1988년 여름호 특집II)와의 인터뷰에서 무장투쟁의 지도부에 대해 새로운 증언을 했다. 즉 당시 제주도 인민해방군을 지도한 군사부는 도당위원회의 상부에 위치한 특별기구였고, 이 군사부를 지도한 사람은 중앙에서 파견된 조직책 千檢山(천검산)이라는 인물로 군사이론에 탁월했다고 증언했다. 따라서 제주도당의 전 조직이 천검산의 지도하에 있었다고 한다.[18] 그렇다면 북로당이나 소련 군정기관 이외는 달리 지목할 데가 없다.

결정적 자료로서는 김봉현과 김민주가 공편한 『제주도인민들의 4·3무장투쟁사』에 의하면, "박헌영 리승협 도당의 그릇된 전략과 전술로 말미암아 치명적인 타격을 받는 방향으로 오도되었다....그들의 졸당(卒黨)인 김달삼 강규찬은 아무런 승산도 없는 지시를 받아가면서..."[19]라는 기록은 박헌영과 리승협 등 중앙당의 지령이 있었음을 시인하는 기록이다.

요약해 보면, 공산당에 있어서 하부조직이 상부조직의 노선에 위배하여 행동을 실천에 옮기기가 사실상 불가능하다는 점과, 그것도 全面戰(전면전)을 고려한 무장투쟁을 결행하는 데 있어서 제주도당 차원에서 독자적으로 감행한다는 것은 거의 불가능하다고 볼 수 있다. 즉 남로당 하부조직으로서의 제주도당은 그 정치노선과 전술노선에 있어서 중앙당 노

---

17 조총련 오사카지부 서열 4위, 『조선일보』 A19, 2003.6.17.

18 조남현, 『제주4·3사건의 쟁점과 진실』, 246-247.

19 김봉현, 김민주, 공편, 『제주도인민들의 4·3무장쟁사』(1963.12.15), 164.

선을 벗어나 독립적으로 존재해 있을 수는 없었다. 또 다른 의문점은 중앙당의 지침이 있었다고 한다면, '왜 제주의 4·3무장폭동 시에 다른 육지 지역에서 호응이 없었나?'에 있다. 중앙당 차원에서 4·3사건을 일으켰다고 해도 형편상 전국적인 봉기로서의 지원을 할 수 없는 상황이었다고 추정해 볼 수 있다.

제주4·3사건은 남로당 중앙당이 5·10총선거를 파탄시키기 위하여 '폭동 지령'을 내려 발발하였는데, 중앙당은 폭동 지령을 제주4·3 발발 이전에 문서와 구두로 내렸고, 한번은 올구를 통해 '폭동에 경비대를 최대한 동원하라'고 지시하는 등 3번이나 폭동 지령을 내렸다.

(1) 문서 지령으로 남로당 중앙당은 제주도당에게 "2월 중순부터 3월 5일 사이에 제주도 전역에서 폭동을 일으켜라. 경찰간부와 고위관리들을 암살하고 경찰 무기를 노획하라. 총선거와 군정을 반대하고 인민공화국을 수립하라"는 지령을 내렸다.[20] 폭동 지령문이 1월 22일과 2월 12일 등 두 번이나 압수된 것으로 보아 남로당은 폭동지령을 두 번 이상 문건으로 지시하였음이 드러났다.

(2) 구두지령은 2·7폭동이 큰 성과 없이 끝나자 남로당 중앙당은 2월 중순에 이재복을 제주도에 보내[21] 남로당 제주도당 조직부장 김달삼에게

---

20 나종삼, 『제주4·3사건의 진상』, 105.

21 이재복을 안내하였던 조경순(여·순반란사건의 지휘자 김지회의 처)을 취조했던 빈철현은 2·7폭동이 실패하자 남로당 중앙당은 조직이 온존한 제주도에서 단선반대투쟁을 계속하기로 하고 이재복을 파견했다고 했다.

"UN에 의한 자유선거가 실시되면 우익정부가 들어서고 우리는 설자리가 없어진다. 제주도에서 폭동을 일으켜서 단선반대투쟁을 강력히 전개하라"는 구두지령을 내렸다.

(3) 올구를 통한 지령은 전남 파견 올구가 2월 말에 제주도를 떠났다가 복귀하여 3월 15일의 회의시 "國警(국경)프락치는 도당에서 지도할 수 있으며, 이번의 무장 반격에 이것(경비대)을 최대한 동원하여야 한다"고[22] 지시하였다. 이 지시도 올구가 남로당 중앙당을 방문하고 나온 것으로 보아 중앙당의 지령으로 보아야 할 것이다.

모스크바에서 지령이 내린 것으로 연계되었는가에 대한 비밀자료도 공개가 되었기에 부정할 사안이 아니다. 1993년에 소련의 비밀 문건 해제로 확인된 바에 의하면, 소련의 스탈린이 1945년 9월 20일자로 "북한에 단독정부를 구성하라"는 지령을 내린 사실, 그리고 이 지령에 따라 임무를 수행했던 평양 주둔 소련군 정치담당 부사령관 쉬티코프의 일기 형식으로 된 비망록에 따르면, 소련군정이 김일성의 북로당과 박헌영의 남로당을 완전히 장악했던 실상이 나타나 있으며 1946년 9월의 총파업과 10월 대구폭동시, 남로당 당수 박헌영에게 200만 엔과 300만 엔의 공작금까지 제공하며 투쟁 방법을 구체적으로 지시하는 내용이 기록돼 있다.

특히 1946년 9월 총파업과 10월 대구폭동을 앞두고 박헌영이 "당(黨)이 사회단체들을 어떻게 지도해야 하는지를 문의"하고 있으며 이에 대해

---

22 문창송 편, 『한라산은 알고 있다. 묻혀진 4·3의 진상』 (대림인쇄사, 1995), 76.

쉬티코프는 "테러와 압제에 반대하는 대중적인 시위를 벌이고 항의집회를 개최하라"고 지시한 기록이 나타나 있다. 이 같은 사실은 9월 총파업과 10월 폭동의 연장선상에 있는 제주4·3사건이 박헌영의 지령에 의해 일어난 것임을 강력히 시사하는 것이다.[23]

4. 부풀려진 피해자 수치

4·3폭동 피해자의 숫자는 1949년 3월 4일자 연합신문에서 처음 발표되었다고 알려진다. 신상준의 〈제주도4·3사건〉에는 그동안 피해자 상황을 발표했던 자료가 일목요연하게 정리되어 있다. 그동안 발표된 사망자 숫자는 다음과 같다.

① 1949년 3월 4일자 연합신문 : 19,900명

② 1949년 9월 1일자 서울신문 : 29,720명

③ 1949년 4월 1일 미육군사령부 정보참모부 일일보고서 : 14,000~15,000명

④ 1949년 4월 7일 신성모 국방부장관 기자회견 : 1,668명

⑤ 1950년 1월 19일자 자유신문 : 3,240명

⑥ 1950년 1월 '근로자' 이승엽 기고문 : 3만

⑦ 1950년 7월 '인민' 이기석 기고문 : 3만

⑧ 1951년 1월 6일 국회 제7차 회의 허정 사회부장관 보고 : 5만

---

23 http://www.newdaily.co.kr/site/data/html/2018/04/02/2018040200117.html (검색일, 2019.6.13).

⑨ 1951년 1월 23일 국회 13차 회의 강경옥 국회의원 질문 : 5만

⑩ 1953년 제주도청 발간 '제주도세 요람' : 27,719명

⑪ 1957년 4월 3일 제주신보 : 공비 사살 7,893명, 공비에게 참살당한 양민 1,300명

⑫ 1960년 국회 양민 학살사건 진상조사특별위원회 : 사망자 1,878명

⑬ 1989년 월간 관광제주 : 공비에게 살해된 수 1,288명, 진압과정에서 살해된 수 6,750명/ 합계 8,033명

⑭ 1995년 제주도4·3피해 1차 조사보고서 : 사망 8,679명, 행불 1,041명, 형무소 행불 870명/ 합계 10,581명(가해자 토벌대 8,909명, 무장대 1,065명, 기타 141명, 분류불능 466명)

⑮ 1997년 제주도4·3피해조사보고서 - 수정보완판 : 사망 9,361명, 행불 1,346명, 형무소 행불 958명/ 합계 11,665명(가해자 토벌대 9,674명, 무장대 1,314명, 기타 164명, 분류불능 513명)

⑯ 2000년 제주도4·3피해자조사보고서 - 2차 수정보완판 : 합계 12,243명

⑰ 2003년 4·3중앙위원회 백서 : 사망자 10,156명, 행불 3,718명, 후유장애자 204명, 수형자 244명/ 합계 14,322명.[24]

위 수치를 보면, ④, ⑤, ⑪, ⑫, ⑬번 등을 제외한 번호는 모두 1만 명을

---

24 김동일, 『제주4·3사건의 거짓과 진실』, 324-333.

상회하는 것으로 나타난다. 그러나 4·3사건 전문가들의 견해에 의하면, 제주신보가 조사한 ⑪번이 가장 정확한 것으로 판단하고 있다. 제주4·3 사건의 사망자 숫자는 8~9천 명 근처에 있는 것이 틀림없다. 4·3중앙위 원회가 14년간의 접수 끝에 발표한 사망자 숫자는 10,344명인데 전자와 비교하면 약 1~2천 명의 차이가 난다. 이것은 불량위패가 끼어든 시대상 황상의 오차로 볼 수 있다. 이 오차는 희생자 신고를 하지 말아야할 불량 희생자이거나 아직 생존한 자이거나, 아니면 보상을 노린 가짜 희생자일 수도 있다.

5. 김익렬 寄稿(기고)와 遺稿(유고)의 진실 논란

4·3사건의 진실 공방전에서 가장 논란거리가 심각한 부분이 바로 김 익렬 중령의 증언이 담긴 그가 남기고 간 기고와 유고의 진실성 여부이 다. 김익렬 중령이 4·3폭동에서 중요한 위치를 차지하는 이유는 김달삼 과 소위 '4·28평화회담'을 추진했기 때문이다. 이 '4·28평화협상'은 회유 냐 진압이냐의 분수령이었으며, 결국 4·3폭동이 유혈로 치달았다는 점 에서 김익렬은 4·3폭동의 책임 문제에서 결코 자유롭지 못하다. 그의 부 하들은 그에게 '평화주의자'라는 간판을 달아주었으나, 그의 후임 박진경 연대장을 한 달 만에 암살하고 말았다. 박진경 연대장이 암살당해야 할 이유는 단 하나, 열심히 폭동 진압에 나섰다는 것 뿐이다.[25]

---

25 위의 책, 145-147.

김익렬 중령이 직위 해제된 이유에 대해서는 김익렬의 유고에 따르면, 조병옥이 그의 부친을 공산주의자로 몰아붙이면서 감정이 폭발한 것으로 되어 있다. 그러나 이 주장은 신뢰하기 어렵다. 그 이유는 조병옥은 독립운동가요 미국유학파로서 해방 정국에서 뛰어난 통찰력으로 공산주의의 악마성을 꿰뚫고 있었던 선각자 중의 한 사람이었기 때문이다. 조병옥은 대한민국의 건국에서 좌익들의 저항을 분쇄하는데 앞장서서 국가의 초석을 놓은 지대한 공로자이다. 이런 인물이 김익렬의 부친을 공산주의자로 매도하면서 거짓말로 인신공격을 했다는 점은 믿기 어렵다. 조병옥은 남한의 치안을 담당하는 경찰 총수로서 막강한 정보력을 가진 인물이었다. 만약 조병옥이 그런 주장을 했다면 김익렬로서는 반론을 제기하여 조병옥의 거짓말을 증명할 수도 있었지만 그렇게 하지를 못했다.

몸싸움을 하다가 상황이 정리된 이후, 딘 장군의 요청으로 조병옥은 다시 단상에 올라가 김익렬이 공산주의자라는 설명을 했다. 김익렬은 조병옥에게 욕설을 퍼붓는다. 그는 조병옥의 연설이 끝난 후에 반론을 제기할 수도 있었다. 김익렬은 조병옥의 연설을 방해하는 행동을 보였고 그는 상당한 궁지에 몰렸다. 김익렬의 유고에서는 조병옥이 자신을 공산주의자라고 언급한 대목에 대해 거의 언급하지 않고 있다. 그에게 불리한 부분이길래 의도적으로 누락시켰을 것이다. 더구나 김익렬과 김달삼은 친구로 알려져 있지만, 그는 그 사실을 철저하게 숨겼다. 김익렬이 언제 친구 김달삼의 존재를 인식하게 되었는지는 알려지지 않았다. 김익렬은 말년에 4·3폭동 당시 협상장에서 만났던 유격대 사령관 김달삼이 복지산 학

교의 친구였다고 떠벌리고 다녔다.[26]

김익렬은 유고를 쓰기 이전인 1948년 8월 6일 국제신문에 김달삼과의 협상에 대한 기고를 했다. 그리고 유고는 1970년대에 작성되어 1988년 12월 김익렬이 사망한 이후 발표되었다. 즉 김달삼과의 협상내용은 기고와 유고라는 두 개의 문건이 존재하고 있었다. 그런데 그 내용들이 상이한 점이 많길래, 하나의 사건에서 두 개의 발언이 존재하고 있다. 그러하길래, 그것들은 진술을 무수하게 번복하였기에 후세의 독자들을 더욱 헷갈리게 만들고 있는 것이다. 그만큼 김익렬은 변명과 거짓말을 많이 한 것으로 볼 수 있다. 여기에서 역사의 무대에서 김익렬에 대한 진실 공방전이 벌어지는 것이다.

기고와 유고의 집필 동기도 상이하다. 기고의 목적은 "인민군사령의 정체에 대해 전투 지휘가 상당히 능하느니 뭐니 하여 사실 아닌 사실에 불만을 느끼고 그릇된 선전을 시정하려는 의미에서"라고 하는 반면에, 유고의 목적은 "사가들이 맹목적으로 제주4·3사건을 공산당의 사전 음모에 의한 우리나라 공산화를 위한 여순, 지리산 등지의 공산반란과 같은 사건으로 단정짓기에 후세 사가들이나 제주도민들이 정확한 역사를 아

---

26 더 자세한 내용은 김동일, 위의 책, 165-173.

제주 비행장에 도착한 미군정 수뇌부. 왼쪽 두 번째부터 군정장관 딘 소장, 통역관, 유해진 제주도지사, 맨스필드 제주군정장관, 안재홍 민정장관, 송호성 총사령관, 조병옥 경무부장, 김익렬 9연대장, 최천 제주경찰감찰청장. 이날 제주에서 개최된 회의에서 조병옥 경무부장과 김익렬 연대장 사이에 육탄전이 벌어졌다. (1948.5.5.) 〈미국립문서기록관리청 소장〉

는데 도움을 주기 위해서"라고 언급했다.[27]

기고와 유고의 관점이 다르기에 어느 것이 진실인지를 알 수가 없게 된다. 그만큼 김익렬은 거짓말을 많이 한 것이다. 특히 김익렬의 유고는 왜곡과 거짓으로 가득 차 있지만, 4·3폭동에서 좌익들이 숭상하는 중요 문건이다. 4·3정부보고서에서도 유고는 진실을 왜곡하는 도구로 중요한 역

---

27 김동일, 위의 책, 175. 기고와 유고의 상이점에 대한 더 자세한 내용은 김동일, 위의 책, 174-183.

할을 담당한다. 4·3폭동의 유혈은 협상이 파기되었기 때문이고, 협상 파기의 주범은 경찰과 우익이라는 논리다. 4·28평화회담은 점차 미화되고 윤색되어서 김익렬을 평화의 화신으로 만들었다. 후대의 남한 좌익들이 4·3폭동에 대해 대한민국과 우익진영을 매도할 수 있는 근거는 바로 김익렬의 왜곡에서 출발한다. 김익렬은 평화를 주창하고, 성사시켰는데, 폭력적 정권이 일부러 강경진압을 감행하여 희생자를 양산시켰다는 주장이다. 그러나 원래부터 성사된 평화회담은 존재하지 않았다.[28]

6. 단정 수립의 정치적 책임론

한마디로 제주4·3폭동을 일으킨 주동자들의 폭동 동기는 미군정이 협조하고 이승만이 강력하게 주장한 5·10총선거를 통한 남한만의 단독정부 수립의 노선을 정면으로 반대한 것에 있다. 그렇다면 통일정부를 이루지 못한 남북분단이 이승만의 책임인가? 과연 남북한 누가 먼저 단독정부를 재촉했던 것일까?

1945년 8월 15일, 일제로부터 해방되었지만, 38선 이남에는 미군이 주둔하고 38선 이북에는 소련군이 점령하여 각각 군정을 실시하였다. 소련은 이미 북한에 단독정부를 수립할 결심을 굳혔다. 9월 20일 스탈린은 북한에 독자적인 정권을 세우라는 취지의 비밀지령을 제1극동군 사령관 바실레프스크에 내렸다. 그에 따라 10월 8일부터 10일까지 이북5도행정

---

28 김익렬의 평화회담의 허구성에 대해서 더 자세한 것은 김동일, 『제주4·3사건의 거짓과 진실』, 184-191 참조.

위원회가 설치되고 산하에 이북5도의 행정을 총괄하는 10개 행정국이 창설되었다. 그와 동시에 조선공산당 북조선분국이 창립되어 오늘날 조선노동당의 전신이 되었다.

1945년 12월 모스크바 삼상회의 결의에 따라 미국과 소련은 미소공동위원회를 개최하며 장차 한반도에 들어설 임시정부의 수립에 관한 논의를 시작했다. 그러나 소련은 그 이전에 조선공산당 북조선분국의 공산주의자들이 토지개혁 등의 사회개혁을 추진하여 임시정부의 수립 과정에서 주도권을 장악하도록 지시하였다. 김일성은 소련군이 점령한 38도선 이북에서 혁명을 먼저 수행하여 북한을 '민주기지'로 만든 후에 한반도 전체로 혁명을 확대해야 한다고 주장하였다.

그런 방침 하에 1946년 2월에는 북조선임시인민위원회가 수립되었다. 이 위원회는 무상몰수와 무상분배를 원칙으로 한 토지개혁과 주요 산업의 국유화 등을 골자로 한 공산주의 개혁을 추진하였다. 그러나 무상으로 분배된 토지에 대해 농민은 경작권을 가졌지만, 소유권은 없었다. 그럼에도 토지개혁은 농민의 환영을 받았다.

무상몰수와 무상분배를 통한 북한의 급진적인 개혁은 사유재산권을 존중하는 남한의 미군정과 자유주의 정치세력이 수용할 수는 없는 것이었다. 북한의 토지개혁으로 인해 남북한의 통일을 기대하기 어렵게 되었다.

토지개혁을 시행한 북조선임시인민위원회는 사실상 북한지역을 통치하는 단독정부의 행세를 했다. 북조선임시인민위원회는 1946년 11월 도·시·군 인민위원 선거를 거쳐 1947년 2월 북조선인민위원회로 명칭을 바꾸었다. 그리하여 북한은 남한에서 미군정과 자유주의 정치세력이 단독정부를 세우려는 움직임을 보이기 훨씬 전에 이미 단독정부를 세운 것이나 다름이 없었다.[29]

북한지역에서 이미 단독정부 수립이 한창 추진되고 있던 1946년 남한은 신탁통치문제로 혼미를 거듭하고 있었다. 1945년 8월 15일, 남한은 일본이 항복했으나, 미군은 아직 진주하지 않은 힘의 공백 상태에 있었다. 이런 공백을 선점한 것은 건국준비위원회와 세력을 결집한 공산주의자들이었다. 9월 8일, 남한에 미군이 주둔하면서 미군정은 어떤 조직의 정부형태도 인정하지 않았으며, 38도선 이남에서는 미군이 유일한 합법정부임을 선언하였다. 모스크바 삼상회의에서 일정기간동안 한반도에서 신탁통치를 결정했지만, 그 방안이 실현될 가능성은 희박했다. 일제가 패망한 이후, 미국과 소련은 냉전에 돌입했으며, 양국 간 협력의 여지는 처음부터 적었다. 1946년 3월부터 5월까지 아무런 성과 없이 끝난 제1차 미소공동위원회가 이를 말해 준다.

이에 미군정은 김규식과 여운형 등 온건한 중간파 세력이 결집하도록 좌우합작운동을 지원하였다. 현실적으로 해방공간에서 중간파 세력이 크지 않았기에 좌우합작이 성공할 가능성은 적었다. 북한을 통한 한반도의 공산화 책략에 위기를 느낀 이승만은 1946년 전국을 순회강연하면서 소련 공산주의 책동의 위험성을 경고하고 단독정부의 필요성을 강조하

---

29 교과서포럼, 『한국현대사』 (기파랑, 2008), 181-182.

였다. 1946년 6월 이승만의 정읍발언은 국제적으로는 미국과 소련 간의 대립과 갈등이 깊어지고, 국내적으로는 이미 북한에서 사실상 단독정부가 수립되어 있는 상황에서, 남한에서도 불가피하게 그에 준하는 대응책으로 단독정부를 수립하여 북한지역을 공산화하고 있는 소련에 맞설 것을 요구한 것이다. 그해 12월 4일, 이승만은 급기야 도미 여정에 올랐으며, 자신이 직접 미국정부를 설득하여 남한만이라도 정부수립(건국)을 추진하겠다는 것을 결심하였다.

이승만이 대미외교에 전념하고 있던 그 당시의 국제정세는 1947년 3월에 발표된 트루먼 독트린에서 밝혔듯이 이승만의 정세판단이 정확했음을 입증한다. 트루먼 독트린은 미국이 소련과의 대화나 협조적인 자세를 버리고 대소봉쇄정책으로 전환하는 계기가 되는 것이었다. 이는 그리스와 터키가 공산세력의 위협에 직면하여 소련의 세계적화 전략에 맞선 미국의 적극적인 군사적 대응책이었다.

신탁통치를 논의하고자 1947년 5월 미소공동위원회가 열렸지만 아무런 성과가 없었다. 그래서 미국은 한반도 문제를 유엔에 넘겼다. 그해 11월 유엔은 한반도에서 인구비례에 따른 총선거를 실시하여 통일정부를 수립하며, 이 선거를 감시하기 위해 유엔한국임시위원단을 남한에 파견하기로 결의하였다. 1948년 1월 유엔한국임시위원단이 남한에 들어왔다. 그러나 소련의 거부로 북한에는 들어갈 수 없었다. 그래서 2월, 유엔은 "선거감시가 가능한 지역", 즉 남한에서만 총선거를 실시하기로 했다. 미군정은 이를 수용하여, 그해 5월 10일 남한에서의 총선거를 실시하였다.

결국 정리해보면, 분단의 책임을 놓고 볼 때, 가장 큰 원인은 냉전체제에 있었으며, 미소 양국에게 일단 책임이 있다. 그러나 사태의 진척과정을 세밀하게 살펴보면, 1차적인 책임은 소련 측에 있음을 알 수 있다. 소련은 북한 점령시기 처음부터 공산화 작업에 착수하여 공산주의자들의 지배권을 구축했다는 점에서 분단의 책임을 면키 어렵다. 만약 남한에서 단독정부가 추진되지 않은 채 계속 시간만 지체되었다면, 미군정의 갈팡질팡하는 한반도 정책의 와중에서 결국 한반도는 미군이 철수한 이후 강력한 반공적 자유민주주의 정부가 수립되지 못하고 좌우합작의 연립정부가 수립되었을 가능성도 있다. 그렇게 되었다면 남한은 공산주의자들의 손에 넘어갔을지도 모른다.

제주4·3사건의 폭동 주동자들이 주장한 "공산화라도 통일정부면 무조건 찬성한다"는 식의 통일지상주의에는 결코 동의할 수 없는 것이다. 즉 이승만의 단독정부 요구는 시대적 상황으로 고려해 볼 때, 불가피한 것이었으며 오히려 역사적으로 정당한 평가를 받아야 한다고 볼 수 있다.

남로당의 공산주의자들은 그들의 조국이 대한민국이 아니라 소련이었다는 등식이 성립된다. 공산주의 이념의 실체도 제대로 모른 체 4·3사건의 流血(유혈)의 회오리바람에 휩쓸린 제주도 민중들은 최대의 피해자가 되었다. 물론 억울하게 죽어갔던 제주도민들의 희생은 안타까운 일이다. 그렇지만, 군경 토벌대의 강경진압을 문제 삼기 전에 먼저 건국을 무장폭동으로 방해한 남로당의 반란행위를 준엄하게 물어야 할 것이고 그들의 반란행위가 역사적 평가에서든지, 어떤 법적인 방식으로든지 평화나 상생이란 미사여구로 미화, 찬양, 정당화되어서는 안될 것이다.

V. 결 론

일제로부터 해방된 지 불과 3년 만에 대한민국이 건국되었고, 그로부터 어언 73년이 지났다. 2차 세계대전 이후 수많은 신생국가가 탄생되었지만, 대한민국처럼 단기간에 건국-산업화-민주화를 달성한 나라는 지구상에 거의 존재하지 않는다. 선진국의 경우, 산업화 과정만 하더라도 100년 가까이 걸렸다는 점에서 세계사에서 전무후무한 기록이다. 이런 자랑스러운 대한민국의 성취의 발자취에는 건국의 과정에서 흘린 선열들의 엄청난 희생과 헌신이 있었다. 특히 국군, 경찰, 또 북한에서 내려온 서북청년단을 위시한 애국지사들의 엄청난 헌신과 희생이 있었다. 그러나 민주화의 광풍 이후 해이해진 좌경적 사회 분위기 속에서 건국의 선각자들의 피와 눈물의 삶의 궤적을 망각하고 말았다. 우리 한국인들은 이제 건국사를 망각해버린 생각 없는 국민이 된 것이 아닐까?

1948년 건국 당시 대한민국은 자원과 물자, 그리고 국가경영의 인재 등 모든 것이 부족한 그야말로 신생취약국가였기에, 언제 붕괴될지 알 수 없는 국가였다. 미군정도 하루빨리 철수하기를 원했고, 미 전략가들이 바라보는 한반도의 전략적 가치는 서독과 일본에 비해 형편없이 저평가되었던 시절이었다. 미군정은 1947년 7월 제2차 미소공위가 무기한 연기되자 소련과의 좌우합작 정부 구성이 더 이상 불가능하다는 점을 인식하고 대한민국의 건국 작업을 서둘렀다. 그리하여 군대와 경찰조직이 증강되고 미국의 원조가 강화되었으나, 소련의 북조선에 대한 막대한 군사적 경제적 지원과 비교해 보면 빈약했다. 그러므로 1948년 8월 15일에 건국한 대한민국은 언제 붕괴될지 알 수 없는 바람 앞의 등불처럼 그야말로 신생 취약국가였다.

특히 남로당을 위시한 좌익계열은 파업, 폭동 등으로 사사건건 건국을 방해하였는데, 가장 대표적인 비극적 사건이 바로 제주4·3사건이었다. 제주4·3사건을 진압하는 과정에서 군내부의 남로당 프락치 존재의 심각성을 인식하고 숙군작업에 들어갔으며, 다행스럽게도 이 숙군작업으로 6·25 전쟁 시 군내부의 혼란을 겪지 않게 되었다. 물론 그 와중에서 좌익의 선전선동에 본의 아니게 동조하여 억울하게 죽어갔던 민중들의 넋은 위로를 받아야 한다. 그러나 폭동과 반역의 주동자인 남로당원들에게 철저하게 그 과오와 책임을 물어야하는 냉정한 작업이 필요할 것이다. 그들은 자주적 통일정부의 구성을 위해 목숨을 바쳐서 무장 투쟁한 것이 아니라, 그들의 사상적 조국은 소련이었고, 스탈린에 충성을 맹세한 스탈린주의자였다는 점에서 일말의 동정심도 표할 수 없다.

건국에 정면으로 도전장을 내밀었던 제주4·3사건에 대한 올바른 정립은 대한민국의 정체성 확립과 크게 연관이 있다. 오늘날 날로 훼손되어가는 대한민국 국가 정체성의 위기를 고려해 볼 때, 제주4·3특별법 통과에서 보듯이 제주4·3사건의 역사 왜곡은 대한민국의 건국정신과 건국이념을 더욱 훼손, 침해할 것이고, 건국의 정통성이 부정되면서 건국에 헌신적으로 희생했던 분들의 노고가 물거품이 될 수도 있을 것이다.

이미 언급되었지만, 제주4·3사건은 역사적 성격에서 대한민국의 건국을 방해했던 무장폭동의 반란이었음이 명백하다. 4·3폭동의 주체 세력은 문맹의 노동자 농민이 아니라 사회주의(공산주의) 신념을 가진 상당한 지식층들이었다. 이들의 선언문이나 폭동의 행동거취들은 4·3폭동이 경찰이나 서청의 탄압에 저항하여 일으킨 단순한 폭동이 아니라 이데올로기를 위한 신념의 폭동이었음을 밝혀주고 있다. 투쟁방식도 단순히 경찰을 공격한 것을 넘어서서 군사조직을 갖추고 계획적으로 대한민국에 저항했음을 알려주고 있다. 그런데 이런 확실한 역사적 진실을 왜곡, 호도하면서 마치 공권력이 죄가 없는 제주도민들을 학살한 것처럼 오도되어왔다는 점은 개탄스러운 일이다. 김대중-노무현-문재인 좌익정부가 연이어 등장하면서 제주4·3사건에 대한 역사적 진실을 내동댕이치고, 정권의 입맛대로 역사를 재단하려고 했다. 역사적 문제를 학자들이 연구와 토의를 거쳐 학문적으로 해결하지 않고 표심을 의식하여 정치적으로 이용하려고 하기 때문에 진실을 외면하고 권력의 힘이나 다수결로 해결하려는 무모함이 갈등을 더욱 증폭시켰다.

해방 정국에서 시작된 좌익과 우익의 갈등, 투쟁은 70여 년이 지났음에도 불구하고 그 투쟁 양상은 역사학을 비롯하여 전 문화현상으로까지 확대되어가는 역사전쟁의 광역화 현상이 도처에서 목도되고 있다. 대한민국의 헌법정신과 자유민주주의를 수호해왔던 체제수호세력은 역사전쟁에서 패하는 상황에 있다. 어느 여당 대선후보자는 "대한민국은 친일파와 미군정이 세운 나라"라는 식으로 반일선동의 역사전쟁을 선포하기까지 하면서 지지층을 긁어모으려고 광분했다. 대중의 반일정서를 정략적으로 이용하려는 책략은 선거철마다 약방의 감초처럼 등장하면서 국익의 훼손에는 아랑곳하지 않으면서 대중의 표심을 자극한다. 제주4·3사건특별법 개정안의 통과를 보면서 이제부터라도 시민단체와 애국지사들이 앞장서서 역사의 좌경화를 막고 올바른 역사적 진실을 국민들에게 전달하는데 심혈을 기울여야 할 것이다.

참고문헌

1. 단행본

고문승, 『제주사람들의 설움』, 신아문화사, 1991.

교과서포럼, 『한국현대사』, 기파랑, 2008.

김동일, 『제주 4·3사건의 거짓과 진실』, 비봉, 2016.

김봉현, 김민주, 『제주도인민들의 4·3무장투쟁사』, 문우사, 1963.

나종삼, 『제주4·3사건의 진상』, 아성사, 2013.

문창송(편), 『한라산은 알고 있다. 묻혀진 4·3의 진상』, 대림인쇄사, 1995.

박갑동, 『박헌영-그 일대기를 통한 현대사의 재조명』, 인간사, 1983.

양동안, 『대한민국 건국전후사 바로 알기』, 대추나무, 2019.

이선교, 『제주 4·3사건의 진상』, 현대사포럼, 2010, 5판.

이택선, 『취약국가 대한민국의 탄생, 국가건설의 시대 1945-1950』, 미지북스, 2020.

조남현, 『제주4·3사건의 쟁점과 진실』, 돌담, 1993.

2. 논문

고창훈, 「4·3 민중항쟁의 전개와 성격」, 『해방전후사의 인식4』, 한길사, 2006.

남로당문건(1947.2.21.), 『제주항쟁』, 실천문학사.

3. 인터넷

http://weekly1.chosun.com/site/data/html_dir/2004/11/24/2004112477005.html.

http://www.newdaily.co.kr/site/data/html/2018/04/02/2018040200117.html.

6·25와 사상전

이 희 천

전 국가정보대학원 교수

I. 문제 제기

6·25전쟁은 세계 전쟁사 중에서도 민간인 피해가 가장 많았던 전쟁이었다. 군인들의 전사자도 많았지만 전선이 아닌 후방 마을의 개울가, 우

물, 방공호 등 곳곳에서 수많은 민간인들의 시신들이 집단적으로 발견되었다. 군인들이야 무기를 가지고 싸우기 때문에 수많은 전사자가 생기는 것은 당연하지만 전투도 없었던 후방 마을 곳곳에서 그렇게 많은 시신이 발견된 것일까? 누구의 시신일까? 누가 죽인 것일까? 도대체 왜 이런 현상이 일어난 것일까? 이것을 제대로 분석하지 않고는 6·25전쟁의 진면목을 이해할 수 없고, 전쟁의 반쪽만 아는 셈이다.

그동안 국민들은 6·25전쟁에 대해 주로 '군사적 충돌 측면'에서만 이해해 왔다. 학교에서도 북한의 남침, 유엔군 참전, 낙동강 전투, 인천상륙작전, 38선 통과 북진, 중공 참전, 장진호 전투, 흥남철수작전, 1·4후퇴, 휴전 등을 주로 가르쳤다. 그러다 보니 6·25전쟁의 '사상적 측면'(공산주의와 자유 민주주의 간의 사상·체제 전쟁)이 지나치게 소홀히 취급되어왔다.

사상사적 측면에서 6·25전쟁을 정의하면, 공산주의체제인 북한이 소련과 중공(중국 공산당)의 지원 아래 자유민주주의체제인 대한민국을 적화(공산화)하기 위해 일으킨 체제 전쟁이었다고 할 수 있다. 공산주의 사상은 자유시장경제체제를 '자본주의체제'라고 부르면서 '자본가들이 노동자 등을 착취하는 나쁜 체제'라고 혐오한다. 또한, 자본가, 지주 등 부자들과 경찰, 군인, 우익인사 등 반공 자유민주주의체제 수호세력을 '반동분자'라고 매도하면서 이들을 제거해야 한다고 보았다. 이 때문에 러시아나 폴란드 등 동유럽 국가들, 동아시아의 베트남, 캄보디아 등이 공산화하는 과정에서도 '반동분자 숙청'이라는 명분으로 부자들(자본가, 지주 등)과 반공세력을 학살하는 일이 공통적으로 일어났다.

6·25전쟁도 마찬가지로 김일성이 '남한의 반동분자들을 제거하고 인민들을 해방해야 한다'라는 공산주의 관념에 따라 일으킨 전쟁이었다. 따라서 북한군이 남한 각 마을을 점령했을 때 지주, 자본가, 경찰, 공무원, 민간우익 등 우익세력들을 학살할 것이 당연히 예견되었다. 실제 김일성, 박헌영 등은 전쟁 발발 당시 남한 내에 있는 좌익세력의 도움을 받아 반동분자를 숙청하겠다는 뜻을 밝혔다. 김일성은 소련 공산당 서기장 스탈린(Joseph V. Stalin)에게 남침 전쟁을 허락해 달라고 요청하였고, 이때 그는 서울만 점령하면 20만 남로당원 등 좌익세력의 협조를 받아 손쉽게 공산화할 수 있다고 스탈린을 설득했다. 그리고 실제로 북한군이 남한 각 지역을 점령했을 때 남한 좌익분자들과 합세하여 우익 민간인들을 살생부에 따라 체포, 인민재판이나 무단으로 학살했다. 인천상륙작전(1950.9.15.) 이후 전세가 역전되자, 북한군은 후퇴하면서 그간 체포해 두었던 민간우익인사들을 집단학살하고 후퇴했다. 유엔군과 국군이 서울을 되찾은 것은 인천상륙작전 13일만인 9월 28일이었는데, 이즈음 북한군은 각지에서 자행하던 집단학살을 멈추고 재빨리 북으로 후퇴했다. 북한군이 후퇴하자, 그간 북한군을 도왔던 남한 좌익분자들은 두려움에 떨면서 인근 산으로 피신, 빨치산이 되어 지역주민들 중 자신들을 고발할 위험성이 있는 기독교인, 우익인사들의 가족 등을 집단학살하는 사건들이 곳곳에서 일어났다.

　그러므로 6·25전쟁 때 후방마을에서 일어난 잔혹한 민간학살극의 주체는 남한 마을을 점령했던 북한군과 이에 앞잡이 노릇을 한 남한 좌익분자들이었다. 북한군이 마을에 내려오자, 각 마을에 있던 좌익분자들은 북한군을 환영한 후 합세해, 완장을 차고 북한 앞잡이로서 반공세력을 학살하는데 앞장섰다. 그간 한마을에 살던 이웃이었는데도 불구하고 북한군이 마을에 나타나자, 돌변하여 북한군과 합세한 것이다. 6·25전쟁을 겪은 분들이 한결같이 좌파사상을 가진 이웃이 평소에는 아무런 문제가 없는 듯 보이지만, 북한군이 내려오는 등 급변사태가 벌어지면 돌변하여 북한군과 한편이 되어 우익주민들을 죽이는 악마로 돌변하더라는 것이다.

북한군 점령기간(1950.6월말-9월말)에 북한군과 남한 좌익분자들에 의해 일어난 학살, 북한군 후퇴 직후에 남한 좌익분자들에 의해 일어났던 민간인 집단학살극은 너무나 참혹하고, 그 규모도 크다. 학살의 규모는 자료들에 따라 다른데, 6만여 명, 12만여 명, 16만여 명 등 다양한 자료와 주장이 있다. 그런데, 많은 국민들이 민간인 학살이라고 하면 대한민국 정부나 미군이 주로 했고, 좌익은 피해를 입은 세력으로 오해하는 경우가 많다. 역사적 사실을 잘못 알고 있는 경우다. 이는 좌파진영이 이 문제를 집중적으로 파헤쳐 일부 사건을 왜곡되게 선전한데다 우파진영은 이 분야 진실캐기에 무관심했기 때문이다. 그런 결과로, 6·25전쟁의 대표적 '민간인 학살사건'으로 '노근리사건, 국민보도연맹사건, 거창양민학살사건' 등 미군이나 한국군 혹은 경찰에 의한 사건만 부각되었고, 북한군과 동네 좌익분자들에 의한 민간인 학살사건은 제대로 드러나지 않았고, 공론화되지도 못했다. 그 결과, 후방 마을에서 일어난 민간인 학살사건에 대한 진실이 왜곡되었고, 6·25전쟁의 성격도 왜곡될 수밖에 없었다. 6·25전쟁에 대해 올바른 역사관을 가지려면 북한군과 남한의 좌익세력에 의한 민간인 학살의 실체를 알아야만 한다.

II. 해방 이후 좌우간 사상갈등에 기인한 사건들

우리 민족에게 공산주의 사상이 전파된 것은 지금으로부터 약 100여 년 전인 1918년(이동휘의 한인사회당)이다. 러시아에서 레닌의 10월혁명(1917.10.)이 성공한 직후이다. 당시 한민족은 동아시아에서 공산주의를 가장 먼저, 가장 적극적으로 받아들인 주체였고, 국내로 전파한 것은 1920년초였다. 1920년대 초 국내에 좌익단체들이 우후죽순처럼 커지자, 일제가 치안유지법(1925)을 제정하여 강력하게 통제했고, 이로 인해 좌익세력은 상당히 억제되었다.

해방 직후에 한반도에서는 공산세력이 그리 크지 않았다. 그런데, 1945년 8월 15일 일본의 항복 직후 통치권 공백기를 이용하여 발빠르게 대응하여 좌익세력을 급속하게 확산시켰다. 하지 중장 등 미군은 9월 9일에서야 서울에 들어와 미군정을 수립했기 때문에, 25일간의 통치권 공백현상이 발생했다. 좌익세력은 이 틈을 이용하여 조선공산당을 조직한 데 이어 발 빠르게 건준(건국준비위원회), 인공(조선인민공화국)이라는 준통치조직을 만들어 좌익세력 확장 및 통치권 장악에 나섰다. 더욱이 미군정도 좌익세력에 대해 활동의 자유를 허용해 주었기 때문에, 좌익세력은 그 확장세를 지속할 수 있었다.

그러나 남한에도 속속 우익인사들이 들어왔다. 이승만은 10.16 귀국했고, 김구 등 임시정부 인사들도 11.23, 12.1 두 차례에 걸쳐 귀국했다. 이들은 귀국 후 이승만의 독립촉성중앙협의회 등 우익단체들을 만들어 결집시키고 국민계몽활동에 나섰다. 또한 모스크바삼상회의(1945년 12월말) 직후인 1946년 1월부터 우익은 반탁운동을 했으나 좌익은 반탁을 하다가 스탈린의 지령에 따라 갑자기 찬탁으로 돌아선 탓으로 국민의 지지를 상실해갔다. 특히 좌익세력이 궁지에 몰리는 사건이 발생했다. 1946년 5월 조선정판사사건이 일어난 것이다. 조선공산당이 당비를 조달할 목적으로 1,200만원의 위조지폐를 인쇄해 유통시키다 적발된 사건이다. 이를 계기로, 박헌영의 조선공산당이 미군정으로부터 단속을 받기 시작했다.

이후 박헌영은 미군정에 대해 대결을 선언하는 "신전술"(7월)을 발표했다. 그는 미군정이 체포령을 내리자 8월 몰래 장례식으로 위장하여 관속에 숨어 월북했고, 북한에 있으면서 남로당에 지령을 내려 사회를 혼란시킨 것이다. 이렇게 나타난 것이 1946년 9월 총파업과 그 연장선상에서 일어난 10·1대구폭동사건이다.

9월 총파업은 남로당이 산하의 좌익노동단체인 전평(조선노동조합전국평의회, 고문 김일성, 박헌영, 모택동, 회원 50여만 명)을 통해 파업을 일으킨 사건으로, 철도노동자(4만 명) 총파업에서 출발하여 전신, 체신, 출판 등 주요 산업으로 확산(25만 명)하여 사회를 마비시켰다. 이로 인해 전국의 철도가 한 달 동안 운행되지 못했다.

이러한 가운데, 남로당세력은 소련의 지령에 따라 대구의 전평 등 좌익

노동단체를 중심으로 좌익민간단체, 좌익학생단체 등과 합세하여 10·1 대구폭동사건을 일으켰다. 대구10·1폭동사건은 소련군, 김일성의 지령에 따라 남로당이 일으킨 무장폭동사건이다. 폭도들은 경찰서의 무기고를 탈취하여 경찰들을 잔인하게 학살하는 등 대구를 혼란에 빠트렸다. 이 사건은 대구시청 앞에서 "쌀을 달라"는 부녀자들의 시위 선동에서 시작했다. 이 시위가 폭동으로 비화한 계기는 대구의대 좌익학생 최무학이 대구의대 학생들과 함께 신원미상의 콜레라 병사자의 시신을 거리로 가지고 나와 경찰의 총에 죽은 희생자라고 선동한 시체시위였다. 시위대는 대구경찰서를 점령하여 무기를 탈취하고 무장폭동을 일으켜 경찰들과 우익인사들을 닥치는 대로 학살했다.

반란군은 미군정이 진압해 오자, 경북 왜관, 영천, 성주, 의성, 안동 등으로 이동하면서 지역의 좌익세력과 함께 경찰서를 점령하여 경찰들을 잔인하게 학살하는 등 온갖 악행을 저질렀다. 이 폭동은 경북을 넘어 경남, 충남, 경기, 강원 등 전국으로 확산되어갔다. 이 사건으로 좌익세력은 많은 수의 경찰관과 우익인사들을 살해함으로써 반공능력에 큰 타격을 주었고, 폭동 잔당들이 보복을 피해 인근 야산으로 들어가 게릴라전을 전개했다. 이들은 산사람, 야산대라고 불리고 훗날 빨치산 투쟁의 토대가 되었다.[1]

9월 총파업과 10·1대구폭동사건은 소련군-김일성-박헌영 순으로 지

---

1 양동안, 『건국전후사 바로알기』(도서출판 대추나무, 2019), pp95-96.

령을 내리고 조선공산당(뒤의 남로당) 주도 아래 전평 등 좌익단체들이 합세한 폭동이다. 이는 미군정을 혼란에 빠트려 남한을 공산화하기 위한 사상전이자 체제전쟁이었다.

미군정은 어떻게든 한반도에 자유 통일정부를 구성하고 단일독립국가를 만든 후 떠나려 했으나, 한반도를 공산화하려는 소련군의 저항에 부딪혀 번번히 실패했다. 2차에 걸친 미소공동위원회 무산이 그것이다. 소련군은 미소공동위원회 때마다 임시정부 구성 문제와 관련, 찬탁을 주장하는 좌익세력만 참여시키고 우익들을 배제하자는 주장을 굽히지 않아, 교착상태에 빠졌다. 협상 실패 핵심요인은 소련군이 남한을 공산화하기 위해 남한의 우익세력 배제를 굽히지 않았기 때문이다.

미군정은 소련과의 협상이 불가능하다는 것을 깨닫고 한국의 통일문제를 1947년 9월 19일 유엔으로 넘겼다. 유엔은 인구비례에 의한 총선거를 결정하고(11.14.) 이를 실행하기 위한 유엔한국임시위원단을 파견했다(1948.1.8.). 서울에 도착한 한국위원단은 남북총선거 실시문제를 협의하기 위해 북한으로 들어가려 했으나, 소련군이 거부함으로써 무산되고 말았다. 결국 유엔은 소총회의 결의로, 한반도에서 선거가 가능한 남한 단독정부 수립으로 방향을 틀 수밖에 없었다. 이로써 1948년 5월 10일 남한단독정부 구성을 위한 총선거가 결정되었다. 이에 소련군과 북한, 그리고 남로당은 남한의 반공정부 구성을 무산시키기 위해 무장폭동을 기획했다.

이러한 5·10선거를 방해하기 위해 일으킨 것이 1948년 2·7폭동사건이며, 그 사건의 제주도 판이 제주4·3사건이다. 이 사건은 북한과 남로당의 지령에 따라 제주 남로당책임자 김달삼이 주도해 일으킨 것인데, 폭동에 가장 적합한 지역으로 선정된 것이 제주도였다. 당시 제주도는 육지와 떨어져 있어 통제력이 약했고, 도민의 80%가 좌익계로 넘어갔다. 어린이들조차도 남로당의 영향력 하에 있어 폭동을 일으키기 매우 적합한 환경이었다.[2]

김달삼은 4·3 새벽 2시 봉화를 올리며 400여 명의 무장대를 동원해 폭동을 일으켰는데, 24개 경찰 지서 중 12개의 지서를 습격하여 다수의 경찰을 학살하고 무기를 탈취했다. 폭동군은 선거사무소, 투표소 습격, 선거공무원 학살, 전신선 차단, 유권자 투표방해 등 선거활동을 집중적으로 방해했으며, 이로써 제주도의 3개 선거구 중 2개 선거구(북제주 갑구와 을구)가 투표율 미달(43%와 47%로 기준 50%에 미달)로 무산되었다. 제주도에 국한해서 볼 때, 자유민주주의체제의 대한민국 건국은 북한의 공작과 남한 공산세력의 방해로 사실상 실패한 셈이다. 제주4·3사건의 성격이 무엇인가에 대해 4·3사건 직후 경찰이 수거한 인민해방군 포고령 전단지에 따르면, "우리 인민해방군은 ... 조선민주주의 인민공화국이 수립될 때까지 투쟁한다"라고 하여 제주4·3폭도들의 목표가 무엇인지를 분명히 나타내고 있다.[3]

제주 남로당은 제주도내 주민들을 대상으로 북한정권 수립을 위한 지

2 이기봉, 『빨치산의 진실』(도서출판 다나, 1992), pp220.
3 이선교, 『제주4·3사건의 진상』(도서출판 현대사포럼, 2007), pp83.

하선거 투표를 실시했고, 김달삼, 안세훈, 강규찬, 이정숙, 고진희, 문등용 등 제주대표자들은 8.2 제주도를 탈출, 제주 주민들의 투표지 5만 2,000 여 개를 가지고 서울을 거쳐 38선을 넘어 해주에서 개최된 남조선 인민대표자회의에 참석하여 북한정권 수립에 참여했다.[4]

제주4·3사건은 북한의 지령과 남로당세력에 의해 대한민국 건국을 방해하고 북한 공산정권 수립을 측면 지원한 사건이었다. 남로당세력이 제주4·3사건으로 방해를 했음에도 불구하고 대한민국은 국민의 71.6%의 투표율로 독립국가를 수립하는데 성공하였다.

김달삼이 월북한 후 제2대 사령관이 된 이덕구를 중심으로 주민들을 끌어들여 한라산을 근거로 수년간 군경과 치열한 전투를 벌였다. 이로써 1만 명이 넘는 대규모 희생자를 냈고 그 중에는 무고한 희생자도 많았다. 그러나 제주4·3사건의 본질에 대해, 김대중 대통령이 1998년 11월 23일 CNN방송에 출연해 잘 말해주었다. 그는 "제주4·3은 공산당의 폭동으로 일어났지만 억울하게 죽은 사람이 많으니 진실을 밝혀 누명을 벗겨주어야 한다"라고 해, 사건의 본질이 공산폭동임을 분명히 했다. 이에 따르면, 대한민국 군경의 진압은 대한민국 자유민주주의체제를 수호한 정당한 진압활동이 되는 것이다.

---

4 이선교, 『제주4·3사건의 진상』(도서출판 현대사포럼, 2007), pp193-194.

III. 6·25전쟁 초기 한국 정부에 의한 민간인 학살 논란

1. 이승만 정부의 좌익세력 경계 배경

6·25전쟁 초기, 이승만 정부가 민간인을 학살한 보도연맹사건을 이해하려면 이승만 정부의 좌익세력에 대한 경계심을 이해해야 한다.

대한민국이 건국(1948년 8월 15일)된 후 불과 2개월 정도밖에 지나지 않은 10월 19일, 여수에 주둔하던 14연대에서 지창수 상사 등 좌익 군인들이 제주 빨치산 토벌을 위해 출동하던 날 밤 출동을 거부하며 반란을 일으킨 것이다. 지창수 상사 등은 "남북통일을 위해 인민군으로 행동하자"라는 구호를 내걸었다. 지창수 상사, 김지회 중위 등 40여 명의 주동 반란군들은 동조를 거부하는 장교, 하사관 등을 즉결 처형하고 무기고를 탈취하여 겁먹은 3,000여 명의 장병들을 이끌고, 부대 밖에서 대기하고 있던 민간좌익인사들과 합세하여 여수로 진격했다. 반란군들은 새벽 4시경 여수경찰서를 점령하여 수십명의 경찰들을 학살하고, 우체국 등 관공서들을 차례로 접수했다. 태극기를 내리고 인공기를 내걸었다. 반란군들은 집집마다 담벽에는 "인민군은 38도선을 돌파하여 서울 점령을 목표로 남진 중에 있다"는 등 거짓 선동벽보를 붙였다.

10월 20일 1개 대대는 여수에 남고, 2개 대대는 순천을 접수하기 위해 떠났다. 반란군은 전남 동부의 여수, 순천에 이어 광양, 보성, 벌교 등 6개 시·군을 장악했다. 이들은 각 지역의 관청들을 접수한 후 인공기(북한기)를 계양하고, 인민위원회를 조직하여 공산행정을 실시했다. 반란군들은 동네 좌익분자들을 앞장세워 우익인사를 색출하도록 독려했다. 이에 따라 동네 좌익분자들은 집집마다 돌아다니며 경찰 가족, 군인 가족 그리고 우익인사들을 체포해 왔고, 반란군들은 이들을 '반동분자 숙청' 명분 아래 인민재판이나 무단 처형을 감행했다. 여수14연대반란사건으로 생긴 피해 규모는 명확하지는 않으나 1949년 1월 10일 기준으로 정부가 조사한 바에 따르면, 사망 3,392명, 중상 2,056명, 행방불명 82명 등 총 5,530명이다. 이 규모는 아마도 반란군에 의한 피해로 추정된다.[5] 여수에는 8일간 1,200여 명, 순천에는 4일간 1,134명 등 단기간에 엄청난 수의 피살자가 나왔는데, 이는 동네 좌익분자들이 반란군에 협조하여 동네 집집마다를 수색하며 우익세력을 체포, 학살하는데 앞장섰기 때문이다. 여수에서는 10.20 오후 3시 여수시 중앙동 로타리에서 4만 명을 모아 놓고 인민대회를 열었는데, 이 때 지창수 상사는 이렇게 말했다. "여수 인민여러분! 무엇보다도 이승만 일당의 주구 노릇을 하던 경찰과 친일파, 그리고 모리간상배 등 반동분자들을 철저히 소탕해야 합니다. … 혁명에는 본래 사정(私情)이 있어서는 안될 것입니다. 여러분은 애국하는 마음으로 이런 반동분자들을 철저히 색출하여 혁명과업 완수에 앞장서 주시기 바랍니다."[6]

중앙동 로타리에서는 인민재판이 매일 열렸는데, 10월 23일 오후 3시

---

5 국방부 군사편찬연구소, 6·25전쟁 전후 북한군 등 적대세력에 의한 민간인 희생사건 조사사건 조사연구보고서(민간인 학살을 중심으로)(국방부 군사편찬연구소, 2013), pp35.

6 김학유, 『1948년 여순봉기』(역사비평사, 1991), pp259. (박윤식, "여수14연대 반란(여수순천사건)", 도서출판 휘선, 2012.에서 재인용)

에 열린 인민재판에는 경찰, 우익인사 등 800여 명이나 판결을 받았다. 사형언도가 내려지면 그 자리에서 즉결처형했다. 처형방법은 잔인하여 죽창, 총검, 몽둥이 등으로 학살했고, 특히 경찰이 잡히면 구타 후 처형당하고 여순경을 신체를 절단하거나 훼손한 후 학살하였다.[7] 이렇듯, 여수와 순천에서 엄청난 우익인사들에 대한 학살이 일어난 것은 그 동네 출신 좌익분자들의 앞잡이 노릇 때문이었다.

반대로, 구례의 경우는 반란군이 단 한 명도 살해하지 않고 10시간 만에 곱게 자진 철수했는데, 주된 이유는 반란군에 동조, 협조하는 자가 없어 반동분자를 색출할 수 없었기 때문이다.[8] 결국 학살자가 많이 나오느냐, 안 나오느냐의 문제는 그 마을에 북한군에 협조하는 좌익분자들이 있느냐 없느냐, 소극적이냐 적극적이냐에 달린 문제였다.

정부는 여수14연대반란사건 발생에 대해 급히 진압군을 조직하여 8일 만에 진압을 완료했다. 국방부의 발표(11.10)에 따르면, 국군에 의한 진압 과정에서 반란군 363명이 사살되었고, 반란군 혐의자 2,817명이 재판에 회부되어 그중 410명을 사형에 처하였다. 그뿐만 아니라 이 과정에서 국군도 61명이 전사했다.[9]

또한, 반란군 잔당 1,000여 명은 진압군을 피해 지리산 등 산악으로 들어가 빨치산(좌익 무장 유격대) 활동을 전개했다. 당시 이들의 반정부투

---

7 박윤식, 『여수14연대 반란(여수순천사건)』(도서출판 휘선, 2012), pp41.

8 이기봉, 『빨치산의 진실』(도서출판 다나, 1992), pp250.

9 박윤식, 『여수14연대 반란(여수순천사건)』(도서출판 휘선, 2012), pp60.

쟁 내용을 소재로 한 소설이 조정래의 『태백산맥』이다.

여수14연대반란사건을 통해 이승만 정부는 좌익세력의 위험성을 깨달았다. 이승만 대통령은 경찰로부터 군내 좌익들의 실상을 보고받고 충격을 받은 후 로버츠 미군사고문단장을 불러 "당신네가 국방경비대를 만들면서 좌·우익을 가리지 않고 아무나 받아들이는 바람에 군내부가 이 지경이 되고 말았소."라고 질책했다.

대한민국 국회에서도 반체제세력의 위험성을 깨닫고 국가보안법을 제정(1948년 12월 1일)해 좌익세력을 처벌할 근거를 마련했다. 정부는 이 법을 근거로 1949년부터 군 내부의 좌익 군인들을 제거하는 숙군작업을 전개했다. 숙군작업의 결과, 좌익군인으로 드러난 4,749명을 제거했고, 수사 중 탈영한 군인은 5,568명에 이르렀다. 이들의 총수는 10,317명으로서, 육군총병력의 약 10%에 해당하는 인력이 군내부에 침투한 좌익 공산세력이었다는 것이다.

이승만 정부는 1949년 동안 국가보안법을 근거로 사회 곳곳에 암약하는 남로당세력을 뿌리 뽑는데 전력을 다했다. 나아가 정부는 좌익성향 인물들을 전향시켜 '국민보도연맹'이라는 단체를 만들었으며, 군은 1949년 겨울을 이용하여 지리산, 백운산, 회문산 등 산악을 거점으로 활동하던 빨치산도 대거 토벌했다.

참으로 다행스러웠던 점은 여수14연대반란사건을 계기로 1949년 동안 남한 내부의 좌익세력을 소탕한 후에 6·25전쟁이 일어났다는 점이다. 그랬기 때문에, 북한의 남침 시 동조 반란을 막고 공산화를 저지할 수 있없던 것이다.

2. 국민보도연맹 사건

국민보도연맹이란 이승만 정부가 1949년 조직한, 좌익에서 전향한 인물들로 구성된 우익단체이다. 그런데 이 보도연맹 회원들은 북한군이 마을에 들어오자, 언제 전향했느냐는 듯 좌익분자로 되돌아가 북한군에 협조하는 경우가 많았다.

주한 미국대사관은 1950년 7월 16일 본국에 보낸 보고서에서 이렇게 기술했다.

"서울 서대문형무소에 수감되어 있던 좌익재소자와 보도연맹원들이 풀려났다. 북한 경찰(내무서 지칭)이 보도연맹의 도움을 받고 있다. 서대문 형무소에서 풀려난 좌익수와 보도연맹원들이 난폭한 행위를 일삼고 있다."[10]

이렇듯, 6·25전쟁이 일어나 북한군이 서울과 인천 등을 점령하자, 전향하지 않은 좌익분자들뿐만 아니라 전향을 선언했던 보도연맹원들도 북한군을 환영하고 북한군에 협조했다. 이들은 경찰 등 우익 인사들을 학살하는 데도 앞장섰다.

---

10 김기진, 『한국전쟁과 집단학살』(푸른역사, 2006), pp43.

이에 정부는 좌익 전력자들의 북한군 협조 사태를 우려하여, 계엄령(제13조)에 근거해 '체포·구금 특별조치령'을 제정(7.12), 예비검속을 단행했다. 당시 예비검속에 대한 자세한 법령 내용이 밝혀지지 않았으나, 〈민주신보〉의 예비검속 관련 보도(1950.8.4.)[11]나 1951년 정부가 만든 예비검속 관련 공문서[12] 내용을 고려할 때, 이승만 정부의 예비검속의 목적이 집단 처형에 있었다고 보기 힘들다.[13] 오히려 예비검속의 1차적 목적은 이들을 외부와 격리시키는 것이었다. 이를 위해 그들을 경찰서 유치장, 형무소 등에 가두어 두는 것이었다.

예비검속을 실행하는 과정에서 군 첩보기관(CIC), 사찰경찰 등이 예비검속한 사람들 중 일부를 집단 처형하는 일이 곳곳에서 발생하였다. 북한군이 경남 진주 등으로 진격해오자 극심한 공산화 공포에 사로잡힌 가운데, 전쟁 초기 대응 기준과 매뉴얼 부족, 사상검증 능력이 부족한 군과 경찰의 무리한 조치[14] 등이 사태를 악화시켰다고 할 수 있다.

이러한 집단처형은 충북 이하 남쪽에서 주로 일어났는데, 진주 등 경남

---

11 민주신보 보도(1950.8.4)에 따르면, 부산지방검찰청장이 기자에게 "시국에 비추어 부득이 일부 맹원을 예비검속한 것이다. 그러나 이것은 호전되면 곧 석방할 것이다."라고 밝혔다.

12 ① 1951년 2월 3일 계엄사령관이 각 지청장에게 보낸 예비구금 관련 문건에서는 '경찰이 예비구금을 할 때 인권을 경시하지 말 것, 엄정 감독을 실시할 것을 강조'한 내용이 있다. ② 1951년 12월 8일 계엄사령관이 빨치산 토벌부대인 백선엽 백야전전투사령관에게 보낸 공문서에도 '작전상 필요에 의하여 통비(적과 내통)할 우려가 현저한 자를 공비와 격리하기 위함'이며 '범죄로 인한 구속'이 아니라는 점을 강조한 내용이 있다.

13 김기진, 『끝나지 않은 전쟁 국민보도연맹』(역사비평사, 2002), pp320-324.

14 김기진, 『끝나지 않은 전쟁 국민보도연맹』(역사비평사, 2002), pp188.

지역에서 가장 많이 발생했고, 경산 등 경북에서도 다수 발생했다. 좌익 세력과 보도연맹원에 대한 집단처형의 규모에 대해 정확한 기록은 없으나 수만 명 이상이라는 주장들이 많다.[15] 2009년 11월 과거사위원회에서는 "6·25전쟁 기간 동안 대한민국 정부 주도로 국민보도연맹원 4천 934명이 희생된 사실을 확인했다."라고 발표하기도 했다.

3. 6·25전쟁 중 미군의 민간인 학살 논란, 노근리 사건

6·25전쟁에서 미군에 의한 민간인 처형문제는 1990년대에 본격적으로 제기되었다. 대표적인 사례가 '노근리 사건'이다. 6·25전쟁 당시 북한군은 노근리사건을 반미 선전 선동 소재로 많이 활용했었다. 이후 수면 아래 있다가 1990년에 와서 친북 성향의 브루스 커밍스 교수(미국 시카고대)가 왜곡이 심한 북한 자료를 근거로 처음 연구하였고, 그 내용이 1994년 한국에도 알려졌다. 나아가 1999년에는 AP통신의 보도를 통해 세계적인 이슈로 확산되었다. 이후 국내 좌파세력이 반미감정을 자극하는 소재로 적극 활용하면서 커다란 역사적 사건으로 부각되었다.

노근리 사건이란 1950년 7월 말 미국 1기병사단 소속 부대가 충북 영동군 황간면 노근리 인근 경부선 철로 위에서 전투기에 의한 포격과 기관총 사격, 쌍굴다리에 모인 피난민들을 향한 총기 사격 등을 통해 다수의 사상자(300-400여 명 설, 확인자는 182명)를 낸 사건이다.

---

15 김기진, 『끝나지 않은 전쟁 국민보도연맹』(역사비평사, 2002), pp188.

그렇다면, 미군은 왜 갑자기 피난민들을 공격했을까?

당시에는 민간인 복장을 한 북한군이 피난민 속에 숨어든 일이 비일비재했다. 이들은 미군을 공격하거나 탄약과 무기를 수송하는 등 여러 문제를 일으켰다. 이 때문에 해당 부대는 피난민 통제에 골치를 앓았다. 미군 부대의 7월 24일 자 전투일지의 내용은 이렇다.

"피난민 통제는 어려운 문제였다. 누구도 무고한 인민을 사살하길 원치 않았다. 그러나 전통적 흰옷을 입은, 피난민으로 보이는 많은 무고한 사람들은 달구지로 탄약과 중무기를 나르고 등에는 군사 장비를 짊어진 북한 군인들로 밝혀졌다. 그들은 자주 군복에서 민간인 복장으로, 다시 민간인 복장에서 군복으로 갈아입는 것이 목격되었다. 조사가 불가능한 수많은 피난민들이 있었다. 흰옷 입은 한 남자가 여인과 아이를 데리고 있었는데, 여인은 임신 중이었다. 조사를 하자 여인은 임신하지 않은 것으로 밝혀졌다. 그러나 임신한 것처럼 위장하여 소형 라디오를 옷 속에 숨겨 가던 중이었다. 제1기병사단 지역의 민간인들과 피난민들은 엄격한 통제 하에 놓이게 되었다. 사단은 이들의 이동은 낮 10:00~12:00에만 허용되며 어떤 소달구지, 트럭, 민간인 차량의 도로 운행도 허용되지 않는다고 명령하였다."[16]

북한군의 노근리 현지 보고 자료에도 "전진하는 인민군의 공격과 후방 빨치산의 대담한 작전에 의해 적(미군 의미) 퇴로 차단의 결합으로 포위 섬멸할 수 있었다."라는 기록이 있다. 이는 당시 미군이 인민군복

---

16 박명림, 『한국 1950 전쟁과 평화』(나남, 2009), pp331-332.

을 입은 군인과 민간인 복장을 한 빨치산의 협공을 받는 상황이었음을 알 수 있다.[17]

이렇게 볼 때, 미군이 피난민을 공격한 이유는 이들을 민간인 복장을 한 공산 게릴라로 판단했을 가능성을 의미한다. 전투 초기 참전했던 미군의 미숙함도 일조했다. 이들은 전투 훈련을 받지 않은 상태에서 참전해 당황하거나 공포에 사로잡혔고, 미군끼리 교전하는 등 오판도 많았다.

IV. 북한 점령기, 북한군과 남한 좌익 세력에 의한 양민 학살 문제

1. 북한 정권의 양민학살 지시 근거

김일성이 남침 전쟁을 일으킨 이유는 남한을 공산화하기 위함이었다. 공산화란 프롤레타리아 독재 정권을 수립하는 것이고, 이를 위해 부르주아 계급을 중심으로 한 지주와 자본가 그리고 지식인을 타도해야 하는데 이때 공산주의자들이 사용하는 방법이 바로 '반동분자 숙청'이다.

김일성도 전쟁을 개시하면서 수시로 '반동분자 숙청'이라며 우익세력 척결을 강조했다. 그러나 이는 다름 아닌 학살 지시였다. 김일성은 6·26 방송을 통해 "후방을 철옹성같이 다져야 한다. 도피분자, 요언(妖言) 전파분자와 무자비하게 투쟁하며 밀정 및 파괴분자를 적발, 가차 없이 숙청하

---

17 박명림, 『한국 1950 전쟁과 평화』(나남, 2009), pp332.

고 반역자는 무자비하게 처단해야 한다."라고 했다.[18] 남침 직후 서울 시
내에 뿌려진 김일성의 호소문에도 "반동분자, 비협력분자, 도피분자를
적발하여 '무자비'하게 숙청하라"[19]라는 문구가 있었다. 1950년 6월 30일
발표한 포고문에도 "국군 장교와 판·검사는 무조건 사형에 처하고, 면장,
동장, 반장 등은 인민재판에 부친다."라고 했다.[20] 부수상 겸 외상인 박헌
영도 1950년 7월 1일 "반역자들을 체포, 처단하여 인민들의 원한을 풀어
줄 것"을 선동했다. 1950년 조선노동당 중앙위원회 제3차 정기대회에서
발표한 김일성의 보고에 따르면, "악질 반동에 대해 복수하려는 것은 극
히 정당한 일입니다."[21]라고 했다.

이러한 각종 자료를 볼 때도 북한 정권 기관(북한군, 국가보위부, 내무서 등)
과 민간 좌익 공산세력에 의한 민간 우익세력의 학살은 예정된 것이었다.

2. 인천상륙작전 이전 북한군 점령 지역의 민간인 학살

북한군은 전쟁 후 3일 만에 서울을 점령했고, 7월 말에는 경상남·북도

---

18 『남북한 관계 사료집(22권)』 (김필재, "한국전쟁 시기 인민군 및 左翼측의 민간인 학살 행
위", 코나스넷, 2005년 9월 5일자 기사에서 재인용)

19 전라북도 경찰국, 『꽃피는 산하 - 6·25의 흔적을 찾아서』(전라북도 경찰국, 1980) (김필재,
"한국전쟁 시기 인민군 및 左翼측의 민간인 학살 행위", 코나스넷, 2005년 9월 5일자 기사
에서 재인용).

20 『정치범은 자수하라』·『반동분자 처리지침』 (김필재, "한국전쟁 시기 인민군 및 左翼측의 민
간인 학살 행위", 코나스넷, 2005년 9월 5일자 기사에서 재인용)

21 신일철, 『한반도 분단의 재인식』(나남, 1993) (김필재, "한국전쟁 시기 인민군 및 左翼측의
민간인 학살 행위", 코나스넷, 2005년 9월 5일자 기사에서 재인용)

일원을 제외하고는 전 국토를 장악했다. 북한군은 점령 후 인민위원회(행정 조직), 내무서(우리의 경찰서)와 치안대(마을 치안조직) 등 통치조직을 만들고 동네의 좌익분자들을 동참시켰다. 북한군과 남한 좌익분자들이 행한 악행은 우익인사 학살, 의용군 징집, 유력인사 납북 등이었다.

북한군은 남한 좌익분자들을 앞세워 경찰, 군인 가족, 지주, 자본가 등을 반동분자로 지목하여 살생부 명단을 만들고, 가가호호 수색하여 이들을 체포한 후 인민재판, 무단 처형 등을 통해 학살했다. 당시를 겪었던 사람들은 "그때가 되니 이웃이 더 무섭더라."라고 증언하곤 한다. 이는 북한군보다 그 지역 사정을 잘 아는 동네 좌익분자들이 더 큰 역할을 했음을 의미한다.

특히 북한군은 7월 부산 점령을 최우선 목표로 했기 때문에 호남지역에 군병력을 거의 주둔시키지 않았다. 그래서 민간좌익세력이 동네를 완전 장악했고, 그들에 의해 엄청난 학살극이 일어났다. 전북 고창군 무장면에서 겪은 한 경험자의 증언을 들어보자.[22]

"동네에 한 50-60명 어린애들이 죽창을 어깨에 딱 걸치고 김일성 장군 노래를 부르고 다녔지. 어렸으니 좌파고 우파고 뭐 알았겠나? (빨치산) 궐기대회 때 구덩이를 파놓고 세 사람 세워놓고 "반동은 죽여야 허지 않겠습니까"라고 크게 묻는거야. 전부 "예"라고 하니까 죽창으로 찌르고 발로 차 넣었어. 왜 그랬냐고? 뭐, 지주들이 죽어 없어져야 땅을 걷어 무상분배할 수 있다던가…"

---

22 조선일보 특별취재팀, 『나와 6·25』(도서출판 기파랑, 2010), pp64-65.

서울에서도 예외는 아니었다. 현승종 전 국무총리는 당시 고려대 교수였는데, 체포돼 납북될 위기에 처했으나 구사일생으로 도피에 성공했다. 그의 수기에 이런 내용이 있다.

> "당시 서울에는 북한에서 내려온 사람들이 그리 많지 않았다. 대신 남한 곳곳에 숨어있던 공산분자들이 기다렸다는 듯이 들끓기 시작했다. 그들은 파출소를 점령하고, 남한에 있던 자본주의 세력들을 찾아내고, 젊은 남자들을 공산군에 입대시키기 위해 동네방네를 샅샅이 뒤지고 다녔다. 공산군 앞잡이들이 우리 집 문도 두드렸고 나도 끌려나갔다."[23]

북한군과 남한 좌익세력은 반동분자로 지목한 사람을 처형할 때도 매질 후 총으로 난사하거나, 죽창으로 죽이거나, 돌로 쳐 죽이거나, 사지를 절단해 죽이거나, 칼로 얼굴을 난자하거나, 차에 매달아 죽이거나, 산채로 구덩이에 묻는 등 온갖 잔혹한 방법으로 처형했다. 서울법대 58학번으로 서울에서 원주 고향으로 가면서 온갖 경험을 했던 김기수씨는 "그들의 이런 잔인성은 어디서 오는가?"라고 되물은 후, 일찍이 마오쩌둥은 "권력은 총구에서 나온다"고 했듯이 공산주의 본성과 본질에서 나온다고 이해했다.[24]

북한군은 남한 점령 3개월 동안 남한의 인력을 총동원하는 정책을 폈다. 북한군과 남한 좌익분자들은 젊은 청년들을 선전·선동하거나 강제로

---

23 월간조선, 『60년전, 6·25는 이랬다』(월간조선사, 2010.6월호), pp149.

24 이하우·최명, 『6·25와 나(서울법대 58학번들의 회고담)』(까치글방, 2010), pp43.

체포해 낙동강 전선의 북한군에 투입했는데, 이를 의용군이라고 했다. 그 규모가 15만 명에 이르렀는데, 훈련도 없이 전선에 투입되어 상당수가 총알받이로 희생되어 낙동강을 피로 물들였다. 북한군에 강제로 징집되어 총알받이가 된 의용군의 죽음도 학살당한 사례에 포함될 수 있다.

강제로 징집된 남한 주민들은 낙동강 전선에 의용군으로 투입되었을 뿐만 아니라 탄약·식량의 보급품 수송, 교량·도로 보수 공사, 진지·참호 구축, 정찰·간첩 임무 등에도 투입되었다. 이렇게 북한군의 전쟁 수행 능력을 보충하는 인력까지 포함하면 북한군이 징발한 민간인 규모는 60만 명에 이르렀다.[25] 이들은 북한군의 임무를 수행하다가 미군의 폭격 등으로 사망하기도 했다. 그러므로 이들의 희생도 민간인 학살의 범주에 포함시켜야 한다. 의용군으로 징집되어 낙동강에서 죽은 청년들의 죽음은 누가 책임을 져야 할까? 보급인력으로 동원되어 희생된 사람들의 희생도 그렇다. 인민위원회 등 북한군의 앞잡이가 되어 이들을 체포하여 전쟁터로 보낸 부역자, 동네 좌익분자들은 책임을 면할 수 없다. 그런데, 우리는 동네에서 한 그들의 책임을 한 번도 제대로 거론해 본 적이 없다.

서울 점령 3개월 동안 북한군은 8만 명이나 되는 유력 인사들(정치인, 학자, 교사, 예술가 등)을 체포해 납북했다. 공보처 통계국이 1952년 3월 작성한 "6·25사변 피납치자 명부"에는 납북자가 82,959명으로 나타나 있다.[26]

---

25 남정옥, 『6·25전쟁의 재인식과 이해』(전쟁기념관, 2014), pp172-174.
26 정진석, 『납북』(기파랑, 2006), pp32-33.

이름과 주소가 확인된 숫자만 82,959명이다. 그러나 실제로 피랍자가 116만 8,849명이라는 통계도 있다.[27] 이들 중에는 정치인이 많았는데, 제2대 국회의원 210명 가운데 원세훈, 안재홍, 조소앙 등 27명이 납북되었고, 특히 제1대 국회의원(제헌의원)은 200명 가운데서 50명이나 납북되었다.[28]

인천상륙작전 직후 전세가 역전되자, 북한군은 이들을 철사줄로 두 손을 묶은 채로 미아리 고개를 넘어 강제 압송했는데, 그 납북자 일부를 평양 등 곳곳에서 학살했다는 주장들도 있다. 이들을 직접 학살한 것은 북한군이지만 이들을 각 마을에서 체포하는데는 마을의 좌익분자들이 주도적 역할을 했다. 그들이 누구인지 정보를 제공하고 체포한 것도 결국 그 마을 좌익분자들인 것이다. 8만 명이 넘는 납북자 피해도 마을 좌익분자들이 그 책임에서 피할 수 없다.

3. 인천상륙작전(9월 15일)과 서울 수복(9월 28일) 이후 민간인 집단학살

6·25전쟁 동안 공산세력에 의한 민간인 학살은 인천상륙작전 이전과 이후로 나눌 수 있다. 인천상륙작전 이전에는 인민재판 등을 통해 '반동분자'로 지목된 경찰, 공무원, 지주 등 우익인사들에 대한 '선별적 학살'이 일어났고, 인천상륙작전 이후부터는 무차별 '집단학살'이 일어났다. 인천상륙작전 이후의 집단학살은 두 가지로 나누어지는데, 하나는 북한군이

---

27 국방부 전사편찬위원회, 『한국전쟁사(제4권)』, pp760. (정진석, 『납북』(기파랑, 2006), pp21. 에서 재인용)

28 정진석, 『납북』(기파랑, 2006), pp21-22.

후퇴하면서 체포했던 우익인사들을 집단으로 학살한 후 철수한 경우이고, 다른 하나는 북한군이 후퇴한 이후에 남은 남한 내부의 좌익분자(빨치산 활동)들이 지역주민들을 집단으로 학살한 경우이다.

인천상륙작전 이후 전세가 역전되자 다급해진 김일성은 9월 27일 일시적·전략적 철수명령을 내렸고, 북한군은 앞다투어 후퇴의 길에 올랐다. 이것이 남·북한의 주민들에게 피의 전쟁을 알리는 신호탄이 되었다. 북한군은 후퇴하기 전 전국적으로 체포해두었던 우익인사들을 집단학살했다. 이미 1950년 9월 20일 전선사령관 김책(金策)은 우익 인사들을 집단적으로 학살하도록 지령을 내린 바 있다.[29] 이에 따라 26일에서 30일 새벽까지 집중적으로 집단학살이 이루어졌다.[30] 북한군은 대전형무소 6,000여 명, 전주형무소 1,000여 명 등 주요 형무소들뿐 아니라 전국 각지에 산재한 내무서(남한의 경찰서)에 체포해두었던 우익인사들을 학살한 후 퇴각했다. '반동분자'들을 제거하고 떠나야 한다고 생각했기 때문이다.[31] 그러나 북한군이 퇴로가 막힐까 우려하여 급박하게 후퇴하는 바람에, 처형을 면하고 살아난 사람들도 많았다. 인천상륙작전과 신속한 서울수복으로

---

29 국방부 군사편찬연구소, 『6·25전쟁사(6) 인천상륙작전과 반격작전』(국방부 군사편찬연구소, 2009), pp22.

30 이때 시작된 북한군의 후퇴 행렬은 북한지역으로 이어졌고, 이로 인해 민간인 학살극도 북한지역에로 이어졌다. 국가보위부, 내무서, 북한군, 북한지역 내 좌익세력(공산당 등) 등 북한정권에 의한 북한지역 민간인 집단학살은 국군이 북진을 개시한 10.1경부터 시작되었으며, 유엔군이 북진을 개시한 10.9경부터 더욱 심화되었다.

31 연정은, "북한의 남한점령시기 '반동분자' 인식과 처리," 서중석 외 6인공저, 『전쟁속의 또다른 전쟁』(선언, 2011), pp302-304. (한화룡, "1950년, 황해도 신천학살사건의 진실, 전쟁의 그늘"(포앤북스, 2015)에서 재인용)

인해, 급박하게 전세가 역전되고 북한군이 급속히 와해되는 바람에 아군과 민간인 희생을 줄일 수 있었다. 국방부 산하 군사편찬연구소에서는 인천상륙작전으로 인해 아군 병력 14만 명과 국민 200여만 명의 피해를 줄일 수 있었다고 평가했다.[32] 유엔군과 국군이 낙동강전선에서 서서히 육상으로 북한군을 밀어 올렸을 경우, 아군병력 14만 명과 국민 200여만 명의 희생을 더 낳았을 것이라는 의미다. 특히 북한군의 저항으로 더 많은 군인들이 전사했을 것이고, 북한군이 시간적 여유를 가지고 후퇴했을 것이기 때문에 동네 민간인들을 더 많이 납북하거나 학살하고 떠났을 것이기 때문이다.

남한 좌익세력에 의한 민간인들의 집단학살극은 주로 9·28서울수복 이후 10월에 집중적으로 일어났다. 북한 점령 당시 북한군을 도왔던 좌익 분자들은 북한군이 철수하자 혼돈과 공포에 사로잡혔다. 이들은 유엔군과 국군, 경찰이 돌아올 경우, 자신들에게 피해를 입은 사람들로부터 직접 보복을 당하거나 군·경에 신고하여 처벌받을 것을 우려했다. 그래서 자신들의 악행을 증언하거나 보복할 지역 주민들을 대상으로 집단학살에 나선 것이다.

당시 빨치산 활동을 했던 김서용 씨는 9·28서울수복 이후 일어난 집단학살에 대해 "미군이 오면 우익 가족들이 보복할 것을 우려해 다 죽이기로 했다." "빨치산들은 보복을 막으려면 씨를 말려야 한다면서 일가친척

---

32 국방부 군사편찬연구소, 『6·25전쟁사 (6) 인천상륙작전과 반격작전』(서울: 국방부 군사편찬연구소, 2009), pp193.

들까지 모조리 잡아다가 죽였다. 갓난애들은 자루에 담아서 그냥 던져버렸다."라고 증언했다.[33]

이 시기에 일어난 참혹한 민간인 집단학살의 실상은 2002년 월간조선이 국립중앙도서관에서 "6·25사변 피살자 명부"(공보처, 1952)를 찾아냄으로써 드러났다. 이 명부에 피살자의 이름, 지역, 학살 일자, 발견지 등 자세한 내용이 기재되어 있었다. 이를 통해 9·28 이후 좌익분자들에 의해 이루어진 집단학살의 실체를 알 수 있게 되었다. 이 명단의 5만 9,964명의 피살자 중 전남이 72.6%(4만 3,511명)에 이르렀고, 전북까지 포함하면 83%에 이르렀다. 희생자가 가장 많았던 지역은 전남 영광군이었다. 학살된 자가 2만 1,225명이었는데, 이중 2,500여 명이 10세 미만이었다. 이는 보복을 막기 위해 가족 단위로 집단학살했음을 의미한다.

실제 학살 피해자의 규모는 "6·25사변 피살자 명부"(59,964명) 보다 훨씬 클 것으로 보인다.[34] 명부는 발견되지 않았지만 대한민국 통계연감(1952.10)에는 북한군과 남한 좌익분자에 의한 민간인 피살자를 12만 8,900여 명으로 기록하고 있고, 정일권 장군의 수기 "6·25비록"에는 16만 5천여 명이 학살(서울에만 9,500여 명)되었다고 기록되어 있기 때문이다. 더욱이 1953년 공보처 통계국에서 발간한 "1952년 대한민국 통계연감"에 따르면, 민간인 학살(122,799명)과는 별도로 민간인 사망자 236,475명,

---

33　월간조선사, 『6·25피살자 59964명』(공보처 통계국, 2003), pp26.

34　월간조선사, 『6·25피살자 59964명』(공보처 통계국, 2003), pp14-16.

행방불명 298,175명 등을 수록한 점을 고려할 때 학살의 규모는 매우 클 것으로 추정할 수 있다.[35]

4. 이승만 정부, 북한군 후퇴 시기(인천상륙작전–서울수복) 양민학살 대응조치

인천상륙작전 이후 이승만 정부의 '부역자들에 대한 보복 방지를 위한 대응조치'를 살펴볼 필요가 있다. 부역자들이란 북한군 점령통치 하에서 인민위원회 등 북한 점령 통치에 적극 참여하여 우익세력 학살, 의용군 징집, 유력 인사 체포·납북 등에 앞장섰던 사람들을 말한다.

먼저 이승만 정부는 인천상륙작전에 성공(9.15)하고 전세가 역전되자, 북한군 점령기에 피해를 입은 국민들이 보복감정을 가지고 북한군 협조자들을 사적으로 보복하거나 학살할 것을 우려했다. 이에 대한민국 국회는 인천상륙작전이 개시된 3일 뒤인 9월 18일, 사형(私刑) 금지법을 가결했다. 뿐만 아니라 육군본부도 서울수복을 3일 앞둔 9월 25일, 민간인에 대한 사적인 가해를 금지하는 훈령을 발표했다. 군인들이 사적으로 보복조치를 취할 것을 우려했기 때문이다.

나아가 서울을 수복한 9월 28일 이승만 대통령이 직접 나서 대국민 성명서를 발표했다. 그는 '탈환 지역에서의 사적인 원한에 의한 타살, 구타, 구금 등을 하지 말 것'을 촉구했다. 북한군과 남한 좌익분자들로부터 피해를 당했던 당사자나 가족들이 사적으로 보복조치하지 못하도록 못을

---

35 박명림, 『한국 1950 전쟁과 평화』(나남, 2009), pp254-255.

박은 것이다. 그리고 국회는 10월 13일 부역자 처리법을 확정하고 가결했다. 이것은 북한군 점령기 3개월 동안 북한군에 협조해 우익세력 학살 등을 저질렀던 부역자들을 법에 따라 처벌하기 위함이었다.

이러한 조치들은 '자유 민주주의는 법치주의이고 범죄자는 법에 따라 처벌해야 한다'라는 원칙을 지키려는 노력의 일환이었다. 이러한 이승만 정부의 대응조치는 더 큰 학살극을 막는 방파제 역할을 했다고 할 수 있다. 더욱이 미군은 항복하는 자에게 총격을 가하는 것을 금지하는 등 교전수칙을 철저히 준수했다.

V. 북진 시기(1950년 10월), 북한에서의 양민학살 실상

1. 후퇴하던 북한정권의 북한주민 집단학살극

국군과 유엔군은 9월 28일 서울을 되찾았고 국군은 10월 1일부로, 미군은 10월 9일부로 38선을 통과하여 북진을 시작했다. 국군과 유엔군은 북한 전역에서 발견되는 수많은 시신을 보고서 놀라지 않을 수 없었다. 시신들이 발견된 지역은 황해도, 평안남·북도, 함경남·북도, 강원도 등 북한 전역이었다. 시신들이 집단으로 발견된 장소는 교화소(감옥), 정치보위부, 내무서, 동굴, 터널, 방공호, 공동묘지, 우물, 개울, 저수지, 바다 등 다양했다.

북한 지역에서 대표적 집단학살 지역은 함북 함흥으로, 2만여 명 이상이 학살당했다. 함흥지역 집단시신 발견 장소로는 함흥감옥 700여 구, 충령탑 지하실 200여 구, 정치보위부 지하실 300여구, 함흥 북쪽 덕산 니켈 광산 6,000여 구, 함흥 뒷산 반룡산 반공굴 8,000여 구 등이었다.[36]

함북 함흥뿐 아니라 함남 영흥(영흥 반공호 1520호 등), 평남 평양(칠골리 2,500여 구, 승호리 4,000여 구 등), 황해도 신천·재령(35,000여 구 등) 등 북한 전역에서 집단 시신이 발견된 곳이다.

북한군은 국군이 동해안에서 북진을 개시한 10월 1일에 퇴각하며 학살을 시작했다. 유엔군이 북진을 개시한 10월 9일 이후에는 대대적인 집단학살극을 벌였는데, 이들이 학살한 대상은 '반동분자'로 의심되는 사람들이었다. 반체제세력으로 지목된 사람들 중에는 목사 등 기독교인들이 많았고, 남한에서 납북된 인사들이나 국군 포로들도 있었다.

평양교화소(500여 구), 함흥교화소(700여 구), 원산인민교화소, 해주교화소 등 북한 전역에 산재한 교화소(형무소), 정치보위부 등에서 집단시신이 발견되었는데, 평양에 처음으로 도착했던 1사단장 백선엽 장군의 수기 〈군과 나〉에도 평양교화소에서 본 집단 학살 현장이 생생하게 기록되어 있다.

---

36 박계주, 『자유공화국 최후의 날』(정음사, 1955), pp78. ; 박남식, 『실락원의 비극』(문음사, 2004), pp169-172. (한화룡, 『1950년 황해도 신천학살사건의 진실, 전쟁의 그늘』(포앤북스, 2015)에서 재인용).

"평양형무소를 들렀을 때다. 끔찍한 광경을 목격했다. 우물마다 시체가 가득하고 맨땅 곳곳에도 생매장한 시체가 헤아릴 수 없을 만큼 많았다. 적들은 납북 인사와 소위 그들이 말하는 '반동분자'를 모조리 학살하고 달아난 것이었다. 일대는 악취가 가득하여 숨쉬기조차 힘들었다."[37]

북한지역에서는 교화소(형무소), 정치보위부 등 구금 시설뿐 아니라 공동묘지, 개울가, 저수지, 동굴에서도 민간인들의 집단 시신이 발견되었다. 이것은 인민군이 후퇴하던 상황에서도 민간인들을 무차별 예비검속하여 마구잡이로 학살했음을 의미한다.

이는 북한 정권이 국가보위부 주도로 내무서(경찰서)에 예비검속과 처형을 지시한 결과였다. 내무서는 장차 들어올 유엔군과 국군에 협조할 가능성이 있는 인사들을 색출, 검거하여 '반동분자'라는 이름으로 집단학살을 자행했다. 이때, 지역 사정과 인물들의 사상을 잘 아는 동네 좌익분자들의 도움을 받았다.

북한정권은 이렇듯, 지역 내 좌익분자들의 협조를 받아 반공 우익세력들을 대거 학살한 후 북으로 후퇴했다. 당시 목격자들에 따르면 북한군이 떠나고 유엔군과 미군이 점령하자 "여태까지 세도를 부리던 빨갱이는 온데간데없고 집집마다 남은 것은 곡성뿐이다."라고 탄

---

37 백선엽, 『군과 나』(시대정신, 2010), pp129.

식했다.[38] 북한군이 후퇴한 후, 우익인사들은 치안대를 구성하여 질서를 유지하는 한편 반공투쟁에 나서기도 했다.

11월 말 중공군이 공격을 개시하고 12월 초 유엔군과 국군이 후퇴를 시작했다. 북한 정권은 전세가 역전되자, 북한지역에서 활동하던 반공 우익세력을 숙청하기 시작했다. 이에 북한지역의 반공우익세력은 후퇴하는 유엔군과 국군을 따라 남으로 대량 탈출에 나섰다. 유엔군이 함경남도의 흥남부두를 통해 철수 작전을 전개하자, 인근 북한 주민들 30여만 명이 흥남부두로 몰려들어 "배를 태워주지 않으면 죽는다."라고 울부짖으며 애원했다. 알몬드 군단장 등 미군지휘부는 피난민을 태우기 위해 다량의 폭탄과 휘발유 등 전쟁물자들을 부두에서 폭파하고 그 빈공간에 10여만 명에 이르는 피난민들을 태워 거제도 등으로 안전하게 피난시켰다. 미군이 이들을 구제한 이유도 놔두면 북한정권이 이들을 집단학살할 것이라는 우려 때문이었다.

서해에서도 백령도, 강화도 등 큰 섬들은 물론 작은 섬들에도 피난민들이 구름떼처럼 몰려들었다. 예를 들어 백령도는 당시 주민이 17,813명이었는데, 피난민 수는 62,082명이나 되었다. 북한 주민들이 필사적으로 북한을 탈출한 이유는 국군이 떠나고 나면 반동분자 숙청의 회오리가 불어닥칠 것이라는 불안감이 엄습했기 때문이다.[39]

---

38 국방부 군사편찬연구소, 『한국전쟁의 유격전사』(국방부 군사편찬연구소, 2003), pp45-48.
39 국방부 군사편찬연구소, 『한국전쟁의 유격전사』(국방부 군사편찬연구소, 2003), pp48-49.

2. 신천양민학살사건의 진실

북한은 유엔군과 국군이 북진할 당시 인민군이 행한 학살에 대해 미군 등에게 책임을 전가하고 있다. 대표적인 예가 신천학살사건이다. 북한의 주장은 이렇다. 해리슨 대위라는 사람이 이끄는 미군부대가 북진하던 중 35,000여 명의 신천지역 양민들을 대량 학살했다는 주장이다. 북한은 신천박물관을 만들어 '미군이 톱으로 민간인의 머리를 자르는 그림' 등 잔혹한 학살 자료들을 전시하여 북한주민들에게 반미의식을 고취시키고 있다.

그러나 북한이 주장하는 해리슨이라는 이름의 미군은 존재하지도 않고, 현실적으로 대위가 이끄는 중대급 부대가 그 정도의 대규모 학살을 주도할 수도 없으며, 더욱이 미군이 북진할 때 황해도 신천지역을 잠시 들렀을 뿐 전혀 작전을 전개하지도 않았다는 것이 당시 경험자들의 공통된 증언이다. 미군이 38선을 통과한 것은 10월 9일, 평양에 도착한 것은 10월 19일이었다. 당시는 국군 1사단과 서로 먼저 평양을 장악하려 경쟁하며 정신없이 북진하느라, 신천지역에서 작전을 전개할 상황이 아니었다. 더욱이 당시 미군은 양민학살은 물론 항복한 북한군에게 사격을 가하는 것도 불법이라는 원칙을 고수했는데, 이런 내용은 백선엽 장군의 수기 『군과 나』에도 나와 있다.[40]

그러면 신천양민학살사건의 본질은 무엇일까?

---

[40] 백선엽, 『군과 나』(시대정신, 2010), pp.126-127.

사건의 발단은 북한정권이 후퇴를 앞두고 주민들을 예비검속하여 '반동분자 숙청'을 하라는 지시에 있었다. 대표적으로, 황해도 도당은 1950년 10월 11일 북으로 철수하라는 명령과 함께 정치보위부와 내무서에 "반동들을 색출 검거하여 무자비한 숙청을 감행"하라는 명령을 하달했다. "국방군(대한민국 국군 지칭)과 국제연합군(유엔군 지칭)에게 협력하는 자들을 말소시키고 도내 반적대, 구월산 학생 유격대 등 무장 반동들과 야합을 미연에 방지"하기 위함이라고 했다. 이 지시에 따라 황해도 신천내무서(경찰서)에서는 10월 13일 포고문을 발표했는데, "반동적인 유언을 퍼트리는 자" 등 5가지 해당자에 대해 색출 검거하는데 협력할 것과 이들을 인민의 이름으로 총살할 것을 지시했다. 당일 신천읍과 각 면에서는 교수장, 총살장 등 사형 집행장이 설치되고 집단학살용 방공호가 준비되었다. 그리고 지역 공산당원들이 긴 칼과 죽창을 들고 집집마다 다니면서 부엌, 헛간, 뒤주 등을 샅샅이 뒤졌다. 예비검속과 학살 열풍이 시작된 것이다. 13일 시작된 집단학살극은 황해도 신천군 뿐 아니라 인근 안악군, 재령군, 은률군, 송화군 등 모든 황해도 지역에서 일어났다.[41]

이러한 집단학살극이 일어나자, 재령에서는 수많은 민간인들이 희생당하는 것을 보면서 미군이 올 때만을 기다릴 수 없다며 우익인사들이 10월 13일, 학살에 대한 반공 저항 운동을 일으켰다. 당시 사람들의 증언에 따르면 "우리는 우리만 살겠다고 이렇게 가만히 앉아 있을 수는 없소…

---

41 한화룡, 『1950년, 황해도 신천학살사건의 진실, 전쟁의 그늘』(포앤북스, 2015), pp88-92.

더욱이 수륙만리 타국에 와서 피 흘리며 싸우는 연합군들을 더 대할 수 없을 것 아니겠소… 하여간 우리가 지금 학살당하는 애국 동지들을 목전에 놓고 이렇게 있다는 것은 도의적으로 용서 못 할 일이거니와 하느님 앞에서도 죄가 될 것이오."라며 집단학살에 대한 저항운동에 나섰으나 인민군의 진압으로 실패하였다.[42]

재령 인근 지역인 신천에서도 10월 13일, 기독교인 등 우익인사들이 민간 유격대를 만들어 북한군의 무자비한 학살에 대해 총, 낫, 죽창 등을 들고 저항운동에 나섰다. 이 신천 반공유격대는 며칠간 인민군과 교전하며 북한군에 타격을 주기도 했다. 이들은 북한군 후퇴 후 치안대를 구성하여 치안권을 행사하면서 북한군 패잔병들과 학살에 연관된 좌익분자들, 그리고 그 가족들을 처단하는 등 학살에 대한 보복조치를 단행하기도 했다. 이로써 또 다른 민간인 보복 처형이 일어난 것이다.[43] 이 때문에 신천 지역에서 유독 많은 시신이 발견된 것이다.

3. 서울 수복 이후 남한 지역 빨치산에 의한 양민 학살과 토벌

인천상륙작전(1950년 9월 15일)과 서울 수복(9월 28일) 이후, 인민군은 북으로 후퇴했으나 퇴로가 막혀 남한 각지의 산악으로 들어간 패잔병들도

---

42 한화룡, 『1950년, 황해도 신천학살사건의 진실, 전쟁의 그늘』(포앤북스, 2015), pp93-94.

43 신천지역 반공유격대는 중공군이 내려오자 치열하게 싸우다가 백령도, 연평도, 강화도 등지로 피난해 미군과 국군 소속의 유격대로서 수시로 황해도 지역에 침투하여 북한군과 유격전을 벌이곤 했다. 이로서 신천 등 황해도지역에는 쌍방간 피살자가 많았던 것이다. 국방부 군사편찬연구소, "한국전쟁의 유격전사"(서울: 국방부 군사편찬영구소, 2003).

많았다. 이들은 태백산, 소백산, 지리산, 백운산, 회문산 등 남한 각지의 산악을 근거로 빨치산이 되어 무장 투쟁을 전개했다. 또한, 북한군을 도왔던 남한의 좌익분자들 역시 그들을 따라 월북을 하거나 고향을 떠나 다른 지역으로 피신하기도 했고, 지리산 등 산악으로 들어가 북한군 패잔병들과 함께 빨치산 활동을 하기도 했다.

비상경비사령부 정보처의 통계에 따르면 1950년 9월 30일부터 12월 31일까지 남한 각지에서 활동했던 공비(빨치산)의 규모는 약 6만 명에 달했다. 이는 남한 지역 내에서 대남 저항 세력의 규모가 엄청났음을 의미했다.[44] 6·25전쟁 발발 당시 대한민국 국군 전체 규모가 9만여 명에 불과했다는 점을 고려할 때 남한 지역의 산악에서 활동한 빨치산 규모가 6만이었다는 점은 놀랄만한 일이다.

11월 말 중공군이 개입하고 12월 들어 유엔군과 국군이 남으로 후퇴를 시작하자, 남한 각지의 산악을 근거로 활동하던 빨치산들은 사기가 높아져 대남 투쟁활동을 강화했다. 당시 빨치산들은 산악을 근거로 활동하면서 인근 주민들을 포섭하여 세력을 넓혔다. 이들은 밤이면 주민들을 협박하여 음식, 옷 등을 빼앗고, 경찰에 신고라도 하면 학살로 보복 조치를 했다. 이러한 빨치산의 활동으로 인해 "낮에는 대한민국, 밤에는 인민 공화국이 시계추처럼 왔다 갔다 했다"라는 말이 유행할 정도였다.

정부에서는 후방에서 활동하는 빨치산을 토벌하기 위해 11사단(사단장

---

44 박명림, 『한국 1950 전쟁과 평화』(나남, 2009), pp311.

최덕신 준장)을 창설하고 빨치산 토벌전도 전개했다.

4. 거창양민학살사건

거창양민학살사건은 11사단 소속 부대가 지리산 주변 빨치산들을 토벌하는 가운데 발생한 사건이었다. 1951년 2월 8일, 400~500명의 빨치산들이 경남 거창군 신원면 신원지서를 습격하여 경찰과 청년의용대 대부분이 살해당했고, 10여명 만이 겨우 탈출한 사건이 일어났다. 이에 11사단 일부 부대가 빨치산을 토벌하러 신원면에 들어가자, 빨치산들은 산골로 퇴각했다. 이후 토벌 부대가 다른 지역으로 떠나자, 빨치산들이 다시 신원면에 나타나 경찰을 위협했다. 이에 토벌대는 신원면으로 되돌아와 9일에서 11일까지 3차에 걸쳐 인근 주민들을 불러 모아 선별한 후 처형하였다.

이 사건은 토벌 부대원들이 흥분한 탓도 있지만, 지역주민들이 공비(빨치산)이거나 공비와 내통한 세력일 수 있다는 선입견이 강하게 작용했다. 이때 살해된 사람이 약 700여 명에 이르렀다. 이 사건은 근본적으로는 공비(빨치산)들이 원인을 제공했다 하더라도 공비토벌과정에서 지역주민 대부분을 집단적으로 처형한 것은 6·25전쟁이 남긴 비극이 아닐 수 없다. 이 사건은 정치 쟁점화되어 국회조사단이 파견되었고, 책임자인 9연대장 오익경 대령은 무기징역, 3대대장 한동석 소령은 징역 10년 등의 사법적 처벌을 받았다.

거창양민학살 사건에서 반드시 짚고 넘어가야 할 것은 대한민국 군·경이 민간인들을 처형한 사건에는 반드시 그 지역주민들의 빨치산 협조문제가 연관되어 있었다는 점이었다. 실제로 주민들이 산악을 근거로 활동하는 빨치산들에게 많은 도움을 주었고, 군경의 진압을 방해하거나 빨치산들을 피신하게 해주는 역할도 했었다. 물론 빨치산의 위협 때문에 어쩔수 없이 협조한 사람들도 많기는 했지만 말이다. 당시 빨치산 활동을 했던 비전향자 정관호의 "전남유격투쟁사"에 따르면, 지역주민들에 대해 식량 등 많은 도움을 받았다고 밝히면서 "적극적으로 빨치산을 도와주었고 뒷바라지해 준 인민들"이라며 고마워했다. 이런 이유로, 토벌하는 군경(군인, 경찰)들은 지역주민들에 대해 불신을 가질 수밖에 없었고, 토벌 과정에서 강경 진압할 가능성이 있었던 것이다.[45]

5. 국군의 빨치산 토벌 작전과 대응

북한군 패잔병들과 남한 좌익세력들로 이루어진 빨치산들은 대한민국을 무너뜨리고 북한체제로의 통일을 위해 목숨을 걸고 투쟁한 사상적 동지들이었다. 이들은 무기를 들고 대한민국 국민들을 위협했고 전쟁 중 군수물자 수송 차단을 위한 철도 폭파, 열차 습격, 철교 폭파, 그리고 아군의 통신 방해를 위해 전선 절단, 전신주 파괴 등을 자행했다. 또한 형무소 습격, 경찰서 습격, 군 주둔지 공격, 미군 전투기 격추 등 온갖 무장투쟁을 자행했으며, 이들에게 협조하지 않는 민간인들을 학살했다.

---

45 현대사상연구회, 『6·25동란과 트로이목마』(인영사, 2011), pp188-190.

전방에서 전투가 소강상태를 보이던 무렵인 1951년 11월 25일, 정부는 백선엽 소장을 사령관으로 하는 백야전 전투사령부를 설치했다. 백야전 전투사령부는 전주를 거점으로 하여 지리산 등 영호남 일대의 빨치산들을 토벌하는 작전에 돌입했다. 백야전 전투사령부의 규모는 정규군 3개 사단, 전투경찰 4개 연대 등 총 5만여 명에 달했다. "쥐잡기" 작전명의 공비 토벌 작전은 1951년 12월 2일에서 1952년 3월 14일까지 총 4번에 걸쳐 실시되었는데, 1951년 12월 한 달 동안 공비 약 4,000여 명을 사살하고 약 4,000여 명을 생포하는 전과를 올렸다.[46]

공비 토벌군사령관 백선엽 장군은 거창사건에서처럼 실수하지 않기 위해 특별한 지시를 내렸다. '모든 예하 장병은 작전기간 중 부락 근처에서 숙영하지 말 것, 물 한 모금도 그냥 얻어 마시지 말 것, 식량은 여유 있게 지급되니 주민들에게 나눠줄 것, 저항하는 자 이외에는 절대로 쏘지 말 것' 등을 강력히 지시하였다. 이는 주민들에게 피해를 주어서는 안 되고 주민들의 마음을 감싸 안아야 작전에 성공할 수 있다는 믿음에서였다.[47] 백선엽 장군은 죄를 지은 빨치산들은 죗값을 치러야 하지만 그렇지 않은 단순 가담자의 가족들은 최대한 구조하려 했다.

---

46 양영조·남정옥, 『알아봅시다! 6·25전쟁사(제3권)』(국방부 군사편찬연구소, 2008), pp114-115.

47 백선엽, 『군과 나』(시대정신, 2010), pp268.

6. 양민 학살의 주도 세력과 그 원인

6·25전쟁 중 북한군이 남한을 점령했을 때는 북한군과 남한의 좌익세력이 합세해 점령통치를 했고, 유엔군과 국군이 북한을 점령했을 때는 북한지역에 있던 우익세력 즉 반공세력과 합세하여 북한군에 대항했다. 다시 말하면 남한지역에서나 북한지역에서나 공산사상을 가진 세력은 동지로 뭉치고, 반공(반공산주의) 자유민주주의 사상을 가진 세력은 공산주의에 대항해 함께 뭉쳤다. 그러므로 6·25전쟁은 공산주의 사상을 가진 세력과 반공산주의 자유민주주의 사상을 가진 세력간의 사상전쟁이자 체제전쟁이었다.

그렇다면 어느 쪽에 학살의 책임이 있을까?

앞에서 설명한 바와 같이 북한군과 마을의 좌익분자들이 합세한 공산주의세력이 수많은 민간인을 학살했다. 북한군이 남한지역을 점령했을 때, 학살은 주로 북한군과 남한의 좌익분자들에 의해 일어났다. 분노한 일부 우익세력들이 보복을 하기도 했지만, 정부가 법으로 막았기 때문에 광범위한 사적 보복행위는 일어나지 않았다. 영광군 백수면의 한금례 씨는 6·25전쟁의 실상을 모두 경험한 사람으로서 이렇게 말했다. "그래도 공산당이 더 나쁜 짓을 많이 했어. 잘못 걸리면 온 가족을 전부 죽였으니까. 운이 있으면 살고 운 없으면 죽고. 그 사람들 기분 내키는 대로 죽이고 살리고 했어."[48]

---

48 월간조선사, 『6·25피살자 59964명』(월간조선사, 2003), pp23.

국군과 유엔군이 북진할 당시에도 북한 지역에서 일어난 대량 민간인 학살의 주범은 북한정권과 북한지역내 마을의 좌익분자들이었다. 황해도 신천지역 등 일부 지역에서 저항운동이 일어나기도 했고, 국군과 유엔군 점령기에 피해를 입었던 우익세력에 의한 보복조치도 있었지만, 북한정권이 광범하게 자행한 집단학살에 비교할 바는 아니었다. 함흥에서 시체발굴 단원으로 활동했던 김인호 씨는 동굴 속에서 죽은 수천, 수만 구의 학살당한 시신들을 처리하면서 꿈인가 생시인가 꼬집어 보기도 했고, "왜 공산당 빨갱이들은 이런 끔찍한 일을 하는가?"라고 스스로 반문했다.[49]

그러면 왜 공산주의자들은 민간인을 그렇게 많이 학살했을까? 학살의 이유와 근거는 뭘까?

공산세력이 반공 우익세력을 잔인하게 학살한 이유는 바로 공산주의 사상 때문이었다. 마르크스-레닌주의, 스탈린주의, 모택동주의 등 공산주의 사상은 평등한 사회주의, 공산주의 사회를 만들기 위해서는 프롤레타리아계급이 혁명을 일으켜 부르주아 계급을 제거해야 한다고 보았다. 그래서 필연적으로 피를 흘리는 내전이 일어난 것이다.

프랑스 학자들이 만든 "공산주의 흑사"에 따르면 1917년 러시아가 처음으로 공산주의 국가가 된 이래 1991년 소련이 멸망할 때까지 70년간의 공산주의 역사에서 피의 숙청을 겪지 않은 나라가 없었고, 공산주의에 의

---

49 김인호, 『룡라도 여관』(경지출판사, 2016), pp192-193.

해 학살당한 규모는 약 1억 명 이상으로 보았다. 그중 구소련은 2,000만 명 이상, 중공(모택동)은 6,500만 명, 베트남 100만 명, 북한 200만 명, 캄보디아 200만 명, 아프리카 1,500여만 명 등으로 산정했다.

이렇듯, 6·25전쟁에서 북한군과 남한의 좌익세력이 학살의 주범이었던 이유도 바로 공산주의 이론과 사상에 기인한 것이라는 것을 알 수 있다.

VI. 마무리

6·25전쟁은 단순히 북한과 남한의 군사적 충돌에 그치지 않고 공산세력과 반공 자유민주세력 간의 사상전, 체제전쟁이었다. 그런 차원에서 6·25전쟁을 이해해야 전쟁 와중에 있었던 수많은 민간인 학살문제를 객관적 시각에서 이해할 수 있다. 6·25전쟁 중에 민간인 학살이 일어난 근본적 이유는 공산주의 이론에 뿌리를 두고 있다. 북한 김일성이 남침한 것도 공산주의이론에 따라 남한을 공산화하기 위한 때문이며, 북한군과 좌익세력이 우익세력을 '반동분자'로 몰아 잔혹하게 학살했던 것도 공산주의 계급투쟁론에 근거한 것이다. 그러한 것을 정당화하는 이론적 기반이 있었기에 북한군과 남한 좌익분자들은 사람을, 그것도 친한 이웃을 죽이는데도 양심의 가책을 느끼지 않는 것이다.

6·25전쟁 시 마을에서 일어난 좌익에 의한 민간인 학살사건을 통해 배우는 공산주의 사상의 문제점은 무엇인가? 국민을 둘로 나눈 후 공산주의, 사회주의를 지지하는 좌파들에게 무소불위의 권한을 주고 우파들을

박해하도록 한다는 점이다.

문재인 정권은 2017년 5월 집권 후 국민을 좌파와 우파로 둘로 나누고 좌파세력을 촛불혁명이니 촛불민심이니 하면서 우대하고 우파세력에 대해서는 보수세력이니 적폐세력이니 하면서 매도하며 학대했다. 문재인 정권 주도세력은 수시로 "보수세력, 불태워야 한다", "궤멸시켜야 한다" 등으로 보수국민을 적폐로 몰았다. 문재인 대통령도 2019년 1월 25일 더불어민주당 원외당협위원장과 오찬에서 "지난 20개월 동안 촛불민심만 생각했다"고 실토하기도 했다.

문재인 정권은 지금 4년 동안 그렇게 국민을 양분했는데, 이를 읍면동 마을까지 적용하려고 하고 있다. 2021년 1월 29일 더불어민주당 김영배 의원이 대표발의한 주민자치기본법이 대표적이다. 이 법은 3,491개의 읍면동 주민자치회의 주도권을 마을 좌파세력이 장악하도록 하고, 우파주민들을 강력히 통제하도록 하고 있다. 그래서 6·25전쟁을 경험한 어른들이 한결같이 주민자치기본법의 내용을 보고는 6·25전쟁 당시 인민위원회 같다고 우려하는 것이다.[50]

"Freedom is not free"라는 명언처럼 국민들이 대한민국의 자유민주주의 체제가 얼마나 많은 희생 위에 이루어진 것인지 깨달았으면 한다. 6·25전쟁의 사상전, 체제전쟁의 실체를 제대로 알아야 이를 토대로 현재 대한민국의 위기의 실체와 대응방안을 찾을 수 있다. 반공적 자유민주주

---

50 이희천, 『주민자치기본법, 공산화의 길목』(도서출판 대추나무, 2021), pp118.

의체제를 수호하기 위해 어떻게 해야 할까?

우리 국민들 앞에는 줄다리기 게임의 두 줄이 놓여 있다. "자유민주주의체제냐?", "사회주의체제냐?"의 체제줄다리기인 것이다. 많은 국민들은 여러 가지 선택할 체제가 있는 줄 아는데, 실제 제3의 줄은 없다. 두 줄밖에 없다. 왜냐? 현재 정권을 주도하고 있는 사회주의세력의 주류가 주사파이기 때문이다. 주사파란 1980년대 중반부터 대학가에서 본격적으로 등장한 북한 김일성의 주체사상을 추종하는 세력을 말한다.

지금 대한민국은 다시 6·25전쟁 과정에서 직면했던 체제전쟁 상황으로 되돌아 갔다. 대한민국 국민들은 이 체제전쟁에서 어떻게 할 것인가? 국민들이 할 수 있는 마지막 방법은 유권자 각성운동 뿐이다. "대한민국은 체제전쟁 중이다", "유권자 각성만이 대한민국 살린다", "공산주의 왜 위험한가", "문재인 정권의 자유민주주의체제 허물기" 등의 실체를 제대로 유권자들에게 알리는 작업이다. 유권자를 각성시키는 국민운동만이 사회주의로 달리는 대한민국 열차를 정지시키고 무너져 가는 대한민국의 자유민주주의체제를 구할 수 있다. 자유민주주의는 주권자인 국민들이 각성되어야 정상적으로 굴러가는 체제이기 때문이다.[51]

---

51 이희천, 『대한민국은 지금 체제전쟁 중』(도서출판 대추나무, 2001), pp10.

참고문헌

국방부 전사편찬위원회, 『한국전쟁사(제4권)』.

국방부 군사편찬연구소, 『6·25전쟁사(6) 인천상륙작전과 반격작전』(국방부 군사편찬연구소, 2009).

국방부 군사편찬연구소, 6·25전쟁 전후 북한군 등 적대세력에 의한 민간인 희생사건 조사사건 조사연구보고서(민간인 학살을 중심으로)(국방부 군사편찬연구소, 2013).

국방부 군사편찬연구소, 『한국전쟁의 유격전사』(국방부 군사편찬영구소, 2003).

　『남북한 관계 사료집(22권)』.

김기진, 『끝나지 않은 전쟁 국민보도연맹』(역사비평사, 2002).

김기진, 『한국전쟁과 집단학살』(푸른역사, 2006).

김인호, 『릉라도 여관』(경지출판사, 2016).

김학유, 『1948년 여순봉기』(역사비평사, 1991).

남정옥, 『6·25전쟁의 재인식과 이해』(전쟁기념관, 2014).

박계주, 『자유공화국 최후의 날』(정음사, 1955).

박남식, 『실락원의 비극』(문음사, 2004).

박명림, 『한국 1950 전쟁과 평화』(나남, 2009).

박윤식, 『여수14연대 반란(여수순천사건)』(도서출판 휘선, 2012).

백선엽, 『군과 나』(시대정신, 2010).

서중석 외 6인공저, 『전쟁속의 또 다른 전쟁』(신언, 2011).

신일철, 『한반도 분단의 재인식』(나남, 1993).

양동안, 『건국전후사 바로알기』(도서출판 대추나무, 2019).

양영조 · 남정옥, 『알아봅시다! 6·25전쟁사(제3권)』(국방부 군사편찬연구소, 2008).

월간조선, 『60년전, 6·25는 이랬다』(월간조선사, 2010.6월호).

월간조선사, 『6·25피살자 59964명』(공보처 통계국, 2003).

이기봉, 『빨치산의 진실』(도서출판 다나, 1992).

이선교, 『제주4·3사건의 진상』(도서출판 현대사포럼, 2007).

이하우 · 최명, 『6·25와 나(서울법대 58학번들의 회고담)』(까치글방, 2010).

이희천, 『대한민국은 지금 체제전쟁 중』(도서출판 대추나무, 2001).

이희천, 『주민자치기본법, 공산화의 길목』(도서출판 대추나무, 2021).

전라북도 경찰국, 『꽃피는 산하 - 6·25의 흔적을 찾아서』(전라북도 경찰국, 1980).

정진석, 『납북』(기파랑, 2006).

조선일보 특별취재팀, 『나와 6·25』(도서출판 기파랑, 2010).

한화룡, 『1950년, 황해도 신천학살사건의 진실, 전쟁의 그늘』(포앤북스, 2015).

현대사상연구회, 『6·25동란과 트로이목마』(인영사, 2011).

민주신보 보도(1950.8.4.).

건국 74주년 기념 학술대회 (2022. 8. 18.)

건국 과정에서 좌익에 맞서 싸운 건국의 공로자들

1. 건국(建國) 전후 우익청년단체의 활동 재평가: 서북청년회를 중심으로

이주천 원광대학교 명예 교수
제주4·3사건재정립시민연대 역사수호위원장

2. 제주4·3사건 역사 왜곡: 박진경 대령을 중심으로, 4·3사건부터 박진경 대령 암살까지

박철균 전 국방부 군비통제검증단 단장

건국(建國) 전후 우익청년단체의
활동 재평가: 서북청년회를 중심으로

이 주 천

원광대학교 사학과 명예 교수, 제주4·3사건재정립시민연대 역사수호위원장

"서북청년회는 해방 후에 좌익들과 싸워 대한민국을 세우는데 모든 것을 바쳤고, 6·25 때는 북한군의 남침에 대항해 대한민국을 지키는 데 모

든 것을 바쳤다. 그런데도 지금은 그들의 건국(建國), 호국(護國)의 공로는 까맣게 잊혀져 젊은 세대는 그런 사실이 있는지조차 알지 못하고 있음에 통탄할 뿐이다. 그들은 공산주의 운동을 했던 사람들도 받는 건국공로훈장도 못 받는 천덕꾸러기가 되고 말았다."[1]

I. 문제의 제기

이 글의 목적은 1945년 8월 해방 이후 좌익들과 투쟁하면서 대한민국의 건국과 호국에 기여했던 우익청년단체인 서북청년회[2]의 활동상을 개관, 재평가해 보는 것이다. 오늘날 친북과 종북좌익의 전위대 행동대 역할을 하는 전교조와 민노총의 발호를 바라보면서, 이에 맞서 투쟁하는 강력한 조직력을 가진 세력의 부재를 한탄하는 해방둥이 고령의 인물들은 지난 건국-6·25동란의 모진 세월을 헤쳐나간 우익애국청년들의 활동상을 결코 잊지 못할 것이다. 동북아시아의 반도 끝자락에서 유일하게 자유민주주의 체제를 향유하는 대한민국이 과연 누구 덕분에 이런 삶을 만끽하고 있는지를 새삼 되돌아보게 된다. 여기에는 '공산주의체제는 절대로

---

1 손전, 『서북청년회가 겪은 건국과 6·25』(건국이념보급회, 2014), 머리말에서.

2 서북청년단, 서청으로 불리기도 했다. 조선시대에는 서북지역은 평안도와 함경도를 통칭했으며, 황해도는 별도로 취급했다. 그런데 오늘날에는 평안도, 황해도, 함경도 등을 서부지역으로 통칭한다. 그러나 서북을 평안도 전체와 황해도 북부 지역에 한정해야 한다는 의견도 있다. 영락교회 50년사에서는 서북을 평안도와 황해도에 국한해 사용하고 있다. 더 자세한 것은 윤정란, 『한국전쟁과 기독교』(한울, 2005), 29-30, 주1)과 주4)를 참조할 것.

안된다'고 소련군정 통치에 저항하고 그 하수인인 김일성집단의 횡포에 반발하여 집단적으로 월남한 서북 청년들의 좌익소탕과 건국을 위한 희생과 반공투쟁이 있었음을 잊어서는 안된다.

재론할 필요도 없지만, 해방 이후부터 건국에 이르기까지 한반도의 분단 상태에서 대한민국의 건국과정은 그야말로 험난한 과정, 그 자체였다. 일제의 식민지 질곡에 신음하던 우리 민족을 해방시켜준 미국과 소련은 2차대전 당시 연합국으로서 독일과 일본을 함께 물리친 동맹국이었다. 38선 이남에 북쪽의 소련군보다 뒤늦게 진주한 미군은 한반도 지형과 정세에 매우 어두웠으며 일제 강점기의 관료들을 그대로 활용하려고 했다. 미군정은 소련과의 협조하에서 신탁통치 구상을 추진하려했고, 남한에서 반탁운동이 거세게 일어났어도 좌우합작 정부를 시도했으며, 한반도의 전략적 가치를 일본에 비해 그다지 높이 평가하지 않고 있었다. 그래서 가급적이면 속히 한반도에서 병력을 철수하려고 했다.

그에 반해, 한반도가 태평양으로 진출하는 길목임을 인식한 소련은 처음부터 북한 지배에 대한 강한 집념을 가지고 있었다. 소련은 2차대전 말기에 독일 나치군이 물러간 동유럽에서 공산정권을 수립했던 방식을 북한에 그대로 적용하기로 했다. 즉 소련 적군의 점령지에서 공산주의자들로 하여금 인민위원회를 조직, 권력을 장악하게 하고 그 곳 주민들을 강압, 통제하면서 공산정권의 수립을 시도했듯이, 북한에 '민주기지'를 우선 만들고 난 뒤, 시기가 무르익으면 남한을 접수하려는 한반도 공산화 계획을 차근차근 준비해나갔다. 이를 위해 북한을 적화시키려고 파견된 특무기관이 로마넨코 사령부로서 소련군 내부에서는 '정치사령부'라 불리는 곳이었다. 그 당시 평양도청 청사에 소련 제25군의 본부를 두었고, 평양세무서 자리에 별도의 작은 부대로 간판 없이 주둔했다. 로마넨코 사령부는 정당의 조직활동 등은 물론, 출판물 및 방송·신문의 검열, 산업·경제 및 농림정책의 결정, 교육의 통제 등 막강한 권력을 휘둘렀다.

이런 소련의 공산화 계획에 반대한 민족주의 독립운동가, 교회성직자, 지주, 그리고 지식 엘리트계층은 철저히 탄압을 받았으며 시베리아로 유형을 가던지, 아니면 목숨을 부지하기 위해 남한으로 탈출해야만 했다.

그러나 남한의 사정은 달랐다. 이미 지하에서 공산주의 모임은 비밀리에 존재했다. 그 단적인 예가 서울에서 "박헌영 동지를 환영합니다. 어서 나오세요"라는 벽보가 붙었던 것이다. 해방에 들뜬 한국인들은 공산주의의 실체에 대해서 잘 모르고 있었으며, 일부는 공산주의운동에 동조하면서 공산주의자를 독립운동가의 일환으로 인정할 정도로 대중적 동정심을 보이기도 했다. 해방 이후 한국사회는 막연하게 사회주의를 동경했으며 공산주의에 대한 비판능력이 오늘날보다 뒤떨어진 상태였다. 비근한 예로, 해방 후 1년된 시점인 1946년 8월 13일자 동아일보에서, 미군정청 여론국이 전국 8,453명을 대상으로 한 여론조사 결과가 보도되어 있다. 그 답

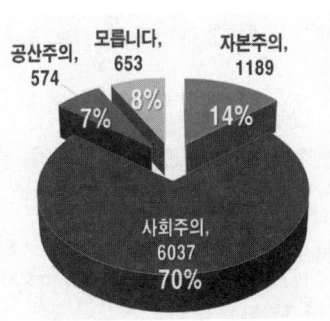

미군정청 여론국 전국 8,453명 대상
여론조사 결과, 동아일보 1946.8.13.

변의 결과는 자본주의(1,189명, 14%), 사회주의(6,037명, 70%), 공산주의(574명, 7%), 모릅니다(653명, 8%)였다.[3]

사회주의와 공산주의를 정확하게 구별할 수 있는 판별력이 어느 정도 인지는 차치하고라도 해방 이후 자본주의에 대한 인식이 매우 낮았다. 이 점은 역설적으로 자본주의의 병폐를 비난하고 유토피아와 평등사회를 선전선동하는 공산주의에 매우 취약한 상태였음을 반영하는 것이다.

연구사적 차원에서 검토해 보면, 건국의 험난한 과정에서 이승만 박사를 위시한 명성이 알려진 독립운동가들의 헌신과 희생은 세인의 주목을 받았기에 많은 연구가 축적되어왔다. 그러나 건국의 뒤안길에서 수많은 무명 인사들의 헌신과 희생이 반란, 폭동, 전쟁 그리고 정변 등 역사적 격랑 속에서 기록이 파기되었고 심지어 왜곡, 폄하되기도 했으며 점차 세월 속에 국민들의 기억으로부터 사라져갔다. 그리하여 그들은 건국유공자의 명단에서 제외되었으며, 국가로부터 보상도 받지 못한 채 사회적 인정도 정당하게 받지 못했고, 그들의 후손들은 민주화유공자들의 그늘에서 숨죽이고 살고 있다. 그런 한 예가 바로 서북청년회를 위시한 우익 청년 단체들의 활동상이다.

서북청년회에 대해 지금까지의 조사와 연구를 검토해 본다면, 독립운

---

3 https://m.blog.naver.com/dreamteller/221049872942(검색일; 2022.7.7.)

동과 건국에서 지도자 중심의 연구가 집중되었으며, 서북청년회와 청년 운동에 관한 연구는 상대적으로 빈약하다. 원래 전통적인 관점에서 서북 청년회는 '행동적 반공단체'로 간주되어왔다.[4] 그러나 87체제 이후 '민주화 광풍' 이후 서북청년회에 대한 연구는 주로 국가폭력으로 인한 민간인 학살에 집중적으로 초점을 맞추어 연구방향이 심각하게 좌편향으로 이동되었음을 알 수 있다.

서북청년회의 민간인 피해와 관련된 최초의 조사는 1960년 4·19 이후 시작되었으나 5·16군사혁명을 거치면서 조사가 중단되었다. 그러다가 유신말기인 1978년 〈창작과 비평〉에 현기영의 소설 『순이 삼촌』이 실리면서, 다시 관심이 살아났다. 1987년 직선제 개헌과 함께 김대중 후보가 15대 대통령 선거 공약으로 제주4·3사건의 진상 규명을 내세우면서 정치적 문제로 비화되었다. 이러한 사회적 분위기 속에 서북청년회의 민간인 피해에 관해 학술적으로 처음 규명한 것은 박명림의 「제주도 4·3민중 항쟁에 관한 연구」(1988)다.[5]

그런데 본격적으로 서북청년회의 역사적 실체에 대해 살펴본 논문이 1999년에 발표된 임대식의 「제주4·3항쟁과 우익청년단」이었다. 이후 서북청년회 연구는 정종식의 「서북청년회의 결성과 활동」(2007), 김평선의

---

4   김점곤, 『한국전쟁과 노동당전략』(박영사, 1974), 146.

5   주목할 것은 제주4·3반란사건을 '제주4·3항쟁'으로 정의하여 기존의 반란과 폭동의 성격을 이유있는 항변으로 재해석하기 시작한 점에 있다. 특히 제주4·3사건과 연관된 서북청년회의 연구사적 검토로 구체적으로 제민일보 4·3취재반, 『4·3은 말한다』 제5권(전예원, 1998), 395-416을 참조할 것.

「서북청년회의 폭력행위 연구: 제주4·3을 중심으로」(2010) 등으로 이어졌다.

이 네 편의 연구는 서북청년회가 왜 앞장서서 잔혹한 민간인 학살에 가담했는지에 초점이 맞추어져있다. 박명림은 서북청년회를 북한의 사회개혁에 따라 일제 치하에서 누려온 사회적, 경제적 기득권을 모두 박탈당한 뒤 월남한 집단으로, 이들이 반공 전위역의 청부 테러단이 된 이유는 생계 때문이었다고 결론을 내렸다. 임대식은 미군정과 극우 세력의 희생양이 되었다고 해석했으며, 정종식은 북한의 공산화 과정에서 피해를 입고 월남해 우익세력에게 이용당한 피해자로서의 모습을 강조했다. 김평선은 서청을 일종의 '민병대'로 규정하였다. 그는 또 서북청년회의 폭력 동기에 대해 정치적, 군사적, 이념적, 세속적 차원의 4가지 범주로 구분해 보았는데, 지도부는 정치적 차원의 기득권 수호, 단원들의 경우에는 세속적 차원의 생존 전략의 차원이었다고 주장했다.[6]

그 이후 서북청년회에 대한 연구는 주로 폭력의 동기와 행위에 관심을 둔 연구가 주류를 이루게 되었으며, 결국 서북청년회는 '백색테러단', '역겨운 단체' 등으로만 기억이 고착되어 버리고 말았다.[7]

---

6 박명림, 「제주도 4·3민중항쟁에 관한 연구」(고려대학교 대학원 석사학위논문, 1988); 임대식, 「제주4·3항쟁과 우익청년단」, 역사문제연구소 외 엮음, 『제주4·3연구』(역사비평사, 1999); 정종식, 「서북청년회의 결성과 활동」(건국대학교 대학원 석사학위논문, 2007), 김평선, 「서북청년회의 폭력행위 연구: 제주4·3을 중심으로」(제주대학교 대학원, 석사학위논문, 2010)

7 서북청년회의 폭력행위를 초점으로 특집기사화한 언론잡지사와 기사들은 다음과 같다. 『역사비평』(제주4·3항쟁-대규모 민중학살의 진상, 1998.2.), 『한겨레신문』('서북청년단 재건' 파문..., 도대체 어떤 단체였길래, 2014.9.29.), 『제주의 소리』("경찰복과 군복, 빨갱이 사냥의 합

이와 반해, 서청에 직접 참여했던 인물들(손진, 선우기성, 문봉제)의 회고록과 신문 연재 등이 있고,[8] 후대 학자들이 객관적으로 조사, 분석한 연구서는 많지 않다. 그러나 2010년 이후 검인정교과서 좌편향 논쟁에서 조선 말기 이후 독립운동-건국-6·25 등 한국근대화에 이르는 과정에서 기독교의 역할이 소홀히 기술되었다는 각성이 일어났고, 그 와중에 한국기독교사 전공자들을 중심으로 기독교와 서청의 관계에 대한 중요한 연구업적이 나오게 되었다.[9]

II. 분단과 남북한의 해방정국

한국의 해방은 제2차세계대전의 와중에서 미국이 일본 본토인 히로시마와 나가사키에 1945년 8월 6일과 9일에 원자탄 2발을 투하하면서 일본 천황의 무조건항복 선언으로 이루어졌다.

태평양전쟁에서 일본군과 오랫동안 싸워왔던 미군에 비해 소련은 일본과 불가침조약을 맺고 있었고, 소련이 일본에 대항하여 선전포고한 것은 전쟁의 막바지인 1945년 8월 9일 나가사키에 두 번째 원자탄의 투하

법성" 2014.5.14.), News & Joy(서북청년회①, 1946 서울, 백색테러단체의 탄생, 2018.4.19.) 등이 있다.

8 대표적인 회고록으로 선우기성, 『어느 운동자의 일생』(배영사, 1987). 문봉제, '서북청년회, 남기고 싶은 이야기들', 중앙일보 1972-1973. 손진, 『서북청년회가 겪은 건국과 6·25』 등이 있다.

9 그 대표적 두 연구자로 ① 박명수, 『대한민국 건국과 기독교』(공저, 2014), 『한경직 목사와 한국교회』(공저, 2015), 『건국투쟁』(2015), ② 윤정란, 『한국전쟁과 기독교』 등이 있다.

일이었다. 소련군의 파죽지세에 놀란 미국 트루먼 대통령은 8월 13일 한반도를 38선을 경계로 분할하기로 서둘러서 결정, 소련에 통고했는데 스탈린은 이의 없이 받아들였다.[10] 연합국들은 1943년 카이로선언에서 한국인들에게 독립을 약속했지만, 어떤 방식으로 어떻게 주권국가로 세워질지는 아무도 예상하지 못했다. 문제는 미군이 남한으로 진주한 것보다 소련군이 북한으로 더 빨리 진주한 것이고, 소련군정은 이미 한반도 공산화에 대한 구체적 시나리오를 가지고 있었던 반면에, 남한에서는 독립운동가들이 속속 귀국을 서두르고 있었고 여운형을 중심으로 한 좌익 조직이 건국준비위원회를 구성하면서 정국의 초기 주도권을 잡았다는 점이다. 태평양전쟁에서 오키나와 전투를 승리로 이끈 24군단 사령관 존 하지 장군은 한국에 대한 아무런 준비된 지식도 없이 한반도로 향했다.

1. 소련군 진주와 급속히 전개된 북한의 공산화 과정

소련군은 일본군이 항복하기 1주일 전인 8월 9일에 한반도에 진입하여 신속한 속도로 점령해 나갔다. 소련군은 8월 26일 평양에 들어오자마자, 조만식에 의해 조직된 건국준비위원회를 해체하고 인민위원회(평남정치인민위원회)를 조직했다. 소련은 당시의 폴란드와 같은 동유럽 국가들처럼 점령지 북한에 공산정권을 수립하려는 의도를 처음부터 가지고 있었다. 그러나 당장 실시하면 주민들의 반발이 있을 것이므로 인민위원회라

---

10 38선 분단에 관한 연구는 많은 논쟁이 있다. 구체적인 내용은 김학준, 「분단의 배경과 고정화 과정」, 『해방전후사의 인식 1』(한길사, 2020), 제15쇄, 86-88을 참조할 것.

는 중간단계를 거치려고 했다.

인민위원회의 명분은 좌익과 우익을 모두 끌어모은 좌우합작의 연립정부를 세운다는 것이었다. 그래서 소련군정은 인민위원회의 숫자를 조만식의 우익과 현준혁의 좌익을 16대 16이 되도록 했다. 그러나 조만식은 그것이 소련군이 파놓은 함정임을 알고 협조를 거부했다. 그러자 소련군정은 가면을 벗고 좌익만으로 이루어진 정권, 즉 노동자와 농민으로 이루어진 계급정권을 세우려고 했다. 그런 의도는 9월 14일에 발표한 '인민정부 수립요강'에 드러났다. 그런 정부는 남한의 미군정과 협의해서 세워질 통일정부가 아니었고 북한의 단독정부였는데, 그런 소련의 의도는 9월 20일의 스탈린의 전문에서 드러났다. 그것은 비밀이었기에 미군정은 소련의 의도를 전혀 몰랐다.

1946년 2월 8일, 마침내 북한에서는 북조선임시인민위원회가 수립되었는데, 김일성이 위원장이었다. 당시 공산국가에서는 인민위원회는 정부를 의미했기에 실제적으로 김일성의 북한 단독정부가 수립된 것이다. 소위 인민민주주의를 실현하기 위한 일종의 인민정권이었다.[11] 이것은 남한의 대한민국 건국보다 무려 2년 6개월 앞선 일이었지만, 독립운동가들 중에서 이 사태의 심각성을 인지한 정치지도자는 거의 없었다.

---

11 여기에서 인민은 생산활동에 직접 참여하지 않는 대자본가, 지주, 고급관료 등이 제외된다. 따라서 그들이 말하는 인민민주주의는 대자본가, 지주, 고급관료들을 제외한 사람들만의 민주주의를 의미한다. 공산주의자들에게 있어서 '인민민주주의'는 프롤레타리아민주주의로 이행하기 위한 중간단계의 통치형태이다. 더 자세한 것은 양동안, 『한국에서 혼란스럽게 사용되는 정치사상용어 바로 알기』(대추나무, 2020), 179.

이 위원회는 소련군정이 제시한 공산혁명을 즉시 추진했다. 그들은 1946년 토지개혁이란 미명하에 5정보 이상의 토지를 몰수해 국유화했고 토지가 적거나 없는 농민들에게 무상으로 분배했다. 그러나 분배된 것은 토지의 경작권이지 소유권은 아니었다. 이러한 사실을 모른 채 토지개혁은 농민들의 환영을 받았다. 8월에는 산업체와 금융기관을 국유화했으며, 11월에 북조선임시인민위원회는 도·시·군 인민위원 선거를 거쳐 1947년 2월 북조선인민위원회로 명칭을 바꾸었다. 또 1947년 12월에는 '화폐개혁'을 통해 국민의 화폐자산을 몰수해 국유화했다. 이런 엄청난 변화들은 독자적 정부의 권력이 존재하지 않고서는 추진될 수 없는 일이었다. 북한에서의 급속한 공산혁명의 과정에서 「김일성의 20개 정강」이 강조했던 '반동분자와 반민주주의분자에 대한 무자비한 투쟁'이 일어났다.[12] 따라서 기존의 식자층과 유산자층은 생존이 불가능하게 되었다. 새

---

12 「김일성의 20개 정강」 중 ②항에서 드러났다. 1945년 12월 말 모스크바 3상회의에서 〈신탁통치 및 조선임시정부 수립〉이 결정됨에 따라, 앞으로 수립될 통일된 임시정부가 추진해야 할 개혁방향을 제시한 것이다. 김일성의 방송연설로 발표된 〈20개 정강〉의 내용은 다음과 같다.
① 조선의 정치경제생활에서 과거 일제통치의 온갖 잔재를 철저히 숙청할 것. ② 국내에 있는 반동분자와 반민주주의적 분자들과의 무자비한 투쟁을 전개하며 파쇼적·반민주주의적 정당·단체 및 개인들의 활동을 금지할 것. ③ 전체인민에게 언론·출판·집회 및 신앙의 자유를 보장할 것. 민주주의적 정당·노동조합·농민조합 기타 민주주의적 사회단체의 자유로운 활동조건을 보장할 것. ④ 전조선 인민은 일반적·직접적·평등적 비밀투표에 의한 선거로써 일체 지방의 행정기관인 인민위원회를 결성할 의무와 권리를 가질 것. ⑤ 전체공민들에게 성별·신앙 및 재산의 유무를 불문하고 정치경제생활에서 동등한 권리를 보장할 것. ⑥ 인격·주택의 신성불가침을 주장하며 공민들의 재산과 개인의 소유물을 법적으로 보장할 것. ⑦ 일제통치시에 사용하였으며 또한 그 영향을 받고 있는 일체 법률과 재판기관을 폐지하고 인민재판기관을 민주주의 원칙에서 선거할 것이며 일반공민에게 법률상 동등권을 보장할 것. ⑧ 인민의 복리를 향상시키기 위해 공업·농업·운수 및 상업을 발전시킬 것. ⑨ 대기업소·운수기관·은행·광산·산림을 국유로 할 것. ⑩ 개인수공업과 상업의 자유를 허락하며 장려할

로운 공산체제에 대한 저항은 죽음이나 시베리아 강제노동을 의미했다. 그들이 선택할 수 있는 유일한 길은 38선을 넘어 남한으로 탈출하는 것이었다.

무서운 공산주의 체제가 북한 전역을 뒤덮어갈 때, 저항하는 북한인들도 있었다. 주로 엘리트층에 속한 소수의 지주들과 기독교인들로서 대부분이 학생과 청년들이었다. 최초의 저항은 '해주 9·16반공사건'이었다. 해주 공산당 본부를 습격하여 그곳에 갇혀있던 우익인사들을 석방한 것이다. 김인식, 이영호 등 주동자들은 소련군의 보복을 피해 서울로 탈출했다. 두 번째는 함경남도의 함흥과 영흥에서 소련군의 만행에 저항해 시위한 '반공의거사건'이다. 소련군의 만행은 식량과 산업시설의 강제반출이었다. 소련군은 자기 나라의 산업부흥을 위해 북한의 공업시설을 일본으로부터 전리품이라는 명분으로 반출시켰다. 세 번째는 가장 사상자가

것. ⑪ 일본인·일본국가·매국노 및 계속적으로 소작을 주는 지주들의 토지를 몰수할 것이며, 소작제를 철폐하고 몰수한 일체 토지를 농민들에게 무상으로 분배하여 그들의 소유로 만들 것. 관개업에 속한 일체 시설을 무상으로 몰수하여 국가가 관리할 것. ⑫ 생활필수품에 대한 시장가격을 제정하여 투기업자 및 고리대금업자들과 투쟁할 것. ⑬ 단일하고도 공정한 세납제를 제정하여 누진적 소득세제를 실시할 것. ⑭ 노동자와 사무원에게 8시간 노동제를 실시하며 최저임금을 규정할 것. 13세 이하의 소년의 노동을 금지하며 13세로부터 16세까지의 소년들에게는 6시간 노동제를 실시할 것. ⑮ 노동자와 사무원들의 생명보험을 실시하며 노동자와 기업소의 보험제를 실시할 것. ⑯ 전반적 의무교육제를 실시하며 국가경영인 소·중·전문·대학교들을 광범히 확장할 것. 국가의 민주주의적 제도에 따라 인민교육제도를 개혁할 것. ⑰ 민족문화·과학 및 예술을 적극적으로 발전시키며, 극장·도서관·라디오방송국 및 영화관의 수효를 확대할 것. ⑱ 국가기관과 인민경제의 각 부문에 요구되는 인재들을 양성하는 특별학교들을 광범히 설치할 것. ⑲ 과학과 예술에 종사하는 인사들의 사업을 장려하며 그들에게 방조를 줄 것. ⑳ 국가 병원수를 확대하며 전염병을 근절하며 빈민들을 무료로 치료할 것.
https://terms.naver.com/entry.naver?docId=920166&cid=42958&categoryId=42958&expCategoryId=42958(검색일; 2020.7.11.)

많고 파장이 컸던 '신의주 반공학생사건(1945.9.18-23)'[13]이었다. 네 번째 1946년 3월 '평양 장대현교회 사건'[14]이었고, 다섯째로 1946년 11월 '일 요일선거 거부사건'[15]이었다. 살아남은 학생들은 급히 남한으로 탈출할 수밖에 없었다. 이어서 일반인들의 월남이 줄을 이었다.

2. 남한의 상황; 건준(建準)과 인공(人共)의 등장과 경제적 혼란

해방 후 남한에서 가장 기민하게 움직인 세력은 좌익이었다. 일본 총독 부의 권유로 여운형이 8월 16일에 건국준비위원회를 조직하였고, 그것을 모방한 지방 건준위들이 우후죽순처럼 생겨났다. 건준은 산하에 청년치 안대를 조직하였다. 서울에서 치안을 유지하기 위해 약 2,000명의 청년 들과 학생들을 동원하는 한편, 지방에 지부를 결성하기 위해 200명 이상 을 파견했다. 그 결과 8월 25일까지 140개 이상의 지부가 결성되었다. 그

---

13 용암포 제일교회에서 공산당과 소련군의 찬양대회를 보고, 한 학생이 단상에 올라가서 공산 주의 체제를 비난하면서 발단되었다. 그래서 공산당 성토대회로 바뀌었고 공산당은 적위대 를 투입하여 강제해산시켰다. 그 과정에서 학생들 수십명이 다치고 제일교회 홍 장로가 맞 아죽었다. 그 소식을 듣고 신의주 6개 중학교의 5천여 명이 항의행진을 했는데, 소련군은 전 투기를 출격시키고, 기관총 사격을 가하기도 했다. 학생 23명이 죽었고, 수백명이 다쳤다. 2 천여 명이 체포되고, 그 중 100여 명이 시베리아로 끌려갔다.

14 1946년 2월, 북조선임시인민위원회(위원장 김일성)는 기독교계의 3·1운동 기념행사를 금지 하고, 평양역 앞에서 인민위원회가 주최하는 기념집회에 참가하라고 요구했다. 이에 평양 장 대현교회에서는 신도 5천명이 모인 가운데 단독집회를 강행했고, 적위대원들이 황은균 목 사를 연행하려 하자 이에 분개하여 시가 데모를 벌였다. 김상태, 「평안도 기독교 세력과 친미 엘리트의 형성」, 『역사비평』(1998.11), 206.

15 일요일은 기독교인들에게 신성한 예배주일인데 북조선 도·시·군 인민위원회 선거일로 공포 하였다. 이에 대해 평안도 기독교계는 선거거부 의사를 표명했고, 북한 기독교인 상당수가 이 선거를 거부했다. 김상태, 위의 논문, 206.

렇지만 3주도 안된 9월 6일, 여운형은 인민공화국을 선포한 공산주의자 박헌영에게 주도권을 빼앗기고 말았다. 그에 따라 지방의 건준위들도 인민위원회들로 바뀌었다. 그러나 인민공화국은 총선거나 국민대회와 같은 합법적인 절차를 거치지 않은 '문서상의 정부'에 지나지 않았다. 그래서 9월 8일, 한반도에 들어온 미군은 그것을 정부로 인정하지 않았다. 미군은 한국의 즉각적 독립을 약속하지는 않았으며, 38도선 이남에서는 미군정이 유일한 합법정부임을 분명히 했다. 그러나 아직 박헌영의 좌익공산세력과 미군정의 갈등, 대립이 본격화된 것은 아니었다. 미군정은 치안유지가 최우선 과제였고 좌익을 탄압하거나 우익을 보호하는 것은 아니었다.

해방 초기, 건국운동의 주도권은 좌익에게 넘어갔다. 여운형의 건준과 박헌영의 인공 등 공산좌익의 조직화를 지켜본 우익들은 독립운동가들이 속속 귀국함에 따라 세력을 결집해 나갔다. 송진우, 김성수 등을 중심으로 한국민주당이 결성되었으며, 미국에서 외교노선으로 독립운동을 하던 이승만도 10월 16일 귀국하였고, 중국 중경에서 활동하던 김구 등 임시정부 수반들도 11월과 12월에 귀국하였다.

남한에서의 가장 큰 문제는 경제적 혼란이었다. 해방으로 인해 일본 경제권에 묶여있던 한국경제는 큰 타격을 입었다. 물자와 자금의 순환이 마비됨에 따라 생산의 대폭적인 감축이 불가피했다. 1946년 남한의 제조업 생산액은 1939년에 비해 무려 75%나 감소하였다. 남북이 분단되면서 남한의 경제적 혼란은 더욱 가중되었다. 그 이유는 식민지 시기에 일제가 건설한 공업시설은 주로 북한에 분포되었기 때문이다.[16]

III. 월남(越南) 이후 서북청년들의 활동상

1. 남한에서의 정착

북한의 소련군정과 그 앞잡이 김일성 공산주의자들의 압제로부터 38선을 넘어 탈출한 북한 사람들의 숫자는 해방에서 1946년 4월까지 8개월 동안 50만명에 이르렀다. 그중 단신으로 38선을 넘은 학생들과 청년들의 고통이 가장 컸다. 아는 사람도 없는 서울거리를 헤매던 그들은 빈 공간을 찾아 고향사람들끼리 모여 합숙을 시작했다. 빈 공간은 일본인들이 남기고 간 공장 기숙사, 창고건물, 사찰 등이었다.

그렇게 해서 생긴 서울 합숙소는 60여개에 이르렀고 그 인원은 2,000-3,000명에 이르렀다. 가장 유명한 것으로는 종로구 권농동의 호림장[17], 효창공원 옆의 함북청년회 합숙소, 삼각병원 2층, 옛 묵정초등학교 자리의 대원장, 용산 해방촌의 천막촌 등이었다. 각자 동향으로 단체를 구성

---

16 남한의 경제적 혼란에 대해 더 구체적인 설명은 교과서 포럼 편, 『한국현대사』(기파랑, 2008), 39를 참조할 것.

17 합숙소 가운데 가장 유명한 합숙소로 종로3가 종묘공원 옆의 호림장이다. 그 건물은 일제시대 노구치 피복공장의 여공 기숙사였으나, 중경임시정부의 특파사무국 사무실로 쓰게 된다. 그러나 미군정의 압력으로 임정의 특파사무국이 해체되자, 1945년 10월, 호림장의 서북청년들은 대한혁신청년회(혁청)로 바꾸고, 유진산을 위원장으로 추대했다.

하고 그 명칭도 고향 이름을 따랐다. 진룡동지회(평남 진남포와 용강군 출신), 대동강동지회(평양 출신), 압록강동지회(평북 신의주 출신), 양호단(함남 원산 출신, 김성이 조직한 항일 비밀단체), 수양산특별동지회(황해도 출신), 구월산동지회(황해도 출신) 등이 있었다. 우선 일감을 찾는 가운데, 특히 호림장의 서북청년들은 1945년 11월 말에서 12월 초에 걸쳐 중국에서 임시정부 요인들이 귀국하자 그들의 경호를 맡게 되었다. 김구가 머무는 경교장, 신익희가 머무는 낙산장, 이시영 등이 머무는 충무로 한미호텔의 경비를 맡게 되었다.[18]

　서북청년들이 38선을 넘어 남한에 정착할 때, 이미 건준과 인민공화국 산하기관들의 지방조직화로 좌익노조에 의해 기업체의 접수는 물론이고 살인, 방화, 기물파괴 및 폭력사태 등이 도처에서 벌어지고 있었다. 이런 처참한 현실을 월남한 청년들이 목격하게 된 것이다. 1946년 봄, 월남한 문봉제의 눈에 비친 서울 장안은 길거리를 도배하는 좌익언론의 삐라 및 벽보와 난무하는 좌익 폭력의 혼란스런 실상이었다. "동아, 조선, 대동 등 일부 신문을 제외하고 현대, 인민, 해방, 중앙일보 등 많은 신문, 잡지가 좌익 일색이었고 종각을 비롯한 종로, 충무로 일대에 나붙는 벽보나 삐라도 그들의 것뿐이었다. 우익 벽보는 눈을 비벼도 찾아보기 힘들 정도였다...우익의 무기는 대체로 맨손이었던 반면에 좌익은 해머, 단도 등을 들고 설치는 폭력, 힘의 우열은 장안을 그들의 판도로 이미 굳혀가고 있

---

[18]　이주영, 『서북청년회』 (백년동안; 2015), 22-25.

는 것"이었다."[19] 드디어 좌익의 만행에 개탄한 그들은 반공투쟁의 선봉에 나서게 된 것이다. 서청의 투쟁은 침묵으로 방관하던 대다수 국민들을 반공대열에 참여시키는 계기를 만들게 되었다.

월남한 북한청년들이 조직을 서두르는 동안, 남한내의 우익 청년들도 조직을 정비해 나갔다. 그런 조직중에서 중요한 두 청년단체를 소개한다면, 하나는 1946년 5월 13일 결성된 대한독립촉성국민회청년단이었다. 이 단체의 중요한 임무는 대한독립촉성국민회의 집회를 보호하고 청중을 동원하고 인도하는 것이었다. 즉 그 회원들은 이승만의 근위대 역할을 자임하였다. 다른 하나는 1946년 4월 9일 조직되었고, 김두한이 이끌었던 대한민주청년동맹이었다. 일제치하에서 주먹으로 명성을 날린 김두한은 그 별동대를 거느리고 좌익세력의 활동을 분쇄하는데 앞장을 섰다. 이들 청년 단체들은 경찰의 보조조직으로 활용되기도 했다.

서청회원은 이북에서 38선을 넘어온 피난민이므로, 다른 피난민처럼 미군정 당국으로부터 일정량의 식량과 구호물자들, 광목, 이불, 면사, 신발, 옷가지 등을 배급받았다. 그 구호물자들 일부를 시중에 팔아서 운영비로 충당하기도 했다. 그리고 부족한 부분은 지방 우익단체들인 독촉국민회, 애국부인회 등의 도움을 받았다.

---

19 문봉제, '남기고 싶은 이야기들(643)〈제30화〉서북청년회', 『중앙일보』(1972.12.23.(검색일; 2022.8.5.).

2. 서북청년회의 특징

서청의 대공투쟁이 초인적 힘을 발휘할 수 있었던 것은 다음과 같은 조직의 특징이 있었기 때문이다.

① 반공정신으로 철저하게 무장했다. 그들은 이북 고향에서 해방 후 진주한 소련군과 그들의 앞잡이인 김일성 일당의 만행을 직접 목격한 사람들이었다. 무자비한 공산주의적 전체주의에 직접 저항하기도 했다.

② 비교적 지적 수준이 높은 단체였다. 서청 회원들의 대부분이 북한에서 중학교(지금의 고등학교) 이상을 졸업했거나 재학 중인 학생이었다. 그들의 월남으로 북한 공산주의 체제는 엘리트를 많이 상실하고 말았다.

③ 합숙생활을 통해 동지적 유대감을 형성하였고 그 때문에 합숙소 생활은 필수적이었다. 고향 친구끼리 모이는 경향이 있었기 때문에 합숙소는 도별로 이루어졌다. 합숙소는 단순히 먹고 자는 곳이 아니라 토론하고 공부하는 곳인 생활공동체였기에 학습장이고 동시에 수련장이었다. 언제 적의 공격을 받아 목숨을 잃을지도 모르기에 항상 긴장하고 경계했다.

④ 좌익과의 투쟁에서 폭력에는 폭력으로 대응하며, 반드시 보복한다는 불문율을 가지고 있었다. 좌익에게 우두커니 당하고만 있지 않았다. 그 이상의 보복이 따랐다. 죽기를 각오하면서 초인적 힘을 발휘

하게 되었다.[20] 이런 특징은 향후 준군사조직의 성향을 나타내면서 경찰과 군에 대거 입대하는 현상으로 나타났다.

3. 주먹패와의 관계

서북청년회의 단원들은 대부분 북한에서 학교를 졸업했거나 다니던 지식인이었지만, 그 중에는 주먹으로 유명한 인물들도 있었다. 그러나 그들은 요새 말하는 조직폭력배(깡패)가 아니라 일제 때 일본인들에 맞서 정의의 주먹을 날리던 김두한 유형의 협객들이었다. 이들을 다룬 드라마로 협객 김두한을 주인공으로 한 SBS의 「야인시대」(2002-2003)가 있다. 주먹패로 대표적으로 3인을 소개하면 다음과 같다.

① 이화룡: 평양 출신. 명동지역의 상권을 지배하면서 종로파의 김두한과 경쟁하였다.

② 이성순: 평북 신의주 출신. 시라소니로 알려짐. 장면박사의 경호를 맡기도 했다.

③ 황병관: 일본 메이지대학시절 올림픽대회에 출전했던 씨름선수. 그러나 애석하게도 1952년 5월 부산 피난시절 깡패의 총에 맞아 비명에 갔다.

---

20 손진, 『서북청년회가 겪은 건국과 6·25』, 9-10.

4. 서북청년회 창설 이전의 활동상

서북청년회는 1946년 11월 30일 종로 YMCA 대강당에서 결성되었다. 그때까지의 조직과 활동상을 정리하면 다음과 같다. 우선 북한 출신 청년들은 출신 도별로 조직을 결성하였다. 대한혁신청년회(함남 출신), 함북청년회[21], 황해청년회[22], 북선청년회(北鮮靑年會)[23], 양호단(養虎團), 평안청년회 등을 결성하고 각자 나름대로 대공투쟁을 전개하였다. 그 활동상을 크게 다섯 가지로 나누어 볼 수 있다.

첫째로, 김일성 암살미수사건이다. 1946년과 1947년 두 차례에 걸쳐 3·1운동을 기념하기 위한 평양군중집회에 나타난 김일성을 노렸지만 모두 실패했다. 1946년의 경우는 백의사(白衣社)에 의해 이루어졌다. 백의민족을 상징하는 백의사는 중국 장개석 국민당 정부의 낙양군관학교 출신인 염동진이 중국의 남의사(藍衣社)를 본떠서 만든 것이었다. 남의사는 중경임시정부의 중앙정치공작대와 표리관계를 이루는 것으로 해방 후에는 북한에도 지하조직이 있었다. 김일성을 암살하기 위해 서울에서 김제철(39세), 김형집(19세), 최기성(20세), 세 사람이 평양에 파견되었다. 며칠 뒤 백의사 요원인 이성열도 염동진 사령관의 지시를 받고 평양으로 떠났다.

---

21 1946년 6월에 조직되었는데 장소에 따라 둘로 갈렸다. 종로파는 장윤필, 장필홍, 장창원, 임일, 반성환, 전두열, 윤하선 등이고, 충무로파는 허금룡, 김계룡 등이 속했다.

22 중심축은 해주 9·16반공사건에 가담한 김인식과 이영호였다. 그들은 황해도 출신 정치인들 이승만, 김구, 백남훈, 그리고 기업인 강익하를 고문으로, 지도자로 한민당 정치부장 장덕수를 모셨다. 주로 38선을 서해를 통해 넘었기에, 인천이 주요 거점이 되었다.

23 1946년 4월 용산구 남영동에서 구성된 고향과 관계없이 조직된 단체.

드디어 1946년 3월 1일, 거사일이 찾아왔다. 김일성이 연단에 나타났을 때, 김형집은 수류탄을 던졌다. 그러나 수류탄은 계단 밑으로 떨어졌고, 경비중이던 소련군인이 잽싸게 멀리 던져버리는 순간 터지고 말았다. 김형집은 현장에서 체포되었다.

3월 13일 자정 무렵, 김제철 등은 김일성의 외삼촌으로 북조선임시위원회 서기장인 강양욱 목사의 집을 습격하여 수류탄을 던지고 권총을 난사한 사건도 일어났다. 그 가족의 일부만 사살했을 뿐, 강양욱을 암살하는데 실패했다. 김제철은 현지에서 이희두와 최의호 등 5명을 포섭했다. 총격전 과정에서 최기성이 사망하고 이희두는 총상을 입었다. 결국 평양에 갔던 사람들 가운데 이성열만이 천신만고 끝에 3월 말 서울로 돌아왔다.

둘째로, 북한실정을 폭로한 순회강연이었다. 당시 남한의 공산주의자들은 북한이 공산혁명으로 지상낙원이 되었다고 선전선동하고 있었다. 실제로, 좌익들의 선전선동이 먹혀들어서 대부분의 농민들은 공산당에 대한 우호적 입장을 지니게 되었다. 그러다가 이런 선전이 허구임을 깨닫게 된 계기가 된 것이 38선을 넘어온 서북청년들의 북한실정 보고대회 때문이었다. 그들은 북한이 소련군과 공산주의자들의 계급투쟁 조장으로 야만적인 폭력이 난무하는 생지옥이 되었음을 증언하였다.

그 최초의 보고대회가 1945년 11월 28일 박용만의 조선유학생동맹이 개최한 풍문여고 집회였다. 그것은 11월 23일 평북 신의주반공학생의거에 대한 진상을 알리는 보고대회였다. 그런데 강연장은 공산당이 동원한 좌익학생들로 꽉찼고, 이들은 소란을 피웠다. 이런 사태를 예상하고 잠복해 있던 우익의 혁신청년회 대원들이 강연을 방해하는 좌익학생들을 끌어낸 것이 패싸움으로 번졌다. 이에 좌익테러단이 쳐들어왔고, 급기야 우익의 혁신청년회와 좌익의 아호기파의 길거리의 패싸움으로 번져갔다.

풍문여고의 북한실정 보고대회는 공산당의 방해로 성사되지 못했지만, 큰 의의를 지닌다. 이 사건을 계기로 해서 서청은 전국 각지에서 북한실정 보고대회를 열게 되었기 때문이다. 이 과정에서 전국에 파견되어 반공과 건국의 투사로 활동하게 되었다. 강연 내용은 북한에서 직접 체험한 소련군과 공산당의 만행을 폭로한 것이었다. 특히 소련군의 약탈, 강간, 도둑질 등을 예로 들면서, 손목시계만 보면, "다와이(내 놔)"라는 말과 함께 시계를 강탈하고 손목에 시계를 주렁주렁 차고 자랑한다는 것이었다. 또 소련군은 압록강 수풍댐 발전소, 흥남 비료공장 시설 등의 산업시설을 통째로 뜯어 소련으로 실어갔고, 식량까지 실어갔다고 증언했다.

셋째로, 서북청년회는 북한실정을 폭로하는 행사를 여는 가운데, 38선 철폐운동도 벌였다. 1946년 3월 5일, 서울운동장에서는 2만 5천여 명이 모인 가운데 대규모의 38선 철폐대회가 열렸다. 조선민주당 부당수인 이윤영을 대회장으로 하고 사회자는 문봉제[24]였다. 북한의 각 지역별로 소련군과 김일성 공산주의자들의 만행을 보고했으며, 이승만 박사는 격려

24　평남 개천 출신으로 동경의 일본대학 졸업한 후 고향에서 동양상회를 경영한 기업가로서 월남하여 평남동지회를 조직하여 반공전선에 나섰다. 그러나 서북청년회가 발족될 당시, 서청에 직접 참여하지 않고 민족통일총본부에 가담했다. 그런데 1947년 여름 지청천 장군을 중심으로 대동청년단이 창설되었는데, 그것에 합류를 놓고 합류파와 잔류파간의 내분이 일어났다. 잔류파는 1947년 9월 26일, 천도교강당에서 문봉제를 위원장으로, 김성주를 부위원장으로 선임했다.

메시지를 보내오고, 조소앙은 중경임시정부의 대표로 참석하여 격려사를 했다.

넷째로, 서청은 서울 소련영사관을 습격하여 반소반공운동을 벌였다. 1946년 3월 5일, 서울운동장에서 38선철폐 국민대회를 마친 다음 서북청년들은 "때려부셔라. 38선!", "때려부셔라. 공산당!"의 구호를 외치며 가두시위에 들어갔다. 그들은 종로를 거쳐 김구의 숙소인 서대문의 경교장까지 행진했고, 다시 정동 골목으로 빠져 소련영사관으로 돌진했다. 영사관 넘어 돌멩이를 던지자 샤부신 총영사 등 직원들이 급히 피신했다. 미군정 기마대들의 출동으로 시위대는 해산되었지만, 다시 여러 무리들로 분산되어, 서울 중심부의 좌익기관들을 습격했다. 그에 따라 인민위원회 본부, 조선공산당 본부, 해방일보사, 인민일보사, 현대일보사, 중앙일보사, 자유신문사 등이 습격을 당했다.[25]

다섯째로, 좌익노조 파업을 분쇄하고 조직이 정상화되도록 협조한 일이었다. 일제의 패망과 함께 남한 정국의 주도권을 장악한 좌익은 일제가 남긴 모든 산업체에서 노동조합의 조직을 서둘렀다. 국영기업체인 철도, 전매, 체신, 경전(지금의 한전) 등에 강력한 노동조합들이 결성되었다. 1945년 11월 5일, 이것들을 모두 총괄하는 노동조합전국평의회(全評)까지 조직되었다. 허성택이 위원장이었다. 공산주의자들은 전평을 중심으로 해서 각계각층에 외곽조직인 농민동맹, 청년동맹, 학생동맹, 문학가동맹,

---

법률가동맹, 예술가동맹, 여성동맹 등을 가지고 있었다.

해방 당시 우리나라의 생산공장은 90% 이상이 일본인에 의하여 경영해 온 적산공장이었다. 남한에 미군 진주가 예상외로 지연되어 통치의 공백기가 발생하면서, 전국의 공장과 산업체는 노동조합과 자치위원회에 의해 운영, 관리하게 되었다. 심지어 한국인의 자본으로 세워진 공장조차도 친일파 반민족자들의 기업체로 매도당하면서 자치위원회에 의해 경영권이 박탈당하고 있었다.

대표적인 예가 영등포 경방, 양평동 고무공장(사장 김연수)이었다. 특히 양평동 공장은 전평 위원장인 허성택이 직접 장악하고 있었던 지휘부였다. 경영권을 박탈당한 경성방직 측에서 양평동 공장과 영등포 공장을 전평 자치위원회로부터 탈환해달라는 부탁을 서청에 요청해왔다. 3대의 트럭을 타고 달려간 서청회원들은 전평 측과 처절한 난투극을 벌였다. 마침내 서청이 승리하면서 경성방직은 질서를 회복했다. 경성방직 측은 서청 간부인 송태윤을 공장장으로 임명하고 정상적인 가동을 시작했다. 좌익 노조 간부들이 물러난 자리에는 서북청년들을 임명했다. 그러나 이 일을 주도한 인물들 11명(김성주, 반성환, 장창원, 장동춘 등)은 미군정의 수도경찰청에 구속되었다.

전평의 본거지인 양평동 공장이 정상화되자, 경인지구의 다른 공장들도 서청에 도움을 요청하기 시작했다. 그 여세를 몰아 서청은 인천지구에까지 진출했다. 인천의 동양방직공장에서도 서청은 적도(敵徒)를 물리치고 동양방직공장에 대한노총 분회 간판을 거는 데 성공했다. 이어서 서청은 조선화학비료공장, 조선기계, 조선제마, 조선차량, 조선알미늄공장, 노다 장유(野田醬油) 등 인천의 유수한 공장들을 차례로 전평으로부터 탈환했다.

서청은 단순히 좌익의 파업과 폭동을 분쇄하는데 그친 것이 아니었다. 1946년 9월 총파업의 경우, 당시 철도노조가 파업에 가세했을 때 파업반대 기술자로서 9월 30일 오후 4시부터 서울에서 인천·수원·동두천·개성 방면의 열차가 운행되도록 하고 철도·전화도 복구되도록 협조하였다.[26]

이러한 서청의 투쟁목표는 생산업체의 기능을 정상화시키고, 전평에 대항한 대한노총을 조직하고 서청회원들의 직장을 마련하는 데 있었다. 그 결과 대한노총 중앙본부의 임원자리는 대부분 서청 출신들이 차지하게 되었다. 이런 일들은 경인공업지구에 국한된 것이 아니었고 전국 도처의 경전, 철도, 석탄공사, 대한중석 등 기업체에서 발생하였다.[27] 이처럼 건국을 위한 반공투쟁에서 전위대 역할을 하게 되었다.

5. 서청과 미군정과의 관계

해방 당시 조선총독부는 일본인의 생명과 재산을 보호하고 치안유지의 목적으로 신망이 높은 민족진영의 거두 송진우와 접촉했다. 그러나 송진우는 중경임시정부의 귀환을 기다리겠다고 거절했고, 조선총독부는 결

---

26 박갑동, 『박헌영』(인간사, 1988), 4판, 151.

27 더 자세한 내용은 손진, 『서북청년회가 겪은 건국과 6·25』, 10-21을 참조할 것.

국 고심하던 차에 좌익의 여운형에게 접근하여 그의 허락을 받아내었다.

조선총독부로부터 정권인수 권한과 막대한 자금을 받은 여운형은 신속하게 건국준비위원회를 구성하고 그 조직을 지방으로까지 145개로 확대하여 남한 전역을 장악하였다. 그 뒤 박헌영은 건준에 합세하여, 9월 14일에는 전격적으로 '조선인민공화국'을 선포하였다. 그에 따라 건준은 인민위원회로 간판을 바꾸게 되었다.

미군정의 기본정책은 치안유지에 있었으므로 일제 때 경험있는 경찰과 관리들을 중용할 수밖에 없었다.[28] 또한 소련과는 2차대전시에 연합국으로 참전했기에 독일의 나치즘과 일본의 군국주의 파시즘에 대한 적대감은 강했지만, 소련이 주도한 공산주의 문제에 대해서는 직접 체험한 인물이 적었기에 공산주의 이념에 대한 경각심이 적었다. 그래서 가급적이면 한반도문제에서 소련과 협조하여 해결되기를 원했다. 미군정은 중립정책, 좌우합작 연립정책을 고수했기에 좌익들의 활동을 방관했다. 남한내의 좌우익 충돌과 소요사태에 대해서도 직접 개입을 원치 않았으며 가급적 중립을 취하려는 태도를 견지했다. 심지어는 미군정 고위 책임자가 좌익의 행사에 참여하여 축사를 하는 일도 있었다. 대표적인 예로, 1945년 11월 5일 서울에서 각 노조대의원 650명이 참석한 가운데 전평이 결성되었을 때, 그 결성식을 미군정청이 허락한 점이다. 따라서 미군정 경

---

28 일본이 항복할 당시, 식민지 한국경찰의 약 30%가 한국인으로 구성되어있었고, 그 중 한국인 약 80%가 미군정에 의해 재기용되었다. 더 자세한 것은 김진웅, 「미군정 기 국내정치에 있어서 경찰의 역할」, 『대구사학』, 97집, 2009, 6.

찰도 공산당에 대해서 강경하게 대처할 수 없었다. 경찰의 힘만으로는 치안유지가 불가능했다. 그 때문에 서청을 비롯한 우익청년단체들이 좌익폭도에 맞서서 맨주먹으로 혈투를 벌였던 것이다.

후일 미군정이 우익단체에 호의적 반응을 보인 계기가 된 것은 1946년 9월 총파업과 10월 1일 대구폭동을 진압하는 과정에서 미군정의 경찰과 우익청년단체와의 유대관계가 형성되면서부터였다.

미군정의 경찰력으로는 전국 도처에서 조직적으로 발생하는 크고 작은 좌익의 폭동을 진압하기에는 역부족이었다. 특히 전라남북도와 경상북도의 산간지역에서는 공비출몰이 빈번했다. 좌익들은 야간에 경찰서를 습격하여 경찰을 살해하고 무기를 탈취하는가 하면, 우익 청년단체의 간부 집을 습격하여 살해하고, 입산(入山)하는 일이 연달아 발생했다. 1945년 10월 21일 미군정에 의해 경무국이 창설되었다. 서청은 그런 취약지역에 파견되었다. 그들은 경찰지서를 지키기 위해 교대로 경찰들과 함께 보초를 섰으며, 그런 과정에서 경찰의 절대적인 신임을 얻게 되었다.

미군정은 경무부장으로 조병옥, 수도경찰청장으로 장택상을 임명하였다. 둘다 한민당 간부였다. 미군처럼 사단제로 편성된 경찰의 병력은 1945년 11월, 1만 5천 명으로 출범했으며, 다음 해 7월에는 2만 5천 명으로 증강되었고, 1948년 8월에는 34,000명에 이르렀다. 서청은 조병옥, 장택상의 신임을 받으면서, 군정 경찰과 자연스럽게 협조관계를 형성해 나갔다. 그래서 서청이 대공투쟁에서 불법을 저질렀어도 경찰은 가볍게 처리하거나 묵살하는 경우도 많았다.

경무부장 조병옥은 자신의 회고록에서 하지 중장이 서청을 해체하라고 지시한 것을 세 번이나 만류했다고 한다. 하지 중장은 '조선민주애국청년동맹'(민애총)과 같은 좌익단체를 해산시키면 우익단체도 이처럼 함께 해산해야 공정한 법 집행이라는 논리였다. 조병옥은 "가혹한 북한 공산치하에서 고향과 부모형제와 생이별하고 월남한 그들에게 다소 불법성이 있었다고 하더라도 서북청년회와 같은 열렬한 반공적 우익청년단체를 해체한다고 하는 것은 한민족의 자유독립을 완성하기 위한 준비기관인 미군정치의 본래의 임무와 사명에 어긋나는 처사일 뿐만 아니라 또 서북청년회를 해체하는 경우 국립경찰만으로는 남한의 치안을 유지할 수 없는 실상이므로 서북청년회를 절대로 해체해서는 안된다고 주장했다.[29]

후일 서청이 하지 장군과 화해하게 된 계기는 유엔이 총선거를 통해 한반도에 정부를 세우라는 결의를 하면서부터였다. 1947년 11월 14일 유엔총회는 미소공동위원회 대신 총선거를 통해 한반도에 통일정부를 세우라는 결의를 했다. 그것은 이승만의 주장을 인정한 것이라고 볼 수 있다. 그에 따라 하지 중장의 태도도 변하기 시작했다.

---

29 조병옥, 『나의 회고록』(1959), 149-150.

IV. 서북청년회의 창설과 지방으로의 진출

1. 서청의 창설과 역사적 정체성

선우기성
(1909~1988)

서북청년회는 대한혁신청년회, 함북청년회, 황해회청년부, 북선청년회, 양호단, 평안청년회 등 이북출신 우익 청년단체가 통합하여 1946년 11월 30일 결성되었다. 이들은 "조국의 완전 자주독립 전취, 균등사회의 건설, 세계평화의 건설"을 강령으로 내걸고 좌익에 대한 전면적인 대결을 선언했다. 12월 13일에 열린 1차 중앙집행위에서는 위원장으로 평남 정주 출신의 선우기성 등 임원 인선을 완료했다.[30]

서청이 서둘러 조직을 결성한 이유는 1946년 9월 12일 대한독립청년단(단장 서상천)과 10월 9일 민족청년단(단장 이범석) 등의 창립선언이 계기가 되었고, 10월 1일 대구폭동이 발발하자 이에 대항한 반공세력의 결집이 시급하다고 생각했기 때문이다. 이와 동시에 1946년 9월에 발발한 중국대륙의 국공내전에서 장개석 국민당 군대가 모택동의 공산군과의 싸움에서 유리한 전황을 전개한 것에 영향을 받았던 것이다.

서청은 이념적으로 중경 임시정부와 인연이 깊었다. 그러기에 심정적

---

30 류상영, 「8·15 이후 좌우익 청년단체의 조직과 활동」, 『해방전후사의 인식 4』(한길사, 1989), 109.

으로 이승만보다는 김구를 더 따랐다. 이승만을 더 지지한 인물로는 민족 통일총본부에서 일한 평남 출신의 문봉제 정도였다. 서청의 중앙총본부는 동아일보사 3층에서 시민회관(지금의 세종문화회관)의 3층으로 옮기면서 더 전투적이 되어갔다. 그들은 행사나 시위를 할 때마다 단결심을 고취하기 위해 '서북청년행진곡'을 불렀는데, 일제 강점기 만주에서 부르던 '독립군 행진곡'에 가사를 변형시킨 것이었다.

우리는 서북청년군 조국을 찾는 용사로다

나가 나가 38선 넘어 매국노 쳐버리자

진주(眞珠) 우리 서북 지옥이 되어

모두 도탄에서 헤매고 있다

동지는 기다린다 어서 가자 서북에

등잔밑에 우는 형제가 있다

원수한테 밟힌 꽃봉이 있다

동지는 기다린다 어서 가자 서북에

동지는 기다린다 어서 가자 서북에

서청은 어떤 성격의 집단인가? 서청의 역사적 정체성은 서북이란 지역적 특성과 독립운동을 선구적으로 전개한 민족주의 성향, 그리고 기독교 문화의 전파를 핵심키워드로 들 수 있다. 19세기 말 이후 서북 지역에서 근대 시민사회를 만들기 위해 기독교를 수용하면서 민족운동에 나섰던 것이고, 서청은 이런 민족적 정통성을 계승하였다.

서북지역의 대표적 민족운동을 이끌었던 기독교인으로 안창호, 이승훈, 조만식으로 이어지며, 평양의 대성학교, 정주 오산학교, 평양 숭실학교 등의 설립으로 민족의식을 고취했던 기독교 문화에 기반을 두고 있다. 이에 대해서는 서청을 이끌었던 서청 초대위원장 선우기성을 통해, 그리고 서청과 밀접한 관련을 맺었던 한경직 목사를 통해 알 수 있다.

선우기성은 평북 정주 출신으로, 임정요인이던 선우혁, 선우훈, 선우섭 등의 조카였다. 민족운동가 집안에서 성장한 그는 오산학교 재학 중에 광주학생 항일운동을 주도해 일본 경찰에 체포되어 유죄판결을 받았다. 그의 숙부인 선우혁과 선우훈은 모두 105인 사건으로 옥고를 치렀다. 선우혁은 1918년 중국 상해에서 결성된 신한청년당 당원으로, 국내에서 이승훈을 만나 3·1운동을 일으키는데 중요한 역할을 했으며, 상해임정에 참여했다. 그는 상해에서 교회와 교육사업에 전념했다. 광복 후에도 상해에서 거류민단 단장을 지냈다.

선우기성은 출옥 후 만주로 가서 항일운동에 뜻을 품고 있다가 다시 체포되었다. 그는 1941년 봄 상해로 가서 선우혁과 함께 지내다가 광복이 되자 귀국했다. 이처럼 선우기성은 서북지역 민족운동의 흐름과 함께 하고 있었다.[31] 선우기성은 서청의 활동이 서북 지역의 애국적 민족운동을

---

31 윤정란, 『한국전쟁과 기독교』(한울, 2021, 5쇄), 222.

계승한 역사적 정체성을 강조하였고, 이를 증명하기 위해 여러 저서를 발간했다.[32]

한경직 목사도 또한 오산학교, 숭실전문학교 출신으로 서청의 역사적 정통성을 강조했다. 그는 오산학교 출신임을 자랑스러워했다. 한경직도 자신의 역사적 정체성을 안창호, 이승훈, 조만식 등에게서 찾았다. 오산학교는 3·1운동을 주도한 기독교계 학교이기에 서북 지역에서 가장 널리 알려진 민족주의 학교였다. 1945년 기독교사회민주당을 조직했을 때, 한경직은 한국에 자주적인 정부가 수립되는 것을 지지하며 한국의 대내외 정치에 다른 정부의 영향력을 반대한다는 입장도 분명히 했다. 그리고 김구의 임정에 대한 지지를 확고히 밝혔다. 서북 출신 기독교인들은 자신들이야말로 애국적 정통성과 기독교 문화에 기반을 둔 민족운동의 핵심 주체였음을 내세웠다.[33]

한경직은 월남 이후 영락교회를 설립했으며, 서청과 밀접한 관계를 맺었다. 한경직은 월남 기독교인들이 남한에서 정착할 수 있도록 해방촌을 주선했다. 이곳에 자리잡은 월남인들은 교회를 중심으로 생활했으며, 해방촌의 청년들은 서청에 가입해 활동했다. 이들은 해방촌 주위에 천막을 치고 숙식하며 지냈다. 그들의 나이는 거의 20대와 30대였다. 이보다 어

---

32 선우기성의 저서들로 민족운동에 대한 공산당의 탄압을 기술한 『서북의 애국자』(1947.7), 박정희 정권이 들어선 이후 서청의 애국적인 정통성을 강조한 『청년운동의 오늘과 내일』(햇불사, 1969), 『한국청년운동사』(금문사, 1973), 그리고 『어느 운동자의 일생』(배영사, 1987) 등이 있다.

33 윤정란, 『한국전쟁과 기독교』, 223.

린 10대들은 서북학생총연맹에 가입했으며, 서북청년회와 함께 활동했다. 다음과 같은 인터뷰는 영락교회의 청년회가 서청에서 얼마나 큰 활약을 했나를 잘 보여준다.

　그 때 공산당이 많아서 지방도 혼란하지 않았갔시오. 그때 서북청년회라고 우리 영락교회 청년들이 중심되어 조직을 했시오. 그 청년들이 제주도 반란사건을 평정하기도 하고 그랬시오. 그러니까 우리 영락교회 청년들이 미움도 많이 사게 됐지요.[34]

2. 임일의 남선(南鮮)파견대와 조직확장

　서청의 창설 이후 서청의 지방 진출은 본격화되었다. 서청의 투쟁력에 고무된 지방의 기업가나 지방유지들, 그리고 치안의 어려움을 겪고 있는 경찰들의 요청에 의해 지방으로 진출하기 시작했다. 1947년 남선파견대(대장 임일)가 충남 대전에 파견하는 것을 시작으로 전국에 진출하여 충남, 호남, 경남의 도, 시, 군 지부를 설치하고, 좌익과 투쟁했다. 충남도본부의 경우, 남선파견대 본부 임원들이 겸임하여 조직되었는데 서산군을 제외한 전 지역에 지부가 결성되었고, 전북지역의 경우 전주, 김제, 임실, 남원, 이리 등에, 전남지역의 경우, 광주, 목포, 여수, 순천, 담양, 화순, 장성 등에, 충북지역의 경우 충주, 청주, 제천, 옥천, 영동, 보은 등에 지부가 결성되었다. 전남도본부의 경우 제주도까지 조직을 확대했는데, 전국적으

34　김병희 편저, 『한경직목사』(규장문화사, 1982), 55-56; 윤정란, 위의 책, 224에서 재인용.

로 남선파견대의 활동에 의해 약 57개 시, 군, 지부가 결성되었다. 그런 와중에서 공산좌익과 많은 충돌이 발생했으며, 이 와중에서 서청회원들이 불의의 습격으로 살해되기도 했고, 공산프락치로 의혹을 받은 좌익인사들의 암살을 주도하기도 했다. 또 좌익신문사를 습격하여 인쇄시설물을 파괴하기도 하고, 소련군정과 공산주의를 찬양하는 예술문화행사를 방해, 제지하기도 했다. 서청은 당하면 반드시 보복하는 것이 불문율이었기 때문에 피의 보복은 불가피했다. 서청이 개입한 크고 작은 주요 사건을 거론한다면 다음과 같다.

⑴ 충북 영동 국방경비대 사건

서청 남선파견대가 설치된 이후 수많은 사건이 터졌지만, 가장 참혹한 것이 충북 영동 사건이었다. 그것은 영동에 주둔하고 있던 국방경비대의 좌익분자들이 밤중에 서청 합숙소를 습격하여 잠자고 있던 10명의 서청대원 전원을 대검으로 찔러 살해한 사건이었다.

그 당시 국방경비대는 군대인데 어떻게 서청회원들을 무단으로 살해할 수가 있었던가? 국방경비대는 1946년 1월 15일 미군정이 임시로 국방경비 임무를 맡기기 위해 조직한 군대였다. 창설 당시 만주군, 일본군, 일본군 지원병, 광복군 등의 다양한 전략을 가진 사람들로 구성되었을 뿐 아니라, 일반사병은 가두(街頭)모집으로 충당될 정도로 관리가 허술했다. 미군정 초기 좌우합작의 중립정책을 내걸었기에, 공산당을 합법화했고, 그 결과 조선경비대에 입대할 때 신원조회를 철저히 검증하지 않았다. 이

점을 이용해 공산당은 경찰의 검문검색을 피해 당원을 국방경비대에 입대시켰다. 그 결과 국방경비대는 좌익의 온상이나 도피처가 된 것이다. 특히 좌익장교들 가운데 대학에 다니다가 일본군에 끌려간 학도병 출신이 많았다. 예를 들어, 제주4·3폭동사건과 여수순천 반란사건 등에 주동자들도 대부분 학도병 출신의 장교들이 많았다.

그 사건은 임일 대장의 명령을 받은 장훈종(張訓宗)이 15명의 대원과 함께 영동에 파견된 지 불과 일주일 만에 일어났다. 서청대원이 좌익에 의해 학살당한 사건을 보고받은 임일은 허태화(許泰和) 훈련부장에게 대전 근처에 있는 대원들을 최대한 대전 본부로 집결하도록 지시했다. 120여 명이 모였다. 20명의 보복결사대는 5명씩 4개 조로 나뉘어 새벽 2시 정각에 습격을 강행했다. 우선 좌익이 몰려있는 국방경비대 막사에 불을 지른 다음, 미리 매복 중인 서청대원들이 일제히 돌진해 들어갔다. 무기는 몽둥이가 전부였다. 어두운 밤이라 양측의 부상자는 상상조차 할 수 없을 정도로 많았다.

날이 밝으면서 현장에 국방경비대 책임자, 경찰서장, 태극청년회, 독촉국민회 회장 등이 모여들었다. 현장은 아수라장이 되어 있었다. 임일은 사태 수습을 위해 경교장의 김구를 만나서 자초지종(自初至終)을 말했다. 미군정은 경비대 습격을 총지휘한 임일을 체포해야 한다고 했다. 영동서장이 미군정과 경찰관계자들에게 처참하게 살해된 서청회원들의 시체를 보여주었고, 송호성 국방경비대 사령관이 사과했다. 그도 군대 내에 좌익이 많다는 점을 알고 있었던 것이다. 결국 이 사건은 정치적으로 수습되었다.

(2) 서청 경남 지부의 설치

부산지역의 우익들도 서청에 도움을 요청해왔다. 서면 일대의 고무공장, 견직공장, 목재공장 등을 운영하는 신흥재벌들은 좌익들의 발호에 떨고 있었다. 그 단적인 예로, 서청이 부산에 진주하기 한 달 전인 1947년 5월, 부산경찰서 권 서장이 백주에 좌익에게 암살당했고, 일주일 뒤에 독촉 엄진영 경남지부장도 좌익에게 암살당했다. 6월 22일, 훈련부장 반성환의 인솔로 30명이 부산으로 내려갔다. 이들은 부산의 깡패두목인 마사이찌(고영복)의 행패에 지장이 있다는 하소연을 듣고 마사이찌를 만나서 굴복시켰다.

서청은 부산에 친척 등의 인연이 없어서 광복청년회의 주선으로 적산가옥(일본인이 살던 집) 2층 다다미방을 합숙소로 마련하였다. 그 합숙소도 좌익으로부터 몇 차례 습격을 당했다. 그래서 서청은 좌익의 행포를 알리는 벽보를 붙이고, 좌익신문사를 습격하는 등 좌익 타도의 선봉에 뛰어들었다.

(3) 부산극장사건

1947년 7월 초, 부산극장에서 좌익들의 문화인동맹과 민주중보신문 공동주최로 '미소공동위원회 축하 종합예술제'가 열렸다. 당시 문화인과 예술인 가운데는 좌익들이 압도적으로 많았다. 그 당시 서울 덕수궁에서는 모스크바3상회의의 결정(1945.12)에 따라 제2차 미소공동위가 열리고 있었다.

서청 경남본부는 이 예술제를 분쇄하기 위하여 작전을 세웠다. 거사일은 7월 7일이었다. 서청 대원들은 우선 부산극장에 들어가서 자리를 잡았다. 무대 아래층에 한창협 훈련부 차장 등 40명이 자리를 잡았고, 위층에는 허원섭 학생부 차장 등 30명이 자리를 잡았다. 그리고 무대에서 농군의 농악과 춤이 이어졌을 때, 허원섭은 다이너마이트의 심지에 불을 붙여서 무대에 던졌다. "꽝"하는 폭음과 함께 극장은 아수라장이 되었다. 그에 따라 초만원을 이루던 예술제는 중단되었다.

(4) 부산 정 검사 피살사건

1947년 9월 4일, 부산 지방검찰청 정수복 검사가 서청대원 허원섭에 의해 피살당했다. 정 검사는 사상 담당 검사였는데, 그는 공산주의자로 의혹을 받고 있었다. 그가 공산당 피의자에게는 관대하고 민족진영 피의자에게는 가혹했기 때문이다. 서청이 정 검사가 좌익이라는 확증을 잡은 것은 8월 14일 남로당 사무실을 습격하면서였다. 탈취한 남로당 명부에서 사상 공안검사인 정 검사가 남로당 비밀당원임을 확인했다.

(5) 부산 민전 의장 박경영 피살사건

뒤이어 일주일 후인 9월 12일에는 이춘식[35](전 함남도민회 회장)은 권총으

---

35 함남 영흥출신의 서청단원. 호림장 합숙소 출신으로 부산에 파견되기 전인 1947년 2월 말경 평양의 3·1절 행사에 김일성을 암살하기 위해 북으로 간 적도 있다. 그 암살계획은 실패로 끝났다. 미군정에 의해 체포되어, 1심과 2심에서 사형언도를 받았다. 대법원에 항고 중이던 차에 6·25가 터졌다. 그래서 전쟁 중의 비상계엄하 군법재판에서 무죄판결을 받아서 석방되었다.

로 민주주의민족전선(민전) 의장 박경영을 쓰러뜨렸다. 민전은 전평과 더불어 공산당의 양대산맥으로 막강한 조직과 힘을 가지고 있었다. 민전 의장 박경영은 공산당 기관지인 조선신문사 사장인 동시에 대선양조장을 경영하는 재벌이기도 했다.

서청 경남본부는 그 이전에 좌익신문사를 습격하여 허위로 공산주의를 찬양, 선전선동하는 기세를 꺾은 바 있다. 다음으로 민전회관, 해운동맹회관, 남로당사, 민애청회관 등을 차례로 습격하여 점령하기도 했다.

3. 서청의 분열과 후기 서청의 활동상

서북청년회는 발족 후 1946년 12월 미군정 여론국에 등록할 때까지만해도 회원수가 6천 명에 이르렀다. 그런데 다음 해인 1947년 6월에 이르면 2천 명으로 감소된다. 좌익과의 상호 폭력과 테러당한 결과이기도 하겠지만, 서청 회원들이 조선경비사관학교나 일반 학교에 입학한 것도 한 원인일 것이다. 후일 대동청년단이 결성되면서 합류파와 잔류파로 분열되었다.

1947년 여름 대만에 있던 중경임정의 광복군총사령관 지청천 장군이 이승만 박사의 권유로 귀국하였고 그를 중심으로 9월 9일 대동청년단이 창설되었다. 그때 그것에 합류할 것인가를 놓고 합류파와 잔류파간에 내분이 생겼고, 잔류파를 중심으로 후기 서청이 발족되었다. 선우기성을 중심으로 한 합류파는 대동청년단으로 가고, 문봉제, 김성주, 김경신, 이성수를 중심으로 한 잔류파는 남아서 후기 서청시대를 열어나갔다. 그러나 두 세력 간의 관계는 원만하지 못했다. 그 때문에 상호 폭력, 테러를 행사하기도 했다.

대동청년단에 가담한 합류파는 주로 함경도였다. 함북 출신으로는 장윤필, 장창원, 김계룡, 반성환, 임일, 허금룡이 있었다. 함남 출신으로는 조영진, 손창섭이 있었다. 황해도 출신은 김인식, 강원도 출신은 손진이 있었다. 그런데 그대로 남은 잔류파는, 즉 재건파는 주로 평안도 출신이었다. 그 중심인물은 평남의 문봉제와 평북의 김성주였다. 그리고 중심조직은 평남 진남포와 용강군 출신으로 이루어진 진룡동지회와 대동강동지회였다.

후기 서청의 활동상은 대북방송의 재개, 대북공작의 조직, 대북유격대 활동 및 실향민 특별선거구 요구 등으로 요약할 수 있다.[36]

① 대북방송의 지속

서청이 건국 전에 구축한 중요한 업적 중 하나가 대북방송과 북한의 지하조직을 구축한 일이었다. 남한의 서북청년들은 '자유의 소리' 라디오방송을 통해서 북한주민들에게 용기를 불어넣어주었다. 그 선무방송은 서청이 조직된 직후인 1946년 12월부터 시작되어 매주 금요일 밤 1회씩 나갔다. 1946-1947.9 기간에 선우기성 서청위원장이 매주 정기적으로 하

---

36 손진, 『서북청년회가 겪은 건국과 6·25』, 53-54.

다가, 서청의 분열로 중단될 위기에 처하자, 10월에 다시 시작했다. 북한에 지하 청취망도 구축되었고, 대북방송의 역사도 이때 시작된 것이다. 선우기성이 대동청년단에 합류한 뒤에는 여러 인사들이 번갈아 방송을 했다. 그에 따라 방송을 듣고 북한의 각 지역에서 서청에 가입한다는 혈서 서약서와 회원명단이 연달아 서울에 도착하기도 했다.

② 대북공작 활동

후기 서청에서 문봉제가 위원장이 된 이후인 1947년 9월부터는 대원 10여명을 상인, 변절자, 걸인 등으로 위장시켜 북한에 보내 지하조직들과 연결케 했다. 그들은 북한에서 정보를 수집하고 공작을 함으로써 6·25를 전후해서 북한에서 크고 작은 반공사건이 발생하였다.

③ 대북유격대 활동(계림공작대에서 호림유격대로)

백의곤(총대장)과 인순창(제1대장)과 임광우(제2대장)를 중심으로 한 서청의 계림공작대는 동해안 주문진에 서북청년회 영동지구본부를 두고 홍천군 기린지부, 횡성지부, 묵호지부, 강릉특별지부 등을 두었다. 목적은 대북유격전 및 첩보공작을 전개하기 위한 것이었다.

1947년 8월 주문진 북쪽 38선 접경지역의 기사문리 부근에 북한 간첩이 넘어와 지서 주임을 살해하자 계림공작대는 그에 대한 보복으로 주문진 남쪽 교황리의 민애청 아지트를 공격해 무장공비 7명을 생포해 주문진 경찰서에 넘겼다.

1948년 2월 초 38선 바로 밑 명치리 경찰지서 주임이 북한 38보안대에 의해 피살되자 계림공작대는 주문진 주둔 육군부대와 합동으로 보복에 나섰다. 인순창의 부대는 육로를 통해, 임광우의 부대는 해안선을 따라 기사문리로 진격하여 북한 38보안대를 기습했다.

1948년 2월 26일, 유엔소총회가 선거가 가능한 지역인 남한만이라도 총선거를 통해 정부를 수립하라고 결정했다. 이에 북한은 5·10총선거를 방해하기 위해 설악산과 오대산을 통해 공비를 남파시켰다. 계림공작대의 인순창 부대와 임광우 부대는 오대산 부근 삼정평(三井坪) 아지트를 공격해 공비 3명을 생포하는 등 게릴라전을 벌였다.

대한민국 건국 후 민간단체인 계림유격대는 해체되었다. 그러나 다시 국방부 제4국 동해특별대에 편입되어 정부기구로 대북 첩보전과 유격전을 계속했다. 그러다가 1949년 2월에 동해특별대는 육군본부 정보국 소속의 호림유격부대로 재편성되었다. 호림유격대는 주문진을 본부에 두고 유격전을 벌이던 백의곤 부대와 오대산에서 유격전을 벌이던 김현주 부대를 흡수하여 터널과 교량, 전선 파괴 및 북한군 사살 등 많은 전과를 올렸다. 그러나 제5대대장 백은곤은 국사봉과 금강산의 내금강에서, 제6대대장 김현주는 38선 이북의 용대리와 서화리에서 각각 대규모의 북한군과 교전하다가 많은 동료들과 함께 전사했다.[37]

---

37 호림유격대의 희생자들은 210명이었다. 이들의 공로를 뒤늦게나마 기리기 위해 1986년 10월 15일 호림유격전적비가 강원도 고성군 현내면 통일전망대 안보공원단지에 세워졌다.

④ 실향민의 특별선거구 설치요구 대회

5·10총선을 앞둔 3월 20일 남산공원에서 월남인을 위한 특별 의석 배정을 요구하는 '실향민 특별선거구 설치요구' 대회를 성대하게 개최했다. 그들의 요구는 채택되지 않았지만, 실향민의 존재를 알리는데 크게 기여했다.

V. 서청과 건국운동

1. 서청의 1948년 남북협상에 대한 정세인식

1947년 7월 미소공동위원회의 결렬로 한국독립 문제는 UN으로 넘어갔고, UN총회에서는 11월 14일 자유총선거를 통해 나라를 세우라는 남북총선안이 가결되었다. 그리고 남북한에서 선거를 실시하도록 감독하기 위해 UN한국임시위원단이 1948년 1월 8일 한국에 왔다.

그러나 북한의 김일성과 소련의 거부로 남한에서만 선거를 실시하게 되었다. 남한의 좌익들은 선거가 실시되지 못하도록 결사적인 반대투쟁을 벌였다. 그 이유는 선거가 실시되면 남한에서 새로운 국가가 건설되는 것이고 그것은 북한과 소련군정이 추진하는 한반도의 통일공산국가 형성에 방해물이 생기게 되기 때문이었다. 이때 우익진영의 김구가 중도파의 김규식과 함께 남한만의 선거를 반대하면서 우익진영을 크게 당황하

게 했다.[38]

서청은 누구보다도 통일정부를 원했었다. 그래야 북한의 고향을 찾고 부모형제를 만날 수가 있기 때문이었다. 처음 남한에 왔을 때, 서청단원들은 대체로 이승만보다는 김구를 더 존경하였다. 그러나 북한의 소련군과 김일성 집단이 자유선거를 받아들일 수가 없다면, 남한에서만이라도 하루빨리 나라를 건국하여 사회적 혼란을 막아야겠다는 생각이었다. 미군정하에서 무한정 공산주의자들과 투쟁만 할 수는 없다는 생각이었다. 결국 서청은 그동안 남한에서 속히 건국을 해야 한다는 이승만의 노선을 지지하여 총선거에 적극 참여하게 되었고, 총선거를 방해하는 좌익공산주의자들과 투쟁의 전면에 나섰다. 이것이 서청의 건국운동이다.

김구가 김규식과 함께 남북협상을 위해 평양으로 간다고 했을 때, 서청과 우익청년단체들은 결사적으로 만류했다. 그들은 경교장 앞에서 연좌(連坐)해 눈물로 호소했다. 그러나 김구는 끝내 김규식과 북행(北行)을 결행했다. 1년 뒤인 1949년 서청대원 안두희 소위가 김구를 암살한 원인도 김일성에 이용만 당하고 건국을 방해한 김구에 대한 실망이 컸기 때문일 것이다.

---

38 김구가 남북협상에 매달린 이유에 대해서 여러 가지 설이 나도는데, ① 한독당 내의 강경파에게 끌려갔다. ② 김구가 장덕수 한민당 외교부장 암살사건의 배후 인물로 지목되어 미군정의 법정에 서게 되어 모욕을 당했는데, 이승만의 지원이 없어서 서운해 했다. ③ 남한의 공산주의자를 포섭하기 위해 김일성의 지령에 의해 파견된 북한 공작원 성시백의 감언이설에 넘어갔다.

2. 서청의 제주4·3사건[39] 개입

남한의 좌익들은 5·10총선거가 다가오면서 대한민국의 건국을 막으려고 결사적이었다. 그들이 선택한 방안은 수많은 폭동을 통한 결사적 반대, 바로 그것이었다. 그 가운데 가장 규모가 크고 인명피해가 많았던 사건이 제주도 전체를 폭동의 도가니속으로 몰아넣은 제주4·3폭동이었다. 4월 3일, 새벽 2시에 한라산 정상에 봉화가 오르는 것을 시점으로 약 350여 명의 무장유격대원들이 총, 죽창, 곤봉 등으로 무장하고 있다가 제주도내 지서 24개중 12개 지서를 습격, 방화하고 경찰관들을 무자비하게 살해했다. 그 결과 5·10총선에서 제주도내 3개 투표소 중 북제주군 갑구와 을구는 극심한 방해공작으로 투표율이 미달되어 선거가 무효화되었고, 남제주군에서만 간신히 선거가 치러졌다. 5·10총선거를 전후한 남로당의 만행으로 전국적으로 사상자 846명을 발생시켰고, 습격과 폭행이 1,047건에 달했다.[40]

서청의 활동 중에서 가장 논란꺼리가 되고 심각한 비판의 도마 위에 올려진 것이 바로 제주4·3사건에 대한 서청의 개입 문제이다. 서청의 제주도 활동을 부정하는 좌익들의 비판의 요지는 이렇다: "서청은 제주4·3사건의 발생 전에 많은 민폐를 끼쳤고, 좌익에 대한 무자비한 테러를 일삼

---

39 원래 5공화국 시절까지 제주4·3폭동(반란)사건이었으나, 87체제 이후 '민주화광풍'을 거치면서 국정교과서에서 검인정교과서로 바뀌는 과정에서 제주4·3사건, 4·3민중항쟁으로 심지어 4·3소요사태로까지 성격이 변질되고 말았다.

40 박윤식, 『참혹했던 비극의 역사, 1948 제주4·3사건』(휘선, 2011), 136.

앉기에 4·3사건 원인 중의 하나라고 지목되었고, 더 나아가 4·3사건 진압에 깊숙이 개입했다. 그 배후에는 미군정, 이승만과 조병옥 등이 있었다."

제주4·3사건을 이해하기 위해서는 전해인 1947년의 3·1사건과 그로 인해 발생한 경찰의 발포사건, 그리고 그 이후에 전개된 도민들과 경찰과의 갈등 등에 대한 이해가 필요하다. 미군정은 1947년 3·1사건 때의 발포사건 및 3·10총파업에 대한 합동진상조사를 했는데, "제주도는 인구의 70%가 좌익정당에 동조적이거나 좌익정당에 가입해 있을 정도로 좌익의 본거지로 알려져 있다. 발포로 반감이 고조된 도민 감정을 남로당에서 대중선동하여 증폭시키고 있다."고 비공식적으로 언급하였다.[41]

미군정의 민정장관 안재홍은 3·1사건과 민관총파업이 발생하자 그 여파로 박경훈 도지사가 사임하고 후임자를 물색하던 중, 한독당에 몸담고 있던 반공성향이 강한 유해진(당시 43세)을 발탁하였다. 1947년 4월 10일 제2대 제주도지사 유해진이 부임하면서 서청단원 7명을 대동하고 그의 호위를 맡겼다. 이들 서청단원들은 서부두 옛 수협 자리 개인집에서 기거하면서 밤에는 지사관사 주변을 경비했다. 제민일보(濟民日報) 4·3취재반은 "서청은 4·3의 진압과정에서만이 아니라 그 발발 과정의 한 요인으로 거론될 정도로 4·3과 밀접한 관계가 있다. 제주도에서 서청은 공산당을 때려 잡는다는 구실 아래 애매한 사람들까지 때려잡는 일이 많아서 제주도민과 가장 마찰을 빚던 집단의 하나였다. 그런 서청의 제주 출현이

---

41 김창후, 「1948년 4·3항쟁, 봉기와 학살의 전모」, 『역사비평』(1993.2.), 126.

신임 도지사의 호위에서 비롯됐다는 것은 역사의 아이러니가 아닐 수 없다."[42]고 지적하였다.

「G-2보고서」의 기록에 의하면, 서청은 미군정의 정보수집활동에도 참여해 왔음을 보여주고 있다. 이것은 '미군사령부 정보참모부 보고서'의 약칭이다. 미군 CIC(방첩대) 요원들도 제주에 상주하게 된 것은 3·1사건과 총파업 발생 직후인 1947년 3월 중순경이었다. CIC가 제주에서 주력했던 일 가운데 하나는 우익청년단체의 양성으로 추정된다. 1947년 11월의 「미군정보보고서」에는 "우익 서북청년단 제주도단장 안철은 최근 서북청년단원에 의해 저질러진 테러소동에 대해 11월 18일 CIC 제주사무소에서 사과했다."는 기록이 있다. 이 정보보고서는 "그(안철)는 자신들이 미국인과 협력할 작정이라고 거듭 밝혔다."고 덧붙이고 있다.[43]

경남신문에 실린 이경남은 연재기획물 「청년운동 반세기」의 '서청' 편에서 "서청에게 제주도는 악몽의 섬"이었다고 표현하는가 하면, 적지 않은 제주도민들은 "제주도민에게 있어서 서청은 악몽의 그림자"였다고 회고하여 상반된 시각이 있음을 확인할 수 있다.[44]

그런데 중앙에서도 서청을 내려보내긴 했는데, 이들에 대한 숙소나 급식의 대책없이 몸만 파견했다. 중앙에서도 그럴만한 재정적 여유가 없었던 시기였기 때문이다. 결과적으로 제주에 내려온 서청은 당장 먹고 자는

---

42 제민일보 4·3취재반, 『4·3은 말한다 1』(전예원, 1994), 404-405.

43 제민일보 4·3취재반, 위의 책, 428에서 재인용.

44 이경남, '청년운동반세기', 『경향신문』, 1987.1.28; 앞의 책, 429-430에서 재인용.

문제에 봉착했고, 스스로 해결하는 과정에서 많은 문제와 부작용이 발생했다. 특히 이들은 북한에서 공산당의 실상을 체험한 사람들이고, 공산당으로부터 직접 탄압을 받고 월남한 사람들이었다. 더구나 도민 대다수가 남로당에 호의적이라는 선입견을 가지고 내려온 사람들이기 때문에 그 횡포가 심했으며 서청은 공포의 대상이었다.[45]

제주4·3사건의 전후 과정을 통해서 경찰과 서청의 횡포와 인권유린이 없었던 것은 아니다. 실제로 행해졌었다. 인권 침해의 구체적 근거로 두 차례의 고문치사 사건과 한 차례의 총살사건이 있었다.

첫 번째 고문치사 사건은 1948년 조천지서에서 발생했다. 피해자 김용철(당시 21세)은 좌익의 리더급 학생으로 1947년 3·1사건 피의자로 수배 중이었는데, 피신 중에 경찰에 체포되어 구류 중 6일에 돌연 사망했다. 김달삼의 해주연설문에 따르면, '박헌영 선생 절대 지지와 인민공화국 사수 주장'을 하다가 검거되어 심문 중 고문에 의해 사망했다는 것이다. 그에 따라 고문 경찰관 5명이 전원 구속되고 그 중 3명은 징역 5년, 2명은 징역 2년형을 받았다.[46]

두 번째 고문치사 사건은 3월 14일 모슬포에서 양은하(당시 27세)가 사망한 사건이다. '조국이 분단되기 때문에 단독선거를 반대한다'는 연설을 한 혐의로 연행되었고, 양은하도 역시 그 무렵 조직활동을 하는 리더급

---

45 위의 책, 146.

46 제민일보 취재반, 『4·3은 말한다 1』, 556-568.

학생이었기에 조사를 받던 중 고문으로 사망했다. 관련 경찰관 6명이 구속되고 그중 5명은 징역 5년, 1명은 징역 3년형을 받았다.[47] 아무런 혐의가 없는 사람을 무조건 연행한 것은 아니었고 분명히 연행이유는 있었지만 경찰의 고문치사는 잘못이었다. 그러나 강경한 진압행위와 그에 따른 피해가 발생했다고 해서 남로당의 무장반란사건의 본질을 덮어둘 수는 없는 것이다.

셋째로 1948년 3월 말 한림면 금릉리에서 미군정을 비판한 좌파성향의 청년 박행구가 경찰과 서청에 잡혀서 집단구타를 당하고 총살로 즉결처분된 사건이다.[48]

3. 제주4·3사건의 발발과 서청과의 연관성

제주4·3사건에 개입된 서청의 가장 큰 의문은 4·3사건을 촉발한 직접적 원인과 어떤 관계가 있는가이다. 그러기 위해서는 유엔의 한반도 결의를 살펴보고, 그에 대한 남로당의 반발을 알 필요가 있다.

1947년 10월 28일, 유엔은 한반도에서 남북한이 인구 비례로 비밀투표를 통해 총선을 실시할 것을 결의했다. 다음 해 1월 8일, 선거감시를 위한 유엔한국위원단이 서울에 와서 활동하고 북으로도 가려고 하자, 소련군정과 김일성의 반대로 입북을 못했다. 여기에서 통일정부의 기회가 사

---

47 위의 책, 569-573.
48 위의 책, 575-576.

라졌다. 그 후 2월 26일, 유엔은 한반도에서 선거가 가능한 지역(남한)에서 만이라도 선거를 할 것을 결의하였다. 그 결과 5·10총선거를 통해 남한에 서만이라도 건국하여 정부를 구성하도록 추진되었다. 이 일련의 모든 유엔 결의사항을 박헌영의 남로당은 결사반대하였다. 왜냐하면 그들은 한반도 전체를 공산화하여 조선인민공화국을 수립하려는 붉은 꿈을 포기하지 않았기 때문이다.

1848년 2월 7일, 남로당은 30만 명을 동원하여 전국적으로 무력투쟁을 일으킨 것이 바로 2·7폭동이다. 그 9개 항의 슬로건 내용을 보면 다음과 같다.

조선의 분할침략계획을 실시하는 유엔조선위원단을 반대한다.

남조선 단독정부 수립을 반대한다.

양군 동시 철퇴로 조선통일민주주의 정부 수립을 우리 조선인에 맡겨라.

국제제국주의의 앞잡이 이승만, 김성수 등 친일파를 타도하자.

노동자, 사무원을 보호하는 노동법과 사회보험제를 즉시 실시하라.

노동임금을 배로 올려라.

정권을 인민위원회로 넘겨라.

지주의 토지를 몰수하여 농민에게 무상으로 나누어 주라.

조선민주주의공화국 만세.[49]

---

49 대검찰청 공안부, 『좌익사건실록 제1권』, (1965), 372.

이는 그 당시 북한의 김일성이 주장하는 ①유엔의 조선위원단 반대, ②양군 즉시 철퇴, ③단독선거 반대 등과 유사했다.

제주도는 2·7폭동 당일에는 타지역에 비해 조용한 편이었다. 남로당 제주도당이 2·7폭동에 가담하지 못한 이유는 경찰이 제주도당의 조직을 파악한 후, 2·7폭동을 준비하는 회의 장소를 덮쳐서 1월 22일과 26일 두 차례에 걸쳐 제주도당 위원 221명을 연행했기 때문이다.

2·7폭동 이전인 1월 22일 경찰이 남로당(북제주군) 조천지부에서 개최된 남로당원들의 불법회의장을 급습했을 때, '2월 중순에서 3월 5일까지 제주도에서 폭동을 일으켜 경찰간부와 고위 공무원을 암살하고 경찰 무기를 탈취하라'는 내용의 문건이 나왔다. 경찰은 1948년 1월 22일과 26일, 두 차례에 걸쳐 남로당 제주도당 핵심당원 221명을 연행했다. 그러나 폭동을 모의하는 모임을 가졌다고 해서 구속시킬 수는 없어서, 결국 제1차로 63명을 풀어주고, 3월 초순 전원 석방하였다.[50]

미군정과 경찰은 5·10총선을 앞두고 유권자들의 투표 참여를 독려하는 의미에서 관용을 베풀었지만, 결국 독이 되고 말았다. 석방된 핵심 제주남로당원들이 내친 김에 4·3폭동을 결행했다. 새로 생기는 의문점은 '중앙당의 지령없이 독자적으로 결행했는가?'이다. 제주도당이 독자적으로 결정하고 감행한 것이라면, 인민유격대 사령관 김달삼이 '제주도인민유격대투쟁보고서'에 '이(李) 동무는 재차 3월 중순에 내도함과 동시에 무

---

50 제주도 경찰국, 『제주경찰사』, (1990), 297; 박윤식, 『1948년 제주4·3사건』, 118에서 재인용.

장반격에 관한 지시와 아울러...'[51]라는 말을 기록할 필요가 없다. 즉 신촌회의 실행 초안에 대해 전남 올구가 올라가서 중앙당의 승인을 받고 재차 내려와 무장반격을 지시한 것으로 판단해야 한다.

해방정국에서 6·25직전 와해직전의 남로당 총책으로 부상한 박갑동은 자신의 저서 『박헌영』에서 제주도가 폭동장소로 선택된 이유를 이렇게 밝히고 있다. "남한만의 단독 총선거에 대한 「적극적 보이코트」지령에 따라 남로당이 대대적인 무장폭동 장소로 택한 곳이 제주도다. 남로당이 굳이 본토에서 멀리 떨어진 제주도를 택한 이유는 지리적인 특수성 때문에 해방 직후부터 공산당의 조직활동이 가장 활발했고 따라서 그들의 선전과 조직활동 등으로 도민의 사상이 자못 붉은 쪽으로 기울어져 있다고 판단되었기 때문이다."[52] 이런 이유로 경찰자체도 도민의 80% 이상이 좌익계로 기울어졌고, 특히 중학생과 초등학교 아동에 이르기까지 남로당의 영향하에 있다고 보았다는 것이다. 박헌영은 2·7폭동을 전후로 해서 한라산을 중심으로 아지트를 만들었는데, 그러던 중 중앙당의 폭동지령이 떨어졌다는 것이다. 그 지령은 3월 중순경에 현지 무장행동대 두목 김달삼에게 시달되었다고 증언한다. 당시 중앙당에서는 4·3사건이 터질 무렵, 당군사부 책임자 이중업과 군내 프락치 책임자 이재복(민간인, 중앙당 군사부원) 등을 현지에 파견하여 현지 집중지도로써 군사활동의 확대를 기도

---

51 문창송 편, 『한라산은 알고 있다』(대림인쇄사, 1995), 76.

52 박갑동, 『박헌영』(인간사, 1988), 4판, 198.

했다는 것이다. 또 폭동의 두목 김달삼의 장인이며 중앙선전부장 강문석을 정책 및 조직지도 책임자로 선정하여 현지에 보냈다고 증언했다.[53]

제주4·3사건의 무장대가 기습공격과 더불어 살포한 경찰과 민중에 대한 호소문과 삐라 내용을 보면, 두 달 전의 전국 각지에서 일어난 2·7폭동에서의 구호와 매우 유사한 점을 목격할 수 있다. 경찰에 대한 호소문에서는 "인민의 편에 서라. 반미구국투쟁에 호응 궐기하라!"고 선동하고 있으며, 대중들에게는 "매국 단선 단정을 결사적으로 반대하고 조국의 통일독립과 완전한 민족해방을 위하여! 당신들의 고난과 불행을 강요하는 미제 식인종과 주구들의 학살만행을 제거하기 위하여!...궐기하라"고 선동했으며, 또 삐라에서는 "①미군은 즉시 철퇴하라! ②망국적 단독선거를 절대 반대한다! ③투옥중인 애국자를 무조건 즉각 석방하라! ④유엔조선임시위원단은 즉시 돌아가라! ⑤이승만 매국도당을 타도하자! ⑥응원경찰대와 테러집단은 즉시 철수하라! 조선 통일독립 만세!"[54]를 외쳤다. 즉 삐라의 6개항 중에서 서청의 테러행위에 대한 반발은 6개항 중의 1개로 마지막 순위로 언급되고 있다. 이 점으로 미루어, 서청과 경찰 문제는 4·3사건 발발의 본질이 아님을 유추할 수 있다.

어린 시절 4·3사건을 목격한 제주경찰출신 김영중 서장은 경찰과 서청의 탄압이 4·3사건의 직접적 원인이 아니라고 주장한다. 김영중에 의

---

53 위의 책, 198-199.

54 김창후, 「1948년 4·3항쟁, 봉기와 학살의 전모」, 『역사비평』, (1993. 2), 137-138.

하면, "3·1발포사건으로 인명피해가 발생하고. 곧이어 3·10총파업으로 이어지니까 다급해진 당국이 부족한 경찰력을 보충하기 위하여 서북청년단을 불러오게 된 것"이다. "육지부 응원 경찰이나 서청을 불러오게 한 원인은 남로당의 과격한 불법투쟁 때문이라 할 수 있다. 분명한 것은 남로당이 많은 군중을 선동하고 동원하여 금지된 집회와 시위, 파업을 감행하였기 때문에 응원 경찰이나 서청이 내려오게 된 것이다."[55]

그런데 90년대 이후 『한국논단』과 같은 일부 보수언론을 제외하고 수많은 좌익성향의 방송언론사와 연구소 지식인들은 이구동성으로 경찰과 서청의 탄압과 테러가 4·3을 촉발한 주원인으로 지목해왔다.[56] 재론하지만 그런 주장은 4·3을 일으킨 남로당의 의도와 궁극적 목적을 간과하거나 의도적으로 누락시키는 것이다. 남로당의 강령이나, 응원 경찰과 서청이 내도하기 전인 1947년 3·1기념투쟁 당시 등장한 각종 지령서와 결정서, 구호에 명백히, 모든 우익반동세력을 숙청하여 공산통일을 이루기 위해 투쟁한다는 목적이 명기되어 있었다. 시기적으로 살펴본다면, 남로당은 1947년 2월 20일에 회색분자와 우익반동을 철저히 소탕하라는 지령을 내렸다.[57] 제주도에 최초의 응원경찰이 도착한 것은 이 지령이 내려진 3일 후인 2월 23일이었다. 또 서청이 제주도에 처음 도착한 것도 숙청 지

---

55 김영중, 『제주4·3사건: 문과 답』(제주문화, 2021, 3판), 146.

56 대표적인 간행물로 『역사비평』, 『월간 말』, 『미술세계』 등이고 연구소로는 제주4·3연구소가 있다.

57 김영중 편저, 『남로당제주도당 지령서 분석』 (삼성인터컴, 2014), 32.

령이 내려진 후인 4월 10일이었다. 결국 4·3은 응원 경찰이나 서청이 오기 전에 이미 예정되어 있었음을 알 수 있다.[58]

남로당의 우익숙청 지령과 응원 경찰 및 서청의 내도 시기

1947.2.20		1947.2.23		1947.4.17		1948.4.3
남로당의 우익 숙청 지령	▶	응원경찰 100명 최초 내도	▶	서청 7명 최초 내도	▶	4·3 발발

또 4·3폭동이 발생했을 때, 경찰과 서청의 탄압과는 무관하여도 공격 대상이 되었다. 어린이, 부녀자와 노인 등 민간인들까지 무자비하게 살해한 점, 남로당의 강령실천을 위해 북한 제1기 최고인민회의의 대의원 선거를 위해, 북한정권의 수립 지원을 위해, 인명살상과 방화, 약탈, 테러 등 폭력살인행위를 한 것이 바로 지하선거였다는 점, 적기가(赤旗歌)나 인민항쟁가를 부르며 인공기를 내건 것이나, '소련 만세! 스탈린 만세! 김일성 장군 만세!'를 외치고 스탈린과 김일성을 명예의장으로 추대한 것은 경찰과 서청의 탄압과는 전혀 무관한 것이었다.[59]

4·3사건을 전후해서 서청의 입도(入島)는 크게 3단계로 나뉘어 볼 수

---

58 김영중, 『제주4·3사건: 문과 답』, 149-150.

59 앞의 책, 150.

있다.[60] 첫 번째는 1947년 3·1사건 직후 유해진 지사가 부임하면서 호위병으로 서청단원들을 활용한 것이 그 시초다. 4·3발발 직전까지 입도한 서청 인원은 대략 5백-7백명으로 추산된다. 이때까지는 특별한 일자리가 없었기에 태극기나 이승만 사진 등을 판매하면서 생계를 유지했다. 좌익에 대한 서청의 강경한 대응 및 폭력사태 등도 발생하여 민심을 자극하기도 했다.

두 번째의 집단 입도는 4·3발발 직후의 일이다. 당시의 중앙 서청의 단장이었던 문봉제의 증언에 의하면, 경무부장 조병옥의 요청에 의해 제주도사태 진압요원으로 서청단원 5백명을 급파했다는 것이다. 그 서청단원들이 제주도 내 각 지역에 분산되어 기존 단원들과 함께 토벌전에 참가했다.

세 번째는 여순반란사건 직후의 상황으로 1948년 11, 12월 두 달 사이에 최소한 1천명 이상의 단원들이 경찰이나 경비대원으로 급히 옷을 갈아입고 토벌에 참가했다는 것이다. 이들이 대거 들어오면서 토벌의 주역으로 부상하여 강경진압의 최전선에 서게 되어 수많은 유혈현장이 발생하였다. 그 와중에서 제주도 총무부장 김두현이 서청에게 고문치사 당한 사건도 발생했다. 제주도 행정 2인자가 보급문제에 불만을 품은 서청들에게 희생을 당한 것이다.[61]

---

60   제민일보 『4·3은 말한다 4』, 148-149.

61   더 자세한 내용은 제민일보, 『4·3은 말한다 4』 159-163.

1948년 8월 15일, 대한민국이 마침내 5·10총선거를 반대하는 남로당을 위시한 공산좌익들의 반란과 폭동을 진압하면서 그야말로 우여곡절 끝에 건국되었다. 국회에서 간접선거로 당선된 이승만 대통령은 10월 19일, 제주4·3반란을 진압하라는 명령을 거절한 지창수 등이 주도한 14연대의 반란이 여수, 순천으로 확산되자 이에 큰 충격을 받은 것은 최고통수권자로서는 당연한 일이었다. 뿐만 아니라 14연대 반란을 진압 차 출동하려던 광주 4연대 반란, 대구 6연대 반란, 마산 15연대 반란 등이 연쇄적으로 이어졌다. 자칫하면 막 탄생한 신생국 대한민국이 국내 공산주의자들에 의해 불과 2개월만에 전복될 상황에 처했다는 위기의식을 느낀 것이다. 이것은 마치 신생아가 막 엄마의 탯줄을 끊고 나와서 걸음마도 배우기 전에, 유아 사망 신고서를 내야할 판이 된 것이다. 더구나 그 해 12월 파리에서 열린 3차 유엔총회에서 대한민국의 국제적 승인을 앞두고 있었기에 이승만 대통령은 노심초사했고 하루빨리 반란을 진압하여 국제사회에서 승인을 받기를 원했다. 12월 초 국가보안법이 국회에서 통과되었다. 이것이 강경진압의 정치적 배경이다. 1947년 3·1사건 이후부터 1948년 4·3사건 발발 이후 제주도 출신 경찰과 군인들에 대한 불신은 미군정과 중앙정부에 광범하게 공감대를 형성해갔다. 이승만의 대책은 속히 국가관과 반공사상이 투철한 서청을 경찰과 군대에 편입시키는 일이었다. 미 정보보고서는 '청년단, 군대와 경찰을 강화시키다'는 제목으로 다음과 같은 기록이 남겼다.

최근 대통령(이승만)과 내무부장관(신성모)의 합의에 따라 서북청년 단원들이 한국군에 6,500명, 국립경찰에 1,700명이 공급될 예정이다. 이들은 남한 전역에 있는 9개 경비대와 각 경찰청에 배정될 것이다. 모든 단체들 간의 상호합의에 따라, 서북청년회는 경찰에서 단원 20명당 경사 1명, 50명당 경위 1명, 2백명당 경감 1명 등의 비율로 경사급과 간부급 요원으로 배치하도록 합의돼 있다.[62]

제주도민들이 무고하게 희생된 경우로는 이른바 밀고자들이 일정부문 그런 역할을 했다. 좌익 색출을 위해 불가피했다고는 하지만, 그런 분위기에 편승하여 사감(私感)으로 밀고(密告)를 한 경우도 있었기 때문이다. 라이벌의식으로 경쟁상대를 넌지시 고발한 경우도 있었을 것이다. 서청 본부의 문봉제 단장은 어느 잡지와의 인터뷰에서, "우리는 어떤 지방에서 좌익이 날뛰니 와 달라고 하면 서북청년단을 파견했다."면서 "그 과정에서 지방의 정치적 라이벌끼리 저 사람이 공산당원이라 하면 우리는 전혀 모르니까 그 사람을 처단하게 되었는데 그 대표적인 지역이 제주도"라고 밝혔다.[63]

입도한 서청 단원들은 경찰뿐만 아니라 군인으로도 신분이 전환되었

---

62 미군정 G-2보고서, No.1005(1948.12.6.); 제주4·3사건진상규명 및 희생자명예회복위원회, 『제주4·3사건 진상조사보고서』(2003), 267에서 재인용,

63 제민일보, 『4·3은 말한다 4』, 155에서 재인용.

다. 송요찬 연대장은 서청 단원들을 군에 편입시켜 '특별중대'를 창설했다. 계급장이 없는 '군인 아닌 군인'이었지만 9연대 헌병이나 장교들도 간섭하지 못할 정도로 막강한 권한을 행사했다. 1948년 말 송요찬의 9연대가 제주도에서 철수하고 함병선의 2연대가 주둔하자 월정리에 주둔하던 서청의 특별중대원 88명은 그대로 2연대 11중대 소속이 되었다.

서청은 제주신보를 강제로 접수하기도 했다. 1948년 10월 말, 남로당 무장대 삐라 인쇄사건으로 김호진 편집국장은 처형되었고, 박경진 사장 체제가 무너졌다. 제주 서청단장이던 김능진이 발행과 편집을 맡았다.[64]

서청과 제주4·3사건의 진압에 연관된 부문을 정리해본다면, 다음과 같다.

서청의 입도가 제주4·3사건의 본질적 원인으로 보기는 어렵다. 왜냐하면 남로당제주도당은 (중앙당에서 지령을 받았던 그렇지 않던간에) 단순히 경찰과 서청의 탄압에 저항한다는 명분을 훨씬 넘어서서 5·10총선거에 극렬 반대하여 공산 통일정부를 수립한다는 원래의 투쟁목표가 뚜렷이 존재했기 때문이다. 월북한 4·3의 주동자 김달삼이 해주에서 한 발언이 그 좋은 예이다.

서청의 대거 입도는 제주도의 반란을 진압할 경찰과 군대의 병력이 부족한 것이 주원인이었다. 그런데 북한의 공산화과정에서 빈털터리가 되어 반공사상으로 무장하여 좌익에 적대감을 가진 서청 회원들이 입도한

---

64 위의 책, 171-175.

이후 강력한 좌익과의 투쟁 및 좌익색출 과정에서 일부 부작용과 사망사건이 발생했고 또 부수적으로 피해를 입었던 일부 제주도민들의 반발과 원성을 사고 말았다. 이런 불평불만을 이용하여 남로당제주도당이 무장대를 앞세워 반미, 미군철수, 단선반대, 친일경찰 제거 등을 선전선동하여 반란을 확대했는데, 남로당 중앙당의 주의주장과 크게 다르지 않다. 그들은 기본적으로 건국을 반대, 부정했기에 미군정이나 새로 수립되는 중앙정부가 협상의 결과를 얻는 것은 무리였으며, 나아가 무장한 폭동세력들이 시간을 벌기 위해 도민들을 인질로 삼아 저항하면서 반란의 규모가 커졌다. 여기에 1948년 가을 여순반란사건은 중앙정부가 강경책을 선택하는데 큰 영향을 미쳤다. 결국 서청은 반란의 강경한 진압과정의 선두에서 중요한 역할을 했지만, 불행하게도 진압군측, 반란군측, 제주도민 3자간에 많은 사상자와 희생자가 발생하였다.

VI. 대한청년단으로 통합과 6·25전쟁

1. 대한청년단으로 통합과 군 입대 '붐'

1947년 대동청년단이 발족한 이후, 청년단체는 모두 6개의 단체로 나뉘어 있었다. 대동청년단(대청, 지청천), 청년조선총동맹(청총, 유진산), 서북청년회(서청, 문봉제), 독립청년단(독청, 서상천), 국민회청년단(국청, 강낙원), 대한민족청년단(족청, 이범석) 등이었다.

1948년 8월, 건국이 선포된 다음 달인 9월 중순부터 민족청년단(족청)

을 제외한 5개 단체들은 통합의 필요성을 절감했다. 그 이유는 미군정 때 조직된 국방경비대에는 좌익이 많이 침투해 있었기에 반공사상으로 무장한 청년단체 출신으로 국군을 재편성해야 한다고 생각했기 때문이다. 10월 15일부터, 그들은 차례로 이 뜻을 경무대에 있는 이승만 대통령을 만나 직접 전달하였다. 공교롭게도, 10월 19일, 전남 여수에서 남로당 지하조직이 사주한 14연대의 반란사건이 터졌다. 10월 20일, 이승만은 그 자리에서, "여러분이 우려해서 나에게 진언했던 사태가 드디어 여수, 순천에서 터지고 말았다. 미군정으로부터 정권을 이양받을 때 하지 사령관은 국방경비대를 믿을 수 있다고 나에게 장담했는데, 결국 이런 사태가 발생한 것이다. 그러므로 대한민국의 기반을 굳게 하기 위해서는 청년단체들을 통합해 애국청년들을 단결시키는 길밖에 없다."라고 말했다.[65]

그리하여 1948년 12월 19일, 이 대통령의 지시에 의해 국내의 모든 청년단체가 대한청년단(총재 이승만, 단장 신성모)으로 단일화되었다. 이범석의 민족청년단은 통합을 거부했으나, 이 대통령의 강력한 지시로 한 달 늦게 합류했다. 여순반란사건이 대한청년단이라는 우익청년단체들의 통합에 촉매작용을 한 것이다. 대한청년단은 탄생과 함께 전국의 말단 행정단위인 면(面), 리(里), 동(洞) 단부는 물론 직장단부까지 조직되었다. 그리하여 3백만이 넘는 반공망이 형성되었다. 이로써 서청의 간판도 사라졌다. 그후 대한청년단은 6·25전쟁 종전 직후인 1953년 9월 10일, 이승만 대통령의 해산명령이 있을 때까지 4년 9개월간 존속했다.

---

65   손진, 『서북청년회가 겪은 건국과 6·25』, 59-60에서 재인용.

서청은 제주4·3폭동, 여순반란사건 그리고 연이은 군내 반란사건 등에 큰 충격을 받았다. 서청은 수차례에 걸쳐 미군정에게 국방경비대의 좌익색출을 요구했지만 그 건의가 거절당했던 쓰라린 경험을 간직하고 있었다. 결국 근본적인 대책은 자진해서 군 입대를 하여 자신의 실업문제도 해결하고 좌경화한 군대도 정화시키는 일석이조의 방안을 선택하였다. 그에 따라 군 입대 '붐'이 일어났다. 군대는 서북 청년들에게는 가장 적합한 일터로 보였다. 서북 청년회 출신들은 육사 5기와 7기, 그리고 8기에 많았다. 주로 북한에서 학교를 다니다 왔기에 포병병과로, 또 북한에 대한 지식이 많았기에 첩보부대로 많이 지원했으며, 반공사상이 투철했기에 정훈장교로 많이 활동했다. [66] 후일 5기와 8기는 1961년 5·16군사혁명의 주역이 되었다.

2. 대북정보 수집을 위한 KLO부대

1945년 8월 일본이 항복한 직후, 동경의 미극동사령부 정보담당 G-2는 서울에서 북한의 소련군에 관한 정보를 수집하기 위해 월남한 서북청년들을 활용했다. 그리하여 미극동사령부 주한연락사무소(Korea Liaison Office, KLO)가 설치되었다. 겉으로는 정의사(正義社)로 위장하였다. 1948년 4월, 서청 부위원장 김성주는 10여 명의 정의사 요원들을 선발했다. 그들

---

[66] 김구를 암살한 안두희 소위도 포병장교 출신이고, 첩보부대 출신으로 김일환(평북 신의주), 이영호(황해도), 유제국(황해도), 김동석(함경도), 계훈영(평북), 김인직(황해도) 등이 있고, 정훈장교로 전두열, 윤하선, 선우휘 등이 있다.

은 전준, 박태현, 유인국, 전훈 등이었다. 그들은 북한의 6·25남침이 일어날 때까지 북한에 대한 많은 정보를 얻어 상부에 보고했다. 그러나 대한민국이 1950년 6월 25일에 기습 남침을 당하자 군 당국이 자신들의 보고를 무시했다고 분개했다.

국군은 낙동강 전선까지 밀렸다. 대한민국의 멸망은 시간문제인 것 같았다. 유엔군 총사령관 맥아더는 반격작전을 위해 1950년 9월 15일 인천에 대규모의 병력을 상륙시키려고 했다. 그러기 위해 상륙군의 진로를 유도하기 위해서 인천 앞바다 팔미도 등대에 불을 켜는 일이 중요했다. 이 임무를 서북청년들이 맡게 되었다. KLO 부대의 서북청년회 특수임무부대원들은 인천 앞바다의 영흥도, 덕적도, 팔미도 등지를 샅샅이 탐색했다.

인천상륙작전이 시작되는 9월 15일 전날 밤, 팔미도 등대에 불을 켜기 위해 계인주 대령, 연정 해군소령, 최규봉 대위와 3명의 미군장교가 팔미도에 올랐다. 15일 0시 등대에 불을 켜는 것을 신호로 먼바다에서 대기 중인 261척의 대선단이 인천 항구로 들어가 함포사격을 시작했다. 계인주는 이 공로로 미국의 최고훈장을 받았다. 그러나 영흥도에 남아있던 서북청년회 출신 KLO 대원 20여 명은 불행히도 북한군과 현지 좌익에 의해 희생되었다.

미군이 참전하면서 KLO기구도 확대되어 본격적인 첩보활동을 벌였다. KLO로 산하에 3개 대가 조직되었다. 그것은 박태현(황해도 은율)을 책임자로 한 '위스키' 대, 전훈(평양)을 책임자로 한 '선' 대, 최규봉(함남 원산)을 책임자로 한 '코트' 대로 지역을 안배한 것이다.

3. 백골부대의 탄생과 탁월한 전공(戰功)

서북청년회와 국군과의 관계에서 빼놓을 수 없는 것이 육군 제18연대인 백골부대의 창설이다. 백골부대인 제18연대의 창설을 명령받은 한신(함남 영흥출신)은 서청 백두산지부(회장 이장국)에 찾아와서 반공투사들이 지원하도록 도움을 요청했다. 그는 국방경비대에 좌익이 둥지를 틀고 있기에, 여순반란사건의 재발을 우려한 것이다. 그래서 서청 회원들 3천여 명이 단시일에 지원하였다. 그래서 다른 부대와는 달리 중대장이나 대대장은 '형님'으로 통했다. 이것은 강력한 전우애로 뭉칠 수 있었기에 '불패(不敗)'의 기반이 되었다.

제18연대의 용맹성은 전쟁 초기 포항, 기계, 영천 전투에서 나타났다. 당시 낙동강 전선의 전황은 위급했다. 대구가 적에게 점령되어 부산으로 가는 길이 뚫리면, 대한민국은 패망할 운명에 처해 있었다. 그래서 백골부대 연대장 이춘식 이하 부대원 전원은 옥쇄를 각오하고 역습을 시도했다. 마침내 그들은 안강전투에서 승리하면서 대구 교두보를 확보하였다. 그에 따라 연대 사병 전원이 2계급 특진을 해 제18연대는 상사부대가 되었다. 그들은 3사단 소속으로 휴전 직전에는 철원, 평강, 김화의 '철의 3각지' 전투에서 싸웠다.

4. 서청의 독자적 행보와 정치적 배제

1948년 12월 19일 이승만 대통령의 지시에 의해 우익청년단체들은 대한청년단으로 통합되었고, 서청은 해산되었다. 서청은 대한청년단의 핵심부에서는 제외되었다. 그 당시 서청 간부들 중에는 아직도 김구, 안창호 등을 지지하는 세력이 존재했다. 한때 선우기성도 김구 계열의 이범석이 주도한 민족청년단에 합류한 적이 있었다. 그리고 서청은 미국선교사와의 관계를 독점하고 있던 한경직 목사 등 월남한 기독교인들과도 밀접한 관계를 형성하고 있었다. 그러므로 이승만은 서청을 견제하였기에, 서청의 세력이 점차 약화되고 있었다. 6·25전쟁은 이런 서청에게 다시 세력강화의 발판을 마련해 주는 듯했다.

서청과 이승만과의 갈등은 북진과정에서 북한 지역의 행정권을 놓고 벌인 다툼에서 연유된다. 이승만은 대한청년단에게 북한으로 가서 청년단을 조직할 것을 명했고, 이에 반해 서청계열의 청년들은 서북청년회의 이름으로 독자적 조직을 결성하기로 하고 새로운 규약과 도별로 조직을 만들었다. 그들은 선발대를 만들었으며 먼저 북한으로 출발했다. 중공군이 밀고 내려올 것은 꿈에도 생각하지 못한 판단이었다.

북진 이후 유엔군은 북한을 유엔의 관할지역으로 인식했기에 군정을 하려고 했다. 그래서 미군 정보기관과 관계를 맺고 있던 김성주(대한청년단의 서북청년대장)를 평안남도 도지사로 임명했다. 유엔군정은 북한에서 정당을 조직하고 청년단체를 만들려고 했다. 그들은 청년단체로 서북청년회를 재조직할 계획을 세웠다. 그런 와중에서 철수 명령이 내려진 것이다. 이승만은 이를 계기로 해서 서청의 정치적 재기를 차단했다. 그 시작이 김성주의 이승만 암살음모사건이었다. 김성주는 사형을 언도받았고, 사형일 전에 헌병사령부 사령관 원용덕에게 살해되었다. 이 사건으로 서

청 출신들은 큰 타격을 입었다.[67]

VII. 결론

역사연구에서 과거를 정확하게 이해하기 위해서는 현재적 관점에서 과거를 바라보는 것과 과거 그 시점으로 돌아가서 사건과 인물을 파악해 보는 이중적 관점이 대단히 중요하다. 이런 점이 역사학의 중요한 특성이다. 1945년 8월 해방부터 1953년까지의 한국현대사의 키워드를 4개로 압축해본다면, 분단, 공산주의, 건국 그리고 전쟁으로 표출해 낼 수 있다.

역사에서의 가정(if)이란 부질없는 짓이지만, 만약 서청이 좌익소탕에 적극적으로 나서지 않았다면, 또 만약 오늘날처럼 보수우익들이 좌익들을 상대로 기자회견 같은 점잖게 달래는 합법적 투쟁만을 능사로 했다면, 해방 이후 경찰력이 부족하여 치안유지가 어려운 미군정 시절에 과연 좌익소탕과 남로당 일망타진이 가능했겠는가? 그리하여 만약 그 당시 어지러운 해방정국에서 좌익소탕이 미진했다면, 대한민국은 건국 후 이승만 정권이 제대로 안정을 찾을 수가 있었겠는가? 만약 이승만 정권이 정치적 안정을 찾지 못하고 조기에 붕괴되었다면, 대한민국이 반공국가의 기반을 갖출 수가 있었을까? 만약 반공국가의 기반이 흔들렸다면, 헌법에 정의된 자유민주주의 체제가 어떻게 제대로 뿌리를 내릴 수가 있었을까? 만

---

67 윤정란, 『한국전쟁과 기독교』, 241-244.

약 자유민주주의가 훼손되었다면, 어떤 나라가 되었을까? 이런 근본적인 의문이 끊임없이 제기되는 것이다.

정리해본다면, 서북청년들의 우선적 공헌은 1945년 가을부터 소련군정의 압제와 탄압으로 월남한 서북 청년들이 아직도 공산주의의 실체가 무엇인지 정확하게 알지 못하는 가치관의 혼미에 빠져 방황하는 남한의 주민들을 반공사상으로 무장하도록 경각시켰다는 점에 있다. 아무것도 가진 것이 없는 서북청년들은 38선을 넘었기에 강인한 정신력으로 지역적 결속을 다져갔다. 그러나 이것만으로는 서청의 초인적 힘을 평가할 수는 없다. 조선말부터 일제 식민지시대로 내려오면서 서북지방에 퍼진 기독교의 영향을 주목해야할 것이다. 서청은 한경직 목사(영락교회)를 중심으로 한 기독교세력의 후원을 받으면서 신앙으로 무장하여 전투적 크리스천으로 변모하면서 좌익소탕전에 나섰다. 그들은 특정인의 지시에서가 아니라 자발적 내적 자각에서 그 험난한 길에 어쩌면 자신의 목숨까지 희생해야만 하는 좌익소탕의 길에 자원한 것이다. 그것이 구국의 길이라는 내적 확신이 있었던 것이다. 그 와중에서 이승만, 김구 등의 독립운동가들을 만나서 후원을 받았다. 서청으로 결성되고 경찰과 미군정의 병력 부족을 메꾸어주는 역할을 자원했으며, 경찰과 미군정의 후원을 받아서 어떤 우익청년단체들보다 좌익 소탕에서 전위대 역할을 수행했다.

서청은 공장과 사업장에서 정상적 경영을 방해하는 전평을 중심으로 한 좌익노조를 힘으로 분쇄했고 그 자리에 대한노동총연맹을 조직했다.

서청은 남선파견대를 지방에 파견하여 전국적 조직망을 갖추었다. 또 건국의 과정에서 5·10총선을 반대하면서 남북협상과 비현실적인 통일정부를 주장하는 임정의 김구와 결별하고 남한만이라도 총선을 통해 건국을 해야 한다는 이승만의 현실주의 노선을 지지했다. 그리하여 건국을 방해하면서 끝없이 폭동을 일으키는 좌익 남로당을 소탕하고 반공국가를 수립하는데 있어서 이승만의 집권에 큰 역할을 했지만, 대한민국이 건국되면서 대한청년단에 통합되어 해산되고 말았다.

그리고 서청은 제주4·3사건과 여순반란사건 등 국방경비대 내의 좌익에 의한 반란에 위기감을 느껴서 국군으로 대거 자진 입대하면서 장차 닥쳐올 남북간의 무력충돌에 대비하였다. 서청은 대북정보 수집 및 대북유격대 활동으로 38선 인근에서 크고 작은 전투에 참가하였다. 대북경계를 늦추지 않았다. 그러나 군 수뇌부의 방심으로 6·25남침을 허용하여 풍전등화의 위기에 몰리자, 전열을 정비하여 대한민국을 수호하는데 혁혁한 무공을 세웠다. 그리하여 낙동강전선의 인강전투, 인천상륙작전의 성공을 위해 월미도를 등화한 KLO, 백골부대의 전공 등 불패무적(不敗無敵)의 신화(神話)가 만들어졌다.

그렇지만 돌이켜보건대, 서청이 좌익소탕과 건국과정과 6·25전쟁에서 호국의 지대한 역할을 한 것은 인정하지만 일부 부작용도 있었다. 그러한 부작용은 특히 지방에 파견 나가면서 많이 발생하였다. 북에서 내려온 외지인인 서북청년들은 그 지방 실정을 잘 몰라 지역인사들에게 정치적으로 이용되는 경우도 적지 않았다. 그 때문에 본의 아니게 엉뚱한 인물들을 공산주의자로 공격하는 실수도 있었다. 지방유지들이 자신들의 불미스러운 행동을 서북청년회의 소행으로 떠넘겨 누명을 쓰는 경우도 많았다.[68]

또 이승만 대통령의 정적 제거에 이용되는 사례도 있었다. 미군정기 친일경찰 청산을 주장하고 5·10총선거에서 이승만과 경합하던 최능진(전 경무부 수사국장)의 후보자추천서가 든 가방이 날치기 되는 사건이 발생하였다. 문봉제의 증언에 의하면, 서청의 성북지부장 계호순 등이 개입되었고, 이것을 요청한 인물은 백성욱으로 그는 이화장을 이승만에게 기부한 사람이었다. 또한 서청 출신이며 육사를 통해 군에 진출하여 포병대를 이끌던 안두희는 1949년 김구를 암살하였다.[69]

되돌아보면, 소득 3만불의 건망증이 심한 오늘날의 잘사는 후손들은 서청이 처절하게 살아야만 했던 '삶의 존재이유'와 자신의 목숨을 초개와 같이 던진 국가에 대한 헌신과 희생을 망각하고 말았다. 이제 30여 년 동안 민주화시대에 익숙해지면서 좌편향언론과 지식인들의 융단폭격 속에 "양민학살에 앞장선 국가폭력의 전위대, 테러집단"이라는 부정적 이미지만이 고착되면서, 서청의 건국과 호국의 진정한 역할이 부정되거나, 왜곡되거나, 망각되고 있다.

아직도 사회주의(공산주의)에 동정적인 일부 지식인들과 김일성주체사

---

68   이주영, 『서북청년회』, 62-63.

69   중앙일보, (1949.6.12.); 김평선, 『서북청년단의 폭력행위 연구』, 54에서 재인용.

상을 신봉했던 자(주사파)들은 해방 이후 대한민국이 공산주의와 대치했던 분단 상태에서 얼마나 힘들게 건국했었던 점이나, 건국 당시 세계 최빈국 중 한 나라였다는 점을 까마득히 망각하고 있다. 그들은 마치 대한민국이 호주나 뉴질랜드처럼 섬으로 구성되어 공산주의의 침략에 대한 그들의 선의(善意)속에 걱정 없이 좌익남로당과 대화와 타협 속에 오순도순 사이좋게 건국할 수 있었을 것이라고 강변(强辯)하고 있다. 언제까지 그들의 궤변에 기만당하고 자유민주주의체제 전복의 위협 속에서 가슴 졸이며 살아야 할 것인가?

해방 후 건국할 그 당시 험난했던 3년간의 시대로 되돌아가 보자. 일제가 패망 후, 일본인들이 철수하면서 치안의 공백상태가 발생했고, 그들이 남기고 간 사업장과 공장들을 좌익노조들이 식칼, 몽둥이, 각목, 죽창으로 무장하여 불법으로 탈취하였다. 길거리의 폭력은 일상사로 치안유지가 어려웠고 미군정과 경찰병력은 부족했고, 국군의 모체가 될 걸음마 단계의 국방경비대는 '좌익 푸락치의 은신처'로 변질되고 있었다. 1947년 월남하여 서북청년회 경남지부 선전부장을 맡은 손진은 2014년에 쓴 자신의 회고록, 『서북청년회가 겪은 건국과 6·25』 말미(末尾)에서 대한민국 국민들에게 이런 말을 하고 있다.

① 같은 민족이라 하더라도 사상과 이념이 다르면 적이라는 사실이다. ② 우리의 생명과 재산을 보호해주는 것은 민족이 아니라 국가(나라)라는 사실이다. ③ 세계가 탈냉전 시대라 하더라도 한반도는 냉전시대에 놓여

있다는 사실이다.[70]

이것은 북한에서 해방 이후부터 등장한 김일
성-김정일-김정은 3대세습 공산주의체제에 대해
대한민국 국민들이 북한 공산집단에 대해 민족주
의내지 민족공조라는 낭만적 접근을 경계해야 한
다는 것을 강조한 것이다. 손진이 자신의 회고록

손진
(1920~2017)

을 발간한 지 불과 3년 만에 박근혜 대통령은 탄핵되었고 우익정권은 무
너졌다. 손진의 경고를 무시한 국민들은 급기야 좌익의 선전선동에 휩쓸
리면서 주사파정권을 탄생시켰던 역사적 원인은 무엇인가? 그 연유를 거
슬러 올라가 보면, 국민들이 서청이란 우익청년단체가 반공사상으로 무
장하여 좌익투쟁에 앞장서서 건국에 기여한 희생과 헌신을 올바르게 이
해하지 못했기 때문이 아닐까?

우익은 역사전쟁이란 장기전(長期戰)에서 좌익에게 패했다. 즉 반란과
폭동을 '국가폭력'에 의한 민중의 희생임을 강조하고 자유민주주의체제
를 전복하고 민중민주주의로 향하게 하려는 좌익의 집요한 시도에 굴복
한 것도 중대 원인 중 하나가 아닐까?

역사는 기록에서 출발하는 것이며, 역사전쟁은 기록물을 놓고 벌이는
투쟁이라는 점이다. 서청을 비롯한 우익청년단체들에 대한 자료를 수집,
정리하고 나아가 그것에 근거하여 균형된 역사서술이 필요하다는 인식

---

70 손진, 『서북청년회가 겪은 건국과 6·25』, 172.

에 공감대를 형성하는 것이 첫 번째 과제다. 다음은 손진의 한탄이다. "최근에 특수임무 수행자에 대한 포상문제가 대두되면서 나는 당시 6·25전란사에 기록하겠다는 이선근 정훈국장의 요청을 거절한 것을 두고두고 후회했다."[71]

두번째 과제는 역사기록에서 망각된 건국과 6·25전쟁, 호국의 과정에서 희생된 서청 회원들에 대한 포상문제이다. 87체제 이후 '민주화광풍'이 불어닥쳤고, 5·18특별법제정으로 5·18유공자에게 '묻지마' 보상이 벌써 20여 년이 흘렀다. 이와 더불어 제주4·3사건에서 주동자의 폭동과 반란에 대한 책임을 제대로 묻지 않은 채, 국가폭력과 희생자만 강조하면서 피해 보상액으로 무려 1인당 최대 9천만원이 지급된다. 역사전쟁이 법률전쟁으로 확전된 것이다. 건국유공자와 5·18유공자나 4·3희생자 3자 중에서 어느 쪽이 더 대우를 받아야하는지는 삼척동자도 알 것이다.

재론하지만, 서청을 비롯한 건국유공자에 대한 대우 문제가 지적되면서 우선 서청 회원들의 공헌과 희생에 대한 기록이 소홀했다는 자체 반성이 대두되었다. 다행히, KLO부대원들은 남광규 교수(고려대 정치학)의 자문을 받고 10년간의 장기투쟁 끝에 간신히 국가유공자로 포상을 받게 되었지만, 포상에서 제외된 수많은 서청 회원들의 영혼들은 지금도 지천을 헤매고 있을 것이다.

끝으로, 오늘날처럼 좌우익 대립이 격화, 국론이 분열되고 정당정치가 혼미를 거듭하는 상황일수록 이를 시정하기 위해서라도, 건국사에 대

---

[71] 손진, 앞의 책, 124.

한 올바른 홍보와 국민적 자각과 각성이 필요하다. '역사를 잃어버린 국민들에게는 미래가 없는 것이다.' 서청과 우익청년단체가 건국과 호국을 위해 헌신한 역사를 국민들에게 널리 알려야 할 것이다.

참고문헌

단행본

교과서 포럼 편, 『한국현대사』, 기파랑, 2008.

김영중, 『제주4·3사건: 문과 답』, 제주문화, 2021, 3판.

김영중 편저, 『남로당제주도당 지령서 분석』, 삼성인터컴, 2014.

김점곤, 『한국전쟁과 노동당전략』, 박영사, 1974.

박갑동, 『박헌영』, 인간사, 4판, 1988.

박윤식, 『참혹했던 비극의 역사, 1948 제주4·3사건』(휘선, 2011).

양동안, 『한국에서 혼란스럽게 사용되는 정치사상용어 바로 알기』, 대추나무,
　　　2020.

윤정란, 『한국전쟁과 기독교』, 한울, 2015.

이주영, 『서북청년회』, 백년동안, 2015.

논문

김상태, 「평안도 기독교 세력과 친미엘리트의 형성」, 『역사비평』, 1998.11.

김진웅, 「미군정기 국내정치에 있어서 경찰의 역할」, 『대구사학』, 97집, 2009.

김창후, 「1948년 4·3항쟁, 봉기와 학살의 전모」, 『역사비평』, 1993.2.

김평선, 「서북청년단의 폭력행위 연구, -제주4·3사건을 중심으로」, 제주대 대학
　　　원 석사학위논문, 2009.

김학준, 「분단의 배경과 고정화 과정」, 『해방전후사의 인식 1』, 한길사, 2020, 제
　　　15쇄.

박명규, 「제주4·3민중항쟁에 관한 연구」, 고려대 대학원 석사학위논문, 1988.

류상영, 「8·15 이후 좌우익 청년단체의 조직과 활동」, 『해방전후사의 인식 4』, 한
　　　길사, 1989.

임대식, 「제주4·3항쟁과 우익청년단」, 『제주4·3연구』, 역사비평사, 1999.

정종식, 「서북청년회의 결성과 활동」, 건국대 대학원 석사학위논문, 2007.

증언 및 회고록

손진, 『서북청년회가 겪은 건국과 6·25』, 건국기념보급회, 2014.

제민일보 4·3취재반, 『4·3은 말한다』 전5권, 전예원, 1998.

조병옥, 『나의 회고록』, 1959.

보고서

대검찰청 공안부, 『좌익사건실록 제1권』(1965).

문창송 편, 『한라산은 알고 있다』(대림인쇄사, 1995), 76.

제주4·3사건진상규명 및 희생자명예회복위원회, 『제주4·3사건 진상조사보고서』, 2003.

웹사이트

문봉제, '남기고 싶은 이야기들(643)〈제30회〉서북청년회', 『중앙일보』, 1972.12.23.

『역사비평』(제주4·3항쟁-대규모 민중학살의 진상, 1998.2).

『한겨레신문』('서북청년단 재건' 파문…, 도대체 어떤 단체였길래, 2014.9.29.).

『제주의 소리』("경찰복과 군복, 빨갱이 사냥의 합법성" 2014.5.14.).

https://terms.naver.com/entry.naver?docId=920166&cid=42958&categoryId=42958&expCategoryId=42958.

News & Joy, 서북청년회①, 1946 서울, 백색테러단체의 탄생, 2018.4.19.

제주4·3사건 역사 왜곡[1]
- 박진경 대령을 중심으로, 4·3사건부터 박진경 대령 암살까지

박 철 균

전 국방부 군비통제검증단 단장

---

1 본고는 제주4·3사건재정립시민연대에서 소장 중인 자료와 서적, 연구 자료 등을 참고하였다. 최대한 사실관계를 정확히 밝히기 위해 근거와 출처를 상세히 기록하고자 하였다.

Ⅰ. 들어가는 글

4·3사건에 대한 역사 왜곡은 4·3사건 초기, 자유민주주의 대한민국 정부수립을 반대하고 폭력으로 방해했던 남로당 인민유격대의 무장 폭력 세력을 진압하기 위해 정당하게 행사한 국가 공권력을 왜곡하여 적대시한 것에서 출발한다. 그리고 그 왜곡의 중심에 박진경 대령이 자리하고 있다.

제주4·3사건은 좌·우익을 막론하고 또 제주도민이거나 도민이 아님을 막론하고 대한민국 국민 모두에게 상처이고 아픔이며 함께 화해하고 치유해야 할 역사적 사건이다. 이러한 화해와 치유에는 어떤 집단이나 진영의 이익이나 희망적 선입관을 초월한 객관적이고 정확한 사실관계 정립과 이에 대한 인정이 그 출발점이 되어야 한다. 하나의 사실관계에 대한 해석과 평가는 각 개인의 신념체계에 따라 다를 수 있다. 내가 제주도에 대한민국 정부수립에 반대하고 김일성 일가의 왕조 국가인 조선민주주의 인민공화국을 수립하고자 했다면 4·3사건 당시 미군정 당국과 조선경비대의 남로당 인민유격대 토벌 작전은 매국적인 극악·반동적 행동이며 숙청의 대상일 것이다. 그러나 정상적인 대한민국 국민에게는 대한민국 정부수립을 방해하고 조선민주주의 인민공화국을 수립하려는 무장 세력에 대한 정상적이고 체계적인 군사작전은 건국을 위한 애국적, 영웅적 군사작전이다.

1948년 4월 3일, 대한민국 정부수립을 저지하기 위해 남로당 제주도당과 그들의 무장세력인 인민유격대가 일으킨 무장 폭동으로 제주도는 대혼란으로 치달았다. 남로당 공산 무장세력[2]들의 무차별 린치와 살육으로 제주 전체의 치안 질서가 흔들리는 극도의 사회적 불안감이 조성되었다. 이에 미군정 당국은 당시 제주 도내의 민간 치안 세력만으로는 사태를 안정시킬 수 없다는 판단하에 조선경비대[3]를 투입하기로 했다. 1948년 5월 10일 실시하기로 되어있었던 제헌의원 선거는 대한민국 정부수립을 위한 아주 중요한 절차였기 때문이다.

박진경 대령은 미군정 당국의 명에 따라 1948년 5월 6일 제주도 9연대장[4]으로 부임하여 6월 18일 새벽, 암살당할 때까지 정확히 43일 동안 제주도 현지에서 후방지역 작전 중의 하나인 대유격작전[5]을 성공적으로 지휘했던 지휘관이다. 박진경 대령은 우선 빈약한 참모 조직을 정비하고 병력을 충원받아 효율적이고 체계적인 작전 체계를 구축했다. 박진경 대령은 공산 폭도 백 명을 놓치더라도 무고한 주민이 한 명도 다치게 해서는 안 된다는 주민 보호 지침을 하달했다.[6] 성과는 없었으나 공산 세력에게

---

2 제주도 남로당 공산 무장세력의 공식 명칭은 인민유격대, 본고에서는 폭도, 유격대, 인민군 등도 같은 용어임. 남로당의 유격기지가 주로 한라산 쪽에 있어서 산(山)측의 산사람이라고 표현하기도 했음.

3 남로당 문건에는 국방경비대로 쓰기도 했다.

4 5월 15일 11연대가 추가로 제주도에 투입되면서 9연대와 합편되고 11연대의 연대장으로 보직됨.

5 현재 교리상의 용어이며, 대게릴라작전, 공비 토벌작전 등의 단어로도 쓰일 수 있다.

6 2003년 12월 본인은 채명신 장군과 남대문 인근 호텔에서 점심을 먹었는데, 식사 중 채명신 장군은 자신이 제주도 소대장 시절 연대장이었던 박진경 대령의 주민보호 지침에 영감을 받아 파월 한국군 사령관 시절 '백 명의 베트콩을 놓치더라도 한 명의 베트남 주민도 다치게 해서는 안 된다.'와 같은 지침을 하달했다고 언급했다., 2001. 4. 2. 박진경 대령 추모식 중 채명

는 귀순할 것을 권고했고 남로당 인민유격대의 수장인 김달삼과의 귀순 회담을 시도하기도 했었다. 작전 보안을 유지하고 기습적으로 유격기지를 습격하여 일부 전과를 올렸다. 작전 간 체포된 포로들은 대공 용의점 파악과 유격대에 대한 정보 획득을 위해 합동심문조에 보냈다. 미군정 당국과의 체계적이고 효율적인 대유격작전이었다.

이러한 그의 작전 결과로 산중의 인민유격대 기지는 상당한 위협을 받게 되었다. 박진경 대령은 강인한 체력과 희생정신으로 작전에 몰두했다. 제주도 사태의 안정과 대한민국 건국을 위한 멸사봉공의 충성심의 발로였다. 대한민국 정부에서는 한국전이 한창이었던 1950년 12월 30일 박진경 대령의 공훈을 기려 을지무공훈장을 추서하였고 국방부 군사편찬연구소는 박진경 대령을 호국전몰용사 공훈록에 기록하였고 전쟁기념관 전사자 명비에 그의 이름을 새겨 추모하고 있다.[7] 백선엽 장군은 박진경 대령의 53주기 추모식에서 박진경 대령을 국군의 초석이요 국가를 목숨으로 지키신 초창기의 위대한 지도자라고 평가하였다.

그러나 1990년대부터 박진경 대령에 대한 왜곡된 사실들이 꼬리에 꼬리를 물고 조장되기 시작하였다. 마타도어식 용어 혼란 전술과 문장과 문구 왜곡을 자행했다. 현재는 박진경 대령이 제주4·3사건 학살의 주범이

신의 추모사에도 같은 내용이 언급된다.

7 국방부 군사편찬연구소 호국전몰용사 공훈록 책 번호 3에 수록되어 있고 인터넷 조회가 가능하다. https://www.imhc.mil.kr/user/indexSub.action?codyMenuSeq=70397&siteId=imhc&menuUIType=sub

니, 포로를 고문하고 학대하였으며 무차별 살상 명령을 내렸고 박진경 대령의 강경 진압에 반발하여 연대병력이 탈영하였다는 등 여러 가지 왜곡된 주장들이 난무하고 있다. 결국 남로당 지시로 조선국방경비대 내의 남로당 프락치였던 문상길 중위 일당의 박진경 대령 암살을 제주도민을 구하기 위한 영웅적 행동으로까지 묘사하고 있다. 참 기가 차고 말문이 막히는 사태가 아닐 수 없다.

본고에서는 먼저 왜 박진경 대령을 왜곡하고 있는지, 그 의미가 무엇인지를 검토한 후, 미군정의 조선국방경비대 투입 배경과 박진경 대령의 작전개념을 설명하고, 4·3사건의 발생 원인과 박진경 대령 관련 왜곡에 대해 논리적 타당성과 객관적 사실 등을 구체적으로 제시하며 반박하고자 한다.

4·3사건에 대한 사실관계 왜곡은 4·3사건으로 인한 아픔과 상처에 대한 2차 가해이다. 4·3사건에 대한 사실관계 정립의 출발점은 박진경 대령에 대한 왜곡된 주장을 바로 잡는 것으로부터 시작되어야 한다. 이러한 노력은 분열과 대립이 아닌 진정한 의미의 치유와 화해를 위한 출발점이 될 것임을 확신한다.

Ⅱ. 왜 박진경인가?

박진경 대령은 4·3사건이 발생한 이후 한 달 만인 5월 6일에 부임했다. 이 시기는 미군정 당국이 제주도사태의 심각성을 인식하고 본격적으로 4·3사건에 개입하려는 결정을 한 시기이다. 박진경 대령은 오사카 외국어 대학에서 영어를 전공하여 영어 능력이 탁월했다. 1944년 동 대학 졸업 후에는 일본의 학도특별지원병으로 강제 징집되어 일본군 소위로 제주도에서 근무한 경력도 있었다.[8] 박진경 대령은 미국 야전교범을 번역하였고 조선국방경비대 부산 5연대 근무 시절 미군과의 업무를 원활히 추진하는 등 미군으로부터 신뢰가 두터웠다. 박진경 대령은 조선국방경비대의 누구보다 더 미군정 당국과 원활한 소통이 가능하고 이를 실행할 수 있는 능력을 지녔던 인물이었다.

이러한 그의 능력을 구실로 좌익에서는 미군정의 입장을 누구보다도 잘 이해한 인물로 묘사하고 박진경 대령과 미군정 당국의 관계를 일치화시킨다. 왜곡된 주장에서 항상 박진경 대령은 미군정의 무차별한 강경 진압 작전을 선두에서 지휘한 인물이다. 또 무차별 사살, 포로 고문, 학살 등 일반 대중의 감정을 자극하는 사건들을 박진경 대령과 연루시킨다. 이러한 방식으로 박진경 대령의 작전을 왜곡하고 이를 교묘히 이용하여 미군정의 대한민국 정부수립 노력과 제주도사태의 안정화를 위한 조치 자체를 무력화시킨다. 당시 미군정은 유엔의 결정에 따라 5월 10일 대한민국 건국을 위한 제헌의회 의원을 투표로 선출하고 이어서 대한민국을 건국하고자 했다. 미군정은 유엔의 결정에 따라 대한민국 건국이라는 대의를 달성하기 위해 애국적인 노력을 했으나 좌 편향적인 시각은 그 본질적 의

---

8 박진경 대령은 치바현에 있는 마쓰도 공병예비사관학교를 졸업하고, 제주도 일본군 요새 구축 중, 해방되어 귀향하게 된다.

도와 사실관계를 덮어버리고 미군정 당국을 왜곡된 사실로 포장하여 공격의 대상으로 삼는다.

박진경 대령의 강경 진압 작전이 주민을 탄압하고 무고한 주민에게 피해를 주었다면 4·3사건 진압과 사태 안정화를 위한 미군정 당국의 조치들이 시작부터 잘못되었음을 의미한다. 이는 이후 이행되는 남로당 무장 세력들의 폭력적 투쟁에 정당성을 제공할 수 있는 논거가 된다. 박진경 대령의 강압 작전에 반항하여 제9연대 장병 41명이 탈영을 감행[9]했다는 주장, 그리고 제주도민을 구하기 위해 박진경 대령을 살해했다는 저들의 주장에 모두 정당성을 제공할 수 있다. 그리고 더 크게는 4·3사건이 종료되는 시기까지 진행되는 남로당 인민유격대의 폭력적 반란도 모두 정당성을 부여할 수 있게 된다.

박진경 대령의 대유격작전으로 남로당 인민유격대의 선거 방해 공작으로 강제 입산된 주민들이 남로당 인민유격대의 기지로부터 풀려났으며 남로당 인민유격대의 실체에 대해 분명히 인식하게 되었다. 더구나 조선국방경비대 내의 남로당 프락치에 의한 박진경 대령 암살은 제주도 남로당 세력이 조선국방경비대 안에까지 침투해 있다는 것을 알리는 중요한 분기점이 되었다. 그리고 이후 미군정 당국과 대한민국 정부는 이러한 사실들을 고려하여 작전에 임하게 된다. 박진경 대령의 작전과 박진경 대령의 순국은 4·3사건의 진행 과정에 중요한 분기점이 되었다. 좌익의 모

9　실제는 조선 경비대 내 남로당 프락치들의 계획적인 행동, 본론에서 자세히 후술 됨.

자를 쓰고 대한민국 건국에 반대했던 처지에서 생각하면 박진경 대령이 더없이 불편하고 미운 존재이지 않을 수 없다. 이 역시 왜곡과 공격의 대상이 되는 주요 원인이라고 생각한다.

제주신보 1952년 10월 24 일자 기사는 아래와 같이 되어있다.
내(來) 11월 7일 고 박진경(朴珍景) 대령 추도비 제막식이 거행된다. 4·3사건 발발 당시 11연대장으로서 공비토벌과 민심선무에 많은 공훈을 남긴 고 박진경 대령을 추도하여 앞서 도내 각 기관장과 유지들이 회합, 총장 9척의 자연 석비를 건립키로 결정하였음은 기보(旣報)한 바이거니와 그간 군경원호회를 비롯한 각계의 진력으로 공사는 예정보다 급속한 진척을 보아 석비 조각을 완료, 수일 내에 제주방송국 내에 건립될 것이다. 이 건립장소는 고(故) 박(朴) 대령이 전사한 장소인 것이다."

위 기사를 보면 1990년대 이후 박진경 대령에 대한 왜곡이 진행되기 전에 정확한 사실관계 등을 정확히 알고 있었던 당시에는 박진경 대령이 제주도민들의 존경과 추모의 대상이었던 것을 알 수 있다. 이러한 상황에서 박진경 대령에 대한 왜곡 없이 좌익들의 4·3사건 전체의 왜곡은 불가능했었을 것이다.

III. 미군정 당국의 대유격작전 실시 배경과 박진경 대령의
작전개념

1. 미군정 당국의 대유격작전 실시 배경

　박진경 대령은 제주도 4·3사건이 발생한 지 한 달여 만인 1948년 5월 6일 제주도에 부임했다. 美 군정 당국은 4·3사건 이후 초기 상황을 '치안상황[10]'으로 판단하였다가 사태의 심각성을 인지한 후 조선경비대를 투입하게 된다. 그리고 공산 무장세력에 대한 대유격작전을 하게 되는데 이 과정을 정확히 이해해야만 당시 박진경 대령의 작전을 제대로 이해할 수 있다.

　1948년 4월 3일, 남로당 인민유격대 350여 명의 반란으로 제주도의 12개 경찰 지서와 우익단체 간부 등이 습격당하여 하루 동안 15명(우익인사 8, 경찰관 4, 무장대 3)이 사망하는 인명피해를 봤다.[11] 미제 소총 6정, 일제 소총 1정과 실탄 119발 등 총기와 실탄 등도 탈취당했다. 남로당 제주도 위원회 지도부는 ① 인민공화국 절대 사수, ② 5·10 단독선거 반대, 군정 수립 음모 분쇄, ③ 미 점령군의 즉시 철퇴, ④ 경찰대의 일체의 무장해제, ⑤ 응원경찰대의 전면 철수, ⑥ 인민유격대의 합법화, ⑦ 투옥중인 xxx 무조건 전면석방 등 투쟁의 명분을 담은 호소문[12]을 발표했다.

---

10 군의 투입 없이 경찰력만으로 사태 해결을 할 수 있는 상황.

11 『4·3사건 진상조사보고서』, 167쪽., 무장대 측에서 작성한 기록에는 경찰 사망이 10명으로 되어 있음.

12 이운방, 『4·3사건의 진상』(4·3연구소, 『이제사 말햄수다』, 증언자료집Ⅰ, 1989. 4.), 218쪽.

아래 포고령은 4·3사건 이후 4월 10일에 남로당 무장대가 인민해방군 제5연대 명의로 주민들에게 살포한 삐라(전단)로 호소문의 내용과 유사하나 남로당이 제주도 무력 폭동에 임하는 근본적인 정치적 목적 등 의미 있는 내용이 좀 더 구체적으로 포함되어 있다.[13]

포 고 령

우리 인민해방군은 인민의 권리와 자유를 완전히 보장하고 인민의 의사를 대표하는 인민의 나라를 창건하기 위하여 단선단정을 죽엄으로서 반대하고 매국적인 극악반동을 완전히 숙청하므로서 UN조선위원단을 국외로 몰아내고 양군을 동시 철퇴시켜 외국의 간섭 없는 남북통일의 자주적 민주주의 정권인 조선민주주의 인민공화국이 수립될 때까지 투쟁한다.
- 인민해방군 목적달성을 전적으로 반항하고, 또 반항하려는 극악 반동분자는 엄벌에 처함.
- 인민해방군의 활동을 방해하기 위하여 매국적인 단선단정을 협력하고 또 극악 반동을 협력하는 분자는 반동과 같이 취급함.
- 친일파 민족반역도배들의 모략에 빠진 양심적인 경관, 대청원은 급속히 반성하면 생명과 재산을 절대적으로 보장함.
- 전 인민은 인민의 이익을 대표하는 인민해방군을 적극 협력하라.

4281(서기 1948)년 4월 10일
해방지구 완전지대에서, 인민해방군 제5연대[14]

---

13   나종삼, 『제주4·3사건의 진상』, 2013년, 서울: 아성사, 129쪽.

14   고재우, 『제주4·3 폭동의 진상은 이렇다』1998, 79쪽: 제주도경찰국, 제주경찰사 1990년 10월, 322쪽, 이 삐라는 1948년 4월 21일 모슬포경찰서 통신계에 근무하는 강순형 이강호 순

남로당 유격대의 포고령에서도 명시되어 있듯이 단선·단정을 죽음으로써 반대하고 극악반동을 완전히 숙청하여 조선민주주의 인민공화국이 수립될 때까지 투쟁한다고 했는데 이는 명백히 대한민국 정부수립을 반대하고 이를 위해 무장투쟁을 하겠다는 것이다.[15] 4·3사건 이후 위 포고령에 따라 저들이 생각하는 반동분자들에 대해 무차별 테러를 계속했음은 물론이고 주민들의 5월 10일 선거 참여를 저지하기 위해 다수의 주민을 강제로 입산시켰다. 선거 이후에는 일부 주민들이 산에서 내려오기는 하였으나 일부 주민은 저들에게 동조하거나 그간 우익 치안 세력들의 강경 진압 등을 피하고자 산중에 남기도 하였다.

공개적으로 대한민국 정부수립에 반대하는 남로당 적대 무장세력이 무장투쟁을 선언하고 이행하고 있음에도 4·3사건 이후 10여 일이 지나도 경찰이 진압을 못하고 사태가 계속 악화하였다. 경찰력만으로는 사태 해결에 한계가 있다고 평가하고 4월 16일 미군정에서는 조선국방경비대 투입을 결정했다.[16]. 美군정은 4월 1개 대대를 제주도에 증파하고 도령을 공표하여 선박 운행을 금지하고 해안을 봉쇄하였으며 자체 경계를 강화하면서 군병력을 투입하는 단계별 대유격작전을 구상하게 되는 것이다.[17]

경이 절단된 전화선 연결을 위하여 출동하였는데, 대정읍 보성리에서 상모리쪽으로 80m 지점의 소나무밭 일대에서 29매를 수거하였다.

15 나종삼, 『제주4·3사건의 진상』, 2013년, 서울: 아성사, 129쪽.

16 『조선일보』, 1948. 4. 17.

17 나종삼, 『제주4·3사건의 진상』, 2013년, 서울: 아성사, 140쪽.

이 당시 딘 군정장관이 제주도 군정관 겸 59 군정중대장 맨스필드 중령에게 아래와 같은 지시를 내렸는데, 이 지시를 잘 보면 4·3사건 이후 미군정의 제주도 상황에 대한 평가와 관련 조치를 정확히 알 수 있다.

1. 귀관은 제주도의 상황에 정통하라.

2. 4월 18일 제주도에 도착한 두 대의 L-5 연락기는 귀관의 지휘하에 있다.

3. 한국 국방경비대 추가 병력이 4월 20일 제주도에 도착할 것이다. 도착 시 이 대대도 현재의 다른 한국 경비대와 같이 귀관의 작전통제하에 놓일 것이다.

4. 귀관은 귀관의 배치에 따라 제주도의 폭도 들을 진압하고 법과 질서를 회복하는 데 군부대를 이용하라.

5. 대규모의 공격에 임하기 전에 귀관은 소요 집단의 지도자와 접촉해서 그들에게 항복할 기회를 주는 데 모든 노력을 다하라.

6. 경비대의 작전에 의해 붙잡힌 포로들은 경찰에게 인계하지 말라. 그들을 경비대에 의하여 준비되고 보호된 막사에 두고 최대한 빠른 시일 내에 본토로 후송하도록 조치하라.

7. 일일 상황보고를 무선통신으로 본부에 보고하라.[18]

첫째, 1항부터 4항까지의 내용을 보면 제주도의 법과 질서를 회복하기

---

18 Cheju-Do Operation, April 18, 1948, RG 338: Records of US Army Command(1942-), US Army Forces in Korea, 1945-49, Entry No. 11071, Box No. 68, NARA, Washington, D. C.

위해 당시 제주도에 배치된 경찰력으로는 역부족이라는 판단에 따라 연락기와 경비대 병력 1개 대대를 추가로 투입하려 하고 있다. 미군과 함께 사태 진압에 나설 대상으로 경비대를 설정하고 있는데 당시 미군의 생각보다는 공산 폭도들의 폭력 사태가 심각하여 추가 병력을 투입하고 있다는 점을 알 수 있다.

둘째, 5항에 보면 공격 작전에 임하기 전에 소요 집단에 지도자와 접촉하여 항복할 기회(귀순공작)를 주라는 내용이 있는데 이는 소위 4월 말 김익렬 '자수·귀순 협상'을 추진하는 배경이 되었다. 이 지침에 따라 박진경 대령도 남로당 군사총책 김달삼을 만나서 항복을 받아내려는 귀순 공작 시도가 있었다. 또 하나, 미군정 당국은 무장대 지도자와의 접촉을 귀순공작이라는 단어를 사용했는데 이는 귀순공작이 대한민국 정부수립과 대한민국 정부의 정당성을 전제로 한 항복, 투항의 의미라는 것을 분명히 했음을 알 수 있다.[19]

셋째는 당시 사태 악화를 우려하여 포로를 보호하기 위해 포로를 경찰에 인계하지 말고 준비되고 보호된 막사에 두고 이른 시일 안에 본토로 후송하라는 내용이다. 이 내용은 주목할 필요가 있다. 미군정은 남로당 인민유격대의 극악무도한 상해와 테러는 물론이고 치안 병력의 보복적인 폭력 행위 모두 용인할 수 없었다. 이러한 지시를 하게 된 배경에는

---

19 원문에는 "Prior to any large scale offensive action, you will make every effort to contact the leader of the illegal elements and give them an opportunity to surrender."라 되어있음.

1948년 3월 경찰에 연행되었던 청년 3명이 고문으로 잇따라 숨지는 사건이 작용했다. 이 사건은 제주도의 민심을 동요시켰으며 미군정 당국과 경찰에 대한 신뢰를 땅에 떨어뜨렸으므로 미군정의 입장에서는 매우 당혹스러운 일이었다. 아울러 이러한 일은 남로당 세력이 악용할 수 있는 4·3사건의 명분을 제공해 주는 사건이기도 했다.[20]

미군 문서를 종합해 볼 때, 미군정은 1948년 4월 3일 이후 남로당 인민유격대에 의한 사태 악화로 인해 조선국방경비대를 투입하여 진압방침을 세웠으며, 강경 일변도의 무차별 진압 작전이 아닌 포로들을 보호하고 또 가능했다면 무장대를 귀순시켜 큰 충돌 없이 사태를 평화적으로 해결하려고 했었다.[21] 그리고 이러한 단계별 작전이 성과가 없을 때는 당시 사태의 안정을 위해 남로당 무장대에 대한 진압 작전을 한다는 계획을 수립했다.

미국의 수정주의 역사학자인 브루스 커밍스의 뒤를 이은 신수정주의 학자, 존 메릴의 논문인 '제주도 반란'에도 딘 군정장관의 생각을 엿볼 수 있는 문장이 나온다. 또 박진경 대령에게 단계별 토벌작전과 관련하여 하달한 지침도 언급하고 있다.

---

20 4·3사건은 남로당 세력이 2월 22일 신천 회의에서 투표로 결정된, 대한민국 정부수립을 저지하려는 무장 폭동이었으나 남로당 무장세력들은 1948년 3월의 고문치사 사건이 4·3사건의 원인을 제공했다고 주장한다.

21 나종삼, 『제주4·3사건의 진상』, 2013년, 서울: 아성사, 141쪽.

'두 번째 협상(평화협상)은 딘 소장 방문 후 박진경 대령이 연대의 지휘권을 인수한 후 분명히 이루어졌다. 박진경 대령은 경비대 총사령부 인사국으로부터 연대를 지휘하도록 보임되었는데 이는 박진경 대령이 일본군에서 제주도에 근무하여 제주도의 지형과 축성 구조물에 대해 잘 알고 있었기 때문이었다. 박진경 대령은 제주도 출발 전에 개인적으로 딘 장군으로부터 반란을 안정시키기 위해 최소한의 무력을 사용하라는 지침을 받았다.'[22]

미군정은 4월 20일에 경비대 5연대 1개 대대, 5월 6일에 경비대 11연대 2개 대대를 제주도로 이동시켰다. 1948년 5월 10일 유엔에서 추진했던 대한민국 단독 정부수립을 위한 선거가 제주도 2개 선거구에서 실패하고 사태가 더욱 악화하자 브라운 대령을 5월 20일경 제주도에 보내 제주도 내 모든 대유격작전을 총지휘하도록 하였다.[23] 이러한 미군정의 조치는 경비대 투입 결정 이후에도 제주도사태가 지속해서 악화하고 있음을 의미했다. 브라운 대령은 5월 22일 남로당 인민유격대 폭동진압을 위한 지시를 내렸다. 아래 지시 내용을 보면 주로 주민들과 민간인 밀집 지역인 해안마을(주민)에는 경찰력이 주민들을 보호하고 주민들에 대한 테러·살해를 금지했다. 조선국방경비대는 제주도 내 인민해방군 즉 남로당

22 John Merrill, 'The Cheju-do Rebellion', The Journal of Korean Studies (1979-), 1980, Vol. 2. (1980), pp. 139-197, Published by: Duke University Press, 중 175쪽., 김봉현, 김민주, 『제주도』, 文友社, 1963, 440쪽.

23 "Letter from Brown to Ward," July 2, 1948. The Rothwell H. Brown Papers, Box3, US Army Military Institute, Pennsylvania, U. S. A.

인민유격대를 진압하도록 하였다. 또 포로 심문을 위한 심문센터를 설립하고 심문센터에서 획득된 정보를 활용하여 폭동참가자들의 동향을 파악하도록 하였고 행정기능 복구 등 당시 극도의 혼란과 불안정한 상황 속에서 사태 안정과 주민 보호를 위한 군정 당국의 필수적인 조치가 이루어졌음을 알 수 있다.[24] 무차별 강경 진압이 아닌 단계적 체계적 대유격작전 지침임을 알 수 있다.

1. 경찰은 모든 해안마을을 보호하며, 무기를 소지한 폭도들을 체포하고, (폭도들이)주민들을 테러하고 살해하는 행위를 중단하라.
2. 경비대는 제주도 내에 조직된 인민해방군을 진압하라.
3. 경찰과 경비대에 체포된 포로를 심문할 심문센터를 설립하라. 심문센터에서 획득된 정보는 범죄자의 재판에 이용되거나 폭동참가자들을 체포하는 데 이용된다.
4. 행정 관리들은 경찰과 경비대의 보호를 받으면서 행정기능을 최대한 빨리 복구하라.
5. 절단된 전신주를 다시 세우고 도로를 복구하라.[25]

당시 상황을 종합적으로 고려하여 브라운 대령을 중심으로 한 제주도

---

24 나종삼, 『제주4·3사건의 진상』, 2013년, 서울: 아성사, 179쪽.
25 주한미육군군정청, "Report of Activities on Cheju-do Island from Rothwell H. Brown." 1948. 7. 17.

내 군경합동 대유격작전을 실시하는 작전 지휘체계를 그림으로 그려보면 아래와 같다.

진압부대 편성 및 지휘체계

브라운 대령이 1948년 7월 1일 자로 작성하여 미육군 군정청 사령관에게 보고한 보고서에는 제주도 폭동진압을 위해 1948년 5월 22일까지 취해진 조치의 내용이 나온다. 그 내용을 보면 자신의 지침에 따라 포로에 대한 심문취조실(합동심문센터) 설립 등 체계적인 대유격작전의 시스템을 구축했음을 알 수 있다.[26] 이러한 체계적인 작전 시스템이 구축된 시기는 박진경 대령의 1차 대유격작전이 있기 약 10일 전이었다

---

26 김영중, 『제주4·3사건 문과 답』, 2021., 도서출판제주문화, 2021.3판, 357쪽., 제주4·3사건 자료집 9권에도 수록되어 있음.

2. 박진경 대령의 작전개념

박진경 대령에게 부여된 임무는 미군정 당국의 작전개념과 지침에 따라 제주도에서 대유격작전을 실시하고 도내 치안 및 질서를 유지하고 대한민국 정부수립을 위한 선거를 지원하는 것이었다. 딘 장군이 개별적으로 박진경 대령에게 전달했던 무력 최소화 지침, 그리고 전술한 딘 장군의 지침에 따라 우선 김달삼과의 귀순공작 시도도 있었다.[27] 그러나 귀순공작이 여의치 않자 단계별 대유격작전을 구상하는데 구체적 내용은 『4·3사건 토벌작전사』[28]에 아래와 같이 기록하고 있다.

"연대의 작전개념은 우선 제1단계로 선무 귀순공작을 실시하는 것이었다. 이는 공비와 주민을 분리하여 좌경화된 민심을 회복시키기 위한 것으로 부대 단위별로 주민 선무공작에 주력하면서 입산 공비들에게는 귀순할 것을 권고하는 것이었다. 제2단계 작전은 폭도들이 이에 불응하고 대항해올 때 적극적인 소탕 작전을 펼치는 것이었다. 제11연대가 계획한 제1단계 작전은 주민 자체 방위로서 각 마을 단위별로 마을 주위에 돌담을 구축하여 방벽을 만들고 자위대[29]를 조직하여 자체 경비를 강화하도록 하였으며 제2단계 작전은 본격적인 공비소탕 작전을 전개하였다."

---

27 이선교, 『제주4·3사건의 진상』, 2008년, 서울: 도서출판 현대사포럼

28 국방부군사편찬연구소, 『4·3사건 토벌작전사』, 2002년, 서울: 국방부 군사편찬연구소, 121쪽.

29 남로당 인민유격대를 보조하는 남로당 자위대와 구분되는 우파 자위대인 민보단을 의미함.

조선경비대는 병력 보충과 작전 체제 구축 등을 마치고 연대의 인민유격대 토벌 작전은 5월 30일에야 하게 된다.

IV. 박진경 대령 부임 전 제주도 전장 실상

미국의 중도 성향 역사학자인 Alan. R. Millett는 그의 저서 『The War for Korean War』에서 제주4·3사건을 한국전쟁의 시작으로 보고 있다.[30] 그가 이러한 주장을 하게 된 배경은 우선 거시적 관점에서 4·3사건이 단순한 폭동이 아닌 정치적 목적[31]을 분명히 지닌 제주도 전체의 잘 구성된 체계적인 공격이었다는 데 있다. 그럼 이런 큰 주장만으로 제주도 4·3사건을 한국전쟁의 시작이라고 주장할 수 있었을까? 실제 제주도 내에 전투와 교전의 현장에서 어떠한 일들이 발생했는지 주요 상황을 살펴보자.

●4·3사건 발생 : 남로당 인민유격대(정예부대와 마을자위대) 350여 명의 반란으로 제주도 내 12개 경찰지서와 우익단체 간부 집 등이 습격당하여 하루 동안에 15명(우익인사 8, 경찰관 4, 무장대 3)이 사망하는 인명피해 발생.[32]

---

30 Alan R. Millett, 『The War for Korean War』, 2005, University Press of Kansas, 142 쪽에는 "The Korean war began on April 3, 1948, on Cheju-do with widespread, orchestrated attacks by Communist-led partisans..."라고 되어 있다.

31 대한민국 정부수립에 반대하고 공산당에 의한 조선민주주의 인민공화국을 건설하려는 것.

32 『4·3사건 진상조사보고서』, 167쪽., 무장대 측에서 작성한 기록에는 경찰 사망이 10명으로 되어 있음.

- 4월 7일 : 우익 청년 3명 피살, 남로당에 의한 경찰살해 보상금 걸려(자료집7권, 53쪽)

- 4월 12-13일 : 우익청년/경찰 3명 피살, 유격대 1명 사살(자료집7권, 54쪽)

- 4월 13-14일 : 경찰 작전중 1명 피살(자료집7권, 55쪽)

- 4월 15-20일 : 경찰 1명, 우익 2명 피살, 제주읍 전화선 절단, 전신주 36개 파괴, 경찰 부친 1명 피살, 민간부부 피살, 경찰 가족 1명 피살(자료집7권, 55-57쪽)

- 4월 24-30일 : 제주읍 동쪽부터 서귀포까지 전화선 차단, 미군C-47기 1대 이륙 중 저격, 미군정청 내 PX 파괴, 폭도 4명 경찰에 사살, 우익인사 3명 피살, 선거관리위원 피살, 경찰 6개 마을 급습 8명 체포, 대동청년단 부인 2명 피살(자료집7권, 58-60쪽)

- 5월 1일에는 소위 '오라리 방화사건'이 발생한다. 이 사건은 당시 제주도의 실상을 정확히 이해할 수 있는 함의를 지닌 사건으로 좀 자세히 그 내용을 살펴보자. 이해를 돕기 위해 전후 사실관계가 잘 정리된 나종삼의 저서 『4·3사건의 진상』이라는 책자 153쪽을 인용한다. 참고로 오라리라는 마을은 4·3사건 당시 좌익이 다수이면서도 우익도 함께 거주하는 제주도 내 마을이었다. 마을 내 우익성향의 주민들은 좌익의 괴롭힘에 시달려 이사 가려 하는 중에 사건이 발생했다.

"오라리에서는 4·3사건 이래 남로당자위대와 경찰로부터 번갈아 가며 죽임을 당하는 인명피해 사건이 몇 차례 발생했다. 그리고 4월 29일에는 제주읍에서 약 2km 가량 떨어진 오라리 연미 마을의 우익 대동청년단(대청) 단장과 부단장 등 2명이 납치된 후 행방불명되었고, 4월 30일에는 동서 간인 대청 단원의 부인 2명이 세간살이를 제주읍 내로 옮기기 위해 마차를 대동하고 마을에 들어왔다가 주민들에게 납치되어 산으로 끌려갔다. 마차꾼의 신고를 받은 경찰대가 마을 뒷산을 수색하면서 접근하자 두 여인 중 한 명이 포승을 풀고 가까스로 탈출해 경찰에 구조되었고, 다른 한 명은 시신으로 발견되었다.[33] 5월 1일 오전 9시경, 전날 남로당자위대로부터 살해된 대청 단원 부인의 장례식이 있었다. 마을 부근에서 열린 장례식에는 경찰 3, 4명과 서청·대청 단원 30여 명이 참여했다. 매장이 끝나자 트럭은 경찰관만을 태운 채 돌아갔고 우익청년단원들은 그대로 남았다. 그중에는 오라리 출신 대청 단원도 포함돼 있었다. 이들은 오라리 마을에 진입하면서 좌파 활동을 한 것으로 알려진 5세대 12채의 집을 불태웠다. 우익청년단원들이 민가에 불을 지르고 마을을 벗어날 무렵인 오후 1시경, 마을에서 1km가량 떨어진 민오름 주변에 있던 남로당 마을자위대 20명가량이 총과 죽창을 들고 청년들을 추격했다. 청년단이 급히 피했지만, 이 시각을 전후해 마을 어귀에서 이 마을 출신 경찰관의 어머니가 피살되었다. 오후 2시경, 서청·대청 단원들로부터 남로당 마을자위대 출현 소식을 접한 경찰기동대(경찰간부후보생 1개소대 등 100여명)가 2대의 트럭에 나눠 타고 오라리 마을로 출동했다. 경찰이 현장에 도착했을 때 남로당 마을자위대는 이미 마을을 떠났고,

---

33 林甲生(제주시 이도2동, 당시 납치됐다 탈출한 대청단원의 부인) 증언. (濟民日報 4·3취재반, 『4·3은 말한다』②, 152~153쪽) ; Hq. USAFIK, G-2 Periodic Report, No. 819, April 27, 1948.

주민들은 불붙은 집을 진화하고 있었다. 그런데 경찰이 마을 어귀에서부터 총을 쏘며 진격해오자 주민들은 이리저리 흩어져 산 쪽으로 도망쳤다. 이 과정에서 고무생 여인이 숨졌다."[34]

- 5월 1-6일 : 3일 오후 남로당 인민유격대 100명 애월면 공격/경찰 대응, 4일 폭도 50명이 함덕리 공격 대청 2명 납치, 5일 새벽 남로당 인민유격대 화북리 습격 3명 피살, 5일 새벽 삼양리 대청 2명 피살, 6일 경찰 폭도 1명 사살 (자료집7권, 62쪽)

- 5월 7-11일까지 제주도 선거폭력 사태(자료집7권, 63쪽)

	사망	부상	실종	방화	습격
경찰	1명	21명	4명		
우익인사	14명	5명			
공산폭도	21명				
주택				22채	
투표소					1곳

- 5월 10-12일 : 10일 대규모 폭도들 한림면 공격, 경찰/경비대 합동작전으로 격퇴, 무장폭도 25명 체포, 11일 폭도들 경찰관 2명 납치, 12일 폭도 30명 민간인 1명 살해, 12일 새벽 폭도 80명 세화지서 공격, 10-12일 공산 폭도들이 구좌면 송당리 지역 수십 차례 습격, 12일 경비대는 무장 공산폭도 25명을 체포/다른 곳에서 포로 193명 체포(자료집7권, 65쪽)

- 5월 13-20일 : 13일 자정 폭도 300명 함덕리 공격 경찰 1명 피살/민간인 2

---

34 좌익에서는 이 사건을 아주 교묘하게 왜곡하고 있는데, 오라리 방화사건이 좌익 무장세력에 의한 대청 단원 부인의 납치와 살해와는 무관하다는 것과 미군정이 당시 항공 정찰을 하면서 오라리 화재 현장을 촬영한 것을 보고 미군정의 강경 진압을 정당화하기 위해 우익세력을 시켜 마을 방화사건을 조작했다는 것이다.

명 피살, 13일 저지리에서 경찰1명/주민 6명 피살, 14일 저지리 지서 전소, 14일 폭도 200명 한림 공격 면장 부인 피살/1명 중상 주책 6채 소실, 14일 폭도 명월리/상명리 등 공격 방화, 15일 폭도들의 한림 습격 폭도 5명 사살/경찰 1명 피살, 경찰 제주읍/애월면 일대 폭도 1명 사살, 16일 오등리와 오라리에서 경비대 폭도 1명 사살, 17일 대동청년 단장 피살,

위에 요약된 상황에서 알 수 있듯이, 제주도 내에서는 지속적인 좌우익 간의 살육과 교전이 있었다. 누가 위의 상황을 단순한 소요사태라고 할 수 있을까? 여기서 주목해야 할 점은 공권력과 무장세력의 교전이 아니라 좌익 무장세력이 무차별 민간인에 대한 테러와 살육을 했다는 점이다. 또 공산 무장세력은 전화선 절단이나 전신주 파괴 등 제주도 내 기본 질서를 파괴하려 했다는 점, 그리고 대한민국 수립을 위한 선거를 철저히 폭력적으로 방해하려 했다는 점에 주목해야 한다.

V. 박진경 대령 왜곡

1. 4·3사건 학살의 주범

2021년 제주 KBS에서 4·3사건 특집으로 「암살 1948」이라는 다큐멘터리를 4월 2일 저녁에 방송했다. 박진경 대령의 도민 학살 왜곡 내용이 아래와 같이 나온다.

(16분 30초/나레이터) 그의 강경 토벌작전은 전방위적으로 펼쳐졌다. 양민과 폭도를 구분하기 어렵다는 이유로 폭도가 출현한 주민들을 무조건 연행해 갔다. 무차별적 토벌은 살아 돌아오면 다행이었다. 당시 수용소에 수감 되었던 한 중학생의 석방 증명서 미국인과 조선인이 함께 취조를 했다는 표현이 눈길을 끈다. 어린 학생이 무슨 죄가 있어 군홧발에 짓밟혀야 했을까.[35] (17분 18초/김종민[36]) 정말 닥치는 데로 청년들을 잡아들였다. 이렇게 볼 수 있고 잡아들여서 고문하고 어린아이도 막 죽이고 연대장이 학살 명령을 했다.[37]

올해 3월 10일 제주도 좌익단체들은 제주도민이 세운 추모비에 감옥을 상징하는 쇠창살을 씌우고 역사의 감옥이라 하며 박진경 대령을 4·3 사건의 학살자라고 명명했다. 또 제주의 소리에서는 '3월 12일 자 기사에서 무고한 제주도민들을 학살의 구렁텅이로 밀어 넣은 제주 4·3 학살 주범 박진경 대령'이라는 표현을 썼다.[38]

이러한 주장을 하는 인사들은 박진경 대령에 대해 얼마나 정확한 사실을 알고 이런 일들을 했을까? 학살이란 단어를 박진경 대령의 공비토벌작전에 사용한 것은 어떤 명분과 이유로도 설명이 안 되는 심각하게 왜곡

---

35 KBS제주4·3사건 특집, 「암살 1948」, 2021. 4. 2. 저녁에 방송, 책임 PD 김정중, 프로듀서 김은정.

36 전 제주4·3사건 중앙위원회 전문 위원.

37 https://www.youtube.com/watch?v=hY8aXse5Fw8

38 http://www.jejusori.net/news/articleView.html?idxno=400338, 제주의 소리는 하나의 사례이고 경남 도민일보 등 다른 언론에서도 여러 번 박진경 대령을 4·3사건 학살의 주범으로 왜곡한 바 있다.

된 주장이다. 학살이란 사전적 의미에서 '가혹하게 마구 죽이는 것'을 의미한다. 국제법상으로는 '고의로 특정 민족, 종족, 인종, 종교 집단의 전체 또는 일부를 전멸시키는 행위'를 뜻한다. 가장 쉽게 이해할 수 있는 최근의 사례는 러시아가 부차 등 우크라이나의 도시에서 행한 민간인 학살을 들 수 있다. 또 2차 세계 대전에서 독일의 나치가 유대인을 대상으로 한 야만적 살인을 그 예로 들 수 있다.

4월 3일 새벽, 한라산 오름마다 봉화가 오르자 남로당의 유격대가 도내 24개 지서(경찰 파출소) 중 12개 지서를 습격하고, 경찰 가족, 우익인사, 선거관리위원들을 무차별 살육과 테러를 자행하였다. 전술하였지만 1948년 4월 3일 하루에만 남로당 인민유격대에 의해 총 20여 명이 살해된다.[39] 이러한 극한 상황에서 사태 해결의 기미가 보이지 않자 조선국방경비대 투입이 결정되고 조선 경비대는 대유격작전을 실시한 것이다.

4·3사건과 관련하여 좌익들의 바이블이라 할 수 있는 1995년에 제민일보 4·3 취재반이 작성한 단행본, 『4·3은 말한다』, 제3권, 419쪽부터 428쪽에는 박진경 대령 재임 기간 작전 사상자에 대한 기록이 상세히 나와 있다. 이중 조선 경비대가 남로당 유격대를 사살한 전과는 작전 중 사살 25명뿐이다. 이 중 11명은 6월 3일 경비대와 경찰의 합동작전의 결과

---

39 제주4·3위원회, 4·3사건 자료집 12권, 237쪽-238쪽. 문창송, 『한라산은 알고 있다. 묻혀진 4·3의 진상』 제주시: 대림인쇄사, 1995, 14쪽, 15쪽. 4·3사건 당시 제주도 화북지서장이었던 문창송 경위가 1949년 6월 7일 당시 제주도 남로당 유격대장 이덕구의 소재지를 파악하고 특공대 20명을 투입하여 이덕구를 사살하였다. 이때 이덕구의 전령이자 호위병이었던 양생돌이 소유하고 있었던 무장대 자료를 압수하였고, 문창송 씨가 이 문건을 단행본으로 대중에 공개한 책이, 『한라산은 알고 있다. 인민유격대 투쟁보고서』이다.

라 조선국방경비대가 정확히 몇 명을 사살했는지 알 수 없다. 이러한 객관적 자료를 볼 때, 어떻게 학살이라는 용어를 사용할 수 있을까?

박진경 대령의 대유격작전에 대해서는 채명신 장군도 아래와 같이 언급한 바 있다.

"한쪽에서는 박진경 대령이 양민을 학살했다고 하는데 그는 양민을 학살한 게 아니라 죽음에서 구출하려고 했습니다. 4·3 초기에 경찰이 처리를 잘못해서 많은 주민이 입산했습니다. 그런데 박진경 대령은 폭도들의 토벌보다는 입산한 주민들의 하산에 작전의 중점을 두었습니다. 이러한 양민 보호작전은 인도적이면서 전략적 차원의 행동입니다.[40] (중략). 그는 주민들을 선무 공작으로 입산 인민유격대로부터 분리하는 데 주력했습니다. 유격전에서 유격대와 주민은 물과 물고기의 관계입니다. 이는 모택동의 이론입니다. 따라서 물고기는 물이 없으면 살 수 없으므로 유격대를 섬멸하려면 우선 주민을 유격대와 분리해야 합니다. 내가 월남에서 작전할 때도 베트콩과 주민을 분리하는데 작전의 주안을 두었습니다."[41]

미군정 당국은 1948년 3월 3명의 고문치사 사건으로 매우 당혹했었고 포로 관리에 대한 지침도 내린 바 있었다. 그리고 11연대의 미 고문관 두

---

40 정부 4·3사건 진상보사보고서. 218쪽.

41 채명신(2001. 4. 17. 4·3위원회 전문위원 나종삼 채록) 증언

르스 대위는 박진경 대령과 11연대의 작전을 확인 감독하고 있었다. 민간인 학살이 가능했을 리 없다. 특히 미군정의 직접적인 작전 통제하에 본격적인 대유격작전을 실시하면서 미군과 조선경비대의 신뢰를 추락시키고 민심을 동요하게 하는 제주도민 학살이란 상상조차 할 수 없는 일이다. 더구나 박진경 대령은 4·3사건 발발 당시 제주도에 부임하지 않은 상태였다. 누가 언제 누구를 학살했단 말인가?

　박진경 대령의 인간적인 성품에 대해서 좀 살펴보자. 육군참모 총장을 역임한 이세호(육사2기, 당시 9연대 1대대 부대대장)장군은, "박진경 대령은 진짜 인격자이고 살아계셨다면 참모총장이나 국방장관까지 하실 분이시다. 성품이 독재형이 아니다."라고 증언했다.[42] 또 합참 본부장을 역임한 류근창(육사2기, 당시 제11연대 군수과장) 장군은, "박진경 대령은 훌륭한 분이셨다, 양민을 무조건 학살할 성품이 아니다. 모두한테 존경받는 인품의 소유자다."라고 증언했다.[43] 박진경 대령은 선배, 동료, 부하로부터 존경받는 참군인이었다.

　박진경 대령과 조선국방경비대의 산중 주민들에 대한 체포는 정상적인 대유격작전(현재 군 교리상 후방지역 작전의 하나임)을 실시한 것임을 알 수 있다. 위에서도 설명되었지만, 유격기지 내의 민간인을 체포한 후에는 합동심문조의 심문을 거쳐 대공 용의점을 확인했고, 남로당 인민유격대에

42　이세호(2001. 7. 15. 국방군사연구소 정석균 채록) 증언

43　유근창(2001. 7. 27. 국방군사연구소 정석균 채록) 증언

대한 정보를 파악했으며, 인민유격대와 주민을 분리하려 했다. 그리고 대공 용의점이 없는 주민들은 석방했다.

2. 포로 관련 고문, 학살

(17분18초/김종민[44]) 정말 닥치는 데로 청년들을 잡아들였다. 이렇게 볼 수 있고 잡아들여서 고문을 하고 어린아이도 막 죽이고 연대장이 학살 명령을 했다. (나레이터) KBS 박진경 연대장이 부임한지 한달 여 동안 군경 토벌대에 끌려 간 사람은 약 6,000 여명에 달한다. 당시 무장대 수는 불과 500여 명이었다. 명령에 불복하면 무조건 사살하라는 지시도 내렸다. 총칼 앞에 저항할 수 없는 억울한 죽음들이 무수했다.[45]

본고 8쪽 지휘 체계도는 제주도에서의 미군정 작전의 포로 취급에 대한 좌익의 주장이 얼마나 왜곡되어 있는지를 정확히 이해할 수 있게 해준다. 지휘체계도 상의 작전 요소별 임무는 위에서 언급한 브라운 대령의 지침에 잘 명시되어 있다. 여기서 중요한 점은 포로심문센터에 대한 것이다. 저들이 박진경 대령이 포로들에 대해 고문을 하고 이유 없이 학살 명령을 내렸다고 주장한다. 그러나 이는 위의 지휘체계를 이해하면 도저히 있을 수 없는 일이다.

---

44   전 제주4·3사건 중앙위원회 전문 위원.
45   KBS제주, 2021년 4월 2일 방송, 『암살 1948』, 전술한 바 있으나 왜곡 내용의 심각성을 고려 일부 내용을 중복하여 기술함.

박진경 대령의 11연대는 브라운 대령의 지침에 따라 제주도 내 남로당 인민유격대 진압작전을 실시했고 진압 작전 간 적의 유격기지로부터 체포된 포로들은 모두 범죄수사단, 경찰 등으로 구성된 합동심문센터로 인계했다. 여기에 대해서는 중요한 증언이 있어서 소개한다. 당시 소대장으로 이 작전에 참가한 한 장교(조연표 소위, 육사 4기)는 "우리는 작전 간에 50세까지의 남자를 모두 학교에 나와 있는 방첩대에 인계하라고 해서 그렇게 했습니다"라고 증언했다. 여기서 방첩대란 심문센터에 나와 있는 군의 심문관을 말한다.

문 : 진출 간의 전투라던가 또는 다른 일은?

답 : 당시 CIC(방첩대)[46]가 파견 나와 있었어요. 우리는 작전 간에 50세까지의 남자를 모두 학교에 나와 있는 CIC에 인계하라고 해서 그렇게 했습니다. 작전 간에 교전은 별로 없었고, 작전 후 백록담에 발을 씻고 원위치로 복귀했습니다.[47] (중략)

1948년 4월 20일경 제주도에 부임하는 군정관 맨스필드 중령에게 딘 군정장관이 내린 지침에도 포로 보호에 대한 언급이 있었고 5월 20일 군

---

46 CIC, 당시 방첩대(현재 용어로는 범죄수사대)는 박진경 대령 소속 부대나 조직이 아닌 독립 기구였다.

47 조연표(육사4기, 당시 9연대 1대대 2중대 소대장, 대령 예편, 2001년 10월 15일, 나종삼 4·3 조사위원회 전문위원 채록) 증언.

경합동 대유격작전을 지휘하기 위해 제주도에 온 브라운 대령의 작전지침에도 포로 보호에 대한 명확한 지침이 있었다. 이렇게 미군정에서 포로에 대하여 각별한 관심이 있었던 이유는 전술한 바 있지만 미군정 당국의 본격적인 제주도 개입 이전에 치안세력에 의해 포로에 대한 반인권적 사건 때문이었다.

연대는 박진경 대령 부임 전부터 임무 수행을 했던 미군정 당국의 고문관 드루스 대위가 있었다.[48] 전술한 바 있지만, 경비대 작전은 11연대의 미고문관 드루스 대위에 의해 모든 작전 내용이 상부에 보고되었다. 따라서 포로에 대한 고문 등은 결코 있을 수 없다.

박진경 대령은 경비대 4개 대대(15개 중대 3,800여 명)[49]를 지휘하여 5월 30일에서 6월 2일까지의 1차 작전과 6월 14일부터 17일까지의 2차 작전을 수행하였다. 작전 결과, 경비대 작전의 정보가 누설되어 남로당 유격대 주력은 놓쳤으나 1차 작전 시 입산 주민 595명과 2차 작전시 포로 53명 등 650여 명을 합동심문센터에 인계하였다.[50] 경찰이 포로심문센터에 인계한 주민 숫자에 관해서는 기록이 없어 확인이 곤란하다.

6월 16일 자 미군 측 기록에 의하면 포로심문센터에는 1·2차 작전 간 3,000여 명이 인계되었는데 심문 결과 대부분 석방하고 4개 심문팀은

---

48 두르스 대위는 경비대에 대유격작전 명령이 내려진 직후인 4월 19일 무렵 제9연대에 부임한다. 이 시기는 박진경 대령 부임 전으로 김익렬 중령이 9연대를 지휘하고 있었다. 출처 : 김익렬 유고.

49 문창송, 『한라산은 알고 있다.』, 83쪽; 『제주4·3사건 자료집 12권』, 273쪽.

50 주한미 육군사령부 일일 정보보고서, 1948. 6. 4. 1948. 6. 4. 및 1948. 6. 15.

575명을 심문 중이었다.[51] 좌파 인사들은 암살범들의 법정 진술을 거론하면서 박진경 연대장이 6,000여 명을 체포하여 학살하였다고 주장하나 이는 근거 없는 주장이다. 이들의 주장은 김일성의 지령을 받고 남파된 간첩 성시백이 운용했던 조선중앙일보 1948년 6월 12일 자 기사[52]를 인용한 것인데 그 기사에는 경비대와 경찰에 붙잡힌 폭도들이 6,000여 명이며 이들을 재판하기 위해 서울에서 판검사들이 파견되어 재판했다고 되어 있다. 그 기사 내용을 자세히 보면 약 6,000명이라는 숫자는 4·3사건 이후부터 6월 12일까지 경찰과 경비대에게 체포된 폭도들의 총 숫자임을 알 수 있다. 교묘하게 박진경 대령 재임 기간에 체포된 포로의 수를 부풀렸다. 박진경 대령은 5월 6일 제주도에 부임했다. 부풀려진 포로의 숫자, 고문, 학살 명령 등 상상조차 할 수 없는 일을 박진경 대령이 자행했다고 왜곡한 것이다.

4·3사건 이후 남로당 공산 유격대가 마을에 테러와 살인을 가하면서 우익인사를 무차별적으로 살해한 가장 큰 이유는 대한민국 건국을 위한 5월 10일 선거를 방해하는 것이었다. 이들의 테러와 살육에는 성인만 있는 것이 아니었다. 아이들은 물론이고 부녀자도 포함되어 있었다. 증언을 통해 세상에 알려진 1948년 당시 선거관리위원장이었던 김경종씨의 사례를 보자.

---

51 주한미 육군사령부 민간인 고문관(Josep E. Jacobs) 보고서, "제주도 소요사태" 1948. 7. 2.

52 제주4·3위원회, 제주4·3사건 자료집 2권 133쪽.

나의 부친 김경종(당시 42세)은 오등리 리장이면서 선거관리위원장이었다. 폭도들은 제헌의회의원 선거를 방해하기 위해 주민들을 한라산으로 강제로 이동시키려고 했는데, 부친(김경종)은 오등리 리장 겸 선관위원장으로서 5·10 선거를 보이코트하려는 남로당측의 부당성을 주민들에게 주지시키고 5·10 선거 준비를 하고 있었다. 부친의 이러한 행동은 남로당세력인 공비들은 용납할 수 없었다. 그들은 5·10 선거를 단선단정이라고 하였으나 1948년 2월 6일 북조선 최고인민회의에서 '조선민주주의인민공화국(북한)'의 헌법 초안을 채택했으니 자기들(남로당)이 먼저 단독정부를 지지했다. 그들의 눈에는 리장 김경종은 인민의 적이고 반동이었다. 공비들이 합법적인 권력기관도 아닌데 사람을 죽이는 살인 행위를 도처에서 저질렀고, 부친 김경종을 비롯한 저의 가족들을 살해하려고 했다. 5월 8일 아침 8시쯤 폭도 열댓명이 우리집을 덮쳤다. 저의 부친은 그날(5월 8일) 출타 중이어서 난을 피했고 저의 할머님(72세)과 어머님(42세), 그리고 갓 돌이 지난 어린 동생(2세)이 공비들의 죽창으로 이 세상을 떠났고, 집은 불태워졌다. 그리고 어린 여동생(12살)은 그날 죽창에 찔린 상처와 정신적 충격으로 앓다가 21세에 세상을 떠났다. 나는 그때 목포중앙초등학교 교사로 목포에 있었기 때문에 난을 피하였다. 당시 폭도들은 남녀노소를 가리지 않고 무차별 살해했으며, 공격대상을 미리 정해놓은 것 같았고, 폭도 중에는 마을 사정을 잘 아는 사람이 있었던 것 같았습니다.[53]

---

[53] 高文昇, 『제주사람들의 설움』, 1991. 9., 98-101쪽., 김병언(63세, 제주시 오등리) 증언

위 사례는 공산 무장세력들이 자신들의 투쟁을 위해 무차별 살육을 한 사례로 1968년 북한의 무장 공비 침투 시 이승복이라는 어린이를 포함한 일가족을 살육한 사건을 연상시킨다. 제주도 내에서 유사한 일들이 벌어지는 대혼돈의 상황 속에서 집안의 어른들이 남로당 인민유격대에 산중으로 끌려가는 데 집에 혼자 남아 있을 어린이들이 있을 수 있을까? 상상할 수 없는 일이다. 또 남로당 인민유격대는 산중 유격기지에서 생활하며 어린이를 빗개(정보원, 보초)로 활용했는데 평소 높은 봉우리에서 망을 보고 있다가 경찰이나 경비대 등 토벌대가 접근하면 깃발을 들어 이들의 접근을 알리는 일을 하였다. 따라서 어린이들이 남로당 인민유격대의 기지에서 발견되면 적 무장대들에 대한 정보수집을 위한 최소한의 심문이 필요한 상황이었다. 적 기지에서 발견된 어린이들이 포함된 모든 인원을 정보 획득을 위한 심문을 한 것과 어린이들을 정보원으로 활용하여 전투현장에 투입한 것도 모자라 자신들의 정치적 목적을 위해 무고한 어린이를 무차별 살육한 것과는 비교의 대상조차 될 수 없다.

또한 좌익 학생들도 어른들 못지않게 자신들의 이념적 노선에 동조하지 않은 학생에 대한 살상을 서슴지 않았다는 것도 증언을 통해서 알려졌다. 육사 5기로 임관하여 부산의 제5연대에 배치되었다가 4·3사건 초기에 제주도에 간 김형룡(金炯龍) 소위는 여러 명의 좌익 학생들이 동조하지 않는 학생 1명을 테러하는 상황을 직접 목격하고 다음과 같은 글을 남겼다.

내가 제주도에서 복무하고 있는 동안 잊히지 않는 사건이 하나 있다. 제주도에 차출된 병력을 재편성 겸 교육을 위해 제주농업중학교에 주둔한 일이 있다. 당시 나는 기숙사에 유숙하고 있었는데, 1948년 5월 어느 날 새벽 2시경이었다. 내가 자는 방 바로 앞에서 '사람 살리라'는 비명과 함께 물 쏟아지는 소리가 났다. 황급히 나가보니 어느 학생 한 사람이 목에서 피를 쏟으며 쓰러져 있는 것이었다. 그 학생은 목 부위를 칼에 찔려 있었다. 나는 즉시 비상용으로 휴대하고 있던 가제와 붕대로 싸매어 응급조치하고 사병 한 사람을 딸려 제주 도립병원으로 이송시켰다. 후에 안 일이지만 이 학생은 한림이란 곳에 살고 있었는데 고등학교 학생회장이었다. 따라서 좌익계 학생들은 이 학생을 자기 편으로 끌어 드리려고 했는데 이 학생은 말을 듣지 않았으므로 반동분자로 낙인이 찍혔고, 좌익계 학생들이 그를 죽이려고 미행하자 자기 집에 있지 못하고 숙소를 옮겨가면서 생활했었다. 그러던 중 사고가 난 날은 학교에 군인들이 주둔하고 있었기에 안심하고 기숙사에서 잠자다가 변을 당했다. 범인을 잡지도 못하였다. 이 학생은 응급조치한 것이 도움이 되었던지 생명에는 별 지장이 없었다. 이 한 가지 사건만 보더라도 당시 제주도가 얼마나 살벌했고 어지러웠는지 짐작되고도 남음이 있을 것이다.[54]

좌익계 학생들이 군인들이 주둔하고 있는 학교의 기숙사까지 들어와서 장교가 잠자고 있는 방 앞에서 학생회 간부에게 테러 행위를 가한 것은 대담한 행동이며, 이 사건은 제주 사회가 남녀노소 할 것 없이 사상적

---

54 金炳龍, '高校學生들 끼리도 刺殺企圖'(육사5기생회, 『陸士 第5期生』, 1990. 6, 123쪽.

으로 분열되어 있었으며, 좌익계가 우익계보다 훨씬 우세하였음을 입증하고 있다.

3. 9연대 41명 집단탈영

(18분 40초) 박진경 연대장의 가혹한 토벌 작전이 계속되자 9연대 내부에서 반발이 일어났다. 일부 군인들이 탈영한 것도 그즈음의 일이었다. 그들은 대부분 제주 출신이었다.[55]

제주 KBS의 다큐멘터리는 물론이고 많은 다수의 좌익 언론은 9연대 군인들의 집단탈영을 박진경 대령의 가혹한 토벌 작전 때문이라는 말도 안 되는 주장을 한다. 1948년 5월 6일, 박진경 중령은 제9연대(실병력은 모슬포 주둔 1개대대)장에 취임하였다. 이어 박진경 중령은 제주도로 이동한 제11연대장(3개대대)에 5월 15일부로 취임하게 되고 같은 날로 제9연대 1대대를 배속받음으로써 4개 대대를 지휘하게 된다.[56] 박진경 대령은 서둘러 부대 정비를 하게 되는 데 우선 사상이 의심스러운 1대대장 오일균 소령을 사령부로 보냈다. 이어서 비어 있는 11연대의 2개 대대와 9연대 1개 대대 등 3개 대대장(대위 서종철, 대위 김용주, 대위 고근홍)을 5월 24일 충원받았고 연대 참모 요원 3명(대위 최갑중, 중령 김종평, 소령 백선진)도 보강한 후인

---

55 KBS제주4·3사건 특집, 「암살 1948」, 2021. 4. 2. 저녁에 방송, 책임 PD 김정중, 프로듀서 김은정.

56 육군본부 군사감실, "육군역사일지, 제1집" 1948. 5. 15.

5월 30일부터 4개 대대로 본격적인 대유격작전을 전개했다.

　9연대 군인들이 집단탈영했던 5월 20일에까지는 박진경 대령이 이렇다 한 작전 한번 제대로 하지 못했던 상황이었다. 박진경 대령의 1차, 2차 작전 이전까지의 상황은 인민유격대에 의한 공격과 대응, 그리고 저들의 역대응이 주둔지별로 산발적으로 이루어졌다고 볼 수 있다. 특히 11연대는 박진경 대령의 지휘를 5월 15일부터 받게 되었고 그 이전에는 제주도 군정관 맨스필드 중령의 지휘를 받고 있었다. 또 지리적으로도 박진경 대령은 연대본부가 있었던 제주읍과 모슬포의 9연대는 수십 킬로가 떨어져 있었다. 당시 남로당 유격대의 도로 차단과 전화선 절단으로 인해 당시 탈영 사건을 연대본부에 보고했던 대대장 직무대리인 1중대장 이세호 중위는 모슬포에서 배로 제주읍으로 이동할 정도였다. 탈영한 9연대 일부 군인들은 과연 박진경 대령의 어떤 작전을 어떻게 보고 가혹한 토벌 작전이라고 여기고 탈영했단 말인가?

　1948년 5월 20일 탈영한 군인들은 조선경비대 제9연대 내에 침투해 있던 좌익분자들이었다. 이들은 이들이 탈영할 때까지 실시되지도 않았던 박진경 대령의 대유격작전에 반발하기 위해 탈영을 한 것이 아니라 조선경비대 내의 남로당 프락치 책임자인 문상길 중위의 지시에 따라 조직적인 탈영을 한 것이다. 모슬포에 주둔했던 9연대 내에는 장교들로부터 병사에 이르기까지 남로당 좌익분자들이 침투해 있었다. 남로당 인민유격대로부터 노획한 노획문서[57]에 남로당 인민유격대가 의도적으로 자신

57　문창송, 『한라산은 알고 있다. 인민유격대 투쟁보고서』

들의 세포조직을 조선경비대에 가담시켰다는 내용이 나온다.[58]

9연대의 좌익 프락치 실태를 정확히 가늠할 수 있게 해주는 내용이 남로당 인민유격대 투쟁보고서 내에 수록되어 있어 원문을 소개한다. 아래 내용은 1948년 3월 중 남로당 유격대가 4·3사건 무장 폭동에 국방경비대를 동원하려는 계획을 논의하는 내용이다.[59] 4·3사건 이전, 제주도 조선경비대는 9연대가 전부였다.

4·3 투쟁의 전술을 세우는 데 있어서 감찰청(藍察廳)과 구서(1區署) 습격에 국경(國警)을 최대한으로 동원하고 나머지 각 지서는 유격대(遊擊隊)에서 담당하기로 양면 작전을 세워 즉시 좌기[60] 프락치에게 연락을 부치고 동원 가능 수를 문의한 바 800명 중 400명은 확실성이 있으며 200명은 마음대로 좌우할 수 있다. 반동은 주로 장교급으로서 하사관(下士官) 합하여 18명이니 이것만 숙청하면 문제없다는 보고가 있었음.[61]

9연대 내의 좌익분자들에 대한 지도는 일제하에 제주도에서 일본군

---

58 문창송, 『한라산은 알고 있다. 인민유격대 투쟁 보고서』, 75쪽., 『제주4·3사건 자료집 12권』 268쪽., "본도 주둔 제9연대가 신설되어 1차 모병이 있으므로 대정 출신 동무 4명(고승옥(高升玉), 문덕오(文德五), 정두만(鄭斗萬), 류경대(柳京大) 등 프락치 4명을 입대시켰음."

59 4·3사건 당시 조선국방경비대에 실탄이 없었고 경비대 내의 장교 프락치에 대한 동원은 중앙당의 지시라는 이유로 실제 4·3사건 당시에는 조선경비대를 동원하지 않았다.

60 좌기라는 표현은 『인민유격대 투쟁보고서』 원문이 국한문 혼용의 종서체였기 때문이다.

61 문창송, 『한라산은 알고 있다. 인민유격대 투쟁 보고서』, 76쪽., 『제주4·3사건 자료집 12권』 268-267쪽.

하사관으로 복무했고, 좌익들이 많았던 조선경비사관학교 3기 출신인 문상길 중위가 맡았다. 9연대 내에는 통신·정보참모부 등을 포함하여 광범위하게 남로당 좌익분자들이 근무하고 있었다. 심지어 제주4·3사건이 터진 후 급파된 증원 부대장 오일균 소령조차도 남로당 당원이었다.[62]

가. 남로당 제주도당 문건으로 확인된 탈영 동기의 진실

문상길은 5연대에서 1개 대대가 증파되는 4월 20일 경 김달삼과 만나 9연대의 탈영병 추진을 일차적으로 합의했다. 관련 내용에 대한 남로당 노획 문서의 내용은 아래와 같다.

올구(조직지도원)를 파견하여 문소위[63]와 정상적인 정보교환을 하여 오던 바 4월 중순에 이르러 돌연히 부산 제5연대 1개 대대가 내도하여 산부대(남로당 인민유격대)를 포위 공격하게 되었으므로 시급히 대책을 세워야 된다는 연락이 있어 군책(군책임자 김달삼)이 직접 파견되어 문제를 수습하기로 되었음. 군책[64]과 문소위가 만난 결과 국경의 세포는 중앙 직속이므로 도당의 지시에 복종할 수 없으나 행동의 통일을 위하여 밀접한 정보 교환, 최대한의 무기

---

62 국방부 전사편찬위원회, 『한국전쟁사』, 438쪽.

63 육군본부에서 발행된 『임관순대장』에는 1948년 3월 15일 중위로 진급하였으나 남로당 문서에는 소위로 기록되어 있다. 당시 육사 3기 동기생이었던 조선경비대의 남로당 프락치 이윤락 중위도 문상길 중위와 같은 날 진급했으나 역시 남로당 문건에는 소위로 기록되어 있다.

64 군 책임자의 줄임말로 김달삼을 뜻함.

공급, '인민군 원조부대로서의 탈출병 추진', 교양자료의 배포 등의 문제에 의견의 일치를 보았고 더욱이 최후단계에는 총궐기하여 인민과 더불어 싸우겠다고 약속하였음.[65]

이 글에서 문상길 소위가 남로당 세력과 내통하면서 조선경비대의 병력 증원상황 등을 보고한 대목이 나오는데 이는 문상길 중위가 남로당의 프락치로서 활동하고 있었다는 명백한 증거이다. 또 문소위와 정상적인 정보교환을 했다는 면에서 당시 문상길 소위는 조선경비대 내의 상황을 정기적으로 보고했다는 것을 입증한다. 그리고 인민군 '원조부대로서의 탈출병 추진'이라는 일차 합의사항을 확인할 수 있다. 특히 단순 탈출이 아닌 인민군 원조부대로서의 탈출이라는 단어가 눈에 들어온다.

또 2차 합의는 5월 10일의 김달삼-오일균 간 남로당 대책 회의에서 확인이 되는데 그 내용은 아래와 같다. 후술하겠지만 이 회의에서 박진경 대령 암살에 대한 지시도 있었다.

최대의 힘을 다하여 상호간의 정보 교환과 무기 공급, 그리고 가능한 한 도내에 있어서의 탈출병을 적극 추진시키지 않으면 안 된다.[66]

---

65 『4·3사건 자료집 12권』, 269-270쪽, 문창송, 『한라산은 알고 있다. 묻혀진 4·3의 진상』 제주시: 대림인쇄사, 1995, 77-78쪽.

66 『4·3사건 자료집 12권』, 271쪽, 문창송, 『한라산은 알고 있다. 묻혀진 4·3의 진상』 제주시: 대림인쇄사, 1995, 80쪽.

이 대목은 조선경비대 내의 남로당 프락치들이 어떠한 활동을 해야 하는지를 지시한 문장인데, 저들은 이 문서의 지침대로 5월 20일 집단탈영 때 무기와 실탄을 소지했었다.

또 남로당 인민유격대로부터 노획한 문서인 인민유격대 투쟁보고서[67]에 의하면 1948년 5월 20일 상황이 아래와 같이 기록되어 있다.

5월 20일 문 소위 지시에 의하여 9연대 병졸 최상사 이하 43명이 각각 99식 총 1정식을 가지고 탄환 14,000발을 트럭에 실어 탈출, 도중 대정지서를 습격, 개(경찰) 4명, 급사 1명을 즉사시키고, 지서장에게 부상시킨 후 서귀포 경유 상산(上山)하려고 했으나 그 연락이 안 되어 결국 22명은 피검, 탄환 다수 분실 혹은 압수당하고 겨우 4, 5일 후에야 나머지 21명과 아 부대와 연락되었음. (이 때에는 각각 99식 총 1정식과 99식 탄환 100발식 만이 남아 있었음). 이 때 연락이 안 된 원인은 문 소위가 우리에게 보낸 연락 방법과 탈출병들이 연락한 연락 방법 사이에 커다란 차이가 있었던 것에 기인한다.[68]

노획문서에 문 소위 지시로 탈영이 있었던 5월 20일과 실제 탈영이 발생한 날짜가 일치한다. 또 탈영 당일 문상길 중위가 9연대 1대대 당직사령이었고 탈영은 9연대 1대대 최모 상사 인솔하에 이루어졌다. 미군정

---

67 문창송, 『한라산은 알고 있다. 묻혀진 4·3의 진상』, 제주시: 대림인쇄사, 1995.

68 문창송, 『한라산은 알고 있다. 인민유격대 투쟁보고서』, 81쪽., 『제주4·3사건자료집 12권』, 271쪽.

보고서에는 최모 상사 등 41명이 실탄 5,600발을 휴대하고 차량으로 집단 탈영하는 사건이 발생했다고 되어있다.[69] 탈영 당일 당직사령인 문상길 중위는 병사들의 탈영 사실을 확인하고 새벽녘에 비상을 걸었으나 인원 점검만 했을 뿐 적극적인 탈영 대책을 세우지 않았고 일부 병력을 피습당한 대정지서로 보냈으나 곧 돌아오고 말았다.[70] 문 중위는 자신의 지시로 병사들이 탈영했으니 탈영 대책에 적극적일 리가 없었다.[71] 이들의 탈영은 가혹한 토벌작전에 대한 반발이라는 주장은 결코 있을 수 없는 일이다. 시간상으로 탈영은 박진경 대령의 작전 개시 이전이었으며, 남로당 노획 문건, 40명 이상이 차량, 실탄, 무기 등을 가지고 남로당 인민유격대에 합류하려고 했던 사실 등을 보았을 때 치밀하게 사전 준비된 탈영이었고 이는 조선경비대의 활동을 사보타주하라는 남로당 지시를 이행한 것이었다.

4. 박진경 대령 암살 동기

(25분 22초) 검찰은 한라산 무장대 총책인 김달삼으로부터 지령을 받은 문상길 중위가 그의 부하인 손선호 하사에게 총을 쏘도록 지시했다고 주장했다. 문상길 중위는 동족상잔을 피하기 위한 선택이었다고 반박했다. 문상길 중위, "박 대령 부임 후의 대내 공기는 전반적으로 변하였습니다. 경찰과 협력

69　Hq USAFIK, G-2 Periodic Report, 1948. 5. 24.(No. 842)

70　나종삼, 위의 책, 189쪽.

71　나종삼, 위의 책, 189쪽.

하여 소요 부대에 무조건 공격 명령이 내려졌으며 도민도 탄압하기 시작했습니다. (중략) (44분 45초) 김종민, 문상길의 행동에는 적어도 자기 확신이 있는 확신에 찬 확신범이었다. 자기 목숨을 내놓고 상관을 암살했다. 그 이유는 제주도민들의 희생을 막기 위해서 했다. 이렇게 볼 수가 있는 것이죠. 바로 그 점이 문상길을 단순하게 상관을 암살한 암살범이 아니라 동족, 특히 제주도민을 살리기 위해서 자기 목숨을 바쳤던 사람으로서 역사의 법정에서 재평가되어야 한다고 저는 생각을 합니다.[72]

박진경 대령의 2차 대유격작전이 종료된 6월 17일 밤에 임관호 2대 제주도지사가 제주 기관장들을 초청하여 제주읍에서 연대장 진급 축하연을 열었다. 술을 잘 못 마셨던 박진경 대령은 자정 무렵 다른 참석자들보다 먼저 부대로 돌아와 영내의 집무실에 마련된 침실에서 곤히 잠이 들었다. 침실이라야 집무실 한쪽에 마련한 야전침대였다. 자정이 넘은 6월 18일 새벽 3시 15분경, 모슬포 주둔 9연대 1대대 제3중대장 문상길 중위의 지시를 받은 손선호 하사 등 일당 8명이 침실 밖에서 일부가 경계하는 동안 일부는 창문을 열어 손전등을 비추고 취침 중인 연대장을 M-1 소총으로 암살하였다.

박 연대장의 장례는 6월 22일 오후 2시 서울 남산동에 있는 경비대 총사령부에서 통위부장(국방부장관)을 비롯한 부대 관계자와 유가족, 딘 군정

---

72 KBS제주4·3사건 특집, 「암살 1948」, 2021. 4. 2. 저녁에 방송, 책임 PD 김정중, 프로듀서 김은정.

장관, 안재홍 민정장관 등 각계 인사가 다수 참석한 가운데 부대장(部隊葬, 육군장 제1호)으로 치러졌다.[73] 박진경 연대장 암살사건은 육군장(陸軍葬) 제1호로 기록된 고급 장교의 첫 희생이어서 세간의 화제를 불러일으켰고 언론에서도 재판과정을 비중 있게 다루었다.

암살사건 즉시 군·경은 물론 미군 CIC(방첩대), CID(범죄수사대) 요원들이 투입돼 암살범을 찾기 위한 조사를 벌였다.[74] 수사는 지지부진하다가 사건 7일 만에 모 하사관이 보낸 한 장의 투서로 실마리가 풀렸다. 투서는 '3중대장 문상길 중위와 연대정보과 선임하사 최상사를 잡아보면 암살사건 전모를 밝힐 수 있을 것'이라는 내용이었다.[75] 문상길 중위가 확신에 찬 확신범이었다면 만천하에 자신이 박진경 대령을 암살했다고 알리고 자수해야 했는데 왜 그러지 못했을까? 문상길 중위는 남로당 프락치로 조선 국방경비대 9연대 책임자로 암약했었고 이미 5월 20일의 조선 국방경비대 9연대 장병 41명의 탈영을 지시했기 때문이었다. 문상길은 남로당 지시에 따라 남로당의 정치적 목적을 위해 박진경 대령을 암살했기 때문에 자신의 박진경 대령 암살 사실을 은닉하고 싶었을 것이 확실하다.

문상길 중위를 시작으로 암살사건 연루자들이 속속 체포됐다. 그들은 문상길(文相吉·중위), 손선호(孫善鎬·하사), 배경용(裵敬用·하사), 양회천(梁會千·이등상사), 신상우(申尙雨·하사), 강승규(姜承珪·하사), 황주복(黃柱福·하사), 김정

---

73 『京鄕新聞』, 1948년 6월 23일. 후일, 박대령의 부대장은 육군장 제1호로 기록된다.

74 6th Division, USAFIK, G-2 Periodic Report, No. 973, June 18, 1948.

75 國防部 戰史編纂委員會, 앞의 책, 441쪽.

도(金正道·하사), 이정우 등 모두 9명이었다.[76] 암살사건 관련자 중 이정우는 M-1 총 1정을 소지한 채 입산해 인민유격대에 합류하여 체포를 피했다.[77] 직접 총을 쏘아 연대장을 암살한 사람은 부산 5연대 출신 위생병 손선호 하사인 것으로 밝혀졌다. 경비대 총사령부에서는 사건의 중대성을 고려하여 암살범들을 고등군법회의에 넘기기 위해 7월 12일 서울로 압송했다.[78]

고등군법회의 재판의 초점은 연대장 암살의 동기와 배후를 밝히는 데 맞춰졌다. 이 자리에서 고등군법회의 검찰관 이지형(李智衡) 중령은 문상길 중위가 인민유격대 책임자인 김달삼과의 두 차례의 회담을 하고 그의 사주를 받아 암살계획을 세웠으며, 손선호 하사가 M-1 총으로 박 대령을 암살했다는 내용의 기소문을 낭독했다.[79]

암살의 주범인 문상길 중위는 법정진술에서 동족상잔을 피해야 한다는 김익렬 전 연대장의 방침에 찬동했기 때문에 김익렬 중령과의 회견을 추진하기 위해 처음으로 김달삼을 만났고, 두 번째는 박 대령 부임 후로 "김달삼이 30만 도민을 위하여 박 대령을 살해했으면 좋겠다고 하였을 뿐 절대 지령을 받지는 않았다고 주장"했다.[80] 그러나 문상길은 김달삼이

---

76 『國際新聞』, 1948년 8월 10일 ; 『京鄕新聞』, 1948년 8월 15일 ; 『漢城日報』, 1948년 8월 15일.

77 문창송, 『한라산은 알고 있다. 묻혀진 4·3의 진상』 제주시: 대림인쇄사, 1995, 14쪽, 82쪽.

78 『自由新聞』, 1948년 7월 13일.

79 새한일보, 1948년 10 상순(2권 16호); 신상준, 『제주4·3사건』하권 497쪽.

80 『朝鮮中央日報』, 1948년 8월 14일.

'박 연대장을 살해했으면 좋겠다'는 말을 했다고 진술함으로써 '김달삼 지령설'을 사실상 시인한 셈이 됐다.

또 문상길이 김달삼을 두번만 만났다는 말은 완전한 허위 증언이다. 일제강점기 때 일본 해군 항공기지 오무라(大村)부대가 건립한 장소(대정읍 상모리 3376-1)[81]를 해방 후 미군정청이 접수하여 반은 대정초급중학교에서 반은 조선경비대 9연대가 사용하고 있었다. 김달삼[82](본명 이승진)은 1946년 10월 20일부로 공민과 담당 촉탁 교사로 월급 300환의 수당을 받는 조건으로 이 학교에 부임하였다. 문상길도 1947년 4월 19일 조선경비사관학교를 3기로 졸업하고 동년 11월에 제주 조선경비대 제9연대에 배치되었다. 문상길은 이승진(가명 김달삼)과 자주 어울렸다. 이승진(김달삼)은 김익렬과 함께 일본군 복지산예비사관하교 출신이며 군사 문제에 해박했고 문상길 중위 역시 일본군 부사관 출신이었으며 둘은 같은 연배의 청년으로 사상적 성향이 비슷했기 때문이다. 이들은 퇴근 후 만나 시국에 관하여 의견을 교환하는 등 매우 긴밀한 관계를 유지하였다. 1948년 4월 3일 제주4·3사건이 일어난 후 문상길이 말을 타고 나타나 김달삼 집에 며칠 머무르다 가기도 했다는 기록도 확인된다.[83]

자신만만한 확신범이 무엇이 두려워 김달삼과의 관계를 숨기고 싶었

---

81 제주연구원. 제주육군제1훈련소구술조사(부대시설위치를 중심으로). (제주:일신옵셋인쇄사, 2019), p.38.

82 제주특별자치도교육청. 4·3사건교육계피해조사보고서. (제주: 평화사. 2008), p.197.

83 제주4·3연구소. 이제사 말햄수다 1권, (제주: 도서출판 한울), p.200.

단 말인가? 문상길은 자신이 남로당 인민유격대장 김달삼과 내통하고 경비대의 군사 정보를 공유하였으며 남로당 지시로 박진경 대령을 암살했다는 사실을 철저히 숨기고 싶었다.

가. 남로당 인민유격대 노획문서를 통해 밝혀진 진실

제9연대 프락치 책임자인 문상길은 법정진술 시에 4월 20일 경비대 1개 대대가 제주도에 파견되는 데 대한 대책을 세우기 위하여 자신이 김달삼과 회동한 사실과 5월 10일 김달삼·김양근-오일균·이윤락 4자회담에서 박진경 연대장을 숙청하기로 합의한 사실 등은 일절 말하지 않았다. 이에 대한 상세한 내용은 『4·3사건 자료집 12권』[84]과 『한라산은 알고 있다. 묻혀진 4·3의 진상』에 나와 있는데 내용은 아래와 같다.[85]

9연대 연대장 김익렬이가 사건을 평화적으로 수습하기 위하여 인민군 대

표와 회담하여야 하겠다고 사방으로 노력 중이니 이것을 교묘히 이용한다

면 국경(국방경비대)의 산(山) 토벌을 억제할 수 있다는 결론을 얻어 4월 하순

에 이르기까지 전후 2회에 걸쳐 군책(軍責)[86]과 김연대장과 면담하여 금반 구

국항쟁의 정당성과 경찰의 불법성을, 인민과 국경(국방경비대)을 이간시키려는

---

84 4·3사건 자료집은 11권까지만 대중에 공개되고 도서관 등에 배포되어 있다. 그 경위는 맺음말에서 후술한다.

85 『4·3사건 자료집 12권』, 237쪽-238쪽. 문창송, 『한라산은 알고 있다. 묻혀진 4·3의 진상』제주시: 대림인쇄사, 1995, 14쪽, 15쪽.

86 남로당 제주도당 군 책임자를 줄여서 쓴 단어로 김달삼을 뜻한다.

경찰의 모략 등에 의견 일치를 보아 김 연대장은 사건의 평화적 해결을 위하여 적극 노력하겠다고 약속하였음(제1차 회담에는 5연대 오일균씨도 참가, 열성적으로 사건 수습에 노력하였음)[87]

이 대목에서는 남로당 무장세력이 소위 김익렬의 '평화회담'을 이용하여 자신들에 대한 경비대의 공격을 억제하려는 수단으로 삼고 있다는 것을 알 수 있다. 김익렬 9연대장이 하고자 했던 소위 '평화회담'이 남로당 인민유격대의 억제 전술에 교묘히 이용되고 있었음을 알 수 있다. 이와 같은 내용이 브라운 대령의 1948년 7월 1일 보고서에도 나온다. 이 보고서에는 제주도에서 남로당 공산주의자들의 폭동으로 인해 5월 10일 선거가 무산된 여러 요인 중의 하나로 "두 명의 11연대장들이 공산 선동가들과 협상을 벌이면서 단호한 작전이 필요한 곳에 지연전략을 구사하는 결과를 초래하였다."라고 되어 있다.[88]

5월 10일 제주읍에서 도당 대표로서 군책과 조책[89] 2명과 국경측에서 오일균 대대장 및 부관, 9연대 정보관 이소위 등 3명과 계 5명이 회담하여 ㉠ 국경 프락치에 대한 지도 문제 ㉡ 제주도 투쟁에 있어서의 국경이 취할 바 태

---

87 『4·3사건 자료집 12권』, 270쪽, 문창송, 『한라산은 알고 있다. 묻혀진 4·3의 진상』 제주시: 대림인쇄사, 1995, 78쪽.

88 김영중, 『제주4·3사건 문과 답』, 2021., 도서출판제주문화, 2021. 3판, 356쪽., 제주4·3사건 자료집 9권에도 수록되어 있음. 박진경 대령도 미군정의 지침에 따라 귀순공작을 시도하려 했다는 것은 전술한 바 있다.

89 조직 책임자

도 ⊜ 정보 교환과 무기 공급 등 문제를 중심으로 토의한 결과 다음의 결론에 의견의 일치를 보게 되었음. (중략) ⑧ 제주도 치안에 대하여 미군정과 통위부[90]에서는 전면적 포위 토벌 작전을 지시하고 있으나 이것이 실행되면 결국 제주도 투쟁은 실패에 돌아가고 만다. 그러므로 국경에 대해서는 포위 토벌 작전에 대하여 적극적인 사보타주 전술을 쓰며 국경 호응 투쟁에 관해서는 중앙에 건의한다. 특히 대내 반동의 거두 박진경 연대장 이하 반동 장교들을 숙청하지 않으면 안된다.[91]

이 대목은 남로당에서 제주도의 국방경비와 제주도 남로당 인민유격대와와 관계를 이해할 수 있게 해주는 중요한 대목이다. '⊜ 국경 프락치에 대한 지도 문제'라는 항목은 국방경비대 내에 남로당 프락치가 실존했음을 명확히 입증해 준다. '⊜ 제주도 투쟁에 있어서의 국경이 취할 바 태도'라는 항과 이에 대한 설명은 매우 중요한 의미를 지닌다. 국방경비대를 동원한 전면적 토벌작전은 제주도 남로당의 투쟁이 실패한다는 것을 알고 최대한 국방경비대의 토벌 작전 참여를 저지하고 지연할 수 있도록 적극적으로 사보타주 전술을 쓰라고 했다는 점이다.

또 결정적인 시기가 되면 국경 내의 호응 투쟁[92]에 관하여 중앙에 건의

---

90 당시 국방부의 명칭

91 『4·3사건 자료집 12권』, 270-271쪽, 문창송, 『한라산은 알고 있다. 묻혀진 4·3의 진상』 제주시: 대림인쇄사, 1995, 79-80쪽.

92 호응 투쟁은 남로당 인민유격대와 함께 무장 반란에 적극적으로 가담하는 것을 뜻한다.

한다는 것인데, 이는 사보타주 전술을 도당 차원에서 실시할 수 있는 권한이 있었으나 국방경비대 내의 프락치를 동원한 투쟁은 중앙당의 결정사항이었다는 것을 알 수 있다. 그리고 ⑧항 끝에 나온 반동의 거두 박진경 대령을 숙청하지 않으면 안 된다고 한 것은 문상길 중위가 당시 제주도 남로당 인민유격대의 지시에 따라 박진경 대령을 살해하였음을 분명히 해주고 있다.

나. 기타 정황과 재판 결과

문상길의 수상한 행적은 더욱더 그가 계획적인 암살을 준비했음을 말해주고 있다. 1차 작전을 끝낸 9연대 1대대는 제주에서 정비 겸 휴식을 하고 있었는데 이세호는 제3중대장 문상길 중위가 배가 아프다고 호소하여 제주병원에 입원시켰다고 증언했다.[93] 작전이 끝나는 날 연대장 진급 축하연이 있다는 사실을 알게 된 문상길은 입원이라는 거짓 구실로 6월 14일부터 17일까지 실시된 2차 작전에서 열외로 하여 병원에 있으면서 연대장 암살계획을 준비했다.

한 미군보고서는 "당의 전복활동을 전담하는 이 조직(제주읍 특별위원회)의 무모하고 냉혹한 효율성을 보여주는 놀랄만한 한 가지 사례는 경비대 제11연대장을 살해한 일일 것이다. 연대장의 움직임은 경비대에 침투한

---

93 이세호 증언, 2002년 10월 4일, 동부이촌동 자택, 4·3진상조사 전문위원(나종삼, 김종민, 현석이) 채록

세포들이 확실하게 보고했다"[94]고 기록하였다. 이는 정보를 수집하고 전복활동을 전담하는 지하조직인 제주읍 특별위원회가 문상길에게 압력을 가하는 등 연대장 암살에 관여했음을 의미한다.

다른 피고인들도 한결같이 김익렬 전 연대장과 박진경 연대장의 작전을 비교하면서 무모한 토벌전을 막기 위한 것이 암살의 동기라고 주장했다. 특히 직접 박진경 연대장을 저격한 손선호 하사는 "(전략). 무고한 양민을 압박하고 학살하게 한 박 대령은 확실히 반민족적이며, 동포를 구하고 성스러운 우리 국방경비대를 건설하기 위해서는 박 대령을 희생시키는 수밖에 없다고 생각하였다."[95]고 말하고, 경찰이 저지른 일과 전임연대장 시절인 5월 1일에 발생한 오라리 사건 등이 박대령 부임 후의 일이라고 억지 주장을 하고, 상부의 명에 따라 임무를 수행한 박진경 연대장을 비난하면서 직속상관을 살해한 것에 대해서는 일말의 가책도 없이 자신의 정당성만을 주장했다.

변호인들은 암살범들의 사상문제는 도외시한 채 암살범들이 주장하는 범행 동기에 초점을 맞추어 변론했다. 관선변호인 김흥수(金興洙) 소령은 이들의 배후를 확실히 알지 못 한 체 "문 중위 이하 각인은 산사람의 지령을 받은 일도 없고, 또 무슨 사상적 배경도 없고 다만 민족애와 정의감에

---

94 United States Army Military Government in Korea, Report of Activities on CheJu-Do from Colonel Brown, 1 July 1948.[첨부문서 : 제주도 남로당원을 조사해 얻은 제1차 보고서(1948. 6. 20)]

95 『漢城日報』, 1948년 8월 14일.

서 나온 범행이었으니 특별히 고려해 달라"고 변호했다. 이는 당시에는 남로당 제주도당 내부사정이 노출되지 않았기 때문이다. 김양(金養) 민선 변호인도 4·3사건의 원인이 악질경관과 탐관오리 때문이라고 주장했다.

그러나 검찰관 이지형 중령은 "그릇된 민족 지상의 이념에서 군대의 생명인 규율을 문란케 한 중범죄"로 규정하면서 피고인들에게 사형을 구형했다.[96] 선고 공판은 대한민국 정부 수립 하루 전인 8월 14일 열렸다. 재판부는 문상길 중위를 비롯해 신상우, 손선호, 배경용 하사관 등 4명에게 총살형을 선고했다. 또 양회천에게는 무기징역을, 강승규에게는 5년 징역을 각각 선고했으며 황주복·김정도 하사에게는 증거불충분으로 무죄를 선고했다.[97]

재판장인 통위부 감찰총감 이응준 대령에 의해 내려진 이 판결은 유동열 통위부장을 거쳐 딘 군정장관의 인준을 받은 후 집행하는 절차를 밟게 돼 있었다.[98] 그런데 변호인의 감형 진정서가 제출되고, 각계에서 감형을 요구하는 성명을 발표하는 등 총살형에 반대하는 여론이 일었다. 그 덕분인지 신상우·배경용에 대한 총살형은 집행 직전 특사에 의해 무기형으로 감형되었다.[99] 그러나 문상길 중위와 손선호 하사는 결국 9월 23일 경기도 수색의 한 산기슭에서 총살형이 집행되었다.

---

96 鄭東熊, 「동란 제주의 새 비극-박대령 살해범 재판기」, 『새한민보』, 1948년 10월 상순.

97 『京鄕新聞』, 1948년 8월 15일.

98 『朝鮮中央日報』, 1948년 8월 15일.

99 『京鄕新聞』, 1948년 9월 25일.

다. 암살범 문상길 손선호의 행적

박진경 대령 암살 주범인 문상길 중위는 경북 안동 출신이며 어릴 적에 만주에서 살다가 해방 후 안동으로 돌아왔다. 일본군 부사관 출신으로 좌익 단체인 국군준비대에 가담하고 조선 민주 애국청년 동맹에도 가입한 좌익청년이었다.[100] 그는 국군준비대가 해산되자 대구의 제6연대에 1기생으로 입대했고, 육사 3기로 임관하여 제주도 제9연대에 배치되어서는 은밀하고도 집요하게 좌익활동을 하였다. 그리고 제9연대에 남로당 인민유격대 토벌 명령이 하달되자 토벌을 공공연히 반대하였으며, 경비대 1개대대(대대장 오일균 소령)가 증파되자 대책 수립을 위하여 4월 20일경에 김달삼과 회합을 하였을 뿐만 아니라 전임연대장 이치업 중령과 후임연대장 최경록 중령을 암살하려 했고, 소대장을 위협하거나 살해하려 했으며, 선거 업무를 노골적으로 방해했다.

어느 날 전임연대장 이치업 중령이 식사를 하고 식당에서 나오다가 갑자기 피를 토하면서 쓰러졌는데, 같이 식사했던 미 고문관(맨스필드 중령, 미군은 장교가 부족하여 제주도 군정관이 9연대 고문관을 겸무)이 병원으로 싣고 가서 응급치료 하였다. 연대장은 4일이 지나서야 혼수상태에서 깨어났다. 연대장의 병명이 급성장질부사로 알려졌으나 확실치는 않다. 그런데 박 대령 암살로 열린 군법회의 진술에서 문상길은 "억울합니다. 내가 전 연대장 이치업 중령을 독살만 시켰다면 지금쯤 평양에 가서 최고영웅훈장을

---

100 金南天, 「남반부 청년들의 영웅적 투쟁기(2)」(『청년생활』, 1950. 1, 32쪽)

탔을 텐데, 그걸 못해서 억울합니다."라고 했다.[101] 이는 당시 본부중대장
이던 문상길이 연대장을 독살하려다 실패했음을 의미하였다. 그는 신임
연대장 최경록 중령도 2번이나 암살하려 했으나 개(犬) 때문에 실패하였
다는 것도 밝혀졌다.[102]

또한 문 중위는 9연대 1대대장 직무대리를 했던 이세호 중위를 암살하
려 했다고 한다. 문 중위는 소위 시절 이세호 중대장 밑에서 소대장을 했
으며 숙소를 중대장과 같이 사용함으로써 두 사람은 상당히 가까운 사이
였다. 그런데 집단탈영 사건이 터졌을 때 대대장이 공석이므로 이세호는
대대 선임 장교여서 제1중대장 겸 대대장 직무대리였고 문상길은 제3중
대장으로서 그날 대대 당직사관이었다. 이세호가 당직을 했던 문 중위를
책임 추궁했더라면 탈영책임자를 금방 알아냈을 터였다. 문상길은 이때
이세호를 암살하려 했으나 책임추궁을 심하게 하지 않아 그만두었다. 이
는 이세호가 8월에 조선국방경비대 본부로 전출한 뒤 연대장 암살사건으
로 서울의 영창에 있던 문상길을 면회할 때 문상길이 고백한 내용이다.[103]

문상길 중대장으로부터 생명의 위협을 받은바 있는 소대장 김준교 소
위는 "우리가 99식 총과 일본도를 갖고 산에 숨어있는 수상한 자들을 잡
아 오면 문상길 중대장이 '무고한 사람들을 잡아왔다'고 하면서 오히려

---

101 李致業(82세, 서울시 용산구 용문동, 9연대장 역임, 2001. 10. 26 채록) 증언

102 國防部, 『韓國戰爭史』 제1권, 441쪽

103 李世鎬(79세, 서울시 용산구 동부이촌동, 대대장 직무대리, 2001. 3. 12. 및 2002. 10. 4.
채록) 증언

소대장을 기합을 주고는 그들을 모두 풀어주곤 했다. 그래서 '무기를 가지고 있는데 뭐가 무고하냐?'고 항의하면 '까불면 죽여버리겠다'라고 하였다. 문상길이는 공비와 내통하고 있었다"라고 하였다.[104]

또한 소대장 채명신 소위는 여러 차례나 문상길 중대장으로부터 생명의 위협을 받았다. "어느 날 훈련을 마치고 언덕 아래의 물웅덩이에서 목욕하다가 총격을 받았는데, 다행히 부하 소대원들이 엄호사격을 한 덕으로 살았다"라고 하였다.[105] 그리고 한번은 밤에 3/4톤 차량으로 병사 2명을 대동하고 밤에 서림 저수지에 배치된 2개 분대의 근무상태 점검을 위한 순찰을 하다가 인민유격대의 매복에 걸려 죽을 뻔 하였다. 적은 채 소위가 시간을 끌기 위하여 어둠 속에서 말을 걸자 "채명신 소위! 포위되었으니 저항 말고 손 들고 나오라" "우린 제주도 인민항쟁군이다. 빨리 항복하라" "채 소위, 고집부리지 마라. 너희 부대 속에도 우리 편이 많다" 는 등의 말을 들었다. 채명신은 중대장 문상길 중위가 연대장 암살범으로 체포된 후에야 그날 밤의 일들이 이해되었다고 하였다.[106] 즉 인민유격대가 채 소위가 순찰하는 코스와 시간은 물론 계급과 이름까지도 정확히 알고 기습을 미리 준비했다는 것은 저들이 중대장 문상길과 내통하고 있었다는 의미였다. 그리고 채 소위는 미인계에 걸릴 뻔한 경험도 있었다. 어느 날 문상길 중대장은 채명신 소위에게 특별외박을 강요하면서 공급계(보

104   金俊教(78세, 안양시 동안구 비산 3동, 당시 9연대 소대장, 2001. 2. 13. 채록) 증언

105   蔡命新, 『死線을 넘고 넘어』, 매일경제신문사, 1994. 3, 57~59쪽

106   蔡命新, 위의 책, 59~63쪽

급계) 김 중사에게 채 소위를 수행토록 지시하였다. 채 소위는 모슬포에서 김 중사의 친척 동생뻘이 된다는 여학생을 소개받았고, 자연스럽게 방안으로 들어가 술상까지 받았다. 분위기가 무르익자 김중사는 슬그머니 자리를 떴으며, 채 소위는 술과 쌀밥으로 저녁까지 대접을 받고, 자고 가라는 유혹까지 받았다. 그러나 채소위는 그녀의 입에서 공산 남로당에서 쓰는 '인민항쟁', '경찰 때문에 제주도민이 일어섰다'는 말이 튀어나오자 정신이 퍼뜩 들었다. 그는 순찰을 인계하고 오겠다고 거짓말을 하여 부대로 돌아왔다. 채 소위는 '그건 공산주의자들이 나를 허물어뜨리기 위한 미인계였다'라고 하면서 중대장이 외박을 강요한 의미를 그 뒤에서야 이해하였다고 하였다.[107]

또한 문상길은 투표를 방해하기도 하였다. 5·10 선거 당일, 경비대는 경찰과 함께 투표장을 경비하게 되었는데, 문 중위는 부하들에게 "투표장을 경비할 것이 아니라 투표장을 파괴하라"라고 명령함으로써 문 중위의 부하들이 배치된 투표장에서는 경찰과 경비대 간에 충돌이 벌어지기도 하였다.[108] 문상길 중위는 기혼자였으며 그의 족보에는 부인 이름이 있고 부인의 묘가 만주에 있다고 되어 있다.

박진경 대령을 M-1 총으로 직접 저격한 손선호 하사는 경북 경주 출신으로서 기혼자였다. 그는 조선 민주 애국청년 동맹에 가담하였고 대구

---

107 蔡命新,『死線을 넘고 넘어』, 매일경제신문사, 1994., 63~69쪽.

108 金南天,『남반부 청년들의 영웅적 투쟁기(1)』(청년생활, 1949. 12), 34쪽.

폭동에 가담했다가 경찰의 추적을 피하여 대구의 제6연대에 입대하였다. 그는 1948년 3월에 부산 제5연대 하사관학교에 입교하였다가 4월 20일에 제5연대 1개 대대(오일균 대대)가 제주도 출동 시 제주도에 왔으며, 제주도에서는 선거 방해와 급식 관련 태업 등 나름대로 부대 내에서 좌익활동을 하였다. 그는 문상길 중위와 사상과 호흡이 맞아 사상적으로 문 중위의 충실한 부하가 되었다.

VI. 맺음말

박진경 대령에 대한 왜곡은 물론 4·3사건의 발발 원인에 대한 왜곡도 상당하다. 4·3사건에서 인민유격대가 대한민국 단독정부 수립을 위한 투표에 반대한 것이 통일을 위한 것이라 했는데 과연 대한민국이 아니면 어떤 나라로 통일한다는 것인지 궁금해지지 않을 수 없다. 또 4·3사건을 일으킨 직접적인 원인이 1948년 3월에 경찰에 의해 발생한 고문치사 사건이라고 했는데 이는 앞뒤가 맞지 않는 주장이다. 제주도의 남로당 핵심 간부들은 1948년 2월 22일 신촌 회의에서 4·3 무장 폭동을 실행하기로 했다.

전향한 남로당원의 제보를 받은 제주 경찰은 1948년 1월 22일에 남로당 회의장을 급습하는 등 2회에 걸쳐 220여 명을 연행하였는데 회의장에서 입수한 문건에는 "1948년 2월 중순부터 3월 5일 사이에 제주도에서 폭동을 시작하고, 경찰 간부와 고위 관리들을 암살하며, 총선거와 군정을 반대하고 인민공화국을 수립 하라"는 폭동 지령문이 있었다.[109] 이와 같은 지령문은 2월 12일에도 압수되었다. 남로당 제주도당은 체포를 면한 간부급 19명이 대책을 강구하게 되었다. 그래서 2월 초부터 몇 차례 회의하다가 22일의 신촌 회의에서 3일간의 강온파간 격론 끝에 투표를 거쳐 경찰에 대한 무장투쟁을 결정하게 되었다.[110]

『제주도 인민유격대 투쟁보고서』는 1948년 3월 15일부터 7월 24일까지의 남로당 제주도당과 인민유격대에서의 상황이 수록되어 있다. 박진경 대령의 제주도 근무 기간 43일이 포함된 시기이다. 이 문서는 내용의 범위와 상세함 등을 보아 제주도 남로당 인민유격대장이었고 군책이었던 김달삼이 직접 작성한 것으로 보인다. 김달삼이 1948년 8월 21일에 해주에서 열리는 인민대표자 회의와 남로당 지도자 박헌영에게 남로당 제주도당의 투쟁 결과를 보고하는 보고서이다. 소위 역사학자들이 말하는 가장 신빙성이 높다는 1차 보고서이다.

『제주도 인민유격대 투쟁보고서』는 박진경 대령에 대한 왜곡을 바로잡고 정확한 사실을 확인하는 데 결정적인 단서를 제공하고 있다. 박진경 대령은 남로당으로서는 반동의 거두였으며 숙청의 대상이었다. 박진경 대령이 제주도에 도착한 지 4일 후인 5월 10일 숙청이 결정된다. 9연대

---

109 주한 미육군 971 방첩대 격주간 보고서, 1948년 2월 1일~2월 15일.

110 이삼룡(남로당 제주도당 정치위원, 2002. 7. 11. 양조훈, 김종민 채록) 증언. 이삼룡의 증언으로 '신촌회의'의 실체가 알려졌다. 그의 증언에는 봉기가 결정된 후 고문치사 사건이 나니 우리의 결정이 정당한 것이 아닌가 하는 분위기였다는 내용도 있다.

장병의 탈영은 두 번에 걸쳐 논의되고 합의한 사항이다.[111] 보고서의 내용을 살펴보면 곳곳에서 문상길이 등장하고 정상적으로 정보를 교환했다고 하는 대목이 나오는데 문상길이 남로당의 프락치였음을 알 수 있게 해주는 대목이다.

정부보고서 작성 때 제주도 출신이었던 발간책임자는 『제주도 인민유격대 투쟁보고서』의 내용을 4·3사건 자료집에서 빼려 했다. 왜 저들이 이 보고서를 빼려 했는지 충분히 미루어 짐작이 간다. 결국 이 보고서는 4·3사건 자료집 12권에 수록되기는 하였지만 12권은 4·3사건 정부 보고서를 작성하는 전문위원들과 관계자들에게만 보고서 작성용으로 약 30권을 제공한 게 전부였다, 『4·3사건 자료집 12권』은 발간되지 못했다. 정부보고서 작성 시 전문위원으로 정부 보고서 작성에 참여했던 나종삼은 남로당 인민유격대 자료인 제주도 인민유격대 투쟁보고서가 4·3사건 자료집에 수록되게 된 에피소드를 전해주었다.[112] 그의 증언을 첨부한다.

작고하신 현길언 교수는 그의 저서 『정치권력과 역사 왜곡』에서 4·3사건을 보는 시각을 "폭도들의 진압과정에서 나타난 사례 때문에 자유민주주의 대한민국 건국을 방해하고 저지하려는 반란의 목적을 정당화해

---

111 5연대 1개 대대의 제주도 추가 배치에 따른 대책 회의가 열렸던 4월 20일에 1차 합의가 있었는데 이 시기는 박진경 대령이 부임하기 이전이었다.

112 나종삼 증언(종로 소재 제주4·3사건재정립시민연대 사무실, 2022년 7월 10일, 17:00-17:20, 박철균 기록), 4·3사건 자료집 작성책임자가 『인민유격대 투쟁보고서』의 자료집 수록에 반대하여 나종삼 위원과 한차례 논쟁을 벌인 후, 나종삼 위언이 지원단장을 설득하고 동 내용을 4·3사건 자료집 12권에 수록하게 되었다고 증언함. 세분 내용 첨부 참조.

서는 안 된다. 사건이 반국가적인 반란이라 하더라도 이를 진압하는 과정에서 야기된 반인권적 사례 또한 정당화할 수 없다."라고 언급한 바 있다.

현재 4·3사건을 대하는 대한민국의 방향과 시각은 한쪽으로 지나치게 기울어져 있다. 일부 반인권적인 공권력을 일반화하여 공권력 전체를 왜곡하고 대한민국 건국에 반대했던 정치적 목적을 지닌 폭력행사에 정당성을 주고 있다. 정치 권력과 대중영합주의에 의한 역사 왜곡이다. 이러한 왜곡은 반목과 대립의 악순환을 지속해서 일으키고 일반 대중들을 오도하고 있다. 자유민주주의 대한민국 정부수립을 위해 국가 공권력을 행사한 군인과 경찰을 왜곡해서는 화해와 상생의 길을 결코 갈 수 없다. 갈등과 대립·반목의 복잡한 실타래를 해결하는 첫 출발은 사실관계 정립과 그에 대한 인정에 있다. 4·3사건에 대한 사실관계 정립의 출발점은 박진경 대령에 대한 왜곡을 바로잡는 것으로부터 출발해야 한다.

붙임 : 나종삼 증언(『인민유격대 투쟁보고서』가 『4·3 자료집 12권』에 수록된 경위)

장소 : 종로 소재 제주4·3사건재정립시민연대 사무실
시간 : 2022년 7월 10일, 17:00 - 17:20
기록 : 박철균

『제주도 인민유격대 투쟁보고서』의 내용을 보면 1948년 3월 15일부터 1948년 7월 24일까지의 남로당 제주도당과 무장대에서의 상황이 수록되어 있습니다. 보고서의 내용을 보면 1948년 8월 21일 해주에서 열리는 인민대표자 대회에 참가해서 김달삼이 남로당 지도자 박헌영(당시 박헌영은 미군정의 체포령을 피하려고 월북해 있었음)에게 보고하는 보고서임을 알 수 있어요. 보고서의 내용 중에는 김달삼-김익렬 회담 시 김익렬의 반응까지 기록되어 있어 그 회담에 직접 회담한 사람이 작성했음을 알 수 있는데 이는 김달삼이 직접 작성한 것을 말해줍니다.

정부 보고서 작성을 위해 4·3 위원회에서 자료집을 작성했는데 자료 편집 시 내가 "『제주도 인민유격대 투쟁보고서』가 대단히 중요하니 이 자료를 자료집에 넣자"고 주장하자 자료집 발간 책임을 맡았던 김종민이 이를 반대했어요. 이유인즉 그 자료는 이미 책으로 발간되었으므로 새로운 자료가 아니라는 것이었습니다. 말도 안 되는 소리지요. 그래서 나는 "무슨 소리냐 자료집 발간 목적이 흩어져 있는 자료를 한곳으로 모으는 것인데 이렇게 중요한 자료를 빼면 자료집 발간 목적이 훼손된다"고 하며 언쟁을 벌였고 화가 나서 들고 있던 서류를 김종민의 얼굴에 던졌습니다. 김종민은 자료의 내용을 잘 알고 있었기에 한사코 자료집에서 빼려 했고 나는 그 자료를 넣으려고 복사한 자료를 주면서 그 자료를 넣으려고 했었지.

나는 화를 식히기 위해 사무실 밖으로 나와 사무실 건너편에 있는 경복궁 경내로 들어갔는데 얼마 지나지 않아 제주도 출신 김한욱 지원단장이 찾는다는 연락이 휴대폰으로 왔어. 옆방에서 큰소리가 났으니 단장은 왜 싸우는지 알고 싶었겠지. 그래서 사무실에 있는 복사기로 『제주도 인민유격대 투쟁보고서』를 한 부 복사해서 지원단장실로 들어갔지. 그리고 지원단장에게 이 자료가 남로당의 내부 문건으로 4·3사건 진상 조사에 매우 중요하며 반드시 자료집에 포함되어야 한다고 내 의견을 분명히 전했습니다. 이렇게 해서 단장의 지시로 남로당 무장대 자료가 자료집 12권에 수록될 수 있었습니다.

참고문헌

단행본

고문승『제주 사람들의 설움』, 1991.

고재우,『濟州4·3暴動의 眞相은 이렇다』, 1998. 7.

국방부 군사편찬연구소, 『4·3사건 토벌작전사』, 2002.

國防部 戰史編纂委員會, 『韓國戰爭史』 제1권.

金奉鉉·金民柱, 『濟州島 人民들의 4·3武裝鬪爭史』, 文友社, 1963.

金南天, 『남반부 청년들의 영웅적 투쟁기(1)』, 청년생활, 1949.

김영중, 『제주4·3사건: 문과 답』, 제주문화, 2021. 3판.

金炯龍, 『陸士 第5期生』, 1990.

나종삼, 『제주4·3사건의 진상』, 2013년, 서울: 아성사.

문창송 편, 『한라산은 알고 있다』(대림인쇄사, 1995).

육군본부, 『공비토벌사』, 1954. 3.

육군본부 군사감실, "육군역사일지, 제1집" 1948. 5. 15.

육군본부, 『임관순대장』

육군본부, 『후방지역작전』, 야전교범 운용-3-3(2018. 1. 18.)

국방부 전사편찬위원회, 『한국전쟁사』.

이운방,『4·3사건의 진상』(4·3연구소,『이제사 말햄수다』, 증언자료집 I , 1989. 4.).

이선교, 『제주4·3사건의 진상』, 2008년, 서울: 도서출판현대사포럼.

鄭東熊,「동란 제주의 새 비극-박대령살해범 재판기」.

濟民日報 4·3취재반, 『4·3은 말한다』②권(1994. 3); ③권(1995. 3), 전예원.

제주4·3연구소,『이제사 말햄수다』, I 권(1989. 4); II권(1989. 8), 한울.

제주4·3위원회,『제주4·3사건 진상조사보고서』, 2003. 12.

제주4·3위원회,『제주4·3사건 자료집』②권, ⑤권, ⑥권, ⑦권, ⑫권.

蔡命新, 『死線을 넘고 넘어』, 매일경제신문사, 1994.

현길언, 『정치권력과 역사왜곡』, 태학사, 2016.

증언

金俊教(2001. 2. 13. 채록) 증언.

나종삼(2022. 7. 10. 박철균 기록) 증언.

유근창(2001. 7. 27. 국방군사연구소 정석균 채록) 증언.

이삼룡(2002. 7. 11. 양조훈, 김종민 채록) 증언.

이세호(2001. 7. 15. 국방군사연구소 정석균 채록) 증언.

李致業(2001. 10. 26. 채록) 증언.

조연표(4·3위원회 전문위원 나종삼 채록) 증언.

채명신(2001. 4. 17. 4·3위원회 전문위원 나종삼 채록) 증언.

신문

『國際新聞』, 『京鄕新聞』, 『朝鮮日報』, 『漢城日報』, 『自由新聞』, 『朝鮮中央日報』, 『漢城日報』, 『새한민보』.

영문

Alan R. Millett, 『The War for Korean War』, 2005, University Press of Kansas.

Cheju-Do Operation, April 18, 1948, RG 338: Records of US Army Command(1942-), US Army Forces in Korea, 1945-49, Entry No. 11071, Box No. 68, NARA, Washington, D. C.

John Merrill, 'The Cheju-do Rebellion', The Journal of Korean Studies (1979-), 1980, Vol. 2. (1980), pp. 139-197, Published by: Duke University Press.

Hq. USAFIK, G-2 Periodic Report, No. 819, April 27, 1948.

"Letter from Brown to Ward," July 2, 1948. The Rothwell H. Brown Papers, Box3, US Army Military Institute, Pennsylvania, U. S. A.

United States Army Military Government in Korea, Report of Activities on

Cheju- Do from Colonel Brown, July 1, 1948.

웹사이트

국방부 군사편찬연구소 홈페이지

https://www.imhc.mil.kr/user/indexSub.action?codyMenuSeq=70397&
    siteId=imhc&menuUIType=sub.

https://www.youtube.com/watch?v=hY8aXse5Fw8.

http://www.jejusori.net/news/articleView.html?idxno=400338.

건국 75주년 기념 학술대회 (2023. 9. 25.)

이승만 건국대통령 명예회복 방안 고찰

1. 대한민국 건국 과정과 자유민주주의 정체성

정영순 한국학중앙연구원 북한학 교수

2. 사자모욕에 대한 법적구제수단 연구

이성원 영남대학교 법학전문대학원 교수, 변호사

3. 이승만 건국대통령 기념관 건립의 방향

이주천 전 원광대학교 사학과 교수
제주4·3사건재정립시민연대 역사수호위원장

대한민국 건국 과정과
자유민주주의 정체성

정 영 순

한국학중앙연구원 북한학 교수

1. 머리말

　최근 우리 사회에서 대한민국 건국에 관한 여러 가지 논쟁이 격렬하게 진행되면서 많은 지식인들이 국가 정체성에 관심을 가지기 시작하였다. 세계화의 진전에 따라 디아스포라 문제가 부각되고 다문화주의 담론이 유행하면서 단일민족 신화도 깨지기 시작하였다. 서양 문화의 유입과 한국문화의 한류 바람이 세계적 현상으로 나타나면서 한국문화의 정체성 문제 또한 관심을 끌게 되었다. 이런 정체성 담론은 경계의 문제를 동반하게 되고 법과 도덕의 규범과 개인의 선택에 의한 탈출의 상반된 충돌이 불가피하게 진행되면서 정체성의 정치가 개입되게 된다.[1] 따라서 본고에서는 남북한 정치체제의 상반된 충돌과 남북한의 서로 다른 체제 선택의 문제를 중심으로 정체성 문제를 다루어 보고자 한다.

　특히 본고에서는 북한체제 성립과 유지를 위해 북한이 대한민국의 건국을 방해하는 전략을 어떻게 추진하였으며, 이에 대해 당시 이승만 대통령은 어떻게 대한민국을 건국하여 국가의 정체성을 확립하였는지에 대해 살펴보고자 한다. 북한에서는 대한민국과는 다른 정체성의 정치를 구현하기 위해 계급투쟁을 통한 정치체제의 확립을 목표로 하였다. 그리고 대한민국을 주체성과 정통성이 없는 미국의 노예, 식민지로 부각시켰다. 대한민국에 대한 북한의 반대한민국적 정체성 전략인 남조선혁명 전략

1　권희영 외, 「경계인의 정체성과 환상을 넘어서」, 한국학중앙연구원 동아시아역사연구소 편, 『정체성의 경계를 넘어서』, 경인문화사, 2011, 1-2쪽

논리는 남한사회에도 무분별하게 수용되어 현재 남한에서 반체제운동의 논리로 활용되기도 하는 상황이다. 하지만 북한과는 오히려 정반대로 상반된 자유민주주의 체제를 확립한 대한민국은 주체적이고 정체성이 분명한 근대적 국민국가를 형성한 반면, 북한은 여전히 개인의 인권이 말살되는 봉건적 전제정치 체제인 세습왕조를 유지하면서 시대에 뒤떨어진 국가체제를 유지하고 있다.

2. 대한민국 임시정부의 근대 국민국가 건설 노력

1) 한반도에서의 근대 국민국가 건설 노력

조국과 민족을 바탕으로 한 민족 정체성, 국가 정체성을 형성하는 것은 매우 복잡하고 어려운 문제이다. 문헌과 예술을 통해 민족과 국가를 실감하기도 하지만 식민지 모국이나 외국에서 태어나 성장하고 민족 집단과 조국을 만난 적이 없는 해외 디아스포라들의 경우에는 민족 또는 국가 정체성을 확립하는 것이 매우 어려운 일이다. 이러한 개인이 민족 또는 국가적 정체성을 의식하기 시작한 것은 근대화 과정에서 근대국가의 탄생과 더불어 국민의 형성 과정에서 이루어졌다. 따라서 남북한 분단 이후의 국가 정체성 문제는 중요한 과제로 부각되고 있다.

자유, 평등, 박애로 표현되는 프랑스 대혁명과 산업화의 진전에 따른 자본주의 시장경제를 초래했던 근대화는 아시아 지역이 서양과 구별되도록 만들었다. 근대화 과정에서의 국민국가 탄생은 세계사 속에서 각각의 나라마다 다른 양상으로 전개되었다. 국민국가는 주권 확립이 필수적이었으며, 주권을 확립하지 못했던 조선은 식민지로 전락하고 말았다. 한반도에서의 근대화 경험은 1920년대 전통의 지속과 근대주의의 유행이 복합적이고 역동적인 분위기 속에서 진행되었다. 전통적인 지주제의 존속 하에 상공업으로 부를 형성한 계층이 생기면서 평등과 자유, 인간의 개성과 자발성 등으로 '모던 보이'와 '모던 걸'을 양산하였다.[2]

역사에서 중세와 근대를 대비시킬 때 근대라는 개념은 공동체에 개인을 대비시키는 원리로 이해될 수 있고, 이에 비해 중세는 개인보다는 공동체에서의 신분, 마을, 종족 등 다양한 원리에 의해 구성되었다. 각종의 공동체가 개인성보다 우위에 설정되어 공동체의 조직 원리가 개인성을 규제하였기 때문에 개인은 공동체에 대비한 개인을 개성의 원리로 부각시키기 어려웠다. 이러한 개인의 문제는 사회체제로서의 정치와 경제 영역에서 분명하게 정리되었다. 개인을 정치체제를 구성하는 원리로 설정한 사회계약 이론이나 경제적 이해관계에 따라 행동하는 개인을 경제의 주체로 설정한 자본주의체제의 이론에서 개인은 사회를 설명하는 기본적인 인식 요소로 사용되기 시작하였다.[3]

한국사에서의 근대성 출현은 대부분의 많은 요소들이 근대 서구와의 접촉 이전에도 존재했을 가능성도 있지만, 대체로 서구와의 접촉 후에 형

---

2 김경일, 『한국의 근대와 근대성』, 백산서당, 2003, 76-77쪽
3 권희영, 『한국사의 근대성 연구』, 백산서당, 2001, 64쪽

성되었다는 것을 부인할 수 없을 것이다. 특히 정치적으로 볼 때 근대성이란 정치적 주체로서의 보편적 개인의 등장, 국제정치적으로는 주체로서의 국민국가의 등장, 신분 차별이 없는 민주주의적 평등성의 확보라는 이데올로기의 등장 등이 근대성의 형성이라고 할 수 있다. 우리의 경우에는 국제정치 차원으로 보아 개항 이후 '외적으로' '국민국가'가 되었지만 정치적 주체로서의 보편적 개인이 등장하는 과정에서는 지난한 역사적 과정을 거쳐 '내적으로' '국민'을 형성해야 했다. 즉 신분제 폐지는 1894년 갑오개혁 때에 이루어졌고, 국제정치적으로는 1919년 대한민국 임시정부에 와서야 공화제를 지향하였다. 그럼에도 불구하고 실질적인 정치체제를 확보하게 된 것은 1948년 이후 대한민국이 건국되고서야 가능하게 되었던 것이다.[4]

다른 한편 근대성의 문제를 고찰할 때에 주체의 문제가 그 핵심 요소이며 정치적으로 근대적인 주체, 경제적인 주체, 문화적인 주체 등 종합적인 역사적 표현으로서의 근대적 주체의 등장은 서구의 영국, 프랑스, 독일 등에서 시작되었음은 부인할 수 없는 사실이다. 특히 기독교적인 중세문명이 근대를 배태하였고 유교적인 동아시아 문명에서 근대는 처음으로 외적 접촉으로 촉발되었던 것이다. 동아시아에서의 서구 근대의 접촉은 충격적인 사건이었지만 이러한 충격에 집착하는 것은 바람직하지 않다. 우리는 이 충격을 그 자체로 받아들이고 앞으로 우리의 근대성

---

4 권희영(2001), 앞의 책, 68-70쪽

을 어떻게 형성해왔으며 발전시켜 나갈 것인가를 고민하는 것이 중요하다. 1920년대부터 한국의 근대적 지식인들은 근대를 적극적으로 받아들이기 시작하면서 오히려 단발을 근대의 상징으로 묘사기도 하였다. 근대적 정체성의 문제를 논할 때 정치적으로는 서양의 충격에 대한 대응 과정에서 형성된 국가적 정체성의 문제로서 중화주의적 혹은 소중화적 담론과 유교적 질서에 기초한 세계관을 붕괴시켜 근대 세계로의 진입을 시도하였다. 즉 기존의 사고 틀이었던 인륜과 금수를 구분하고 안으로는 화(華)와 이(夷)를 구분하는 유교 문명적 질서 담론을 거부하고 서구의 힘을 중심으로 하는 담론의 전개가 시도되었다. 경제적으로는 시장원리에 입각한 인간관으로서의 경제인 형성을 의미하는 근대적 경제인을 탄생시켰다. 이들은 자신의 욕망에 충실한 인간형이었으며, 만인을 경제인으로 보는 근대적 담론으로 볼 때 개인주의적 경제관은 전통적 경제관의 변형인 부국강병주의라 할 수 있는 국민경제적 경제관보다 후에 나타나게 되는 경향성을 지니고 있다. 다음으로 문화적 측면에서의 근대성은 서양 문화 수용으로서 1920년대부터 시작된 청년 복식인 양복과 단발 등 삶의 방식에 변화가 나타났다.[5]

이러한 근대화 흐름은 동양 사회에서는 서양 세력이 동양을 점령한다는 것으로 파악하여 큰 충격을 받았다. 자본주의와 민주주의를 개화시킨 근대화는 동양의 왕조시대를 자극하여 '국가', '민족', '사회', '시민'이라

---

[5] 위의 책, 72-76쪽

는 새로운 개념을 받아들이도록 만들었다. 동아시아에서는 서양 열강이 요구하는 문호 개방에도 대응 방식이 다르게 나타났다.[6] 일본은 메이지유신을 통한 탈아입구 정책으로 재빨리 서구화되어 선진 제국주의 국가로 돌입하였다. 하지만 중국은 중화주의의 우월감으로 거부감을 가져 반식민지로 전락하였고, 조선은 소중화주의에 입각한 유교사상을 고집하여 서구와는 담을 쌓아 일본의 식민지로 되어 주권을 잃고 말았다.

이처럼 서양의 근대적 문명은 우리 생활을 변모시켰지만 위정척사론자들의 반발은 매우 극심하였다. 이러한 두 갈래의 상반된 견해를 가진 위정척사론자와 서양 문물을 적극적으로 수용하자는 근대적 지식인은 일제시기에 독립운동의 방향에서도 극명하게 갈리게 된다. 즉 위정척사론자들의 많은 수는 무장독립투쟁을 강조하여 일제시기를 거쳐 북한 정권 수립에 협조하였고, 서양식 근대사상과 문물을 받아들인 지식인들은 애국계몽운동을 통한 독립운동을 강조하여 대한민국 임시정부를 수립하였으며, 이들은 해방 이후 대한민국 건국의 주도적인 세력이 되었다.

2) 이승만과 대한민국 임시정부

제1차 세계대전 이후 국제질서의 흐름 속에서 러시아에서는 레닌 (V. I. Lennin)이 사회주의 혁명을 성공시켜 신생 소비에트 연방의 집권

---

6 임현진, 「사회과학에서의 근대성 논의: '근대화 프로젝트'를 중심으로」, 역사문제연구소 편, 『한국의 근대와 '근대성' 비판』, 역사비평사, 1996

자가 되어 제정 러시아의 피압박민족에게 민족자결의 원칙을 발표하였다. 미국의 윌슨(T. W. Wilson) 역시 영국, 프랑스 등 유럽 전승국들이 패전국 식민 영토 병합에 나서지 못하도록 하기 위해 민족자결주의를 선포하였다. 당시 3·1운동의 민족 지도자들은 윌슨의 민족자결주의가 패전국 식민지를 위한 것임을 인식하였고 당시 국제정세를 이용하여 일제에 저항하는 민족해방운동을 주도하였다. 김규식, 손병희, 기독교 지식인들은 파리강화회의 등에서 한반도의 식민지 실상만을 알리는 것보다 국제관계를 능동적으로 활용하여 국가를 대표하는 정부 승인이 독립운동의 필수조건임을 주지하여 이러한 노력에 주력하였다. 따라서 당시 독립선언의 주요 핵심 내용은 한민족이 일본제국주의의 식민지배를 거부하고 '독립국'임을 선포한 것이다. 당시 천도교 대표들이 주도하여 발행했던 지하신문 『조선독립신문(朝鮮獨立新聞)』 3월 3일, 5일자 내용을 보면 임시정부 조직 관련 내용이 보도되었다.[7]

가정부(假政府) 조직설. 일간 국민대회를 개(開)하고 가정부를 조직하여 가(假)대통령을 선거하얏다더라. 안심안심(安心安心) 불구에 호소식(好消息)이 유(有)하리라(제2호, 3월 3일자)
13도가 대표자를 선정하여 3월 6일 오전 11시 경성(京城) 종로에서 조선독립대회를 개최할 것이므로 신성한 아(我) 형제자매는 일제히 회합하리라(제5호,

---

7 한시준, 『대한민국 임시정부의 지도자들』, 역사공간, 2016, 27쪽에서 재인용

3·1운동이 발발한지 2일 밖에 되지 않았지만 임시정부 조직 관련 내용이 보도된 것을 보면 이미 그 이전부터 임시정부 설립 계획이 진행되고 있었음을 볼 수 있다. 대한민국 임시정부는 '대한민국'이라는 국가와 '임시정부'라는 정부, 국회 역할을 하던 임시의정원으로 조직을 구상하였으며, 이는 식민지로부터 독립하기 위한 근대국가 건설을 추진하기 위한 노력이었다.[8] '대한민국'의 국호는 1911년 중국 신해혁명 후 조소앙 등의 중화민국 공화주의 영향이 매우 컸다. 당시 '민국'의 용어는 기존의 위정자와 백성이라는 신분제적 '양반국가'를 벗어나 탈신분제적 국민이 탄생하는 '국민국가'를 의미하는 것이었다. 즉 이전의 군주주권을 부정하고 국민주권에 의한 민주공화제의 임시정부 수립을 정체성으로 천명하였던 것이다.[9]

3·1운동은 윌슨의 이상주의적 정책의 하나였던 '민족자결주의'에 큰 영향을 받았지만 이것이 모든 지역과 상황에 적용될 수 있는 보편적 개념이 아니었다. 이는 유럽에서도 모든 민족에게 적용되지 않았고 일부 식민지 민족들에게만 적용되었는데, 우리 독립운동가들은 식민지 조선에게

---

8 위의 책, 26-34쪽
9 정영순, 「3·1운동의 근대성 연구」, 한국사회과교육연구학회, 『사회과교육』 제60권 제1호, 2021, 36-39쪽

자결권을 부여시켜 달라는 강력한 열망을 주장하였다.[10]

3·1운동 직후 국내외 각지에 임시정부가 수립되었으며 이 과정에서 한민족의 독립운동 주요 지도자로 부각된 인물은 이승만이었다. 국내외로 3·1운동이 확산되어 가자 4월까지 모두 8개의 임시정부가 수립되었고, 그 중 이승만은 국무총리, 대통령 등의 직책으로 6개 정부의 주요 지도자로 추대되었다. 당시 이승만은 미국에서 활동하면서 3·1운동에 영향을 주었다. 그는 가장 우선적으로 추진한 일이 재정 확보였으며 8월 13일 집정관 총재 명의로 "우선 공채표를 발행하여 내외국 사람에게 발매한 재정을 모아 국사에 만만시급한 수용에 보충코자 하노라"라는 취지의 '국채표에 대한 포고문'을 발표하였다. 그리고 김규식·송헌주·이대위 3인으로 구성된 재무위원부를 설치하였다. 이러한 방안을 낸 것은 한성정부나 상해 임시정부와 협의한 것이 아니고 그의 판단과 결정으로 이루어진 것이다. 당시 안창호는 헌법 개정과 임시정부의 개조작업을 착수하여 8월 28일에 열린 임시의정원 회의에서 다음과 같이 강조하였다.[11]

상해의 임시정부와 동시에 한성의 임시정부가 발표되어 이승만 박사는 전자의 국무총리인 동시에 후자의 대통령을 겸하야 세상으로 하여금 아(我)민족에게 2개 정부의 존재를 의(疑)케 한다. 동시에 우리정부의 유일무이(唯一無二)

---

10 김영호, 『대한민국의 건국혁명』 I, 성신여자대학교출판부, 2015, 82-83쪽

11 황학수의 『회고록』, 한시준, 앞의 책, 98-99쪽

함을 내외에 표시함은 긴요한 일이니 여차(如此)히 하려면 상해정부를 희생하고 한성의 정부를 승인함이 온당(穩當)할지라.[12]

이와 같은 안창호의 방안은 급속히 진전되어 '임시정부 개조 및 임시헌법 개정'에 관한 정부안이 9월 6일에 의정원의 논의를 거쳐 통과되었다. 이리하여 이승만은 통합임시정부의 '임시대통령'으로 선출됨으로써 노령, 상해, 한성에서 수립된 세 정부가 합쳐져 통합정부인 대한민국 임시정부가 설립되었다.[13] 이와 같이 이승만이 3·1운동 이후 국내에 수립된 한성정부의 집정관 총재로 추대 받은 후 미국 워싱턴에서 '구미위원부'를 설치하고 임시정부의 대통령으로 있으면서 민족을 대표하는 독립운동의 총괄 최고 책임자로서 활발한 독립 외교활동을 한 것이 대한민국 건국의 밑거름이 되었다.[14]

이승만은 해외에서 독립운동을 하는 동안 늘 강대국의 정상들, 특히 미국의 대통령들, 즉 시어도어 루스벨트(Theodore Roosevelt), 윌슨(Woodrow Wilson), 하딩(Warren G. Harding), 프랭클린 루스벨트(Franklin D. Roosevelt), 트루먼(Harry S. Truman), 아이젠하워(Dwight D. Eisenhower) 등 유명한 대통령들과 직접 담판하는 '정상급' 외교를 펼치는 데에 힘을 쏟았다. 그의 고차원적인 외교적 독립활동은 그가 만 30세가 되던 해 1905년 8월부터 '한국 평민의 대표' 자격으

12　『高宗實錄』光武 6년 11월 27~30일; 위의 책, 103쪽에서 재인용
13　황학수의 『회고록』, 한시준, 앞의 책, 104-105쪽
14　전상인, 「광복과 대한민국 건국 과정」, 『한국 현대사의 허구와 진실』, 두레시대, 2004, 44쪽

로 미국 시어도어 루스벨트를 면담하던 때부터 시작되었다.[15] 이승만이 이렇게 독립운동의 방향을 다른 어떤 분야보다 외교적 노력이 중요하다는 것을 인식한 것은 그의 『독립정신』에도 잘 나타나 있다.[16]

국제법은 인류 보편적 진리에 따라 모든 나라와 모든 백성들에게 똑같은 이익과 권리를 보장하는데 목적이 있다. 여러 나라의 문명 수준이 비슷하게 되면 국제법은 모든 나라에 적용될 것이지만, 만일 한두 나라라도 개명하지 못하면 이 나라들은 국제법의 보호를 제대로 받지 못하게 된다. 개명한 나라들은 모든 나라와 모든 백성들 간에 서로 개방하고 교류하는 것이 공통된 이익이라 믿으며 그것은 자기들의 좋은 점을 세계 모든 나라와 함께 누리고자 하기 때문이다. … 따라서 국제사회는 개화하지 못한 나라의 잘못된 생각을 바꾸게 하여 국제법을 따르도록 하는 것이 불가피하게 된다. 이것이 바로 개화되지 못한 나라의 자주와 독립이 침해받게 되는 주된 원인이다. 만약 개화되지 못한 나라가 다른 나라의 권유로 개화하고 국제법을 따르게 된다면 다른 나라들이 계속 간섭할 이유도 없다. 그러나 개화되지 못한 나라가 이러한 사실을 깨닫지 못하고 계속 개화를 거부한다면 결국 나라는 파탄이 나고, 속국이나 식민지로 전락하고 말 것이다.

---

15 유영익, 『이승만의 생애와 건국 비전』, 청미디어, 2019, 31쪽
16 이승만 지음, 김충남·김효선 풀어씀, 『독립정신』, 동서문화사, 2020, 57쪽

이승만 등을 중심으로 한 애국계몽적인 근대적 지식인들은 1919년 이후 대한민국 임시정부를 중심으로 서구와 소통하고 교류하면서 국제법적으로 인정받고 서방 세계와 어깨를 겨눌 수 있는 근대적 국가를 건설하는 것이 진정한 독립이라고 믿고 활동하였다. 이러한 노력은 1945년 해방이후 국가건설의 방향도 전제왕권국가에서 탈피하여 국민이 주인이 되는 근대 국민국가 건설이 목표로 설정되어 대한민국의 건국이 가능하였던 것이다. 이것은 일본이 1945년까지 근대화의 요소를 포기하면서 천황제 중심의 전통적 봉건지배의 원리를 강화하여 근대화는 아니어도 되었고 단지 부국강병만이 목표였던 것과도 비교된다.[17] 당시 이승만은 일본의 근대화와도 다른 길을 제시하며 독립운동을 이끌었고, 그 방향은 영국, 프랑스 등의 서구 국가들이 만들었던 국민주권의 근대국가 건설을 목표로 삼았다. 그는 당시에 많은 영향력을 행사하는 지도자였지만 그 힘은 정치·행정적 권력으로부터 나오기보다는 해방 후 미군정을 인정하면서 그를 지지하는 사회·정치적 운동 조직과 여론을 통하여 정국을 이끌어 미국과 소련을 상대로 원하는 것을 얻어내는데 주력하였다.[18]

한국은 1910년 대한제국의 멸망부터 1948년 8월 15일에 대한민국이 건국되기까지 주권 국가의 지위를 얻지 못하였다. 대한민국이 건국되고 나서야 국가의 주권이 세워졌으며 봉건적 군주정치 체제에서 주권이 국

---

17 권희영(2001), 앞의 책, 200-201쪽

18 권희영, 「이승만의 국민국가 건설 전략」, 『대한민국의 건국: 시선의 교차』, 2015, 12쪽

민 개인에게 있는 민주공화국으로 전환되었다. 이것은 한국 역사에 있어서 매우 중요한 혁명적 사건이었다.[19]

1948년 8월 15일 대한민국 건국은 정당성과 정통성으로 볼 때 북한에 대해 우위를 확보하고 있음은 자명한 사실이다. 이승만은 민주적 선거의 정당성을 통해 대통령이 되었다. 또한 임시정부의 법통성을 승계받았음을 헌법에 명시함으로써 민족적 정통성도 확보하였고, 더 나아가 유엔에서 한반도 내 유일한 합법정부로 승인받아 대한민국 정부로서 국제적 정통성도 확보하였다.[20]

일제식민지 시기에는 특히 조국과 민족, 국가라는 개념도 정확하게 파악되지 못하였으며 집단(민족 혹은 국가)의 정체성을 정확히 이해할 수 없었다. 특히 남북한으로 분단된 이후 같은 민족이 나뉘어 두 국가를 형성하고 다른 국가적 정체성이 형성되고 확립되면서 한민족은 더욱 복잡한 정체성의 혼란을 야기하게 되었다. 지금까지 분단과 통일 문제를 다룰 때 한민족이기 때문에 우리는 한민족 통일 방안으로서 민족 동질성과 일체

---

19 군주제와 공화제: 한 국가의 정치체제에서 정치 질서를 결정하고 지배하는 권한을 한 사람이 가진 체제를 독재체제라고 하고, 그 권한이 세습되면 세습군주제라 한다. 이에 비하여 공동체 구성원 모두가 통치권을 똑같이 나누어 가진 정치체제를 공화제라 한다. 구성원 모두의 법적 지위가 같다는 전제 아래서 구성원들의 의견을 모아서 정치 질서를 유지하는 정치체제가 공화제다. 군주제에는 군주가 어떠한 제약도 받지 않고 통치권을 행사하는 절대군주제가 있고, 군주도 일정한 규범을 지키도록 해놓은 입헌군주제가 있다. 입헌군주제는 헌법에 규정된 권리만 군주가 행사할 수 있도록 한 제한군주제다. 통치자가 개인이든 정당 등 집단이든 아무에게도 책임을 지지 않고 의사결정을 하는 체제를 전제 체제라 한다. 전제주의 체제는 통치자가 통치 행위에 대하여 국민에게 책임을 지는 민주주의 체제에 대칭하여 사용된다. 이상우, 『우리들의 대한민국』, 기파랑, 2012, 24-25쪽

20 전상인, 위의 글, 52쪽

성을 강조하고 있다. 하지만 남북한은 이미 서로 다른 2개의 국가로 70년 이상을 존속하면서 서로 다른 정체성의 정치를 지속한 결과 너무나 상반된 국가 정체성을 가지게 되었다. 남한은 개인의 인권이 존중되는 국민이 주인인 국가로 성장한 반면, 북한은 개인의 인권이 철저히 말살되는 신격화된 김일성 어버이를 모시는 인민으로 전락한 봉건 왕조 체제를 존속시키고 있음을 주지해야 한다.

3. 대한민국 건국과 조선민주주의인민공화국 탄생

1) 소련과 북한의 대한민국 건국 방해 전략과 전술

국제사회 팽창과 제국들의 팽창이 중첩되는 세계사의 흐름 속에서 '조선(朝鮮)'에서 '대한(大韓)'으로 넘어가는 시대사적 전환은 한국역사에서 많은 의미를 내포하고 있다. 1897년의 '대한제국'을 거쳐 1919년 대한민국 임시정부, 1948년 대한민국 수립으로 이어지면서, '조선민주주의인민공화국'의 역사와는 구별되고 대치되는 정체성이 형성되었다.[21]

한반도는 일본을 제2차 세계대전에서 패퇴시킨 승전국에 의해 1945년 8월 15일에 일제의 식민지배에서 해방되었다. 미국 등의 승전 연합국은 한국, 대만과 사할린 남부 등을 일본의 지배로부터 해방시켰다. 하지만 대만은 중화민국으로, 사할린은 소련에 돌려주었지만 한반도는 나라

---

21   김명섭, 「한국의 국제적 탄생과 성장」, 『한국의 외교 안보와 통일 70년』, 한국학중앙연구원 출판부, 2015, 60쪽

가 없는 지역이기 때문에 적절한 절차를 거쳐(in due cource) 새로운 국가를 창설해주기로 한 것이다. 이러한 합의는 1943년 12월 1일 미·영·중 정상이 모였던 카이로 회담과 1945년 2월 12일에 모였던 미·영·소 정상들의 회담인 얄타회담에서 결정되었다.[22]

만주에서의 특권을 누린 스탈린은 한반도의 북반구가 만주와 소련의 블라디보스톡 접경지인 청진, 원산 등의 항구가 있었기 때문에 남반부보다 훨씬 중요하다고 인식하였다. 따라서 소련군은 8월 28일까지 사실상 북한지역에 군대 진주를 마무리하였다. 소련군 사령관 치스챠코프는 8월 26일 평양에 도착하여 그들이 친구인 해방군으로 왔다고 하는 우호적인 구호의 "조선사람들이여! 기억하십시오! 당신에게 유력하고 정직한 친우인 소련이 있습니다. 조선의 자유와 독립 만세! 조선의 발흥을 담보하는 조선과 소련 친선 만세"라는 포고문을 발표하였다. 소련군은 38선 일대를 신속히 장악한 후 남북으로 이어진 교통과 통신을 차단하였다. 그리고는 2차 대전 당시 독일 군과의 전쟁을 하는 과정에서 2,000만 명 이상의 사상자와 막대한 물적 피해를 입었기 때문에 점령지에서 무기와 탄약을 제외한 모든 것을 현지 조달하였다. 소련군은 북한 점령 과정에서 38선 이남인 개성까지 남하하였고, 미군이 한반도에 상륙하자 개성에서 철수하였다. 이 과정에서 다량의 인삼과 개성 은행에 보관되었던 막대한 현금을 약탈해갔고, 이 돈은 나중에 남한 내 공산주의자들의 활동 지원 자

---

22 이상우, 앞의 책, 26쪽

금으로 사용되었다.[23]

한편 해방 후 한반도 내외의 정치 세력들은 일본이 항복하자 한반도에서 정부를 수립하기 위한 다양한 활동을 전개하였고, 이를 가장 먼저 개시한 세력은 좌익세력이었다. 그들은 일제시대에도 서울에 주재하던 유일한 외국 공관인 소련 영사관과 접촉하며 다른 정치 세력들보다 국제정세 정보를 신속히 파악하여 정치 전략과 전술 측면에서 우월하였다. 이러한 좌익세력은 여운형을 중심으로 1945년 8월 16일 조선건국준비위원회를 구성하고 선포하였다.[24] 그러나 건국준비위원회는 박헌영이 점차 주도권을 장악해나가기 시작하여 공산주의자 및 프롤레타리아의 역량만으로 해방된 조국을 사회주의국가로 만드는 것이 어렵게 되자 통일전선전술을 시도하였다.[25]

해방 직후 공산주의자들은 가장 활발하게 정치활동을 전개한 국내 정치세력으로서 명확한 활동방침, 강한 조직력, 자금 동원력, 외세의 지원, 소련군의 서울점령설, 대중으로부터의 호의적인 반응을 얻었다. 즉 코민테른이 지시한 식민지 피압박민족의 해방운동 이론으로 무장하여 활동하고 있었다.[26]

---

23 김용삼, 『이승만의 네이션빌딩: 대한민국의 건국은 기적이었다』, 북앤피플, 2014, 90-92쪽

24 양동안, "조선총독부의 한국인에 대한 치안권 이양 과정에 관한 연구", 『정신문화연구』 제15권, 제2호, 한국정신문화연구원, 65쪽

25 양동안, 『대한민국건국사』, 현음사, 2001, 53-65쪽

26 U.S. Army, 『History of United States Armed Forces in Korea』 1, 돌베개, 1988, 203쪽; 양동안, 앞의 책, 79쪽에서 재인용

동방에서는 아세아인민들을 정복하려는 일본제국주의자들의 침략적음모가 더욱 로골적으로 드러나는 조건에서 일본제국주의를 반대하는 민족통일전선을 결성하지 않으면 안되였습니다. … 이로부터 오늘 조선인민 앞에는 반제반봉건민주주의혁명을 수행할 과업이 나서고 있으며 민주주의인민공화국을 창건할 과업이 나서고있습니다. 그러면 누가 이 혁명을 령도할 것입니까? 과거 조선의 자본가계급은 일본제국주의와 결탁하여 조선인민을 착취하고 압박하였으며 〈민족개량〉이니 〈민족자치〉니 하는 구호를 내걸고 인민을 기만하였습니다. 물론 일본제국주의를 반대하여 나선 민족자본가가 전혀 없었던 것은 아닙니다. 일본제국주의를 반대하여 끝까지 용감하게 싸운 것은 조선로동계급이였습니다. 1925년에 창건되였던 조선공산당은 파벌싸움으로 인하여 1928년에 해산되였으나 공산주의운동이 이것으로 종식된 것은 아니였습니다. 1930년대부터 조선의 공산주의자들은 손에 무기를 들고 일본제국주의를 반대하여 영용하게 투쟁하였습니다. 일본제국주의 앞에 투항하고 그와 야합한 조선의 자본가계급이 혁명을 령도할수 없다는 것은 자명한 일입니다. 일본제국주의를 반대하여 끝까지 영용하게 싸운 로동계급만이 조선혁명을 령도할 수 있으며 또 반드시 령도하여야 합니다.[27]

위에 나타난 바와 같이 당시 좌파 세력들은 조선의 자본가 계급이 일제와 결탁하여 반민족적으로 인민을 착취하였기 때문에, 이에 반대하여 노

---

27 김일성, "새 조선건설과 민족통일 전선에 대하여", 『김일성저작선집』 1, 조선로동당출판사, 1967, 2쪽

동자 계급을 중심으로 조선민주주의인민공화국을 설립하지 않을 수 없었다고 강변하고 있다.

해방 전후에 미국은 국내 우익세력과 긴밀하게 움직이지 않았으나 소련은 한반도 내에 있는 공산주의자들을 적극 후원하였고 일반대중들 역시 호의적으로 그들을 지지하였다. 당시 조선의 대중은 공산주의 혹은 민주주의에 대해 알지 못했고, 공산주의자들이 즐겨 쓰는 '민주주의'와 '진보적 민주주의'의 진정한 의미를 분별하지 못했다. 공산주의자들의 선전선동에 의해 일제하에 투옥되고 탄압을 당했던 공산주의자들만이 진정한 애국자로, 일제하 민족자본가들에 의해 이루어졌던 애국계몽운동 계열의 사람들은 친일파로 인식하게 만들었다. 그리고 당시 대부분의 사람들이 빈농이었던 소작농 다수를 공산주의자들이 무상몰수 무상분배 원칙의 토지개혁 주장에 동조하도록 하였다.[28]

특히 당시 지식인들 역시 공산주의에 심취하는 것이 일반적인 현상이었다. 그들은 공산주의가 앞세웠던 평등 이념과 휴머니즘의 이상에 심취되어 일제의 식민지배와 경제적 착취에 분노하여 사회주의혁명을 그 대안으로 파악하였다. 언론 역시 좌익이 압도적으로 우세하여 김일성이 주장한 민주주의 이론인 "진보적 민주주의"를 내세웠다. 김일성의 이 혁명이론은 부르주아 민주주의도, 프롤레타리아 민주주의도 아니라고 보았다. 그는 1945년 9월의

---

28 정영순, 「대한민국 건국에 대한 북한의 시선」, 『대한민국의 건국: 시선의 교차』, 2015, 109쪽

한 집회에서 "반제반봉건 민주주의 혁명단계에서 조선이 나아갈 길은 진보적 민주주의 길이며 해방된 조국 땅에 세워야 할 국가는 민주주의 자주독립 국가입니다. 이것이 바로 우리의 건국 로선이며 인민대중이 념원하는 길입니다"라고 말했다.[29] 그리고 김일성은 1945년 9월에 비밀 특사를 파견하여 여운형에게 "해방된 조선이 나아갈 길은 진보적 민주주의입니다"라고 하여 투쟁 노선을 지령하였다.[30] 이는 당시 남한은 좌익 세력이 북한의 지령을 받았다는 것을 보여주는 예이다. 따라서 이러한 상황에서 미군이 남한에 진주하여 북한 정권을 부인하고 좌익 세력을 견제하지 않았다면 우익 세력의 인공 타도 노력에도 불구하고 남한의 인공체제로 굳혀져 남한지역에도 북한식 인민정권이 세워졌을 것은 뻔한 사실이다.[31]

당시 소련 군정은 북한뿐만 아니라 남쪽의 조선공산당의 정책도 관장하였다. 소련 군정과 조선공산당의 예속 관계는 남한의 우익 행동에도 많은 영향을 끼쳤으며, 조선공산당과 소련 군정이 '좌우합작' 운동 혹은 '남북협상회의'에 깊이 개입했기 때문이다.[32] 소련은 평양을 차지하였을 뿐만 아니라 서울에 소련 영사관을 가지고 있었기 때문에 남북 양쪽 모두에

---

29 『김일성 저작집』 제 2권, 26쪽
30 이연구 지음, 신중연 편집, 『나의 아버지 여운형』, 김영사, 2002, 193쪽, 남시욱, 『한국 보수세력 연구』, 청미디어, 2020, 248쪽에서 재인용
31 남시욱, 위의 책, 248-249쪽
32 이정식, 『대한민국의 기원』, 일조각, 2017, 9쪽

전략을 수행할 수 있는 사령부를 가지고 있어 미국보다 유리한 조건에 있었다. 또한 소련은 한반도 점령을 위한 목표가 뚜렷하였기 때문에 북한만이 아니라 남한에도 신속하게 인민정권을 수립할 수 있었다. 즉 미군정이 선포되기 전인 1945년 9월 6일 '조선인민공화국'을 선포하였고, 10월 8일 5도임시인민위원회를 구성한 후 10월 28일 조만식을 수반으로 하는 5도행정국을 만들어 38선 이북에 독자 영역의 행정국을 설립하였다. 이리하여 소련은 북한에서 스탈린(Iosif Stalin)이 지시한 '반일 부르주아민주주의 정권'인 공산세력과 민족세력의 연합정권을 만들었다.[33]

그 후 북한은 1948년 조선민주주의인민공화국을 설립한 후 "조선로동당은 프롤레타리아 독재를 실시하며…"라고 규정하여 지금까지 전 세계 유일의 김일성, 김정일, 김정은 3대 세습체제 중심의 로동당 일당 독재체제를 구축하였다. 그리고 더 나아가 전체주의적 전제왕조 정치지배체제를 넘어 김일성을 전지전능의 신으로 모시는 신정 체제를 확립하였다.[34]

2) 대한민국의 건국 과정

여운형의 건국준비위원회 결성에 대한 반격으로 송진우를 중심으로 우익세력들은 1945년 9월 4일 이인, 조병옥 등을 중심으로 대한민국

---

33 권희영, 「이승만의 국민국가 건설 전략」, 『대한민국의 건국: 시선의 교차』, 한국학중앙연구원 출판부, 2015, 13쪽

34 정석홍, 『남북한 비교론』, 1999, 도서출판 사람과 사람, 45쪽

임시정부 및 연합군 환영준비위원회를 조직하였다.[35] 그리고 우익 세력은 좌익 견제책으로서 건국준비위원회에 대항할 범국민적 조직체로서 '국민대회'를 구성하였다. 송진우는 국민대회준비회 발기인에 민족 진영과 함께 진보 진영의 인물도 포함하였다. 먼저 3·1운동의 민족대표인 권동진, 오세창을 고문으로 추대한 후 평양의 조만식, 대구의 서상일, 유림 대표 김창수 등이 발기인이 되었다. 해외에서 귀국하지 않았던 이승만, 김구, 이시영, 김규식 등은 귀국하는 대로 참여할 것을 교섭하였다. 좌익의 인공(조선인민공화국) 수립 선포 하루 후인 9월 7일 동아일보사 3층 강당에서 열린 국민대회준비회는 먼저 충칭 임시정부의 법통을 지지한다는 요지의 강령을 채택하여 간접적으로 건국준비위원회와 인공을 부정하였다. 당시 강령과 첫 단계 사업 내역을 보면 다음과 같다.[36]

강령

1) 연합군에 감사드린다.

2) 국민대회를 열어 해내·해외의 민족 총역량을 집결한다.

3) 충칭 임시정부의 법통(3·1운동의 법통)을 지지한다.

4) 보수 진보 두 갈래의 정당을 만들어 민주주의 방식에 의한 정당 정치를

---

35 고하선생전기편집위원회 편, 『독립을 향한 집념-고하 송진우 전기』, 동아일보사, 1990, 453쪽; 남시욱, 위의 책, 250쪽

36 고하선생전기편집위원회 편, 위의 책, 451-453쪽; 남시욱 위의 책, 250-251쪽에서 재인용

실현한다.

첫 단계 사업 내역

1) 건준(인공)이 공산당과 그 동조자들의 모체 역할을 하고 있는데 대해 국민
대회준비회는 민족 진영의 모체 역할을 한다.

2) 해외에서 환국하는 지사와 동포에게 편의를 제공한다.

3) 민심 안정과 치안 유지에 협력한다.

여기서 우리는 국민대회 준비위원회 강령에 '보수'와 '진보'의 두 갈래 정당이 나타나 민주주의 방식의 정당 정치를 실현하려는 노력이 있었다는 것을 알 수 있다. 즉 당시 우익세력들은 처음으로 정당 단체를 만들어 서구의 의회정치를 이상형으로 생각하였던 것이다.[37]

한반도에 소련과 미국의 군대가 주둔한 후 군정을 실시하면서 남북한은 출발부터 다른 길을 가기 시작하였다. 그 원인은 소련과 미국이 각각의 점령지에 대한 전망이 전혀 달랐기 때문이다. 소련이 추구하는 민주주의는 공산당의 지배 도구로 이용되었고, 그 점령지에서도 공산주의를 반대하는 어떤 세력도 용납하지 않았다. 반대자들은 탄압, 감금, 처형되었으며 절대 권력은 신속하게 관철시킬 수 있는 구조를 갖추어 나갔다.[38] 해

---

37 남시욱 위의 책, 251쪽

38 권희영(2015), 앞의 책, 12-13쪽

방 후 불과 며칠 되지 않아 당시 함흥에 있던 시인 한하운의 회고에 의하면, 1945년 8월 24일 함흥에 이미 '붉은 군대'가 들어온 뒤에 적기가(赤旗歌, 전 세계의 공산혁명 투쟁가)가 들려오기 시작하였다고 한다. '인민위원', '보안대원', '동무', '지주숙청' 등의 말이 나돌고 농민조합이 생겨났다. '벽보의 세상'이 되어 레닌과 스탈린의 초상화가 벽보로 장식되었다. 해방군을 자처했던 그들의 선전과는 달리 한국인의 자주성과 주체성을 침해하는 소련군의 포악함에 반소(反蘇) 감정이 폭발하여 신의주학생의거가 일어났다. 그리고 북한체제에 반발하는 민족주의자들이 월남하는 사태도 나타났다.[39]

북한에서는 1946년 2월 8일 북조선임시인민위원회가 조직되었는데, 이것은 다시 '임시'라는 간판을 떼고 김일성을 위원장으로 하는 북조선인민위원회로 개칭되어 사실상의 단독정부를 출범시켰다. 그들은 "북조선인민위원회는 우리나라에서의 첫 프롤레타리아 독재정권"이라고 선언하면서 공산독재정권을 수립하였다.[40] 북한지역에서는 소련군의 점령 계획에 따라 소련군이 데려온 '한국계 소련인('깔로'로 부름)' 김일성을 중심으로 소련군의 북한 진주와 더불어 실질적인 정부와 지배 정당을 만들었다.[41] 한편 북한에서 이미 북조선임시인민위원회가 조직된 후 토지개혁 등 실질적으로 중앙정부 역할을 수행하고 있었던 상황하에서 남한에서

---

39 김인식, 『대한민국 정부수립』, 대한민국역사박물관, 2014, 66-67쪽

40 김용삼, 앞의 책, 161쪽

41 이상우, 앞의 책, 29쪽

는 1946년 6월 4일에 박헌영 중심의 조선공산당은 이승만이 주장한 남한만의 단독정부 수립 계획에 대해 강력하게 반발하고 있었다.[42]

소련의 지령을 받고 움직였던 한반도 내의 좌익세력들은 건국준비위원회, 좌우합작운동, 남북협상 등 좌우합작을 추진했던 노력이 실패로 끝났기 때문에 분단이 되었다는 주장을 하지만 이것은 잘못된 것이다. 건국준비위원회는 좌익세력과 중도파가 연합하여 만든 좌익주도의 단체였으며 좌우익 세력이 진지하게 협의한 후 구성한 민족통일전선기구가 아니었다. 따라서 우익세력은 건국준비위원회에 불참할 수밖에 없었고, 건준은 오히려 공산주의자들의 주도하에 조선인민공화국으로 계승되었던 것이다. 남북협상 역시 한반도 분단 방지책으로 선전되었다. 실지로는 남한의 주도적 정치세력은 배제하고 북한 당국과 남한의 좌익세력 및 남한 선거 실시에 반대하는 중도파와 감상적 민족주의자들만 참여토록 하였다. 이는 북한의 김일성이 남한에서의 정부 수립을 저지하기 위해 먼저 제안하였다. 특히 김일성은 한국문제를 유엔 총회에 상정하는 것을 반대하기 위해 소련이 제시했던 한반도 주둔 미군과 소련군을 조기에 철수하고 한국 문제는 한국인들에게 맡기자는 방안을 지원하기 위해 남북협상을 제안했던 것이다.[43] 그리고 북한은 통일 정부를 세우기 위해 많은 노력을 했지만 남한이 이를 거부한 것처럼 위장하기 위해 김구 등 민족주의자들을

---

42 권희영(2015), 앞의 책, 16쪽

43 양동안, 『대한민국 건국전후사 바로알기』, 도서출판 대추나무, 2020, 28-29, 130쪽

이용한 것에 불과하다.

북한은 1948년 조선민주주의인민공화국을 설립한 후 "조선로동당은 프롤레타리아 독재를 실시하며…"라고 규정하여 지금까지 전 세계 유일의 김일성, 김정일, 김정은 3대 세습체제 중심의 로동당 일당 독재체제를 구축하여 전체주의적 전제왕조 정치 지배체제를 넘어 김일성을 전지전능의 신으로 모시는 신정 체제를 구축하였다.[44] 미국은 소련과는 반대로 점령 지역의 주민들이 자유민주주의 정권을 세운다면 점령지 주민들의 민주적인 의사 결정을 존중하고 조건 없이 주민들이 자유롭게 정치체제를 구성할 수 있도록 도와주었다.[45] 그럼에도 불구하고 제2차 세계대전에서 1945년 8월 15일 소련과 동맹관계에 있었던 미국은 반소(反蘇), 반공(反共) 정책을 주장하던 이승만을 요주 인물로 지목하여 귀국을 허락하지 않았다. 그리하여 북한에서 김일성이 스탈린의 하수인으로서 재빨리 평양에 등장한 것과는 달리 이승만은 10월 4일에서야 귀국 허가를 얻고 하와이와 도쿄를 거쳐 10월 16일에 한국에 들어오게 되었다.[46]

이승만이 귀국한 후 대한민국을 건국하는 과정은 서구화의 진전으로 나아간 '근대 국민국가(modern nation-state)'의 수용과 발전이라는 맥락에서 이해해야 할 것이다. 대한민국은 일제에 의해 조선왕조가 패망한 이후 일제식민지를 경험하는 과정에서 대한민국 임시정부 지도자들에 의

---

44 정석홍, 『남북한 비교론』, 1999, 도서출판 사람과 사람, 45쪽
45 권희영(2015), 앞의 책, 12-13쪽
46 이택선, 「이승만의 공화주의와 리더십」, 『한국 근대 공화주의자 6인의 리더십』, 2019, 267쪽

해 근대 국민국가를 탄생시키기 위한 노력의 결실이 해방 후 대한민국이라는 근대국민국가 체제가 현실적으로 탄생한 역사적 대사건인 혁명이었다. 앞에서 살펴본 바와 같이 3·1운동 발발과 함께 우리는 서구 근대국가들과의 접촉을 통해 근대화에 대한 눈을 떴다. 기존 정치체제였던 조선왕조국가의 근본적인 변화를 초래하여 새로운 주권재민의 근대 국민국가를 탄생시켰다. 1948년의 대한민국 건국은 일제식민지로부터의 해방, 3년 동안의 미군정 시기를 거쳐 새로운 근대적 자유민주공화국을 탄생시킨 혁명인 것이다.[47]

남한지역에서는 해방 직후 각 정치 세력의 지도자들이 각자 추구하는 민주주의를 주장하며 나름대로의 민주주의 체제를 도입하기 위한 노력에 경주하였다. 이승만을 중심으로 한 우익 지도자들은 미국식 자유민주주의 제도를 도입하고자 했지만, 좌익 세력들은 소비에트 사회주의를 진정한 민주주의로 생각하여 이를 관철시키려고 하였다. 일반 국민들은 진정한 민주주의가 무엇인지 판별하지 못해 혼란스러운 상태에 있었지만, 조선 왕조의 부활이나 입헌군주제의 창설을 주장하지는 않았다. 민주주의 제도의 도입은 세계적 흐름과 함께 당시 한국 사회에서도 거역할 수 없는 추세임에는 틀림없었다.[48]

당시 최고의 정치권력을 장악했던 미국은 제2차 세계대전 후 세계의

---

47 조성환, 「대한민국의 탄생과 근대 국민국가 완성을 위한 노력」, 노재봉 외, 『한국 자유민주주의와 그 적들』, 북앤피플, 2018, 211-212쪽

48 김영명, 『대한민국 정치사: 민주주의의 도입, 좌절, 부활』, 일조각, 2017, 61쪽

신질서를 구상하는 가운데 자신이 점령했던 지역에 자유민주주의 체제를 이식하는 것이 중요한 정책의 목표였다. 이것은 소련 공산주의 세력의 확장 방지, 즉 반공이라는 대외 정책의 목표와 일치하였다. 따라서 동서냉전 상황 하에서 미국은 한반도가 반공적인 자유민주주의 체제를 유지하기를 바랐다. 미군정의 남한에 대한 민주주의 이식 노력은 농지개혁, 과도입법의원 창설과 보통선거제 도입, 법과 제도 개혁, 자유민주주의 이념의 홍보 등에서 구체적으로 나타났다. 특히 해방 직후부터 농지개혁은 가장 중요한 개혁 의제였다. 미군정은 농지분배를 강행하여 1948년 8월 1일 완료하여 1944년에 자작농 14%, 소작농 50%였던 것이 1948년에는 자작농 34%, 소작농 20%로 소작농의 비율이 대폭 축소되었다. 이것은 당시 미군정 당국의 소유지였던 신한공사 소유지에 국한된 것이었지만 이는 남한 정부에 대한 강한 압박으로 작용하여 이승만 정부에서의 농지개혁으로 이어지게 되었다. 이러한 미군정과 이승만 정부에 의한 농지개혁의 완료는 지주세력이 정치적으로 몰락하는 계기가 되었고 대중적 민주주의의 사회·경제적 토대를 마련하는 기반이 되었다.[49]

그리고 미군정은 자유민주주의 제도 이식으로서 과도입법의원의 창설과 보통선거제를 본격화하여 한국 역사상 최초로 시도된 민주주의 제도의 기틀을 마련하였다. 더 나아가 민주화 개혁의 법적·제도적 장치들을 마련하기 위해 식민 악법의 철폐와 일제 식민 잔재를 없애기 위해 기본권

---

49 위의 책, 62-64쪽

보장의 장치를 마련함으로써 정부 조직의 민주화와 사법부 독립의 제도적 기반을 마련하였다.[50]

1897년에 탄생한 대한제국과 1919년에 탄생한 대한민국 임시정부는 현재의 대한민국 탄생의 기반이었고 전 단계 과정이었다. 독립 주권의 확립을 주창했던 대한제국과 민주공화제를 지향하면서 추진했던 독립운동의 산실인 대한민국 임시정부를 정신사적으로 계승한 대한민국의 법적 정통성은 북한과는 전혀 차별화된 정체성의 결정체이다. 일제시기 대한민국 임시정부는 대한민국이라는 국호를 정하고 조선으로의 회귀인 왕정복고가 아닌 민주공화정을 추구하며 독립된 근대 국민국가를 건설하려는 이상을 추구하여 대한민국의 법통과 정체성을 확립하는데 큰 기여를 하였다.[51]

이승만의 집요하며 끈질기고 강력한 반탁운동은 이미 북한이 소련의 지령을 받고 찬탁으로 돌아선 상황 하에서 남한 내에서라도 찬탁을 지지한 남로당을 제외한 비좌익계 국민을 단결시켜 해방 후 좌익이 우세하였던 정치 풍토를 우익 우세로 역전시키는데 결정적 공헌을 하였다. 또한 그는 주변 열강들에게 한민족의 독립의지를 분명히 천명함으로써 1947년 9월 미국이 모스크바 협정을 파기하고 유엔을 통한 한국 문제를 적극적으로 해결하도록 선회하게 만드는 데에 결정적 계기를 제공하였다. 즉

---

50 위의 책, 65-67쪽
51 강규형 외, 『대한민국 건국 이야기 1948』, 기파랑, 2020

이승만의 반탁운동으로 인해 한민족은 강대국의 5년 신탁통치를 면하고 3년 만에 자율적으로 대한민국을 건국할 수 있게 되었다.[52]

하지 장군의 정치고문으로 있었던 윌리엄 랭던은 미소공동위원회 대표로 와있었던 찰스 데이어와 함께 1946년 5월 24일에 번즈 미 국무장관에게 보낸 보고서에 "미국의 남한 점령에도 불구하고 소련은 전 한국에 걸쳐 유고슬라비아, 불가리아, 루마니아에서 실시했던 것과 거의 다름없는 통일 전선 정책을 강요하려고 기도해 왔다는 것이 명백해졌다"면서 "만일 그런 정책을 우리가 받아들이면 한반도 전체에 대한 소련의 지배를 촉진시킬 것"이라고 하였다. 이것은 이승만과 김구를 퇴출시키고 좌우합작으로 중도 세력을 육성할 계획에 대한 문제점을 정확히 파악하였던 것이다.[53]

4. 맺음말

앞에서 살펴보았듯이 북한의 김일성 정권 성립과정은 대한민국의 건국과 발전에 대한 방해 전략의 과정으로 점철되고 있음을 볼 수 있다. 즉 북한 김일성은 공산당의 인민혁명과 인민전쟁을 강조하였지만 이것은 공산당의 계급사상에 대한 실천과 계급투쟁의 조직을 의미하는 것이다.

---

52 유영익, 『건국대통령 이승만』, 일조각, 2013, 150쪽; 김용삼, 앞의 책, 135쪽

53 손세일, 「이승만과 김구(87): 이승만의 정읍발언과 민족통일총본부 설치」, 『월간조선』 2011년 7월호; 김용삼, 앞의 책, 135-136쪽

즉 인류 역사의 발전은 매 단계 매 시기 마다 진보적 세력으로서의 인민이 낡은 반동 세력으로서의 착취계급을 타도하는 혁명과 전쟁을 해왔으며 조선로동당은 이러한 투쟁에 앞장서 온 역사의 정의를 바로 세우는 역할을 하였음을 강조하고 있다. 이 과정에서 조선로동당은 인민과 비인민 사이에 항상 동요되는 중간층의 사람들을 인민연합의 민족통일전선에 규합시키지만 일단 혁명이 성공한 후에는 중간분자의 동요성을 경계하여 타도하는 것이 필수조건이 됨을 보았다.[54] 그리고 북한의 김일성과 조선로동당이 강조하는 애국, 애족은 동포를 사랑하고 조국을 아끼는 것으로 포장되지만 이는 계급과 민족에 대한 철저한 차별주의와 배타주의에 기초하고 있는 것으로서 대한민국의 건국세력에 대한 증오심을 유발시켜 대한민국을 분쇄하려는 의도가 강하게 깔려 있음을 간과해서는 안 된다. 또한 자본주의 부르주아 정권인 대한민국의 건국을 방해하고 전복시키는 것이 진정한 인민의 해방이고 진정한 민족통일임을 북한 주민들에게 세뇌시킨다. 더 나아가 이러한 남조선 혁명이 완수되는 통일의 날까지 북한 주민들과 남한 좌익 세력을 혁명에 동원시키고 희생시키며 정권을 유지하고자 한다. 즉 북한은 조선 왕조로의 복귀인 전제왕권국가 체제를 확립함으로써 근대국가로의 길로 나아가는 것을 포기하고 세계화와는 담을 쌓고 은둔의 왕국이었던 조선시대로 되돌아갔다고 할 수 있다.

반면 이승만의 국민국가 건설의 길은 북한과는 정반대로 보다 민주적

---

54 김창순, 『김창순북한연구전집: 북한학 기초(중)』, 북한연구소, 1996, 287쪽

인 방법의 5·10총선거를 통해 근대 국민국가를 건국하였던 것이다. 이러한 이승만의 대한민국 건국 전략의 성공 요인을 권희영은 다음과 같이 정리하고 있다.

첫째, 이승만은 당시 상황을 누구보다도 정확하게 인식하고 있었다. 공산주의자들의 속성을 잘 파악하고 있었기 때문에 오히려 미군정이나 미국 정부보다도 사태를 정확하게 보고 있었다. 둘째, 이승만은 그가 생각하는 구상을 치밀하고도 끈기있게 추진하는 저력을 보였다. 특히 아주 불리한 상황에서 미국 정부를 상대로 하는 외교적 승리를 얻었던 것이다. 셋째, 이승만은 신념이 강했다. 그는 건국 과정에서 어느 일이 우선적으로 필요하며, 어느 정치세력과 동맹관계를 맺어야 하는지를 민족과 국가의 장래라는 큰 목표를 생각하면서 흔들림 없이 추진해나갔다. 해방 정국에서 이승만의 전략이 없었다면 대한민국의 건국은 성공할 수 없었다. 신생 대한민국을 자유민주주의 체제의 국가로 성립시키는 일은 미국의 의지만으로 되는 일이 아니었다. 이 점에서 이승만은 오히려 미군정과 미국 정부를 뛰어넘는 지략을 가지고 있었다. 이승만은 그 지략을 가지고 미국에 때로는 협조하고 때로는 도전하면서 미국과 함께 자유민주주의를 정체로 하는 대한민국을 건설하는 최고의 주역이 되었다.[55]

---

55 권희영(2015), 앞의 책, 66쪽

마지막으로 김영호의 이승만에 대한 평가로 결론에 대신하고자 한다.

1946년 6월 그는 남한에서만이라도 자유민주주의 체제를 수립해야 한다는 '정읍 발언'을 통하여 '건국 노선'을 제시했다. 이 발언은 미소냉전 대결이 더욱 격화될 것을 예상하고 한국인이 국제정치현실에 능동적이고 선제적으로 대처해 나가야 할 필요성을 역설한 '이승만 독트린'이었다. 이것은 1947년 3월 발표되는 트루먼 독트린보다 훨씬 먼저 발표되었다. 이것은 한국인이 자유로운 체제에서 살기 위해서 선택해야 할 방향을 구체적으로 제시한 한국외교사에 등장한 최초의 '독트린'이었을 뿐만 아니라 이승만 비르투의 결정체였다.[56]

한국인은 조선 왕조 시대에는 신분제 사회였기 때문에 권리가 없는 '백성'으로 살았으며, 일제강점기에는 자유가 없는 일본 제국의 '신민'으로 살았다. 대한민국 건국 이후에서야 한국인은 자유와 권리를 갖고 스스로의 삶을 개척하며 국가의 주권적 주체로서 정치적 결정을 스스로 내릴 수 있는 '국민'으로 탄생하였다. 따라서 대한민국의 건국과 자유로운 개인의 존재가 인정된 것은 한국 역사에서 위대한 혁명이라고 할 수 있다.[57]

---

56 김영호, 『대한민국의 건국혁명 2: 건국과 전쟁, 통일』, 성신여자대학교 출판부, 2015, 15-16쪽
57 위의 책, 5쪽

참고문헌

강규형 외, 『대한민국 건국 이야기 1948』, 기파랑, 2020

고하선생전기편집위원회 편, 『독립을 향한 집념-고하 송진우 전기』, 동아일보
    사, 1990

권희영, 『한국사의 근대성 연구』, 백산서당, 2001

권희영, 「이승만의 국민국가 건설 전략」, 『대한민국의 건국: 시선의 교차』, 한국
    학중앙연구원출판부, 2015

권희영 외, 「경계인의 정체성과 환상을 넘어서」, 한국학중앙연구원 동아시아역
    사연구소 편, 『정체성의 경계를 넘어서』, 경인문화사, 2011

김경일, 『한국의 근대와 근대성』, 백산서당, 2003

김명섭, 「한국의 국제적 탄생과 성장」, 『한국의 외교 안보와 통일 70년』, 한국학
    중앙연구원출판부, 2015

김영명, 『대한민국 정치사: 민주주의의 도입, 좌절, 부활』, 일조각, 2017

김영호, 『대한민국의 건국혁명』 I, 성신여자대학교출판부, 2015

김영호, 『대한민국의 건국혁명 2: 건국과 전쟁, 통일』, 성신여자대학교출판부,
    2015

김용삼, 『이승만의 네이션빌딩: 대한민국의 건국은 기적이었다』, 북앤피플,
    2014

김인식, 『대한민국 정부수립』, 대한민국역사박물관, 2014

김일성, "새 조선건설과 민족통일 전선에 대하여", 『김일성저작선집』 1, 조선로
    동당출판사, 1967

『김일성 저작집』 제 2권

김창순, 『김창순북한연구전집: 북한학 기초(중)』, 북한연구소, 1996

손세일, 「이승만과 김구(87): 이승만의 정읍발언과 민족통일총본부 설치」, 『월간
    조선』 2011년 7월호

양동안, "조선총독부의 한국인에 대한 치안권 이양 과정에 관한 연구", 『정신문

화연구』 제15권, 제2호, 한국정신문화연구원

양동안, 『대한민국건국사』, 현음사, 2001

양동안, 『대한민국 건국전후사 바로알기』, 도서출판 대추나무, 2020

유영익, 『이승만의 생애와 건국 비전』, 청미디어, 2019

유영익, 『건국대통령 이승만』, 일조각, 2013

이상우, 『우리들의 대한민국』, 기파랑, 2012

이승만 지음, 김충남·김효선 풀어씀, 『독립정신』, 동서문화사, 2020

이연구 지음, 신중연 편집, 『나의 아버지 여운형』, 김영사, 2002, 193쪽, 남시욱,
  『한국 보수세력 연구』, 청미디어, 2020

이정식, 『대한민국의 기원』, 일조각, 2017

이택선, 「이승만의 공화주의와 리더십」, 『한국 근대 공화주의자 6인의 리더십』,
  2019

임현진, 「사회과학에서의 근대성 논의: '근대화 프로젝트'를 중심으로」, 역사문
  제연구소 편, 『한국의 근대와 '근대성' 비판』, 역사비평사, 1996

전상인, 「광복과 대한민국 건국 과정」, 『한국 현대사의 허구와 진실』, 두레시대,
  2004

정석홍, 『남북한 비교론』, 도서출판 사람과 사람, 1999

정영순, 「3·1운동의 근대성 연구」, 한국사회과교육연구학회, 『사회과교육』 제60
  권 제1호, 2021

정영순, 「대한민국 건국에 대한 북한의 시선」, 『대한민국의 건국: 시선의 교차』,
  2015

조성환, 「대한민국의 탄생과 근대 국민국가 완성을 위한 노력」, 노재봉 외, 『한국
  자유민주주의와 그 적들』, 북앤피플, 2018

한시준, 『대한민국 임시정부의 지도자들』, 역사공간, 2016

U. S .Army, 『History of United States Armed Forces in Korea』 1, 돌베개, 1988

사자모욕에 대한 법적구제수단 연구

이 성 원

영남대학교 법학전문대학원 교수, 변호사

I. 서론

　2019년 3월 도올 김용옥은 KBS 한 방송에 출연해 "김일성과 이승만은 소련과 미국이 한반도를 분할 통치하기 위해 데려온 자기들의 일종의 퍼핏(puppet), 괴뢰"라면서 "(이 전 대통령을) 당연히 국립묘지에서 파내야 한다"고 말한 바 있다. 이를 비롯한 여러 발언에 대하여 이승만 대통령 유족 측은 사자명예훼손의 혐의로 도올 김용옥을 고소했으나, 경찰과 검찰은 무혐의 처분을 하였다.

이렇듯 정치적 이념의 대립이 심한 우리 사회에서는 사망한 역사적 인물을 상대로 많은 사실왜곡과 모욕적 표현이 방송이나 사이버 세계에서 난무하고 있다. 사자에 대한 사실왜곡이나 수용하기 어려운 언동이 있으면 통상 유족이 중심이 되어 사자 명예훼손을 문제 삼으며 사회적 논쟁거리가 된다. 그러나 사자의 명예를 훼손하는 방법은 허위든 진실이든 사실 적시를 통해 이루어지기도 하지만, 사실의 적시 없이 단순한 경멸적 표현으로 이루어지기도 하고, 그 빈도도 증가하고 있다. 사자는 말 그대로 살아 있는 사람이 아니기에, 이러한 인격모독, 명예훼손을 당하여도 현실적으로 유족이 문제를 제기하지 아니하면 그 인격이나 명예를 보호받기 힘들다.

본고는 이 두 가지 명예훼손의 방법 중 사실의 적시 없이 경멸적 표현으로 사자를 모욕한 경우, 사자의 인격과 명예를 보호하기 위하여 현행법하에서 어떠한 구제수단이 가능한지 살펴본다. 먼저 사자의 인격과 명예를 보호할 수 있는 근거가 무엇인지 먼저 살펴본다. 사자의 인격권으로부터 직접 그 근거가 도출된다고 할 수도 있을 것이고, 유족의 사자에 대한 추모·경애의 정으로부터 도출된다고 할 수도 있을 것이다. 이에 대하여 상론하고, 사자 모욕에 대한 형사적 처벌이 가능한지, 그리고 민사적으로 어떤 구제수단이 있는지 살펴본다.[1]

---

1 상세한 내용은 이성원, "사자 명예훼손에 대한 법적 구제수단 연구-민사적 구제수단을 중심

II. 사자 인격권 보호의 근거

사자의 인격권을 보호하는 근거에 대하여, 학설은 크게 사자에게도 고유한 인격권이 있고, 그 자체를 근거로 법적 보호가 이루어진다는 견해(이하 '직접보호설'이라 부른다)와 사망한 자에게 인격권을 인정할 수 없으므로 유족의 인격권 또는 유족의 경애·추모의 정이라고 하는 법익 보호를 근거로 삼아야 한다는 견해(이하 '간접보호설'이라 부른다)로 나뉜다. 이에 대하여 대법원 2008. 11. 20. 선고 2007다27670 전원합의체 판결(이하 '대법 2007다27670 판결'이라 한다)은 이에 대한 논쟁을 정면으로 다룬 판결로서, 사건 내용은 사자가 생전행위 또는 유언으로 자신의 유체·유골의 처분이나 매장장소를 지정한 경우, 사자와 유족의 권리에 관한 것이지만, 대법관들의 다양한 의견을 통해 현행법 하에서의 가능한 논쟁이 모두 도출되었다고 평가할 수 있다.[2]

으로-", 「동북아법연구」제42호, 전북대학교 동북아법연구소, 2022; 이성원, "사자 모욕에 대한 법적 구제수단 연구-민사적 구제수단을 중심으로-", 「서울법학」제30권 제4호, 서울시립대학교 법학연구소, 2023 참조.

2 대법원 1983. 10. 25. 선고 83도1520 판결도 "형법 제308조의 사자의 명예훼손죄는 사자에 대한 사회적, 역사적 평가를 보호법익으로 하는 것"이라고 판시함으로써, 사자의 인격권을 언급한 주목할 만한 판결이나, 이 판결이 직접적으로 사자의 인격권을 거론했다고 보기는 어렵고, 대법원 2008. 11. 20. 선고 2007다27670 전원합의체 판결이 사자의 인격권에 대한 본격적이고 다양한 논의를 전개했다고 볼 수 있다.

1. 직접보호설

사자 고유의 인격권을 인정함으로써 실정법상의 사자의 권리 보호에 관한 규정의 근거를 설명하려는 견해이다. 세분하면 ① 주체없는 권리이론, ② 인격잔영설, ③ 제한적 권리능력설, ④ 일반적 권리주체성이론 등의 이론들이 주장되고 있다.[3]

(1) 주체없는 권리이론

주체없는 권리이론은 독일 판례에서 간혹 언급되는 견해로 알려져 있는데, 사람은 사망에 의하여 권리능력을 상실하므로, 사자에 대한 인격권이 인정된다면 이는 권리의 주체가 존재하지 않는 권리라는 주장이다.[4]

그러나, 이 이론은 기본적으로 사망자는 권리능력을 가질 수 없다는 전제에서 출발하므로, 직접보호설의 논거로 원용될 수는 없다. 또한 사자의 명예나 인격권이 침해 받아 유족이 이에 대한 금전적 보상이나 명예회복을 위한 청구를 하게 될 경우, 권리의 귀속 주체(보유자)는 없는데 행사자는 존재하는 모순에 빠지게 되므로, 사자의 인격권에 대한 직접보호를 설명할 합당한 이론으로는 볼 수 없다.

---

3 백대열, "사망자의 인격권 보호를 위한 입법제안 -유족을 통한 간접적 보호에서 사망자 본인의 의사존중으로-", 「법조」제70권 제2호, 법조협회, 2021, 147쪽; 장재욱, "유족의 사자에 대한 추모의 정", 「강원법학」제14권, 강원대학교 비교법학연구소, 2001, 277-285쪽; 김민중, 앞의 논문, 248-250쪽 참조.

4 장재욱, 위의 논문, 283쪽; 김민중, 앞의 논문, 248쪽 참조.

(2) 인격잔영설

조상에 대한 제사를 중시하고, 사체를 일반 물건과는 달리 보아야 한다는 입장에서, 사체는 단순한 물건이 아니라, 사망을 초월하여 존재하는 인격의 잔영이라고 보는 견해가 있다.[5] 사체에 특별한 의미를 두는 근거에 대하여 사자 고유의 인격권에서 직접 구체적 권리를 도출하고 유족으로부터 도출하지 않는다는 의미에서 직접보호설에 해당하는 견해라고 할 수 있다. 그러나 이 학설은 사자의 사체를 일반 동산과 동일하게 취급할 수 없다는 점을 설명하기 위한 학설이므로, 사자의 명예나 인격이 침해되었을 경우 그 보호를 위해 마련된 개별 규정의 근거를 설명하는 학설로는 적합하지 않다.

(3) 제한적 권리능력설

제한적 권리능력설은 민법이 출생전 태아에게 예외적으로 권리능력을 인정하듯이, 사자에 대해서도 예외적으로 태아와 유사하게 권리능력을 인정하자는 견해이다.[6] 그러나 대법 2007다27670 판결에서 이홍훈, 김능환 대법관이 주장하듯이, 우리 민법이 아직 출생하지 않은 태아에게 제한적인 권리능력을 인정하는 것은,[7] 태아의 경우 조만간 자연인이 되어 권

---

5 김민중, 『민법총칙강의』, 로앤피플, 2008, 172쪽.

6 장재옥, 앞의 논문, 285쪽; 김민중, 앞의 논문, 249쪽 참조.

7 우리 민법상 태아의 제한적 권리능력을 인정하는 조문으로 다음을 들 수 있다: 민법 제762조 (손해배상청구권에 있어서의 태아의 지위) 태아는 손해배상의 청구권에 관하여는 이미 출생한 것으로 본다.; 민법 제1000조 ③ 태아는 상속순위에 관하여는 이미 출생한 것으로 본다.; 제

리능력을 취득할 것이 기대되기 때문에 특별히 위와 같은 규정을 둔 것이고, 사자의 경우는 사망으로 권리능력이 확정적으로 소멸되기 때문에 적절한 비교대상이 될 수 없을 것이다.[8] 사자에 대하여 태아와 같은 명문규정도 없는 상태에서 사자에게 태아와 같이 제한적 권리능력이 인정된다고 보기는 어렵다고 할 것이다.

(4) 일반적 권리주체성이론

일반적 권리주체성이론은 사자의 권리를 가장 포괄적으로 인정하는 견해로 사자도 일반적 권리주체성을 가지고, 그 결과 인격권이 사자에게 귀속될 수 있다는 견해이다.[9] 대법 2007다27670 판결에서 안대희 대법관은 "인간의 존엄성을 보호해야 할 국가의 의무는 사후에도 계속 존재하는 것이고, 만약 사람이 사후에 그 인격이 비하된다면 인간의 존엄과 가치는 훼손되고 살아있는 동안의 인간의 존엄성 보장조차 유지될 수 없기 때문에 실정법에 명문의 규정이 있는지 여부를 불문하고 사람의 명예와 같은 일반적 인격권은 사후에도 보장되어야 하고, 그러한 범위 내에서 사자도 인격권의 주체가 된다."는 견해를 피력하였다.

그러나, 기본적으로 권리와 의무는 사람이 생존하는 동안 그 주체가 되는 것이므로, 살아 있는 사람과 사자의 권리주체성을 동일하게 인정하는

1064조(유언과 태아, 상속결격자) 제1000조제3항, 제1004조의 규정은 수증자에 준용한다.

8 대법 2007다27670 판결에서 다수의견에 대한 대법관 이홍훈, 대법관 김능환의 보충의견.

9 장재옥, 앞의 논문, 284쪽; 김민중, 앞의 논문, 250쪽 참조.

것은 법의 기본 전제에 배치되는 것으로 수용할 수 없다. 오히려 이 규정에 의하면 특별히 사자의 명예나 인격권을 보호하는 규정을 신설할 의미를 찾을 수 없으므로(굳이 이러한 조항이 없어도 이 견해에 따르면 당연히 사자의 인격과 명예는 보호되기에, 사자보호의 규정은 확인적 의미에 그치게 된다), 적절하지 않은 견해라 할 것이다.

2. 간접보호설

간접보호설은 사자에 대한 인격과 명예의 보호를 유족 등 사자와 밀접한 관계가 있는 사람의 고유한 인격권이나, 유족의 사자에 대한 경애·추모의 정을 보호하는 것으로 사자의 인격권 보호규정을 설명하고, 간접적으로 사자의 인격권을 보호하려는 견해이다.

대법 2007다27670 판결에서 이홍훈, 김능환 대법관도 "실정법에 규정이 없음에도 사자의 인격권을 일반적으로 인정할 경우, 그 귀속주체가 누구인지(즉 사망한 사람의 인격권이 사망한 사람에게 귀속될 수 있는지), 누가 사자의 인격권을 행사하는지(즉 사망한 사람이 자신의 인격권을 행사할 수 있는지), 유족이 사자의 인격권을 대신 행사할 수 있다고 본다면 그 법률적 근거는 무엇인지, 만일 유족이 없는 사람은 어떻게 되는지 등이 문제되므로, 그에 관한 논거 및 그 타당성이 검증되지 아니한 상태에서 섣불리 사자의 인격권을 일반적으로 인정하기는 곤란하므로, 법률에서 사자의 인격권의 행사방법 등을 규정하고 있는 경우가 아닌 한, 사자의 인격권을 쉽사리 인정하는 태도는 경계하여야 하고, 유족 고유의 인격권보호를 통하여

사자의 인격권을 간접적으로 보호함으로써 사자의 인격권을 보호할 수 있다"고 판시하고 있다.[10]

간접보호설에 대하여 유족이 침해를 받는 법익을 ⅰ) 유족 고유의 인격권으로 보는 견해, ⅱ) 사자에 대한 유족의 경애·추모 감정으로 보는 견해[11]로 구분하여 설명하는 견해도 있으나,[12] 사자에 대한 유족의 경애·추모의 감정도 유족 고유의 인격권의 한 내용일 뿐이므로, 굳이 구분할 실익이 있는지는 의문이다.[13]

대법 2007다27670 판결에서도 유족의 망인에 대한 경애·추모의 감정을 유족 고유의 인격권에 대한 하나의 예로 이해하고 있으며, 헌법재판소도 일제강점하 반민족행위 진상규명에 관한 특별법 제2조 제9호 위헌제청사건에서 "조사대상자가 사자(死者)의 경우에도 인격적 가치에 대한 중대한 왜곡으로부터 보호되어야 하고, 사자(死者)에 대한 사회적 명예와 평가의 훼손은 사자(死者)와의 관계를 통하여 스스로의 인격상을 형성하고 명예를 지켜온 그들의 후손의 인격권, 즉 유족의 명예 또는 유족의 사자

---

10 대법 2007다27670 판결에서 다수의견에 대한 대법관 이홍훈, 대법관 김능환의 보충의견.

11 장재옥, 앞의 논문, 275쪽.

12 김민중, 앞의 논문, 246쪽.

13 사망자에 대한 유족의 추모의 정이 아닌 사망자 자신의 이익을 보호해야 함이 마땅하나, 실정법상 사망자의 권리능력을 인정하기 곤란하므로 권리로서의 '인격권'이 아닌 '인격적 법익'이 보호객체가 된다는 견해도 있다. (권태상, "자신의 유체(遺體)에 관한 사망자의 인격권 −대법원 2008.11.20. 선고2007다7670 전원합의체판결−", 「법학논총」제33권 제2호, 단국대학교 법학연구소, 2009, 351-353쪽; 백대열, 앞의 논문, 153쪽 참조). 이 견해에 대해서도 귀속주체와 행사주체가 없는 법익이 보호받을 수 있는지에 대한 의문이 있다.

(死者)에 대한 경애·추모의 정을 침해"하는 것이라고 설시하며,[14] 유족의 망인에 대한 경애·추모의 감정과 유족 고유의 인격권을 굳이 구분을 하지 않음을 알 수 있다.

3. 소결론

직접보호설과 간접보호설은 상호 개념 모순적이어서 두 학설 중 반드시 하나를 선택하여야 하는 것으로는 볼 수 없다. 직접보호설을 주장한다고 하여, 유족의 망인에 대한 경애·추모의 감정이나 유족 고유의 인격권을 부정해야만 하는 것은 아니기 때문이다. 다만 직접보호설은 오늘날 인터넷과 스마트폰 등의 발달로 인해 인격권 침해의 가능성이 높아지고, 인간의 존엄과 가치에 기초한 우리 헌법의 기본 정신과 헌법 제10조에 근거한 인격권이 침해되었을 때 이를 구제하거나 권리의 침해를 방지하기 위해 더욱 적극적으로 해석해야 하는 필요성과, 이러한 헌법상의 기본권에 관한 사항은 개별적 법률에 규정이 없다고 하여 부인될 수 없기에 사자에 대한 인격권 보호영역을 더욱 넓히기 위하여 주장된다고 볼 수 있다. 그러나, 기본적으로 권리와 의무의 주체가 되는 것은 살아있는 사람에 한하므로, 법률에서 명문으로 사자의 인격권을 인정하고, 행사방법 등을 규정하고 있는 경우가 아닌 한 사자의 인격권을 일반적으로 인정할 수 없다. 특히 인격권은 일신전속권이므로, 양도나 상속의 대상이 될 수 없으므로

---

14 헌법재판소 2010.10.28. 선고 2007헌가23 결정.

법률에 특별한 규정이 없는 한 그 귀속주체가 사망함으로써 소멸한다고 보아야 할 것이다.

따라서, 기본적으로는 유족 고유의 인격권 보호를 통해 사자의 명예를 보호하는 간접보호설에 따르되, 입법자가 사회적 필요에 의하여 개별법을 통하여 사자의 인격권을 인정하고 행사방법 등을 규정하였을 경우에 한하여 제한적으로 권리능력을 가진다고 보는 것이 합당할 것이다.

법원도 직접보호설이나 간접보호설을 선택하기 보다는 사자에 대한 명예훼손이 있을 경우 사자의 인격권과 유족 자신의 사회적 평가 내지 사자에 대한 추모감정을 함께 고려한다. 제주4·3사건에 대한 이승만 명예훼손 사건[15]에서 법원은 언론사의 허위 사실에 의한 보도는 망 이승만의 사회적 평가와 아울러 유족 자신의 사회적 평가 내지 고인에 대한 명예감정, 추모감정을 침해하여 명예를 훼손하였다고 판단하였고, 소위 '피카소 사건'[16]에서도 법원은 유족으로서는 고인의 인격권과 유족 자신의 고인에 대한 추모·경애의 마음을 침해하는 상표의 사용금지와 등록무효심판을

---

15 대법원 2001.1.19. 선고 2000다10208 판결. 한겨레신문은 1997.4.1.자 지면에서 "이승만 정권-미군정 합작 최소 2만명 무차별 학살"이라는 제목하에, "제주4·3항쟁이 이승만 대통령의 지휘 아래 불법적으로 공포된 계엄령을 근거로 하여 무차별 살상과 함께 진압됐다"는 등의 내용으로 보도를 하였고, 이에 대하여 원심 법원은 "1947년 3월 1일을 기점으로 하여 1948년 4월 3일 발생한 소요사태 및 1954년 9월 21일까지 제주도에서 발생한 무력충돌과 진압과정"에서 일부 무고한 주민들이 희생당한 사실이 있었다고 하더라도, "이승만 정권이 미군정과 공모하여 의도적으로" 제주도의 무고한 양민들을 학살하였다고 인정할 만한 아무런 증거가 없다고 판단하였다.

16 대법원 2000.4.21. 선고 97후860,877,884 판결. 국내회사가 스페인 화가인 피카소(Pablo Ruiz Picasso)가 본인의 작품에 표시해 온 서명과 동일한 상표를 피카소 본인이나 그 유족 또는 그의 저작물에 대한 저작재산권의 소유자의 승낙 없이 등록출원하여 사용하여 피카소의 유족이 이 회사에 대하여 손해배상 및 등록상표에 대하여 등록무효심판을 청구한 사건이다.

청구할 이해관계가 있다고 판단하였다.

III. 형사적 구제

사자에 대하여 사실의 적시 없이 경멸적 표현으로 모욕을 범했을 때, 이에 대한 대응으로 형사적 방법과 민사적 방법이 있다. 형사처벌에 대한 근거법률로는 형법과 정보통신망 이용촉진 및 정보보호 등에 관한 법률(이하 '정보통신망법'으로 약칭한다)을 생각할 수 있다. 그런데, 형법에 모욕죄는 있으나, 사자에 대한 모욕죄가 독립한 구성요건으로 마련되어 있지 않고, 정보통신망법에는 모욕죄 자체가 없다. 이에 사이버모욕죄 신설 등 모욕행위에 대한 처벌과 강화를 위한 입법론이 제기되고 있는데, 표현의 자유와 충돌이 발생하므로 헌법적 논쟁을 불러일으키고 있다.

1. 형법에 의한 구제

법에서 제307조[17]는 살아 있는 사람에 대한 명예훼손, 제308조[18]는 사자에 대한 명예훼손, 제309조[19]는 출판물 등에 의한 명예훼손, 그리고, 제

---

17 형법 제307조(명예훼손) ① 공연히 사실을 적시하여 사람의 명예를 훼손한 자는 2년 이하의 징역이나 금고 또는 500만원 이하의 벌금에 처한다. ② 공연히 허위의 사실을 적시하여 사람의 명예를 훼손한 자는 5년 이하의 징역, 10년 이하의 자격정지 또는 1천만원 이하의 벌금에 처한다.

18 형법 제308조(사자의 명예훼손) 공연히 허위의 사실을 적시하여 사자의 명예를 훼손한 자는 2년 이하의 징역이나 금고 또는 500만원 이하의 벌금에 처한다.

19 형법 제309조(출판물 등에 의한 명예훼손) ① 사람을 비방할 목적으로 신문, 잡지 또는 라

311조[20]는 모욕행위에 대하여 규제하고 있다. 제310조[21]는 제307조 제1항의 사실 적시에 의한 명예훼손에 대하여 진실한 사실로서 오로지 공공의 이익에 관한 때에는 처벌하지 아니한다는 위법성 조각사유를 규정한다. 제312조[22]는 제308조의 사자 명예훼손과 제311조의 모욕죄는 친고죄임을, 제307조의 일반명예훼손과 제309조의 출판물 등에 의한 명예훼손은 반의사불벌죄임을 규정하고 있다. 사자명예훼손죄의 고소권자는 사자의 친족 또는 그 자손이며, 고소할 자가 없는 경우에는 이해관계인의 신청이 있으면 검사는 10일 이내에 고소할 수 있는 자를 지정하여야 한다.[23]

명예훼손죄는 비록 사실이라 할지라도 타인의 명예를 훼손할 만한 사실이라면 처벌을 하되, 국민의 알권리, 표현의 자유, 언론의 자유 보호를 위해 형법 제310조의 위법성 조각사유 규정을 둠으로써 위 기본권들의

디오 기타 출판물에 의하여 제307조제1항의 죄를 범한 자는 3년 이하의 징역이나 금고 또는 700만원 이하의 벌금에 처한다. ② 제1항의 방법으로 제307조제2항의 죄를 범한 자는 7년 이하의 징역, 10년 이하의 자격정지 또는 1천500만원 이하의 벌금에 처한다.

20 형법 제311조(모욕) 공연히 사람을 모욕한 자는 1년 이하의 징역이나 금고 또는 200만원 이하의 벌금에 처한다.

21 형법 제310조(위법성의 조각) 제307조제1항의 행위가 진실한 사실로서 오로지 공공의 이익에 관한 때에는 처벌하지 아니한다.

22 형법 제312조(고소와 피해자의 의사) ① 제308조와 제311조의 죄는 고소가 있어야 공소를 제기할 수 있다. ② 제307조와 제309조의 죄는 피해자의 명시한 의사에 반하여 공소를 제기할 수 없다.

23 형사소송법 제227조(비피해자인 고소권자) 사자의 명예를 훼손한 범죄에 대하여는 그 친족 또는 자손은 고소할 수 있다.; 제228조(고소권자의 지정) 친고죄에 대하여 고소할 자가 없는 경우에 이해관계인의 신청이 있으면 검사는 10일 이내에 고소할 수 있는 자를 지정하여야 한다.

조화와 균형을 이루려고 하고 있다.[24]

　사자 명예훼손죄는 공연히 허위의 사실을 적시하여 사자의 명예를 훼손하는 행위를 처벌하고 있으며, 살아 있는 사람을 대상으로 하는 일반 명예훼손과는 달리 공표한 사실이 진실일 경우에는 처벌하지 않는다. 허위와 진실의 구분에 대하여 대법원은 "적시된 사실의 내용 전체의 취지를 살펴볼 때 세부적인 내용에서 진실과 약간 차이가 나거나 다소 과장된 표현이 있는 정도에 불과하다면 이를 허위라고 볼 수 없으나, 중요한 부분이 객관적 사실과 합치하지 않는다면 이를 허위라고 보아야 한다."고 판시한 바 있다.[25] 공연히 허위의 사실을 적시한 경우에만 사자명예훼손죄가 성립되는 이유는 진실한 사실을 적시한 때에도 본죄가 성립한다면 역사적 인물에 대한 정당한 평가도 처벌받게 되어 역사의 정확성과 진실이 은폐될 가능성이 있기 때문이다.[26]

　제311조 모욕죄는 공공연하게 타인을 모욕함으로써 성립하는 범죄이다. 모욕죄는 사실의 적시 없이 공연히 경멸·조롱 등의 표현을 통해 타인의 명예를 침해하는 것이고, 모욕죄의 보호법익도 명예훼손죄의 명예와 마찬가지로 "사람의 가치에 대한 사회적 평가로 보고 있으며, 사실을 적시하지 아니하고 사람에 대하여 경멸의 의사를 표시하는 것이면 언어적 표현에 국한되지 아니하고 서면이나 거동에 의한 일체의 행위를 모욕으

24　임웅, 『형법각론』, 법문사, 2012, 223쪽.
25　대법원 2014.3.13. 선고 2013도12430 판결.
26　손동권, 『형법각론』, 율곡출판사, 2006, 205쪽.

로 본다."[27] 그러나, 명예훼손죄와는 달리 사자에 대한 모욕죄는 조문으로 존재하지 않는다.

명예훼손과 모욕은 일반적으로 구체적 사실의 적시 여부가 있는지에 따라 구분된다. 사실의 적시가 있으면 명예훼손죄의 구성요건에 해당하고, 단순히 사실의 적시 없이 타인에 대한 경멸의 의사를 표시하는 것은 모욕으로 이해된다.[28] 여기서 '명예'는 "사람의 품성, 덕행, 명성, 신용 등 세상으로부터 받는 객관적인 평가"를 의미하며,[29] '명예훼손'이란 "명예주체에 대한 사회적 평가를 저하 시키는 일체의 행위"[30]로 해석된다. 일반적으로 명예훼손죄와 모욕죄의 보호법익은 사회적 평가를 의미하는 '외부적 명예'를 의미하고, 내재 가치로서의 '내부적 명예'나 자존감과 같은 '명예감정'은 포함되지 않는 것으로 이해된다.[31]

그렇다면 사자에 대하여 구체적 사실의 적시 없이 경멸적 표현을 사용함으로써 모욕할 경우 형법에 근거하여 처벌할 수 있을 것인가. 사자에 대하여 사실의 적시를 통해 명예를 훼손한 경우에는 그 사실이 허위임을

---

27 헌법재판소 2013.6.27. 선고 2012헌바37 결정.

28 김일수·서보학, 『새로쓴 형법각론』, 박영사, 2018, 171쪽; 오영근, 『형법각론』, 박영사, 2009, 229쪽; 대법원 2004.2.27. 선고 2001다53387 판결 등 참조.

29 대법원 1988.6.14. 선고 87다카1450 판결 참조.

30 대법원 1997.10.28. 선고 96다38032 판결.

31 명예의 개념은 크게 1)자기 혹은 타인의 평가와 상관없이 사람으로서 천부적으로 가지는 인격적 가치로서의 내부적 명예, 2)사람의 가치에 대한 사회적 평가를 의미하는 외부적 명예, 3)자신의 인격적 가치에 대한 스스로의 평가 혹은 자존감을 의미하는 명예감정으로 분류한다. 김일수·서보학, 앞의 책, 172쪽.

입증하여 '사자 명예훼손'의 구성요건에 포섭되는지를 판단하면 될 것이다. 그러나, 소위 '사자 모욕죄'라는 독립된 조문이 존재하지 않기 때문에 사자에 대한 모욕으로 직접 처벌을 할 수는 없다. 처벌이 가능하려면 사자에 대한 모욕을 유족에 대한 모욕으로 간주하고 피해자를 유족으로 하여 제311조 모욕죄을 적용해야 하는데, 이러한 해석이 가능한가의 문제이다.

우선 명시적 규정이 존재하는 사자 명예훼손죄가 보호하는 법익이 무엇인지 살펴보고, 사자에 대한 모욕을 형법으로 처벌할 수 있는지 살펴본다. 학설상으로는 형법 제308조 사자명예훼손죄의 보호법익에 대하여 유족의 명예 혹은 유족이 사자에 대하여 가지는 추모감정이라고 보는 견해[32]와 사람이 사망한 경우에도 역사적 존재로서 인격적 가치는 남아 있기 때문에 사자 본인의 명예로 보는 견해[33]가 대립한다. 판례는 후자를 따르는 것으로 보인다.[34]

사자 명예훼손이 유족의 명예를 보호하기 위함이라면 굳이 형법 제308조를 별도의 조항으로 독립시킬 필요가 없기 때문에(사자에 대한 명예훼손이 동시에 유족에 대한 명예훼손이 된다면 형법 제307조 제2항을 적용하면 되고 따로 형법 제308조를 둘 필요가 없기 때문에),[35] 사자명예훼손죄의 보호법익은 형법

---

32 이정원·류석준, 『형법각론』, 법영사, 2019, 211쪽.

33 김일수·서보학, 앞의 책, 196쪽.

34 대법원 1983.10.25. 선고 83도1520 판결.

35 김민중, 앞의 논문, 241쪽.

이 특별한 규정으로 사자 본인의 명예를 보호하는 것으로 보아야 할 것이다.[36] 따라서, 형법상으로는 허위사실 적시를 통해 명예를 훼손하는 자의 고의가 유족으로 향해 있으면, 제307조 2항으로, 사자로 향해 있으면 제308조로 해결하면 된다.

모욕의 경우, 비록 사자를 이용하여 경멸적 표현을 사용하더라도 그 고의의 대상이 유족을 향해 있다면 유족 자신에 대한 모욕죄로 의율하면 된다.[37] 문제는 그 경멸적 표현으로 명예를 훼손하려는 대상이 유족이 아니라 사자인 경우이다. 이러한 경우 간접적으로 유족이 모욕을 당했다고 할 수는 있으나, 가해자의 고의가 사자를 향했음에도 유족을 향한 것으로 의제하여 유족을 피해자로 하여 제311조의 모욕죄로 처벌할 수 있는가의 문제가 있다. 결론적으로 이는 유추해석을 금지하는 죄형법정주의의 원칙상 허용되지 않는다고 보아야 한다. 형법의 구성요건은 객관적 구성요건과 주관적 구성요건을 요하며, 과실범 처벌규정이 없는 이상 고의범만 처벌된다. 모욕죄의 경우 과실범 처벌규정이 없으므로 고의범만 처벌되

---

36 독일 형법 제189조는 "(사자에 대한 추모감정 훼손) 사자에 대한 추모감정을 훼손한 자는 2년 이하의 징역 또는 벌금에 처한다."라고 규정하고 있다. 보호법익에 대해서는 추모감정이라고 보는 견해, 고유의 인격권으로서의 인격의 사후적 보호라고 하는 견해로 크게 대별된다(문덕민, "사자명예훼손 관련 입법의 체계정당성에 관한 고찰", 「미디어와 인격권」제7권 제3호, 언론중재위원회, 2021, 120-122쪽 참조). 죄명에서 사자에 대한 추모감정이라고 명시하여 유족의 명예·추모 감정을 보호법익으로 보는 견해가 우세하다(이상현, "사자(死者)의 명예훼손죄에 대한 비교법적 연구와 시사점", 「법학연구」제24권 제4호, 경상대학교 법학연구소, 2016, 203쪽 참조).

37 예를 들어 '친일분자의 자식', '상놈의 자식' 등. 법원이 모욕죄를 인정한 표현 중에 "악질 친일분자의 후손"이라는 표현이 있는데(대법원 2007.3.15. 선고 2007도210 판결), 이는 가해자의 고의가 그 조상을 비방하려고 의도했다기보다는 그 후손을 직접 겨냥하여 한 표현이므로 사자에 대한 모욕이라고 볼 수는 없다.

는데, 고의의 대상이 사자임이 명백한 경우에 유족을 향했다고 주관적 구성요건인 고의를 유추할 수는 없기 때문이다.

특히 모욕죄 자체에 대해서도 다른 헌법적 가치, 특히 표현의 자유와의 충돌문제로 인해 이를 형법으로 처벌하는 것이 타당한가에 대한 문제가 꾸준히 제기되어 왔다.[38] 한발 더 나아가 명예훼손죄에 대하여도 형법적으로 규제할 필요가 있는가 하는 주장도 제기되고 있는 실정이다.[39] 따라서 사자에 대한 모욕적 표현이 있다할지라도 형법에서 명문의 규정이 없는 이상 형법에 의거하여 처벌할 수는 없고, 유족에 대한 모욕죄로 간주하여 처벌할 수도 없다.

2. 정보통신망법에 의한 구제

정보통신망법은 제70조 제1항에서 "사람을 비방할 목적으로 정보통신망을 통하여 공공연하게 사실을 드러내어 다른 사람의 명예를 훼손한 자"를 형사처벌의 대상으로 규정하고 있으며, 동조 제2항은 '거짓의 사실'을 드러낼 경우에는 가중처벌하고 있다.[40]

---

38 헌법재판소 2013.6.27. 선고 2012헌바37결정 참조. 헌법재판소는 본 결정에서 "모욕죄의 구성요건으로서 '모욕'이란 사실을 적시하지 아니하고 단순히 사람의 사회적 평가를 저하시킬 만한 추상적 판단이나 경멸적 감정을 표현하는 것으로서, 모욕죄의 보호법익과 그 입법목적, 취지 등을 종합할 때, 건전한 상식과 통상적인 법 감정을 가진 일반인이라면 금지되는 행위가 무엇인지를 예측하는 것이 현저히 곤란하다고 보기 어렵고, 법 집행기관이 이를 자의적으로 해석할 염려도 없으므로 명확성원칙에 위배되지 아니한다."고 판시하였다.

39 박경신·김가연, "모욕죄의 보호법익 및 법원의 현행 적용방식에 대한 헌법적 평가", 「언론과 법」제10권 제2호, 한국언론법학회, 2011, 444쪽.

40 정보통신망법 제70조(벌칙) ① 사람을 비방할 목적으로 정보통신망을 통하여 공공연하게 사

형법상 명예훼손죄의 구성요건과 비교해 보면, 형법과 달리 정보통신망법은 모욕과 사자에 대한 명예훼손은 처벌하지 않는다. 또한 정보통신망법으로 처벌하려면 '사람을 비방할 목적'이 있어야 하므로, 형법상 '사람을 비방할 목적'이 필요한 출판물 등에 의한 명예훼손죄와 동일하게 목적범이다. 그리고 형법에서 명예훼손과 출판물에 의한 명예훼손을 구별하는 것과는 달리, 정보통신망법은 양자를 구분하지 않으며, 형법과는 달리 위법성 조각사유를 규정하고 있지 않다.[41]

정보통신망법도 사실의 진위 여부에 따라 가중처벌 여부가 달라질 수 있으나, 그 진위 여부에 관계 없이 타인의 사회적 평가를 저하시키는 사실이어야 하고,[42] 단순히 의견 또는 논평을 표명하는 것으로는 형법과 마찬가지로 구성요건에 해당한다고 볼 수 없다.[43] 결국 사자에 대해서는 정보통신망법상 모욕은 물론, 명예훼손의 경우에도 사자에 대한 특별한 규정이 없기 때문에 처벌할 수 없다.

형법상 사자모욕죄나 사이버모욕죄의 신설이 논의되기도 한다.[44] 특히

실을 드러내어 다른 사람의 명예를 훼손한 자는 3년 이하의 징역 또는 3천만원 이하의 벌금에 처한다. ② 사람을 비방할 목적으로 정보통신망을 통하여 공공연하게 거짓의 사실을 드러내어 다른 사람의 명예를 훼손한 자는 7년 이하의 징역, 10년 이하의 자격정지 또는 5천만원 이하의 벌금에 처한다. ③ 제1항과 제2항의 죄는 피해자가 구체적으로 밝힌 의사에 반하여 공소를 제기할 수 없다.

41 박상기,『형법각론』, 박영사, 2008, 198쪽.

42 정완, "인터넷상 명예훼손죄에 관한 고찰",『LAW&TECHNOLOGY』제5권 제3호, 서울대학교 기술과법센터, 2009, 27쪽.

43 대법원 2006.8.25. 선고 2006도648 판결.

44 정완, 앞의 논문, 32쪽.

인터넷 공간에서 행해지는 명예훼손행위는 엄밀히 보면 구체적 사실의 적시에 의한 명예훼손이라기보다는 추상적 판단이나 경멸적 표현에 의한 모욕에 해당하는 경우가 더욱 많기 때문이다.

사자 모욕죄나 사이버모욕죄의 신설을 반대하는 입장은 사이버 공간에서의 모욕행위는 현행 형법의 모욕죄로 충분히 규율이 가능하며,[45] 사자에 대한 모욕까지 형사처벌의 대상을 넓히는 것은 표현의 자유를 침해하며, UN 인권위원회선언[46]과도 부합하지 않고, 역사적 인물에 대한 비판적 표현행위를 위축시킬 수 있다는 우려에서 반대를 표시한다.[47]

그러나, 언론의 자유나 표현의 자유도 무제한적으로 보장되는 기본권은 아니며 "타인의 명예나 권리 또는 공중도덕이나 사회윤리"[48]를 침해해서는 안 되는 권리이다. 형법상 모욕죄는 제정당시 오늘날과 같은 다양한 미디어와 인터넷을 예상하지 못한 조항으로 사이버 공간은 그 파급력과 전파력, 복제력 등을 고려할 때, 형법상의 모욕죄와 같이 평가하기 어렵고, 사이버모욕죄를 형법상 모욕죄의 해석을 통해 적용하는 것은 유추해

---

[45] 대법원 2003.11.28. 선고 2003도3972 판결.

[46] General Comment 34, para. 47, penal defamation laws... should not be applied with regard to those forms of expressions that are not, of their nature, subject to verification."

[47] 박광현, "사이버공간에서의 법익침해에 관한 형사법적 고찰", 「법학논집」제28집, 숭실대학교 법학연구소, 2012, 75쪽; 김두상, "사이버 공간에서의 명예훼손 및 모욕에 관한 규정 검토", 「법학연구」제21권 제1호, 경상국립대학교 법학연구소, 2013, 181쪽.

[48] 대한민국 헌법 제21조 제4항.

석에 해당하여 죄형법정주의에 반하기 때문에 동의할 수 없다.[49]

사이버모욕죄의 신설이 역사적 인물에 대한 비판적 표현행위를 위축시킬 수 있다는 비판도 적절한 비판으로 볼 수 없다. 모욕죄가 제한하려고 하는 것은 조롱, 경멸적 표현이므로 타인에게 혐오감과 모욕감을 불러일으키는 표현을 제한한다고 하여 역사적 인물에 대한 비판을 금하는 것으로 볼 수 없기 때문이다. 오히려 진실을 공표했음에도 불구하고, 처벌받을 수 있는 현행 명예훼손죄를 개정함으로써 역사적 인물과 사건에 대한 비판을 허용하고, 표현의 자유, 언론·출판의 자유, 학문의 자유와 균형을 이루어야 할 것이다.

결론적으로 현행 우리나라 법 규정으로는 사자에 대한 모욕을 직접적으로 형사 처벌하는 규정은 없다고 할 수 있다. 다만 현재 인터넷 공간에서 빈번하게 행해지는 경멸적 언행에 의한 모욕과 역사적 인물에 대한 무차별적 조롱은 오히려 정당한 비판의 가치를 퇴색시킬 수 있으므로, 사자에 대한 모욕죄와 사이버모욕죄의 신설이 필요하다 할 것이다.

IV. 민사적 구제

일반적으로 민사적 구제는 금전적인 손해배상과 특정이행 청구로 대별할 수 있다. 대한민국헌법 제21조 제4항은 "언론 · 출판은 타인의 명

---

[49] 박수희, "사이버명예훼손에 대한 형사법적 규제 및 개선방안", 「한양법학」제27권 제1호, 한양법학회, 2016, 143쪽.

예나 권리 또는 공중도덕이나 사회윤리를 침해하여서는 아니된다. 언론·출판이 타인의 명예나 권리를 침해한 때에는 피해자는 이에 대한 피해의 배상을 청구할 수 있다"고 규정하고 있다. 이에 따라 개별법에서 명예와 권리침해에 따른 손해배상청구권을 규정하고, 손해배상과 더불어 다양한 구제수단을 마련하고 있다.

사자의 모욕에 대한 민사적 구제도 불법행위에 의한 손해배상청구권과 실질적인 회복을 위한 구체적인 처분으로 구분할 수 있다. 다만 그 근거를 사자 고유의 인격권을 인정하여 사자의 인격권 침해를 민사적 구제의 근거로 삼을 것인지 사자에 대한 유족의 추모·경애의 감정을 유족의 인격권의 한 내용으로 인정하여 유족의 인격권 침해를 근거로 삼을지에 대해서는 논란이 있다. 이에 대해서는 전술한 사자의 인격권에 대한 일반론이 민사적 구제에도 그대로 적용될 것이며, 원칙적으로 실정법상 사자는 권리의 주체가 될 수 없으므로, 유족의 인격권 보호를 통해 간접적으로 인정하되, 법률에 특별한 규정이 있으면 법률의 규정에 의해 제한적으로 사자의 인격권이 인정된다고 보아야 할 것이다.

민사적 구제의 근거로는 일반규범으로서 민법, 언론중재법, 정보통신망법 등을 들 수 있다. 저작권법에도 사자의 저작인격권 보호를 통한 민사적 구제 방법이 있으나, 엄격하게 말하면 이는 사자가 남긴 저작물에 대한 권리로서, 본고에서 다루고자 하는 사자에 대한 인격적 모욕에 대한 구제와는 보호이유가 상이하므로, 본고에서는 다루지 않는다.

1. 민법에 의한 구제

민법에서는 인격권 침해에 대한 구제수단으로 불법행위에 기한 손해배상청구권(제750조, 제751조),[50] 명예회복을 위한 처분(제764조)[51]이 규정되어 있다. 제764조의 명예회복을 위한 처분의 예로 헌법재판소는 "① 가해자의 비용으로 그가 패소한 민사손해배상판결의 신문 잡지 등에 게재, ② 형사명예훼손죄의 유죄판결의 신문 잡지 등에 게재, ③ 명예훼손기사의 취소광고"[52]등을 언급하고 있으나, 이는 예시에 불과하고, 명예훼손의 경우에는 피해자의 재산적·정신적 손해의 범위 및 그 금전적 평가를 구체적으로 입증하는 것이 곤란하고, 금전배상만으로는 피해자의 구제가 실제 불충분·불완전한 경우가 많으므로, 이러한 결함을 보완하여 피해자를 효과적으로 구제하기 위하여,[53] 이 외에도 다양한 처분들이 존재한다. 이하에서는 금전적 손해배상과 그 외의 명예회복을 위한 처분을 구분하여 상론한다.

---

50 민법 제750조(불법행위의 내용) 고의 또는 과실로 인한 위법행위로 타인에게 손해를 가한 자는 그 손해를 배상할 책임이 있다. 제751조(재산 이외의 손해의 배상) ① 타인의 신체, 자유 또는 명예를 해하거나 기타 정신상 고통을 가한 자는 재산 이외의 손해에 대하여도 배상할 책임이 있다.

51 민법 제764조(명예훼손의 경우의 특칙) 타인의 명예를 훼손한 자에 대하여는 법원은 피해자의 청구에 의하여 손해배상에 갈음하거나 손해배상과 함께 명예회복에 적당한 처분을 명할 수 있다.

52 헌법재판소 1991.4.1. 선고 89헌마160 결정.

53 대법원 2007.12.27. 선고 2007다29379 판결.

(1) 손해배상

민법은 제750조에서 불법행위에 의한 손해배상청구권을 규정하고, 제751조 제1항에서 신체, 자유 또는 명예를 침해받거나, 기타 정신상 고통을 받았을 경우 재산 이외의 손해배상청구권을 규정하고 있다. 우리 민법에서는 인격권에 관한 별도의 일반규정을 두고 있지는 않으나, 이러한 손해배상 규정을 통해 소극적으로 인격권을 보호하고 있다고 할 수 있다.[54]

형법상으로는 사실적시 여부에 따라 구성요건이 '명예훼손'과 '모욕'으로 구분되고, 고의범만 형사처벌하기 때문에 사실적시와 고의의 유무가 중요한 의미가 있으나, 민법상 손해배상에서는 고의와 과실의 법적 효과가 동일하므로, 사실적시, 고의의 유무보다는 위법행위로 인해 손해가 발생하였는지, 침해행위와 손해 사이에 인과관계가 있는지 등의 문제가 쟁점이 된다. 사자에 대한 모욕행위에 대해서도 일반적인 불법행위에 대한 손해배상청구권의 법리 안에서 다루어지므로, 어떤 손해가 발생하였는지 손해는 어떻게 산정할 것인지가 중요한 쟁점이 된다.

1) 손해의 개념 및 분류

손해는 법익에 대한 모든 비자발적인 손실이라고 설명되며,[55] 손해의

---

54 김상용, "인격권침해에 대한 사법적 구제방법의 비교고찰(3)", 「사법행정」제29권 제2호, 한국사법행정학회, 1988, 63-64쪽.

55 편집대표 곽윤직/지원림 집필부분, 『민법주해[IX] 채권(2)』, 박영사, 2011, 465쪽.

개념에 대한 학설로는 '차액설'과 '구체적 손해설'이 있다.[56] 차액설은 손해를 채무불이행 또는 불법행위가 없었더라면 존재하였을 상태와 현재 상태의 차이라고 설명하고,[57] 구체적 손해설은 피해자의 재산을 구성하는 권리 또는 법익이 입은 불이익 또는 손실을 손해라고 한다.[58] 판례는 "불법행위로 인한 재산상 손해는 위법한 가해행위로 인하여 발생한 재산상 불이익 즉 그 위법행위가 없었더라면 존재하였을 재산상태와 그 위법행위가 가해진 현재의 재산상태의 차이를 말하는 것"이라고 하여 원칙적으로 차액설을 따르고 있다.[59]

그러나, 인격권 침해와 같이 침해 이전의 상태와 침해 이후의 상태를 수치상으로 계산하기 어려울 경우, 차액설로 손해를 산정하는 것은 한계가 있다. 따라서 인격이나 명예의 침해에 따른 손해를 산정할 경우에는 차액설을 그 기초로 하더라도 규범적 가치판단에 따른 규범적 손해 개념[60]을 보충하여 인격권 침해에 따른 손해배상 차액 산정의 어려움을 보충하여야 할 것이다. 판례도 생명·신체 침해로 인한 일실이익을 산정하는 경우 차액설을 수정하여 손해를 규범화하여 적용하기도 한다.[61]

---

56 권태상, "인격권 침해로 인한 재산적 손해", 「법조」제69권 제1호, 법조협회, 2020, 132쪽.

57 편집대표 김용담/이연갑 집필부분, 『주석민법 채권각칙(6)』, 한국사법행정학회, 2016, 236쪽.

58 편집대표 곽윤직/지원림 집필부분, 앞의 책, 466쪽.

59 대법원 1992.6.23. 선고 91다3070 전원합의체판결.

60 박동진, "독일손해배상법상 손해의 인식과 산정방법", 「연세법학연구」4권1호, 연세법학회, 1997, 204쪽.

61 대법원 1986.3.25. 선고 85다카38 판결; 대법원 1990.11.23. 선고 90다카1022 판결; 대법원

손해는 특히 재산상 손해와 비재산상 손해로 구분할 수 있으나, 민법 제751조 제1항은 "타인의 신체, 자유 또는 명예를 해하거나 기타 정신상 고통을 가한 자는 재산 이외의 손해에 대하여도 배상할 책임이 있다"고 규정하여, 비재산적 손해가 인정되기 위해서는 정신상 고통이 존재해야 하는지 논쟁이 있다.[62] 이는 사자의 경우 정신상 고통이 존재할 수 없기에 사자에 대한 보상에 있어서 중요한 의미를 가진다. 민법 제750조의 손해를 재산적 손해만을 의미하는 것으로 보고, 제751조의 재산 이외의 손해는 정신적 고통으로 인한 손해를 의미하는 것이라고 보는 견해[63]도 있으나, 비재산적 손해가 정신상 고통으로 인한 손해에 한정되지는 않는다고 이해해야 할 것이다.[64] 정신상 고통은 매우 불명확하고 주관적인 개념이어서 손해배상청구권의 발생 여부를 좌우하는 법률요건으로 작용하기 어렵고,[65] 민법 제752조[66]가 생명침해로 인한 위자료를 규정하면서 정신적 고통을 언급하지 않는 것처럼[67] 비재산적 손해 중에는 정신적 고통과

1992.12.22. 선고 92다9088 판결 등 참조.

62 권태상, "인격권 침해로 인한 비재산적 손해의 배상 -언론 보도에 의한 인격권 침해를 중심으로-", 「저스티스」통권 제178호, 한국법학원, 2020, 185쪽.

63 최문기, "채무불이행에 있어서 위자료청구권에 관한 일고찰", 「비교사법」제6권 제1호, 한국비교사법학회, 1999, 329쪽.

64 대법원 2010.1.28. 선고 2009다3974 판결; 대법원 2020.12.24. 선고 2017다1603 판결 등 참조.

65 양창수, 『민법입문』, 박영사, 2015, 257쪽.

66 민법 제752조(생명침해로 인한 위자료) 타인의 생명을 해한 자는 피해자의 직계존속, 직계비속 및 배우자에 대하여는 재산상의 손해없는 경우에도 손해배상의 책임이 있다.

67 이창현, "불법행위에 기한 위자료에 대한 소고", 「비교사법」제16권 제2호, 한국비교사법학회, 2009, 159쪽.

구분되는 손해가 발생할 수 있기 때문이다.[68]

2) 위자료 청구

사자에 대한 모욕의 경우에는 재산적 손해가 발생하기는 사실상 어렵기 때문에 비재산적 손해, 특히 정신적 피해에 의한 위자료 청구가 주를 이룰 것이다.[69] 그렇다면 어떠한 법익의 피해를 근거로 손해배상을 청구할 것인가에 대하여 사자의 인격을 근거로 하는 직접보호설과 유족의 경애·추모의 정을 근거로 하는 간접보호설이 있음은 앞서 살펴본 바와 같다.

직접보호설과 간접보호설은 손해배상의 수권자가 달라지기 때문에 위자료 청구부분에서 차이점을 보인다고 설명하는 견해도 있다.[70] 즉, 직접보호설을 따를 경우에는 사자에 대한 명예훼손과 유족에 대한 명예훼손을 따로 판단하여 손해배상을 별도로 명할 수 있는 반면, 간접보호설을 따를 경우에는 사자의 독자적인 위자료 산정이 발생할 여지가 없다는 것이다.

생각건대 권리능력에 대한 특별규정이 없는 사자에 대하여 민법 제

---

68 편집대표 김용담/박동진 집필부분, 『주석 민법 채권각칙(8)』, 한국사법행정학회, 2016, 217쪽.

69 실무상으로는 위자료를 정신적 고통에 대한 배상으로만 국한하지 않고, 피해자가 입은 산정하기 어려운 무형의 손해에 대한 배상을 '위자료'라고 하여 형평을 위한 규범적인 용도로 사용하는 경우도 있다. 대법원 1996.4.12. 선고 93다0614,40621 판결 참조.

70 함석천, "사자명예훼손과 사실·논평의 구별 기준에 관한 소고", 「저스티스」제34권 제6호, 한국법학원, 2001, 204-205쪽.

3조[71]의 규정에 반하여 손해배상청구권을 인정할 수 없고,[72] 사자가 정신적 고통이 있다고 할 수도 없으므로, 사자의 모욕행위에 대한 정신적 피해에 의한 위자료 청구의 근거는 유족 고유의 인격권에서만 구하여야 할 것이다.

우리 법원도 "사람은 생존한 동안 권리와 의무의 주체가 되는 것이므로(민법 제3조), 이미 사망한 역사 속 인물이나 그 인물과 연관된 사건에 관하여 허위의 사실을 적시하여 해당인물의 명예를 훼손하였다고 하더라도, 그러한 표현이 직접 그 역사 속 인물에 대한 불법행위가 된다거나, 그로 인해 이미 사망한 사람에게 직접 손해배상청구권이 발생한다고 볼 수는 없다."고 보았다.[73]

또한 법원은 위자료 청구권에 대해서도 사자에 대한 명예훼손의 경우 유족의 사자에 대한 추모·경애의 감정 침해와 별도로 이미 사망한 사자 본인의 정신적 고통을 생각하기는 어렵고, 우리 민법은 상속을 둘러싼 법률관계를 피상속인의 사망 시점을 기준으로 판단하도록 하고 있는데, 사망 후 명예훼손으로 인한 사자 본인의 위자료 청구권을 인정한다면 위자료 청구권의 효력발생시기를 상속개시 시점인 사망 시점에 소급시키는 별도의 규정이 없는 현행법의 체계 아래에서는 위자료 청구권의 상속관

---

71 민법 제3조(권리능력의 존속기간) 사람은 생존한 동안 권리와 의무의 주체가 된다.

72 신평, 『한국의 언론법』, 높이깊이, 2014, 269-270쪽.

73 서울중앙지방법원 2018.11.14. 선고 2017가합526348 판결; 대법원 2018.11.29. 선고 2017다207529 판결.

계를 도저히 설명하기 어렵게 되는 점 등의 이유를 들어,[74] 사자에게 위자료 청구권을 인정하지 않는다.

다만, 법원은 "유족이 스스로 망인에 대한 추모감정을 긍정적인 방향으로 형성하고 유지할 수 있는 권리는 헌법 제10조의 행복추구권에서 파생되는 권리로 볼 수 있고, 유족이 망인에 대한 추모감정을 형성하고 유지함에 있어 외부로부터 부당한 침해를 당하여 정신적 고통을 입는 것은 행복추구권의 실현을 방해하는 요소에 해당하므로, 행복추구권의 실현에 필요한 조치로서 유족의 망인에 대한 추모감정을 법적으로 보호할 필요성이 있고, '유족의 망인에 대한 추모감정'이 지니는 의미를 고려할 때, "타인의 신체, 자유 또는 명예를 해하거나 기타 정신상 고통을 가한 자는 재산 이외의 손해에 대하여도 배상할 책임이 있다."라고 규정하고 있는 민법 제751조 제1항에서 말하는 '기타 정신상 고통'에는 '유족이 망인에 대한 추모감정을 침해당하여 입은 정신상 고통'이 포함된다고 봄이 상당하다"고 판단하여,[75] 유족 고유에 대한 불법행위를 원인으로 한 손해배상청구(사자에 대한 명예훼손이 유족의 명예를 훼손하거나 유족의 사자에 대한 추모·경애

---

74 서울고등법원 2013.6.13. 선고 2013나2004096,2004102 판결; 서울중앙지법 2013.10.16. 선고 2011가합122171 판결; 서울서부지방법원 2016.2.3. 선고 2015가합36341 판결; 서울고등법원 2017.1.11. 선고 2016나2014094 판결 등.

75 사망한 전직 대통령 A의 유족인 B가 대학교수인 C를 상대로 C가 기말고사 시험문제를 출제하면서 A 개인 또는 A의 투신 및 사망사건을 조롱, 비하하는 표현행위를 통해 망 A와 B의 명예 등을 훼손했다는 이유로 손해배상을 청구한 사안이다. 대법원 2018.11.29. 선고 2017다207529 판결.

의 감정을 침해하는 경우)를 통해 사자의 명예를 보호하고 있다.[76]

(2) 명예회복을 위한 처분

1) 금지청구

인격권의 침해에 대한 민법상의 구제수단으로서 금전적 손해배상(민법 제750조, 제751조) 외에 명예회복에 필요한 다양한 처분(민법 제764조)이 가능하다. 그 중 하나로 금지청구권이 있다. 명예훼손이나 모욕에 대한 금지청구는 인격권이나 명예를 침해하는 내용과 표현의 출판이나 보도, 반포 등을 금지하거나 침해의 위험성이 있는 경우 그 침해예방을 청구하고, 나아가 권리를 침해하여 만들어진 방송이나 출판물의 제거를 요구할 수 있는 권한을 의미한다.[77] 즉, 금지청구는 ① 현재 반복중인 침해행위의 금지청구, ② 장래 침해행위의 금지를 구하는 예방청구, ③ 위법상태 또는 위법행위 조성물의 제거를 구하는 제거청구로 구성되어 있다.[78]

판례는 "민법 제764조에서 말하는 명예라 함은 사람의 품성, 덕행, 명예, 신용 등 세상으로부터 받는 객관적인 평가를 말하는 것이고, 명예가 훼손된 경우에 상대방에 대하여 불법행위로 인한 손해배상과 함께 명예

---

76 서울고등법원 2013.6.13. 선고 2013나2004096, 2004102 판결; 대법원 2001.1.19. 선고 2000다10208 판결 등 참조.

77 김세권, "명예의 개념과 명예훼손에 대한 민법상 구제방법에 관한 연구", 「동북아법연구」제12권 제2호, 전북대학교 동북아법연구소, 2018, 324쪽.

78 전경운·박수곤, "금지청구권에 대한 소고", 「민사법학」제93호, 한국민사법학회, 2020, 369쪽.

회복에 적당한 처분을 청구할 수 있고,"[79] "명예에 관한 권리는 일종의 인격권으로 볼 수 있는 것으로서, 그 성질상 일단 침해된 후에는 금전배상이나 명예 회복에 필요한 처분 등의 구제수단만으로는 그 피해의 완전한 회복이 어렵고 손해 전보의 실효성을 기대하기 어려우므로, 이와 같은 인격권의 침해에 대하여는 사전 예방적 구제수단으로 침해행위의 정지·방지 등의 금지청구권이 인정될 수 있다"[80]고 판시하고 있다.

학설도 인격권 또는 명예와 같은 인격적 이익에 대한 침해 등에 있어서 사후적·회복적 구제수단인 손해배상청구권보다는 사전적·예방적 손해배상인 금지청구권이 실효적일 수 있다는 데에는 공감하나, 그 근거에 대해서는 견해가 나뉘고 있다.[81] 먼저 손해배상청구는 불법행위 규정으로부터 발생하지만, 금지청구는 민법 제214조 민법 제214조[82] 물권적 청구권에 관한 규정을 유추적용하는 방식으로 해결하여야 한다는 견해가 있다.[83] 또 다른 견해는 금지청구는 불법행위 책임의 특칙으로, 명예훼손의 경우 명예회복에 적당한 처분을 할 수 있다는 민법 제764조의 규정으로

---

79 대법원 1988.6.14. 선고 87다카1450 판결.

80 대법원 1996.4.12. 선고 93다40614, 40621 판결; 대법원 1997.10.24. 선고 96다17851 판결.

81 김세권, 앞의 논문, 321쪽.

82 민법 제214조(소유물방해제거, 방해예방청구권) 소유자는 소유권을 방해하는 자에 대하여 방해의 제거를 청구할 수 있고 소유권을 방해할 염려있는 행위를 하는 자에 대하여 그 예방이나 손해배상의 담보를 청구할 수 있다.

83 김재형, "인격권에 관한 입법제안", 「민사법학」제57호, 한국민사법학회, 2011, 76-77쪽; 김세권, 앞의 논문, 323쪽.

부터 금지청구권을 인정할 수 있다고 보는 견해[84]도 있다.

전자에 의하면 금지청구권은 물권적 청구권으로부터 유추적용되므로 물권적 청구권 행사의 요건과 동일하게 가해자의 고의·과실을 필요로 하지 않는다. 후자는 이에 대해 고의·과실의 요건이 필요 없는 물권적 청구권으로서 방해배제 및 방해예방이 인정된다면, 고의·과실이 필요한 불법행위는 행위의 비난가능성이 높기 때문에 당연히 방해배제 및 방해예방이 인정되어야 되며, 불법행위 책임으로 손해배상을 인정한다면 그 손해발생의 원인이 되는 위법행위의 배제와 예방을 청구할 수 있도록 하는 것이 불법행위 제도의 취지에 맞는다는 것이다.[85]

이와는 달리 재산권의 침해에 대하여는 물권적 청구권을 인정하면서 그보다 더욱 보호되어야 할 인격권에 대하여는 금전배상 및 명예회복 처분에 그치고 금지청구권을 인정하지 않는다는 것은 권리보호의 형평성을 잃는다는 점과 인격권에서 파생된 권리라고 할 수 있는 저작권법에 방해배제청구권과 방해예방청구권이 인정되고 있는 점[86] 등을 근거로 인격권 자체에서 금지 청구권을 인정하는 견해[87]도 있다.

---

84 전광백, "언론의 인격권 침해에 대한 피해구제 수단", 「홍익법학」제13권 제3호, 홍익대학교 법학연구소, 2012, 137쪽.

85 전광백, 위의 논문, 137쪽.

86 저작권법 제123조 제1항은 "저작권 그 밖에 이 법에 따라 보호되는 권리를 가진 자는 그 권리를 침해하는 자에 대하여 침해의 정지를 청구할 수 있으며, 그 권리를 침해할 우려가 있는 자에 대하여 침해의 예방 또는 손해배상의 담보를 청구할 수 있다."고 규정한다.

87 이상정, "퍼블리시티권에 관한 소고", 「아세아여성법학」제4호, 아세아여성법학연구소, 2001, 326쪽.

생각건대, 판례는 손해배상(민법 제751조)과 명예회복을 위한 처분(민법 제764조)은 사후적인 구제 수단으로 파악하고, 금지청구권과 같은 사전적 예방적 수단은 제764조의 명예회복을 위한 처분에 포함하지 않는다.[88] 조문의 명시적 의미상 올바른 해석이라 생각한다. 따라서, 사후책임을 규정하는 민법 제764조에서 사전적 금지청구권의 근거를 찾는 것은 명문에 배치되므로 적절하지 않다. 또한 사전적 예방처분은 가해자의 고의·과실이라는 위법성과 비난가능성이 크기 때문에 인정되는 것인데, 물권적 청구권을 유추적용한다면 사후구제는 고의·과실을 요하고, 기본권의 충돌 문제를 일으킬 수 있어 더욱 엄격한 요건이 필요한 사전적 예방조치에는 가해자의 고의·과실을 요구하지 않는다는 모순이 발생할 수 있다.

그러므로, 금지청구권은 헌법상 보장된 인간의 존엄과 가치, 행복추구권으로부터 근거하고, 절대적이고 배타적인 성격을 가지는 인격권 자체의 권능으로부터 도출된다고 보아야 할 것이다.[89] 판례도 "인격권으로서 명예권에 기초하여 가해자에 대하여 현재 이루어지고 있는 침해행위를 배제하거나 장래에 생길 침해를 예방하기 위하여 침해행위의 금지를 구할 수도 있다"고 판시하여 금지청구권이 인격권 자체에서 도출됨을 확인하고 있다.[90] 다만 언론중재법과 같이 금지청구권이 명시적으로 규정[91]되

---

88 대법원 2013.3.28. 선고 2010다60950 판결.

89 김세권, 앞의 논문, 323쪽.

90 대법원 2013.3.28. 선고 2010다60950 판결.

91 언론중재법 제30조 제3항, 제4항 참조, 후술한다.

어 있는 경우에는 법적 근거에 대한 논의는 불필요할 것이다.

사자에 대한 모욕의 경우에도 유족 자신의 추모·경애의 정이 손상되고, 그로 인한 인격권 침해를 이유로 침해행위의 금지를 청구할 수 있을 것이다.[92] 다만, 금지청구권은 사전적 조치로서 표현의 자유와 충돌의 여지가 크기 때문에 행사요건의 엄격함이 요구된다.[93]

법원도 10·26사태를 소재로 한 "그때 그사람들"이라는 영화에 대한 영화상영금지 및 손해배상청구 소송에서 "유족의 사자(死者)에 대한 경애, 추모의 정의 침해를 이유로 영화상영 등의 금지를 명하는 것은, 그 영화로 인해 유족의 고인에 대한 경애, 추모의 정이 형해화되어 영화의 상영 등을 금지하지 않고서는 도저히 침해된 추모의 정을 회복하기 어려울 정도로 현저한 침해를 당하였다는 특별한 사정이 인정될 경우에만 가능하고, 정신적 손해에 대한 배상을 명하는 것은, 위와 같은 정도의 현저한 침해에 이르지 아니하더라도 고인의 유족으로서 감수해야 할 범위를 넘는

---

92 서울중앙지법 2006.8.10. 선고, 2005가합16572 판결 "사람은 죽은 후에 자신의 인격적 가치에 대한 중대한 왜곡으로부터 보호되어야만 살아 있는 동안의 인간으로서의 존엄과 가치를 진정으로 보장받는 것이므로, 사자(死者)의 인격적 법익에 대한 침해가 있는 경우에는 그 유족이 사자(死者)의 인격권 침해를 이유로 그 침해행위의 금지를 구할 수 있고, 다만 재산상속이 사망시를 기준으로 개시되는 이상 손해배상을 청구할 수는 없으나, 사자(死者)의 인격적 법익이 침해됨으로써 그 유족의 명예, 명예감정 또는 유족의 사자(死者)에 대한 경애, 추모의 정 등이 침해된 경우에는 사자(死者)의 인격적 법익의 침해와는 별도로 유족 자신의 인격적 법익의 침해를 이유로 그 침해행위의 금지와 손해배상을 청구할 수 있다."고 판시하고 있다.

93 이봉림·이기용, "사이버공간의명예훼손-인터넷서비스 제공자의 책임을 중심으로-", 「성균관법학」제19권 제3호, 성균관대학교 법학연구원, 2007, 839쪽.

경우이면 가능하다."고 하여 금지청구권에 대해서 손해배상청구권보다 강화된 요건을 요구하고 있다.[94]

2) 정정보도청구, 반론보도청구

민법 제764조가 규정하고 있는 명예회복을 위한 처분에 정정보도청구와 반론보도청구도 당연히 포함된다. 명예회복의 처분으로서 정정보도청구권이란 언론이 오보나 과장보도, 허위보도 등을 통하여 타인의 명예나 권리를 침해한 때에 그 정정을 요구하는 권리이고,[95] 반론보도청구권은 원보도의 진실 여부를 다투며 그 정정을 요구하는 권리가 아니라 원보도에 대한 반박 내용을 보도해 줄 것을 요구하는 권리이다. 즉, 반론보도청구권이 언론보도의 진실성 여부를 문제 삼지 않는다는 점에 반하여 정정보도청구권은 언론의 잘못된 보도를 문제 삼는다는 점에서 차이가 있다.[96] 이와 같은 청구권을 인정하는 이유는 강력한 영향력을 지닌 언론기관에 의해 피해를 입은 자에게 무기대등의 원칙에서 대등한 방어수단을 부여할 필요가 있기 때문이다.[97]

다만 언론중재법에서 정정보도청구권과 반론보도청구권에 대하여 명

---

94 서울중앙지방법원 2006.8.10. 선고 2005가합16572 판결.

95 박선영, "명예회복수단으로서의 정정보도청구권", 「저스티스」제31권 제4호, 한국법학원, 1998, 137쪽.

96 윤철홍, "명예훼손과 원상회복:사죄광고를 중심으로", 「비교사법」제1권 제3호, 한국비교사법학회, 2003, 29쪽.

97 대판 1991.1.15. 선고 90다카25468 판결; 대법원 1996.12.23. 선고 95다37278 판결.

문으로 요건과 효과에 대하여 상세히 규정하고 있으므로, 이에 대하여는 언론중재법의 구제수단을 논할 때, 상세히 서술한다.

3) 원상회복

인격권 침해에 대한 명예회복의 적당한 처분으로 원상회복도 들 수 있다. 가해자의 비용으로 그가 패소한 민사소송배상판결, 형사명예훼손죄의 유죄판결을 신문, 잡지 등에 게재하거나 명예훼손기사의 취소 광고를 하는 방법 등이 원상회복의 예시로 볼 수 있다.[98]

모욕과 명예훼손에 대한 원상회복의 방법 중 하나로 '사죄광고'도 생각할 수 있으나, 사죄광고는 헌법 제19조의 양심의 자유에 반하여 그 자체가 인격권의 침해로 되어 허용되지 아니한다고 보기 때문에,[99] 타인의 명예를 훼손한 가해자가 자발적으로 사죄광고를 하는 경우는 별론으로 하고, 사죄광고를 청구하거나, 명령할 수는 없다.

법원에 의한 승소판결문의 게재는 사죄광고와는 달리 행위의 주체는 법원이고, 가해자는 비용을 부담하게 된다. 취소광고도 사죄광고의 대안으로 제시되고 있는데, 취소광고는 가해자가 허위사실에 대해서는 인정하면서도 사죄의 의사표시를 포함하지 않는 것을 말한다.[100]

---

98 헌법재판소 1991.4.1. 선고 89헌마160 결정; 신희성, "명예훼손에 관한 헌법적·민사법적 고찰", 「우암논총」제38권, 청주대학, 2016, 15쪽.

99 헌법재판소 1991.4.1. 선고 89헌마160 결정.

100 윤철홍, 앞의 논문, 28쪽.

후술하는 바와 같이, 언론중재법 상의 추후보도청구권도 언론에 의해 범죄혐의가 있거나 형사상의 조치를 받았다고 보도 또는 공표된 자가 형사절차가 무죄판결 또는 이와 동등한 형태로 종결되었을 경우 언론사에 이 사실에 관한 추후보도의 게재를 청구할 수 있는 것으로 개별법에서 명문으로 인정된 원상회복 방법의 하나의 예라 할 것이다.

2. 언론중재법에 의한 구제

언론중재법은 과거 '정기간행물등록 등에 관한 법률'(현재 '잡지 등 정기간행물의 진흥에 관한 법률(약칭: 정기간행물법))과 '방송법' 등 각 개별법상 규정되어 있던 언론피해 구제제도를 포괄하여 단일화한 법이다. "방송, 신문, 잡지 등 정기간행물, 뉴스통신 및 인터넷신문"으로 정의되는 '언론'(언론중재법 제2조 제1호)에 의하여 명예 또는 권리의 침해를 받았을 경우 언론중재법에 규정된 구제절차를 이용할 수 있다.

동법이 정한 구제절차는 정정보도청구(동법 제14조), 반론보도청구(동법 제16조), 추후보도청구(동법 제17조)가 있고, 피해자는 동법에 따라 설치된 언론중재위원회에 정정보도, 반론보도, 추후보도 및 손해배상 청구 등에 대하여 조정 또는 중재를 신청할 수 있으며(동법 제18조 제1항, 제2항 및 제24조 제1항),[101] 법원에 정정보도, 반론보도, 추후보도 및 손해배상을 청구할

---

101 언론중재법 제18조(조정신청) ① 이 법에 따른 정정보도청구등과 관련하여 분쟁이 있는 경우 피해자 또는 언론사등은 중재위원회에 조정을 신청할 수 있다. ② 피해자는 언론보도등에 의한 피해의 배상에 대하여 제14조제1항의 기간 이내에 중재위원회에 조정을 신청할 수 있다. 이 경우 피해자는 손해배상액을 명시하여야 한다. 제24조(중재) ① 당사자 양쪽은 정

수도 있다(동법 제26조 제1항, 제30조 제1항).[102]

특히 언론중재법은 제5조 제1항에서 "타인의 생명, 자유, 신체, 건강, 명예, 사생활의 비밀과 자유, 초상(肖像), 성명, 음성, 대화, 저작물 및 사적(私的) 문서, 그 밖의 인격적 가치 등에 관한 권리"를 '인격권'으로 정의하여 민법과는 달리 인격권에 대한 적극적 보호규정을 두고 있다.[103] 또한 동법 제5조의2 제1항은 "제5조 제1항의 타인에는 사망한 사람을 포함한다."고 규정하여 사망자의 인격권 보호를 명시적으로 규정한다.[104] 이는 언론중재법이 인정하는 한도 내에서 사자의 권리 주체성이 인정되고 있는 것이다.[105]

본 조항들은 사실의 주장을 인격권 침해의 요건으로 하지 않고, 언론 등의 행위가 인격권을 침해하거나 침해할 우려가 있으면 원용할 수 있는

정보도청구등 또는 손해배상의 분쟁에 관하여 중재부의 종국적 결정에 따르기로 합의하고 중재를 신청할 수 있다.

102 언론중재법 제26조(정정보도청구등의 소) ① 피해자는 법원에 정정보도청구등의 소를 제기할 수 있다. 제30조(손해의 배상) ① 언론등의 고의 또는 과실로 인한 위법행위로 인하여 재산상 손해를 입거나 인격권 침해 또는 그 밖의 정신적 고통을 받은 자는 그 손해에 대한 배상을 언론사등에 청구할 수 있다.

103 언론중재법 제5조(언론등에 의한 피해구제의 원칙) ① 언론, 인터넷뉴스서비스 및 인터넷 멀티미디어 방송(이하 "언론등"이라 한다)은 타인의 생명, 자유, 신체, 건강, 명예, 사생활의 비밀과 자유, 초상(肖像), 성명, 음성, 대화, 저작물 및 사적(私的) 문서, 그 밖의 인격적 가치 등에 관한 권리(이하 "인격권"이라 한다)를 침해하여서는 아니 되며, 언론등이 타인의 인격권을 침해한 경우에는 이 법에서 정한 절차에 따라 그 피해를 신속하게 구제하여야 한다.

104 언론중재법 제5조의2(사망자의 인격권 보호) ① 제5조제1항의 타인에는 사망한 사람을 포함한다.

105 문덕민, "사자명예훼손 관련 입법의 체계정당성에 관한 고찰", 「미디어와 인격권」제7권 제3호, 언론중재위원회, 2021, 112쪽.

규정이므로, 사자에 대한 모욕행위가 사자 본인에 대한 인격권 침해나 침해의 우려가 있으면 제5조의2에 의거하여, 유족의 사자에 대한 추모·경애 감정을 훼손하여 유족의 인격권 침해나 침해의 우려가 있으면 제5조에 의거하여 구제절차를 활용할 수 있을 것이다.

문제는 사자에 대한 모욕행위로 인해 사자의 인격권이 침해되거나 침해될 우려가 있을 경우, 이미 사망한 사람이 법적 구제수단을 활용할 수는 없으므로 누가 이러한 구제수단을 수행하는가의 문제가 있다. 언론중재법 제5조의2 제2항은 사망자의 인격권을 침해하였거나 침해할 우려가 있는 경우 '유족'이 이에 따른 구제절차를 수행한다고 규정하고 있다. 이에 따라 사망한 자의 배우자와 직계비속이 수행하되, 배우자나 직계비속이 없는 경우에는 직계존속, 형제자매의 순으로 구제절차를 수행한다.[106]

그런데, 정정보도 청구와 관련하여 언론중재법은 '국가·지방자치단체, 기관 또는 단체의 장'은 해당업무에 대하여 기관 또는 단체를 대표하여 정정보도를 청구할 수 있고(제14조 제3항),[107] '민사소송법상 당사자능력이 없는 기관 또는 단체'라도 하나의 생활단위를 구성하고 보도 내용과

---

106 언론중재법 제5조의2(사망자의 인격권 보호) ② 사망한 사람의 인격권을 침해하였거나 침해할 우려가 있는 경우에는 이에 따른 구제절차를 유족이 수행한다. ③ 제2항의 유족은 다른 법률에 특별한 규정이 없으면 사망한 사람의 배우자와 직계비속으로 한정하되, 배우자와 직계비속이 모두 없는 경우에는 직계존속이, 직계존속도 없는 경우에는 형제자매가 그 유족이 되며, 같은 순위의 유족이 2명 이상 있는 경우에는 각자가 단독으로 청구권을 행사한다. ④ 사망한 사람에 대한 인격권 침해에 대한 동의는 제3항에 따른 같은 순위의 유족 전원이 하여야 한다.

107 언론중재법 제14조 ③ 국가·지방자치단체, 기관 또는 단체의 장은 해당 업무에 대하여 그 기관 또는 단체를 대표하여 정정보도를 청구할 수 있다.

직접적인 이해관계가 있을 때에는 그 대표자가 정정보도를 청구할 수 있다고 규정하고 있다(제14조의 제4항).[108] 반론보도청구와 추후보도청구의 경우에도 따로 규정된 것을 제외하고는 정정보도의 청구에 관한 내용을 준용하기에 국가·지방자치단체, 기관 또는 단체의 장 또는 민사소송법상 당사자능력이 없는 기관 또는 단체의 대표자는 언론중재법상 허용된 정정보도, 반론보도, 추후보도의 청구를 할 수 있다고 보아야 한다.

특별히 이 규정이 신설된 이유는 공법인과 당사자능력이 없는 단체가 인격권과 같은 기본권의 주체와 행사자가 될 수 있는가라는 헌법적인 문제와 관련된 것으로 언론중재법상 정정보도, 반론보도, 추후보도청구권에 대해서는 입법적으로 이러한 논쟁을 불식시킨 것으로 보인다.

물론 당사자능력이 있는 사법인인 경우에는 법인의 인격권이 침해 받거나 받을 우려가 있는 경우, 언론중재법상 자신의 이름으로 모든 구제수단을 활용할 수 있다고 보아야 한다. 법인이 인격권을 갖는가에 관하여 학설은 견해가 대립하나,[109] 판례는 일관되게 법인은 인격권의 주체가 된다고 한다. 헌법재판소도 "자연인이든 법인이든 인격의 자유로운 발현을 위해 보호받아야 할 인격권"이라고 표현하며 법인의 인격권을 인정하였

---

108 언론중재법 제14조 ④「민사소송법」상 당사자능력이 없는 기관 또는 단체라도 하나의 생활 단위를 구성하고 보도 내용과 직접적인 이해관계가 있을 때에는 그 대표자가 정정보도를 청구할 수 있다.

109 양천수, "법인의 인격권 재검토-법철학의 관점에서", 「법학연구」제58집, 전북대학교 법학연구소, 2018, 166쪽.

고,[110] 대법원은 법인뿐만 아니라, 종중과 같은 비법인사단에 대해서도 명예훼손에 대하여 손해배상과 명예회복에 적당한 처분을 구할 수 있다고 보았다.[111]

그런데, 국가나 사회에 큰 기여를 한 역사적 인물의 경우에는 사망한 뒤에, 사자를 기념하기 위해 기념사업회[112] 같은 독립된 단체를 설립하여 사자의 업적을 기리고, 그 유지를 받들고 전파하기 위한 고유의 활동을 한다. 그렇다면 사자에 대한 모욕행위가 발생할 경우, 사자를 추모하는 독립된 단체가 언론중재법상 구제수단을 활용할 수 있는가라는 의문이 있다. 사자 추모 단체가 자신의 인격권을 침해받거나 그러한 우려가 있는 사정을 들어 언론중재법상 구제수단을 활용하여 간접적으로 사자의 인격권을 보호할 수는 있을지라도, 언론중재법 제5조의2는 사망자의 인격

---

110 헌법재판소 1991.4.1. 선고 89헌마160 결정.

111 "민법 제764조에서 말하는 명예라 함은 사람의 품성, 덕행, 명예, 신용 등 세상으로부터 받는 객관적인 평가를 말하는 것이고 특히 법인의 경우에는 그 사회적 명예, 신용을 가리키는데 다름없는 것으로 명예를 훼손한다는 것은 그 사회적 평가를 침해하는 것을 말하고 이와 같은 법인의 명예가 훼손된 경우에 그 법인은 상대방에 대하여 불법행위로 인한 손해배상과 함께 명예 회복에 적당한 처분을 청구할 수 있고, 종중과 같이 소송상 당사자능력이 있는 비법인사단 역시 마찬가지라고 할 것인바, 사람(종중 등의 경우에도 마찬가지이다.)이 갖는 이와 같은 명예에 관한 권리는 일종의 인격권으로 볼 수 있는 것으로서, 그 성질상 일단 침해된 후에는 금전배상이나 명예 회복에 필요한 처분 등의 구제수단만으로는 그 피해의 완전한 회복이 어렵고 손해 전보의 실효성을 기대하기 어려우므로, 이와 같은 인격권의 침해에 대하여는 사전 예방적 구제수단으로 침해행위의 정지·방지 등의 금지청구권이 인정될 수 있다고 보아야 할 것이다." 대법원 1997.10.24. 선고 96다17851 판결.

112 우리나라의 경우, 사단법인 이승만건국대통령기념사업회, 사단법인 해위 윤보선대통령기념사업회, 사단법인 박정희기념문화사업회, 재단법인 최규하대통령기념사업회, 재단법인 김대중기념사업회, 노무현기념사업회 등 전직 대통령을 기념하기 위한 법인형태의 기념사업회가 존재한다.

권 침해시 수행자를 '유족'으로 한정하고 있기 때문에 사자 추모 단체가 직접적으로 사자의 인격권 침해에 대한 언론중재법상 구제수단을 활용할 수 없을 것이다.

결국 사자에 대한 모욕행위가 발생했을 경우, 언론중재법상 구제수단을 활용할 수 있는 자는 '유족'에 한하게 되고, 이 또한 사자가 사망 후 30년이 지났다면, 유족이라도 언론중재법의 구제절차를 수행할 수 없다.[113] 따라서, 빈번하게 발생하는 전직대통령에 대한 명예훼손이나 모욕의 경우에도 이미 사망한지 30년이 도과하였다면 언론중재법상 법적구제수단을 활용할 수 없다. 다만 유족이나 사망자 추모단체가 자신들의 인격권이 침해되거나 침해될 우려가 있다는 점을 들어 언론중재법상 구제수단을 활용하여 간접적으로 사자의 명예를 보호할 수는 있을 것이다.

(1) 손해배상

언론중재법의 규정은 민법과 유사하게 손해배상규정(언론중재법 제30조)[114]과 명예훼손의 특칙으로 명예회복을 위한 적당한 처분을 할 수 있도

---

113 언론중재법 제5조의2(사망자의 인격권 보호) ⑤ 다른 법률에 특별한 규정이 없으면 사망 후 30년이 지났을 때에는 제2항에 따른 구제절차를 수행할 수 없다. 물론 언론보도가 있었던 것을 안 날로부터 3개월, 언론보도가 있었던 날로부터 6개월의 행사기간도 적용된다(언론중재법 제14조 1항 단서, 제16조 제3항, 제17조 제1항). 따라서, 언론중재법상 사자의 인격권보호 구제절차는 먼저 언론보도를 안 날과 언론보도가 있은 날로부터 일정한 기간 내에 행사해야 한다는 제한과 사자가 사망한 후 30년내일 것이라는 이중의 제한이 있다.

114 언론중재법 제30조(손해의 배상) ① 언론등의 고의 또는 과실로 인한 위법행위로 인하여 재산상 손해를 입거나 인격권 침해 또는 그 밖의 정신적 고통을 받은 자는 그 손해에 대한 배상을 언론사등에 청구할 수 있다. ② 법원은 제1항에 따른 손해가 발생한 사실은 인정되나

록 규정되어 있다(동법 제31조).[115] 손해배상의 경우는 침해자가 언론사라는 점을 제외하고는 민법의 손해배상의 법리가 그대로 적용된다. 따라서, 언론사의 고의 또는 과실로 인한 위법행위로 인하여 재산상 손해를 입거나 인격권 침해 또는 그 밖의 정신적 고통을 받은 자는 그 손해에 대한 배상을 언론사에 청구할 수 있다.

다만 언론중재법에는 피해구제의 대상으로서의 타인에 '사망한 사람'이 포함되기 때문에 사자의 모욕행위에 대한 손해배상의 경우에 주의를 요한다. 사자는 정신적 고통을 받을 수 없기 때문에 정신적 고통에 의한 위자료 청구는 불가능하나 인격권 침해에 의한 위자료 청구는 가능할 것이며,[116] 손해액의 구체적인 금액을 산정하기 곤란하다면 법원은 변론의 취지 및 증거조사의 결과를 고려하여 그에 상당하다고 인정되는 손해액을 산정하여야 한다.[117] 이 경우에 손해배상의 구제절차는 유족이 수행하여야 하며, 사망 후 30년이 지났을 때는 손해배상을 청구할 수 없다는 언론중재법상의 제약은 그대로 적용된다. 물론 유족 고유의 인격권 침해를 이유로 유족 자신이 하는 손해배상청구는 당연히 가능하다.

손해액의 구체적인 금액을 산정(算定)하기 곤란한 경우에는 변론의 취지 및 증거조사의 결과를 고려하여 그에 상당하다고 인정되는 손해액을 산정하여야 한다.

115 언론중재법 제31조(명예훼손의 경우의 특칙) 타인의 명예를 훼손한 자에 대하여는 법원은 피해자의 청구에 의하여 손해배상을 갈음하여 또는 손해배상과 함께, 정정보도의 공표 등 명예회복에 적당한 처분을 명할 수 있다.

116 앞서 비재산적 손해에 반드시 정신적 고통에 한정되지 않음은 살펴보았다.

117 언론중재법 제30조 제2항.

(2) 금지청구

　언론중재법은 인격권 보호를 위한 사전권리구제수단으로서 금지청구
도 명문으로 인정한다. 언론사 등의 고의나 과실로 인한 위법행위로 재산
상 손해나 인격권 침해 또는 그 외의 정신적 고통을 받은 피해자가 인격
권을 침해하는 언론사에 침해의 정지를 청구할 수 있고, 그 권리를 명백
히 침해받을 우려가 있는 경우에는 언론사에 침해의 예방을 청구할 수 있
고(동법 제30조 제3항),[118] 피해자는 침해행위에 제공되거나 침해행위에 의하
여 만들어진 물건의 폐기나 그 밖에 필요한 조치도 청구할 수 있다(동법 제
30조 제4항).[119] 전술한 바와 같이 언론중재법에 의하여 명문화되기 이전에
도 학설과 판례로 인격권에 의한 금지청구권이 인정되었고,[120] 그 법적근
거에 대해 물권적 청구권, 인격권, 불법행위법 등의 견해가 대립되었는
데, 동법의 규정으로 입법적으로 해결되었다. 금지청구권은 사전적·예방
적 수단으로 사후적 구제수단에 관한 특칙인 동법 제31조의 명예회복을
위한 처분에 포함되지 않는다.

　사자에 대한 모욕의 경우에도 동법 제5조의2에 의해 사자 고유의 인

---

118 언론중재법 제30조 ③ 제1항에 따른 피해자는 인격권을 침해하는 언론사등에 침해의 정지
　를 청구할 수 있으며, 그 권리를 명백히 침해할 우려가 있는 언론사등에 침해의 예방을 청구
　할 수 있다.

119 언론중재법 제30조 ④ 제1항에 따른 피해자는 제3항에 따른 청구를 하는 경우 침해행위에
　제공되거나 침해행위에 의하여 만들어진 물건의 폐기나 그 밖에 필요한 조치를 청구할 수
　있다.

120 전광백, 앞의 논문, 137쪽.

격권 침해를 이유로 금지청구권을 행사할 수도 있을 것이고, 유족 자신의 인격권 침해를 이유로도 그 침해행위의 금지를 청구할 수 있을 것이다.[121] 다만, 사자 자신의 인격권 침해를 이유로 행사할 경우, 유족이 행사하여야 한다는 점과 사망 후 30년의 제약이 있다는 점은 앞선 손해배상과 같다. 또한 금지청구권은 사전적 조치로서 표현의 자유와 충돌의 여지가 크기 때문에 행사요건의 엄격함이 요구된다고 할 것이다.

(3) 정정보도, 반론보도, 추후보도청구

정정보도청구권이란 언론이 오보나 과장보도, 허위보도 등을 통하여 타인의 명예나 권리를 침해한 때에 그 정정을 요구하는 권리이고,[122] 반론보도청구권은 원보도에 대한 반박내용을 공표해 줄 것을 요구하는 권리이며, 추후보도청구는 언론에 의하여 범죄혐의가 있거나 형사상의 조치를 받았다고 보도 또는 공표된 경우에, 그에 대한 형사절차가 무죄판결 또는 이와 동등한 형태로 종결되었을 때 추후보도를 청구할 수 있는 권리이다. 언론중재법은 정정보도청구권의 요건 및 행사에 대하여 규정하고 별도의 규정이 없으면 정정보도청구권의 규정을 반론보도 및 추후보도 청구권에 준용한다.

언론중재법상 "언론보도"란 언론의 사실적 주장에 관한 보도를 말하고

---

121 서울중앙지법 2006.8.10. 선고 2005가합16572 판결.

122 박선영, 앞의 논문, 137쪽.

(동법 제2조 제15호), "사실적 주장"이란 "증거에 의하여 그 존재 여부를 판단할 수 있는 사실관계에 관한 주장"을 말한다(동법 제2조 제14호). 언론중재법상 정정보도청구권이나, 반론보도청구권은 사실적 주장에 관한 언론보도 등으로 피해를 입은 자가 행사할 수 있는 권리임을 명시하고 있으므로, 사실적 주장이 없는 모욕행위에 대한 구제책으로 활용할 수는 없다.

1) 정정보도청구

정정보도청구권이란 "언론의 보도 내용의 전부 또는 일부가 진실하지 아니한 경우 이를 진실에 부합되게 고쳐서 보도하는 것"을 의미하는 "정정보도"를 청구하는 권리를 말한다(동법 제2조 제16호). 정정보도청구권은 "사실적 주장에 관한 언론보도 등이 진실하지 아니함으로 인하여 피해자가 해당 언론보도 등의 내용에 관한 정정보도를 청구할 수 있는 권리"이다(동법 제14조 제1항).[123] 사실적 주장에 내용을 그 대상으로 하기 때문에 사실적 주장이 없는 모욕의 경우에는 활용할 수 없다.

정정보도청구권은 언론사의 고의나 과실, 위법성을 요하지 아니한다(동법 제14조 제2항).[124] 이에 대해 언론보도의 고의나 과실을 요하지 아니하

---

[123] 언론중재법 제14조(정정보도 청구의 요건) ① 사실적 주장에 관한 언론보도등이 진실하지 아니함으로 인하여 피해를 입은 자(이하 "피해자"라 한다)는 해당 언론보도등이 있음을 안 날부터 3개월 이내에 언론사, 인터넷뉴스서비스사업자 및 인터넷 멀티미디어 방송사업자(이하 "언론사등"이라 한다)에게 그 언론보도등의 내용에 관한 정정보도를 청구할 수 있다. 다만, 해당 언론보도등이 있은 후 6개월이 지났을 때에는 그러하지 아니하다.

[124] 언론중재법 제14조 ② 제1항의 청구에는 언론사등의 고의·과실이나 위법성을 필요로 하지 아니한다.

는 정정보도청구권이 언론의 자유를 침해한다는 주장이 있었으나, 헌법
재판소는 "정정보도를 거부할 수 있는 사유도 인정하고 있고, 제소기간
도 단기간으로 제한하고 있으며, 정정보도의 방법도 동일 지면에 동일 크
기로 보도문을 내도록 하여 원래의 보도 이상의 부담을 지우고 있지도 않
다."는 이유를 들어 언론의 자유를 침해하지 않는다고 판시하였다.[125]

아울러 헌법재판소는 정정보도청구권을 신문사 측에 고의·과실이 없
거나 위법성조각사유가 인정되는 등의 이유로 민사상의 불법행위책임이
나 형사책임을 추궁할 수 없는 경우에도 행사할 수 있다는 점에서 민법상
불법행위에 기한 청구권과 다르고, 문제의 보도가 허위임을 동일한 매체
를 통하여 동일한 비중으로 보도·전파하도록 하는 권리라는 점에서 반론
보도청구권과도 다른 새로운 성격의 청구권으로 해석하였다.[126]

정정보도청구권은 피해자가 해당 언론보도 등이 있었음을 안 날부터
3개월 이내, 해당 언론보도 등이 있은 후 6개월 이내에 청구할 수 있다(동
법 제14조 1항 단서). 민사소송법상 당사자능력이 있는 법인뿐만 아니라, 국
가·지방자치단체, 기관 또는 단체의 장도 해당 업무에 대하여 그 기관 또
는 단체를 대표하여 정정보도를 청구할 수 있고, 민사소송법상 당사자능

---

125 헌법재판소 2006.6.29. 선고 2005헌마165·14·55·07, 2006헌가3(병합) 결정.

126 헌법재판소 2006.6.29. 선고 2005헌마165·14·55·07, 2006헌가3(병합) 결정. 정정보도청구
권의 법적성격에 대하여 반론권의 일종으로 보는 견해, 민법 제764조에 의한 권리설이라는
견해, 언론중재법상 신설된 새로운 권리로 보는 견해 등이 대립하였으나, 헌법재판소는 언론
중재법상의 새로운 권리의 청구권으로 해석하여 논란을 정리하였다. 상세한 논의는 '이동
훈, "언론중재법상 정정보도청구권의 헌법적 함의", 「공법학연구」제16권 제3호, 한국비교공
법학회, 2015, 93-114쪽' 참조.

력이 없는 기관 또는 단체라도 하나의 생활단위를 구성하고 보도 내용과 직접적인 이해관계가 있을 때에는 그 대표자가 정정보도를 청구할 수 있음은 살펴본 바와 같다.

피해자가 법원에 정정보도청구의 소를 제기할 때도 해당 언론보도 등이 있었음을 안 날부터 3개월 이내, 해당 언론보도 등이 있은 후 6개월 이내에 제소하여야 하며(동법 제26조 제1항, 제3항), 정정보도청구, 반론보도청구, 추후보도청구의 소 등의 구제수단을 병합하여 제기할 수 있고, 소송 계속 중 상호간에 이를 변경할 수도 있다(동법 제26조 제2항). 이러한 정정보도청구 등의 소는 민법 제764조의 명예회복을 위한 권리의 행사에 영향을 미치지 아니한다(동법 제26조 제4항).[127]

2) 반론보도청구

반론보도청구란 "언론의 보도 내용의 진실 여부에 관계없이 그와 대립되는 반박적 주장을 보도하는 것"을 의미하는 "반론보도"를 청구할 수 있는 권리를 의미한다(동법 제2조 제17호). 반론보도청구권은 "사실적 주장에 관한 언론보도 등으로 인하여 피해를 입은 자가 그 보도 내용에 관한 반

---

[127] 언론중재법 제26조(정정보도청구등의 소) ① 피해자는 법원에 정정보도청구등의 소를 제기할 수 있다. ② 피해자는 정정보도청구등의 소를 병합하여 제기할 수 있고, 소송계속(訴訟繫屬) 중 정정보도청구등의 소 상호간에 이를 변경할 수 있다. ③ 제1항의 소는 제14조제1항(제16조제3항에 따라 준용되는 경우를 포함한다) 및 제17조제1항에 따른 기간 이내에 제기하여야 한다. 피해자는 제1항의 소와 동시에 그 인용(認容)을 조건으로 「민사집행법」 제261조제1항에 따른 간접강제의 신청을 병합하여 제기할 수 있다. ④ 제1항은 「민법」 제764조에 따른 권리의 행사에 영향을 미치지 아니한다.

론보도를 언론사 등에 청구하는 권리"로서(동법 제16조 제1항).[128] 정정보도 청구와 마찬가지로 사실적 주장에 내용을 그 대상으로 하기 때문에 사실적 주장이 없는 모욕의 경우에는 활용할 수 없다.

반론보도청구도 언론사 등의 고의·과실이나 위법성을 필요로 하지 아니하며, 보도 내용의 진실 여부와 상관없이 그 청구를 할 수 있다(동법 제16조 제2항). 반론보도 청구에 관하여는 따로 규정된 것을 제외하고는 정정보도 청구에 관한 언론중재법의 규정을 준용하므로(동법 제16조 제3항), 피해자는 해당 언론보도 등이 있었음을 안 날부터 3개월 이내, 해당 언론보도 등이 있은 후 6개월 이내에 언론사 등을 상대로 청구하거나 법원에 제소하여야 하고, 요건과 행사방법도 정정보도 청구를 준용하면 된다.

3) 추후보도청구

추후보도청구란 언론 등에 의해 범죄혐의가 있거나 형사상의 조치를 받았다고 보도 또는 공표된 자가 형사절차가 무죄판결 또는 이와 동등한 형태로 종결되었을 경우 언론사에 이 사실에 관한 추후보도의 게재를 청구할 수 있는 것을 말한다(동법 제17조 제1항). 당사자가 형사절차가 무죄판결이나 이와 동등한 형태로 종결되었을 것을 안 날로부터 3개월 이내에

---

128 언론중재법 제16조(반론보도청구권) ① 사실적 주장에 관한 언론보도등으로 인하여 피해를 입은 자는 그 보도 내용에 관한 반론보도를 언론사등에 청구할 수 있다. ② 제1항의 청구에는 언론사등의 고의·과실이나 위법성을 필요로 하지 아니하며, 보도 내용의 진실 여부와 상관없이 그 청구를 할 수 있다. ③ 반론보도 청구에 관하여는 따로 규정된 것을 제외하고는 정정보도 청구에 관한 이 법의 규정을 준용한다.

언론사 등을 상대로 청구하거나, 법원에 소를 제기하여야 한다(동법 제17조 제1항, 제26조 제2항). 추후보도청구권에 관하여도 정정보도청구권에 관한 언론중재법의 규정을 준용하며(동법 제17조 제3항), 추후보도청구권의 행사는 원칙적으로 정정보도청구권 또는 반론보도청구권의 행사에 영향을 끼치지 않는다(동법 제17조 제4항).[129]

3. 정보통신망법에 의한 구제

정보통신망법에서 사람을 비방할 목적으로 정보통신망을 통하여 공공연하게 사실 또는 거짓의 사실을 드러내어 다른 사람의 명예를 훼손한 자를 형사처벌의 대상으로 규정하고 있으나(정보통신망법 제70조), 사자에 대한 모욕에 대해서는 정보통신망법상 사자에 대한 특별한 규정이 없고, 사실의 적시가 없는 모욕에 대한 처벌규정이 없기 때문에 가해자를 형사상으로는 처벌할 수 없다는 점은 전술하였다.

그러나, 정보통신망법상 모욕에 대한 형사처벌 규정은 없으나, 정보통신망 이용자에게 사생활 침해 또는 명예훼손 등 타인의 권리를 침해하지 않아야 하는 의무를 부여하고(동법 제44조 제1항), 정보통신서비스 제공자

---

129 언론중재법 제17조(추후보도청구권) ① 언론등에 의하여 범죄혐의가 있거나 형사상의 조치를 받았다고 보도 또는 공표된 자는 그에 대한 형사절차가 무죄판결 또는 이와 동등한 형태로 종결되었을 때에는 그 사실을 안 날부터 3개월 이내에 언론사등에 이 사실에 관한 추후보도의 게재를 청구할 수 있다. ② 제1항에 따른 추후보도에는 청구인의 명예나 권리 회복에 필요한 설명 또는 해명이 포함되어야 한다. ③ 추후보도청구권에 관하여는 제1항 및 제2항에 규정된 것을 제외하고는 정정보도청구권에 관한 이 법의 규정을 준용한다. ④ 추후보도청구권은 특별한 사정이 있는 경우를 제외하고는 이 법에 따른 정정보도청구권이나 반론보도청구권의 행사에 영향을 미치지 아니한다.

는 이러한 정보가 유통되지 아니하도록 노력하여야 한다는 의무를 부여하고 있다(동법 제44조 제2항).[130] 또한 정보통신망을 통하여 일반에게 공개를 목적으로 제공된 정보로 사생활 침해나 명예훼손 등 타인의 권리가 침해된 경우 그 침해를 받은 자는 해당 정보를 처리한 정보통신서비스 제공자에게 침해사실을 소명하여 그 정보의 삭제 또는 반박내용의 게재를 요청할 수 있고(동법 제44조의2 제1항), 정보통신서비스 제공자는 해당 정보의 삭제 등을 요청받으면 지체 없이 삭제ㆍ임시조치 등의 필요한 조치를 하여야 하고(동법 제44조의2 제2항), 필요한 조치를 하면 이로 인한 배상책임을 줄이거나 면제받을 수 있다고 규정하고 있다(동법 제44조의 2 제6항).[131] 그러

---

[130] 정보통신망법 제44조(정보통신망에서의 권리보호) ① 이용자는 사생활 침해 또는 명예훼손 등 타인의 권리를 침해하는 정보를 정보통신망에 유통시켜서는 아니 된다. ② 정보통신서비스 제공자는 자신이 운영ㆍ관리하는 정보통신망에 제1항에 따른 정보가 유통되지 아니하도록 노력하여야 한다.

[131] 정보통신망법 제44조의2(정보의 삭제요청 등) ① 정보통신망을 통하여 일반에게 공개를 목적으로 제공된 정보로 사생활 침해나 명예훼손 등 타인의 권리가 침해된 경우 그 침해를 받은 자는 해당 정보를 처리한 정보통신서비스 제공자에게 침해사실을 소명하여 그 정보의 삭제 또는 반박내용의 게재(이하 "삭제등"이라 한다)를 요청할 수 있다. ② 정보통신서비스 제공자는 제1항에 따른 해당 정보의 삭제등을 요청받으면 지체 없이 삭제ㆍ임시조치 등의 필요한 조치를 하고 즉시 신청인 및 정보게재자에게 알려야 한다. 이 경우 정보통신서비스 제공자는 필요한 조치를 한 사실을 해당 게시판에 공시하는 등의 방법으로 이용자가 알 수 있도록 하여야 한다. ③ 정보통신서비스 제공자는 자신이 운영ㆍ관리하는 정보통신망에 제42조에 따른 표시방법을 지키지 아니하는 청소년유해매체물이 게재되어 있거나 제42조의2에 따른 청소년 접근을 제한하는 조치 없이 청소년유해매체물을 광고하는 내용이 전시되어 있는 경우에는 지체 없이 그 내용을 삭제하여야 한다. ④ 정보통신서비스 제공자는 제1항에 따른 정보의 삭제요청에도 불구하고 권리의 침해 여부를 판단하기 어렵거나 이해당사자 간에 다툼이 예상되는 경우에는 해당 정보에 대한 접근을 임시적으로 차단하는 조치(이하 "임시조치"라 한다)를 할 수 있다. 이 경우 임시조치의 기간은 30일 이내로 한다. ⑤ 정보통신서비스 제공자는 필요한 조치에 관한 내용ㆍ절차 등을 미리 약관에 구체적으로 밝혀야 한다. ⑥ 정보통신서비스 제공자는 자신이 운영ㆍ관리하는 정보통신망에 유통되는 정보에 대하여 제2항에 따른 필요한 조치를 하면 이로 인한 배상책임을 줄이거나 면제받을 수 있다.

나, 정보통신서비스 제공자가 동법 제44조, 제44조의 2의 규정에 따르지 않더라도 벌칙조항이 없기 때문에 형사법적으로는 아무런 책임을 지지 않는다.[132]

주의할 점은 형법이나 언론중재법과는 달리 정보통신망법 제44조의 명예훼손은 '사실의 적시'라는 요건을 요구하지 않는다. 형법상으로 명예훼손죄과 모욕죄는 사실의 적시라는 요건의 차이가 있을 뿐, 보호법익은 외적 명예로 동일하다는 것은 앞서 살펴본 바와 같다. 따라서 동법 제44조에서 정보통신서비스 제공자가 정보통신망에 유통시켜서는 안 되는 인격권 침해의 사항은 사실적시를 통한 명예 훼손과 사실적시 없이 경멸적 표현을 사용하여 사람의 명예를 훼손하는 모욕까지 포함한다고 보아야 할 것이다.

특히 동법 제44조는 '사생활 침해 또는 명예훼손 등 타인의 권리'라고 표현하고 있으므로 사생활의 보호나 명예는 정보통신망법이 보호해야하는 권리의 하나의 예시일 뿐이고, '타인의 권리'는 널리 인격권을 포함하

---

[132] 물론 제70조 이하의 벌칙조항에 포섭되지 않는다 하더라도 정보통신서비스 제공자에게 게시물을 삭제·차단하지 않은 책임을 물어 부작위에 의한 방조죄의 성립이 가능한가의 문제가 발생한다. 실제로 대법원 2006.4.28. 선고 2003도4128 판결에서 인터넷 포털 사이트 내 오락채널 총괄팀장과 위 오락채널 내 만화사업의 운영 직원인 피고인들에게, 콘텐츠 제공업체들이 게재하는 음란만화의 삭제를 요구할 조리상의 의무가 있다고 하여, 구 전기통신기본법(2001.1.16. 법률 제6360호로 개정되기 전의 것) 제48조의2 위반 방조죄의 성립을 긍정하기도 하였다. 그러나 사자에 대한 모욕은 형사적으로 처벌 받지 않고, 이에 대한 종범도 형사적으로 처벌을 받을 여지가 없기에 본고에서는 다루지 않는다. 관련논의는 임석순, "부작위에 의한 종범의 보증인지위 발생근거 -혐오표현물을 방치한 정보통신서비스 제공자의 형사책임을 중심으로-", 「형사법연구」제30권 제4호, 한국형사법학회, 2018, 111-133쪽; 이인영, "사이버범죄 관련 정보통신서비스 제공자의 형사책임에 관한 고찰", 「비교형사법연구」제19권 제4호, 한국비교형사법학회, 2018, 559-582쪽 참조.

는 포괄적 권리로 보아야 할 것이다. 물론 정보통신망법은 언론중재법과는 달리 '타인'에 사망자를 포함하고 있지 않기 때문에 사자는 본조의 타인에 포함될 수 없다. 그러나, 유족의 사자에 대한 추모·경애의 정을 유족고유의 인격권의 한 내용으로 본다면 사자에 대한 명예를 훼손하는 모욕에 대해서도 유족의 인격권을 보호함으로써 사자의 명예를 보호할 수 있을 것이다.

정보통신망법이 특별히 의미가 있는 것은 인터넷포탈사이트 같은 온라인서비스 제공자의 경우, 직접적으로 명예를 훼손한 가해자에게 공간을 제공함으로써 직접적인 가해행위를 한 행위주체와 더불어 공동으로 민사책임을 부담할 가능성이 있다는 것이다. 정보통신서비스 제공자는 타인의 명예나 권리를 침해하는 정보가 유통되지 아니하도록 노력하여야 한다는 의무가 있고(동법 제44조 제2항), 이로부터 명예훼손 게시물에 대한 삭제 및 차단 의무가 발생하므로, 고의·과실로 이러한 삭제 및 차단 의무를 해태하여 타인에게 손해가 발생하는 경우 부작위에 의한 불법행위책임을 지게 되는 것이다.[133] 문제는 이러한 명예훼손 행위에 대하여 그 공간을 제공해준 정보통신서비스 제공자가 어느 정도의 삭제 및 차단 의무에 주의를 기울여야 면책이 되는가이다.

이에 대하여 대법원 2009. 4. 16. 선고 2008다53812 전원합의체 판결(이하 '대법 2008다53812 판결'이라 한다)은 많은 논쟁을 불러 일으켰다. 이 판결

---

[133] 대법원 2009.4.16. 선고 2008다53812 판결.

이전에는 대법원은 "특별한 사정이 없다면 단지 홈페이지 운영자가 제공하는 게시판에 다른 사람에 의하여 제3자의 명예를 훼손하는 글이 게시되고 그 운영자가 이를 알았거나 알 수 있었다는 사정만으로 항상 운영자가 그 글을 즉시 삭제할 의무를 지게 된다고 할 수는 없다."[134] 고 하여 정보통신서비스 운영자에게 완화된 의무를 인정하였고, 대법 2008다53812 판결 소수의견도 "인터넷 종합 정보제공 사업자의 명예훼손 게시물에 대한 삭제의무는 특별한 사정이 없는 한 위 사업자가 피해자로부터 명예훼손의 내용이 담긴 게시물을 '구체적·개별적으로 특정'하여 '삭제하여 달라는 요구'를 받았고, 나아가 그 게시물에 명예훼손의 불법성이 '현존'하는 것을 '명백'히 인식하였으며, 그러한 삭제 등의 조치를 하는 것이 '기술적·경제적으로 가능'한 경우로 제한하는 것이 합리적이고 타당하다."고 의견을 제시하였다.

그러나, 대법 2008다53812 판결 다수의견은 "인터넷 종합 정보제공 사업자가 제공하는 인터넷 게시공간에 게시된 명예훼손적 게시물의 불법성이 명백하고, 위 사업자가 위와 같은 게시물로 인하여 명예를 훼손당한 피해자로부터 구체적·개별적인 게시물의 삭제 및 차단 요구를 받은 경우는 물론, 피해자로부터 직접적인 요구를 받지 않은 경우라 하더라도 그 게시물이 게시된 사정을 구체적으로 인식하고 있었거나 그 게시물의 존재를 인식할 수 있었음이 외관상 명백히 드러나며, 또한 기술적, 경제

---

134 대법원 2003.6.27. 선고 2002다72194 판결.

적으로 그 게시물에 대한 관리·통제가 가능한 경우에는, 위 사업자에게 그 게시물을 삭제하고 향후 같은 인터넷 게시공간에 유사한 내용의 게시물이 게시되지 않도록 차단할 주의의무가 있다."고 판시하여 기존의 견해를 변경하였다.

즉 정보통신서비스 제공자가 피해자로부터 구체적·개별적인 게시물의 삭제 및 차단 요구를 받은 경우뿐만 아니라, 그러한 요구가 없었더라도 일정한 요건 하에서 게시물을 삭제 및 차단할 의무가 생긴다고 판단함으로써 정보통신서비스 제공자에게 강화된 의무를 부여한 것이다. 이 판결은 많은 논쟁을 불러 일으켰고, 다양한 비판이 전개되었다.[135]

필자의 견해로도 이 판결은 실질적으로 모든 게시물을 검토할 수 없는 정보통신서비스 제공자에게 과도한 주의의무를 부담시키고, 표현의 자유 면에서도 피해자의 삭제요청이 없는 경우까지 운영자에게 감시 및 삭제의무를 인정하는 것은 사실상 모든 게시물에 대한 검열을 인정하는 것과 유사한 결과를 초래하므로,[136] 지나친 것으로 보인다.

---

135 정상조, "명예훼손에 대한 포털의 책임 -대법원 2009.4.16. 선고 2008다53812판결에 대한 비판적 검토-", 「서울대학교 법학」제51권 제2호, 서울대학교 법학연구소, 2010, 229-272쪽; 권태상, "인터넷상 명예훼손에 대한 인터넷서비스 제공자의 민사책임 -대법원 2009.4.16. 선고 2008다53812 전원합의체 판결-", 「법학논집」제17권 제2호, 이화여자대학교 법학연구소, 2012, 271-305쪽; 추신영, "제3자의 게시물로 인한 인터넷 종합정보제공 사업자의 불법행위책임 -대법원 2009.4.16. 선고 2008다53812 전원합의체 판결-", 「인권과 정의」 제409호, 대한변호사협회, 2010, 73-88쪽; 최나진, "온라인 명예훼손에 대한 온라인서비스 제공자의 민사책임", 「아주법학」제10권 제2호, 아주대학교 법학연구소, 2016, 67-102쪽; 배병일, "방송보도로 인한 명예훼손에서의 상당성 판단의 기준 -방송의 입장에서-", 「동북아법연구」제9권 제3호, 전북대학교 동북아법연구소, 2016, 243-288쪽 등 참조.

136 신상현, "위법한 명예훼손 게시물의 삭제 및 차단의무에 관한 소셜네트워크 운영자의 형법적 책임", 「법학연구」제20권 제3호, 인하대학교 법학연구소, 2017, 81쪽.

따라서, 인터넷 종합 정보제공 사업자의 명예훼손 게시물에 대한 삭제 의무의 부담은 사업자가 피해자로부터 명예훼손의 내용이 담긴 게시물을 구체적·개별적으로 특정하여 삭제하여 달라는 요구를 받은 경우를 원칙으로 하되, 요구가 없었으나 사업자가 그 게시물에 명예훼손의 불법성이 현존하는 것을 명백히 인식한 경우에는 게시자에게 통보하여 소명의 기회를 부여하고, 게시자가 이에 응하지 않은 경우에 삭제의무를 부과하는 것이 피해자의 인격권 보호와 표현의 자유의 균형을 이루는 방법이라고 생각한다.

사자에 대한 모욕적 표현이 포함되어 있는 게시물의 경우에도 정보통신서비스 제공자는 사자에 대한 추모·경애의 정을 내용으로 하는 유족의 인격권을 보호하고, 명예훼손 게시물에 대한 삭제 및 차단 의무가 발생하므로 정보통신서비스 제공자가 고의·과실로 이러한 삭제 및 차단 의무를 해태하여 손해가 발생하였다면 가해자와 함께 부진정연대책임을 진다고 볼 수 있을 것이다.[137]

V. 결론

비록 기본권의 주체는 살아있는 사람에 한한다 할지라도 사자의 명예와 인격을 보호할 필요가 있다는 것은 살아 있는 사람의 권리를 보호하기

---

[137] 이인석, "명예훼손에 대한 온라인서비스 제공자의 민사책임", 「저스티스」제67호, 한국법학원, 2002, 190-191쪽.

위해서도 당연히 인정되어야 한다. 현행 개별 법률로도 사자의 명예, 인격권, 재산권 등을 보호하기 위한 다양한 규정들이 존재한다.

실정법상 이러한 사자의 권리를 보호하는 근거와 보호법익에 대하여 사자 고유의 인격권을 인정함으로써 규정의 근거와 보호법익을 설명하는 견해도 있고, 유족의 고유한 인격권이나, 유족의 사자에 대한 경애·추모 감정의 보호로써 이를 설명하는 견해도 존재한다. 그러나, 이러한 직접보호설과 간접보호설은 상호보완적이라고 할 수 있고, 기본적으로 권리와 의무의 주체가 되는 것은 살아있는 사람에 한한다 할 것이므로, 유족 고유의 인격권 보호를 통해 사자의 인격권을 보호하는 간접보호설을 원칙으로 하되, 입법자가 사회적 필요에 의하여 개별법을 통하여 사자의 인격권을 인정하고 행사방법 등을 규정하였을 경우에 한하여 제한적으로 권리능력을 가진다고 보는 것이 합당할 것이다.

사자에 대하여 사실의 적시 없이 경멸적 표현으로 모욕을 범했을 경우, 죄형법정주의의 원칙상 형법으로는 사자모욕죄가 없기 때문에 형사처벌을 할 수 없고, 정보통신망법으로도 모욕죄 자체가 없기 때문에 형사처벌을 할 수 없다. 이에 사자모욕죄, 사이버모욕죄 신설 등 모욕행위에 대한 처벌과 강화를 위한 입법론이 제기되고 있는데, 헌법상 표현의 자유와 기본권 충돌의 문제가 있으므로 신중하게 접근하여야 할 것이다.

이와는 달리, 민사적으로는 사자 모욕행위에 대한 금전적인 손해배상과 다양한 명예회복 처분이 가능하다. 다만 그 근거를 사자 고유의 인격권을 인정하여 사자의 인격권 침해를 민사적 구제의 근거로 삼을 것인지

사자에 대한 유족의 추모·경애의 감정을 유족의 인격권의 한 내용으로 인정하여 유족의 인격권 침해를 근거로 삼을지에 대해서는 논란이 있다. 직접보호설이 사자의 인격보호를 위해 우월하다는 견해도 있으나, 실질적으로는 유족의 인격권을 통해 사자의 명예를 보호하는 것이 위자료 청구나 사자 특별보호 규정이 없는 개별법에서도 활용의 범위가 넓어 사자의 명예 보호에 오히려 유리하다고 할 수 있다.

민법상으로 유족은 자신의 인격권이 침해받았음을 이유로 손해배상을 청구할 수 있으나, 사자의 경우에는 살아 있는 타인에 포함되지 않기 때문에 사자에 대한 특별한 규정이 없는 이상 손해배상청구를 할 수 없다. 유족은 금지청구권, 정정보도청구와 반론보도청구, 원상회복 같은 명예회복에 필요한 다양한 처분을 통해서도 사자의 명예와 인격권을 보호할 수 있을 것이다.

언론피해 구제제도를 포괄하여 제정된 언론중재법은 인격권 보호의 대상으로서의 타인에 사망한 사람을 포함함으로써 이 법이 인정하는 한도 내에서 사자의 권리 주체성이 인정되고 있다. 따라서 사자에 대한 모욕에 대하여, 사자 고유의 인격권 침해를 이유로 언론중재법상의 구제수단을 활용할 수도 있고, 유족 자신의 인격권 침해를 이유로 구제수단을 활용할 수도 있을 것이나, 언론중재법상 정정보도청구권이나 반론보도청구권은 사실적 주장에 관한 언론보도 등으로 피해를 입은 자가 행사할 수 있는 권리임을 명시하고 있으므로, 사실적 주장이 없는 모욕행위에 대한 구제책으로 활용할 수는 없다.

정보통신망법은 사자에 대한 특별규정이 없다 할지라도 동법은 명예훼손을 사실의 적시를 통해서 이루어지는 것으로 한정하지 않기 때문에 사자에 대한 모욕의 경우도 유족의 인격권 보호를 통해 간접적으로 사자의 명예를 보호할 수 있다. 특히 인터넷포탈사이트 같은 온라인서비스 제공자의 경우, 직접적으로 명예를 훼손한 가해자에게 공간을 제공함으로써 직접적인 가해자와 더불어 공동으로 민사책임을 부담할 가능성이 있다. 법원은 정보통신서비스 제공자가 피해자로부터 구체적·개별적인 게시물의 삭제 및 차단 요구를 받은 경우뿐만 아니라, 그러한 요구가 없었더라도 일정한 요건 하에서 게시물을 삭제 및 차단할 의무가 생긴다고 판단함으로써 정보통신서비스 제공자에게 강화된 의무를 부여하였으나, 표현의 자유와 균형을 고려하여, 완화된 기준을 설정하여야 할 것이다.

참고문헌

국내문헌
 1) 단행본
곽윤직, 『채권총론』, 박영사, 2013.

김민중, 『민법총칙강의』, 로앤피플, 2008.

김일수·서보학, 『새로쓴 형법각론』, 박영사, 2018.

김재형, 『언론과 인격권』, 박영사, 2012.

박상기, 『형법각론』, 박영사, 2008.

성낙인, 『헌법학』, 법문사, 2020.

손동권, 『형법각론』, 율곡출판사, 2006.

송덕수, 『채권법총론』, 박영사, 2020.

신 평, 『한국의 언론법』, 높이깊이, 2014.

양창수, 『민법입문』, 박영사, 2015.

오영근, 『형법각론』, 박영사, 2009.

이정원·류석춘, 『형법각론』, 법영사, 2019.

임웅, 『형법각론』, 법문사, 2012.

편집대표 곽윤직, 『민법주해[IX] 채권(2)』, 박영사, 2011.

편집대표 김용담, 『주석 민법 채권각칙(6)』, 한국사법행정학회, 2016.

_____, 『주석 민법 채권각칙(8)』, 한국사법행정학회, 2016.

2) 논문
권태상, "자신의 유체(遺體)에 관한 사망자의 인격권 -대법원 2008.11.20. 선고
    2007다7670 전원합의체판결-", 「법학논총」제33권 제2호, 단국대학교 법
    학연구소, 2009.

_____ , "인터넷상 명예훼손에 대한 인터넷서비스 제공자의 민사책임 -대법원
    2009.4.16. 선고 2008다53812 전원합의체 판결-", 「법학논집」제17권 제2

호, 이화여자대학교 법학연구소, 2012.

_____ , "인격권 침해로 인한 재산적 손해", 「법조」제69권 제1호, 법조협회, 2020.

_____ , "인격권 침해로 인한 비재산적 손해의 배상 -언론 보도에 의한 인격권 침해를 중심으로-", 「저스티스」통권 제178호, 한국법학원, 2020.

김두상, "사이버 공간에서의 명예훼손 및 모욕에 관한 규정 검토", 「법학연구」제21권 제1호, 경상국립대학교 법학연구소, 2013.

김민중, "사자(死者)의 인격권", 「동북아법연구」제5권 제1호, 전북대학교 동북아법연구소, 2011.

김상용, "인격권침해에 대한 사법적 구제방법의 비교고찰(1)", 「사법행정」제28권 제10호, 한국사법행정학회, 1987.

_____ , "인격권침해에 대한 사법적 구제방법의 비교고찰(3)", 「사법행정」제29권 제2호, 한국사법행정학회, 1988.

김세권, "명예의 개념과 명예훼손에 대한 민법상 구제방법에 관한 연구", 「동북아법연구」제12권 제2호, 전북대학교 동북아연구소, 2018.

김재형, "인격권에 관한 입법제안", 「민사법학」제57호, 한국민사법학회, 2011.

문덕민, "사자명예훼손 관련 입법의 체계정당성에 관한 고찰", 「미디어와 인격권」제7권 제3호, 언론중재위원회, 2021.

박광현, "사이버공간에서의 법익침해에 관한 형사법적 고찰", 「법학논집」제28집, 숭실대학교 법학연구소, 2012.

박경신·김가연, "모욕죄의 보호법익 및 법원의 현행 적용방식에 대한 헌법적 평가", 「언론과 법」제10권 제2호, 한국언론법학회, 2011.

박동진, "독일 손해배상법상 손해의 인식과 산정방법", 「연세법학연구」4권1호, 연세법학회, 1997.

박선영, "명예회복수단으로서의 정정보도청구권", 「저스티스」제31권 제4호, 한국법학원, 1998.

박수희, "사이버명예훼손에 대한 형사법적 규제 및 개선방안", 「한양법학」제27

권 제1호, 한양법학회, 2016.

배병일, "방송보도로 인한 명예훼손에서의 상당성 판단의 기준 -방송의 입장에서-", 「동북아법연구」제9권 제3호, 전북대학교 동북아법연구소, 2016.

백대열, "사망자의 인격권 보호를 위한 입법제안 -유족을 통한 간접적 보호에서 사망자 본인의 의사존중으로-", 「법조」제70권 제2호, 법조협회, 2021.

손동권, "언론보도와 사자의 명예훼손", 「언론중재」제12권 제1호, 언론중재위원회, 1992.

신상현, "위법한 명예훼손 게시물의 삭제 및 차단의무에 관한 소셜네트워크 운영자의 형법적 책임", 「법학연구」제20권 제3호, 인하대학교 법학연구소, 2017.

신희성, "명예훼손에 관한 헌법적·민사법적 고찰", 「우암논총」제38권, 청주대학, 2016.

양천수, "법인의 인격권 재검토-법철학의 관점에서", 「법학연구」제58집, 전북대학교 법학연구소, 2018.

윤철홍, "명예훼손과 원상회복:사죄광고를 중심으로", 「비교사법」제1권 제3호, 한국비교사법학회, 2003.

이동훈, "언론중재법상 정정보도청구권의 헌법적 함의", 「공법학연구」제16권 제3호, 한국비교공법학회, 2015.

이봉림·이기용, "사이버공간의 명예훼손 -인터넷서비스 제공자의 책임을 중심으로-", 「성균관법학」제19권 제3호, 성균관대학교 법학연구소, 2007.

이상정, "퍼블리시티권에 관한 소고", 「아세아여성법학」제4호, 아세아여성법학연구소, 2001.

이상현, "사자(死者)의 명예훼손죄에 대한 비교법적 연구와 시사점", 「법학연구」제24권 제4호, 경상대학교 법학연구, 2016.

이성원, "사자 명예훼손에 대한 법적 구제수단 연구-민사적 구제수단을 중심으로-", 「동북아법연구」제42호, 전북대학교 동북아법연구소, 2022.

_____, "사자 모욕에 대한 법적 구제수단 연구-민사적 구제수단을 중심으로-",

「서울법학」제30권 제4호, 서울시립대학교 법학연구소, 2023.

이인석, "명예훼손에 대한 온라인서비스 제공자의 민사책임", 「저스티스」제67호, 한국법학원, 2002.

이인영, "사이버범죄 관련 정보통신서비스 제공자의 형사책임에 관한 고찰", 「비교형사법연구」제19권 제4호, 한국비교형사법학회, 2018.

이창현, "불법행위에 기한 위자료에 대한 소고", 「비교사법」제16권 제2호, 한국비교사법학회, 2009.

임석순, "부작위에 의한 종범의 보증인지위 발생근거 -혐오표현물을 방치한 정보통신서비스 제공자의 형사책임을 중심으로-", 「형사법연구」제30권 제4호, 한국형사법학회, 2018.

장재옥, "遺族의 死者에 대한 追慕의 情", 강원대학교 비교법학연구소, 「강원법학」제14권, 강원대학교 비교법학연구소, 2001.

전광백, "언론의 인격권 침해에 대한 피해구제 수단", 「홍익법학」제13권 제3호, 홍익대학교 법학연구소, 2012.

전경운·박수곤, "금지청구권에 대한 소고", 「민사법학」제93호, 한국민사법학회, 2020.

정상조, "명예훼손에 대한 포털의 책임 -대법원 2009.4.16. 선고 2008다53812 판결에 대한 비판적 검토-", 「서울대학교 법학」제51권 제2호, 서울대학교 법학연구소, 2010.

정 완, "인터넷상 명예훼손죄에 관한 고찰", 「LAW & TECHNOLOGY」제5권 제3호, 서울대학교 기술과법센터, 2009.

추신영, "제3자의 게시물로 인한 인터넷 종합정보제공 사업자의 불법행위책임 -대법원 2009.4.16. 선고 2008다53812 전원합의체 판결-", 「인권과 정의」제409호, 대한변호사협회, 2010.

최나진, "온라인 명예훼손에 대한 온라인서비스 제공자의 민사책임", 「아주법학」제10권 제2호, 아주대학교 법학연구소, 2016.

최문기, "채무불이행에 있어서 위자료청구권에 관한 일고찰", 「비교사법」제6권 제1호, 한국비교사법학회, 1999.

함석천, "사자명예훼손과 사실·논평의 구별 기준에 관한 소고", 「저스티스」제 34권 제6호, 한국법학원, 2001.

이승만 건국대통령 기념관 건립의 방향

이 주 천

원광대학교 사학과 명예교수, 현 제주4·3사건재정립시민연대 역사수호위원장

I. 문제의 제기

1. 이승만 건국대통령에 대한 장기간 홀대(忽待)와 4·19세대의 반성

올해는 해방 78주년, 대한민국 건국 75주년이 되는 해이다. 문재인 주사파 정권에서 가까스로 윤석열 정권으로 교체된 이후 1년 반이 경과되면서 한숨을 돌린 국민들은 국가위기의 근본적 원인에 대한 역사적 성찰

의 기회를 가지게 되었다. 여기에 작년 러시아 푸틴의 우크라이나전쟁으로 인한 국제정세의 변화도 국민적 각성에 기여했다. 윤석열 대통령이 국빈 자격으로 나토에 두 차례 초청을 받으면서 세계는 높아진 한국의 외교적 위상에 주목했으며, 안보위기에 처한 폴란드가 한국산 K-2 전차와 K-9 자주포, FA-50 경공격기를 대량 구입하면서 한국 방산 수출이 대박을 터뜨리자, 국민들은 대한민국의 높아진 외교적·군사적 위상을 실감하게 되었다. 작년 '세계에서 가장 강력한 국가' 조사에서 한국이 6위를 차지했다고 미국 US뉴스앤월드리포트(USNWR)가 지난달 12월 31일 발표했다.[1] 그래서 국민들은 대한민국에 대한 자긍심을 찾게 되었고, 그 결과 국가정체성 회복을 위한 국민대각성운동이 일어나게 된 것이다.

국가정체성 회복을 위한 선결 작업은 건국사에 대한 이해인 것이고, 이는 이승만 건국대통령에 대한 재평가가 필수적이라는 점이 지적되었다. 이것은 자연스럽게 이승만 대통령에 대한 명예회복 움직임이 각계에서 일어나고 있는 움직임과 무관하지 않다. 이런 움직임의 발단이 된 것은 지난 3월 3·1절 기념식에서였다. 당시 행사를 주관한 행정안전부는 윤석열 대통령 연설 뒷 배경으로 독립운동가 11명[2]의 현수막을 내걸었는데, 유독 이승만 건국대통령의 얼굴이 빠진 것이었다. 문재인 정권하에서 길

---

1 1위 미국, 2위 중국, 3위 러시아, 4위 독일, 5위 영국, 7위 프랑스, 8위 일본, 9·10위는 아랍에미리트와 이스라엘이었다. 일본은 지난해 6위였지만 한국과 자리를 바꾸며 두 계단이 내려왔다. '한국 세계에서 가장 강력한 국가 6위, 전자신문(etnews), (2023.1.2.). https://www.etnews. com/20230102000088(검색일: 2023.9.18.)

2 김구, 김규식, 안창호, 이봉창, 윤봉길, 유관순, 안중근, 김좌진, 민영환, 박은식, 신채호 등이다.

들여진 공직자들의 이승만 대통령과 건국사에 대한 한심한 역사인식을 노출시킨 해프닝이었다.

좌측 위로부터; 김규식, 윤봉길, 이봉창, 김구, 안창호, 우측 위로부터; 김좌진, 민영환, 박은식, 신채호, 안중근, 유관순 등이다.

이후 일부 국민의힘 의원과 박민식 국가보훈부장관 등 내부에서는 물론이고 외부의 우익 언론과 시민단체에서 이를 비판하는 목소리가 나왔다. 이에 체면을 구긴 윤석열 대통령이 참모들을 질책하며 이승만 건국대통령에 대한 세간의 저평가를 안타까워하고 이승만 대통령의 홀대에 대한 명예회복을 직접 지시하였다. '이승만 기념관' 건립추진도 이러한 배경에서 나온 것으로 추정된다.

4·19세대의 이승만 대통령에 대한 평가도 예전과 다르다. 4·19 민주화 혁명에 가담한 한화갑 민주당 전 대표와 당직자들이 19일 오전 이승만

대통령 묘역에 헌화 참배하였다. 무려 63년 만에 이뤄진 화해다. 4·19 주역들이 건국대통령 우남(雩南)의 묘역을 찾아 화해의 손길을 내민 것은 이번이 처음이다. '리틀 DJ'라 불리는 한화갑 전 의원은 "이승만 전 대통령이 하야할 때 낸 성명 중 기억에 남는 게 있다. 국민이 물러나라고 하니까 물러나겠다는 그 말. 이승만 전 대통령이 민의를 존중하는 대통령이었다는 것을 말해준다"며 "이승만 전 대통령은 평생을 조국의 독립, 6·25전쟁 이후 한미 상호방위조약으로 안보를 확보했다"고 이 대통령의 공적을 인정했다. 한 전 의원은 기념사 도중 감정에 북받쳐 눈물을 훔쳤다.

4월 26일, 이승만 대통령 탄생 128주년 기념으로 현충원을 찾은 이영일 전 의원은 "이 전 대통령을 독재자로만 알고 있었으나, 세계 각국 정치

이승만 대통령 묘역을 참배하는 한화갑 전 의원

를 지켜보며 오해했다고 파악하게 됐다"고 했다. 그는 "초대 대통령으로 자유민주주의와 시장경제 지향의 정부 수립을 주도한 점, 6·25 이후 한미 상호방위조약을 맺어 경제 발전이 가능한 안보 토대를 마련한 점 등은 분명한 공적"이라고 강조했다. 또 이인호 전 러시아 대사도 "자유나 자치를 외쳐본 적 없는 군주제 국가에서 선거를 통해 자유민주주의 정부를 건설해낸 것은 역사적 큰 성취"라고 높이 평가했다.

국민의힘 지도부에서도 이 대통령에 대한 재평가가 이뤄져야 한다는 목소리가 나왔다. 주호영 원내대표도 지난 4월 28일 원내대책회의에서 4·19 혁명 주역들의 이 건국대통령 묘역 참배를 언급하며 "이제 이승만 초대 대통령에 대한 합당한 재평가가 이뤄져야 할 시점"이라고 강조했다.

2. 재부각되는 이승만 건국대통령의 업적

실제로 이승만 건국대통령에 대한 홀대는 그의 공적에 비해 상당히 심각한 측면이 있다. 해방 정국에서 신탁통치를 둘러싸고 좌우익의 격심한 대립 속에, 이승만 박사는 북한에서 이미 북조선임시인민위원회(46.2)가 성립, 토지개혁을 선제적으로 추진하여 북한 농민과 노동자들의 인심을 얻기에 총력을 기울이는 모습을 보면서 정읍선언(46.6)을 통해 남한에서도 단독정부 수립을 결단했다. 당시 국제정세에서 미소간 냉전이 다가오는 시점이었기에 건국을 서둘지 않으면 안되었다. 안타깝게도 미군정은 좌우합작에 미련이 있었고, 아직도 소련의 눈치를 보고 있던 시절이었다. 1948년 8월의 건국도 한독당이 된 김구의 중경임정세력과 김규식의 민족자주동맹을 중심으로 한 좌우합작세력이 김일성의 꾀임에 넘어가 통일정부 구성을 요구하면서 평양행을 결행하였기에, 이승만은 이러한 우익의 분열을 극복하고 미국과 유엔의 지원을 얻어 건국의 위업을 이루어 내었다.

이승만 대통령은 국익을 위해 2차 대전 이후 최대 강대국으로 부상한 미국을 활용할 줄 알았다. 그는 단순한 친미주의자가 아니었다. 6·25동란 당시 이 대통령은 독도를 지키기 위해 미국의 반대를 각오하면서 동해에 '이승만 라인'(평화선)을 전격적으로 선포할 만큼 일본과의 외교적 마찰을 감수하며 우리 어업자원의 보호에 진력하였다. 또 그는 반공포로 석방과 북진통일론 카드를 내세워 일방적으로 휴전하려는 미국을 상대로 '벼랑끝 전술'을 구사해 한미상호방위조약의 체결 등 국익을 극대화한 용미(用美)주의자였다. 한국전쟁을 조속히 끝내려 하는 아이젠하워 대통령은 '고집불통의 노인(老人)'의 비협조 때문에 심각한 불면증에 시달려야만 했다. 결국 아이젠하워 행정부는 '고집불통의 노인'을 제거하기로 결심했다. 이 대통령이 휴전협정에 비협조적 태도를 보이자, 1953년 3월 미국 정부는 한국군 장성으로 하여금 쿠데타를 추진하도록 유도했다. 작전명은 플랜 에버레디(Plan Eveready)였다. 그러나 이승만을 대체할 대안의 리더십을 찾지 못했던 차에 주한 미 대사와 유엔군사령관의 반대로 이승만 제거 작전을 포기했다. 그가 친미주의자였다는 비판은 극단적인 '이승만 죽이기'에 다름 아니다.

1948년 8월 15일 초대 정부 수립부터 1960년 4월 26일, 스스로 권좌에서 물러난 이승만 건국대통령의 12년 동안 대표적 업적은 다음과 같다. ① 나이 30세에 도미(渡美)하여 평생을 항일 독립운동에 헌신했으며 미국시민권도 포기했다. ② 한반도 최초의 자유민주주의 공화국을 건국했으며, 국민주권론을 제헌헌법에 명시했다. ③ 유엔의 '한국정부 승인'을 이끈 끈질긴 외교력을 발휘했다. ④ 초·중·고 의무교육제를 도입하여 문맹을 퇴치했다. ⑤ 보통, 평등, 비밀, 직접 투표의 선거권을 부여했다. ⑥ 6·25동란 직전 농지개혁을 단행하여 6·25 당시 공산군 측의 선전선동에 동조되지 않고 농민들의 이반을 막았다. ⑦ 휴전협정을 반대했지만, 그 반대급부로 한미상호방위조약을 체결하여 향후 경제성장의 버팀목이 되었다. ⑧ 한미원자력협정을 체결하여 원전(原電) 발전의 기반을 쌓았다. ⑨ 자본주의 및 시장경제시스템의 도입 등을 꼽을 수 있다.

이처럼 수많은 공적을 남겼음에도 불구하고, 이승만 대통령을 기리는 기념관 하나 없는 부끄러운 현실을 생각하면 대한민국 공동체의 일원으로서 민망할 뿐이다. 자라나는 후손들은 물론이고 한국을 찾는 외국 관광객들에게 '한국의 무엇'을 보여줄 것인가? 튀르키예를 방문하면 인상깊은 것은 도처에 케말 파샤(1881-1938)의 동상과 초상화가 널려져 있었다는 점이다. 우리에게 건국대통령 이승만은 자랑꺼리가 아닐 수 없다. 그러나 서울 시내에 이승만 동상, 건축물, 기념관 한 점도 볼 수 없다. 조선시대의 건축물 동상들(세종대왕, 이순신), 길거리 이름도 조선시대 명칭이 즐비하여 조선시대를 살고 있다는 착각이 들 정도이다. 심지어 5만 원권 화폐도 대한민국 건국과 아무런 관련이 없는 조선시대 이율곡의 모친 신사임당의 초상화가 새겨져 있다.

3. 이승만 대통령기념관의 필요성과 기념관 정의

이승만 대통령기념관 건립운동은 건국대통령의 업적을 널리 알리고 동시에 그것을 통해서 전후 세계사에서 전무후무한 대한민국의 압축성장, 건국-산업화-민주화를 불과 70여 년 만에 달성한 위대한 나라임을 젊은 세대로 하여금 인식하게 하여 대한민국의 정통성과 정체성을 재확립하는 노력의 일환이다. 그동안 반세기 동안, 분단 체제를 강조하는 좌경 역사학자들은 대한민국이 친일파 청산에서 북한 정권에 비해 미진하여 정통성 체제 논쟁에서 북한에 밀린다는 식의 궤변을 늘어놓았다. 장기간에 걸친 이런 자학사관의 풍미로 인해 이유 없는 사회적 불만이 팽배하면서 국가적 자긍심을 상실하고 국가의 정체성이 크게 훼손되었다. 이를 극복하기 위해서 젊은 세대들을 위한 교육의 장, 즉 이승만 대통령을 재평가할 공간이 필요하다는 취지이다. 그 공간이 바로 기념관이다.

기념관은 기존의 박물관이 가지고 있는 5가지 기능(수집, 보존, 교육, 전시, 연구) 이외에 기념과 추모라는 기능이 수반되어 미래세대에게 과거의 기억을 전승(傳承)하고 교육하는 전문기관이라고 정의할 수 있다. 기념관은 단순히 유물을 전시하는 것에 머물지 않고 역사적 사실을 인식하고 기억하므로 과거와 오늘의 모습을 연결하는 기념의 공간이라고 할 수 있다.

근대에 들어와서 기념관은 국가 및 사회집단이 건립주체가 되면서 국가적 정체성을 확립하기 위해 역사적 사실을 기념하고 집단화하여 집단적 기억을 제공하는 통합적 성격을 가지게 되었다. 다시 정리한다면, 기념관은 역사적 사건 및 인물에 관한 자료를 수집, 관리, 보존, 조사, 연구, 전시, 교육, 추모하는 기관이라고 할 수 있다. 기념관은 제2종 박물관으로 분류된다. 사전적으로는 "어떤 뜻 깊은 일이나 훌륭한 인물 등을 오래도록 잊지 아니하고 마음에 간직하기 위하여 세운 건물로 여러 가지 자료나 유물 따위를 진열하여 둔다"는 의미를 가진다. 기념관의 유형으로는 인물중심기념관, 장소중심기념관, 그리고 사건중심기념관 등으로 유형화시킬 수가 있다.[3] 이승만 대통령기념관은 인물 중심 기념관 유형으로 설립되어야 할 것이다.

4. 전직 대통령들에 대한 불공정한 예우

전직 대통령에 대한 처우 문제에서도 불평등하다. 가족들이 뇌물을 받았던 전과가 있음에도 버젓이 모두 기념관이 있는데, 건국의 다대한 업적이 있는 이승만 대통령의 기념관이 없다는 것은 참으로 통곡할 현실이다. 심지어 항일운동을 선도했지만 마지막에는 북한의 대공에 말려들어 건국을 방해하는데 앞장선 임정 주석 김구의 기념관도 버젓이 서울의 요지 용산 효창동에 웅지를 틀고 있다. 2002년에 김대중 대통령의 지시에

---

3 한국기업평가원, 〈간송기념관 건립 타당성 조사 및 기본계획 수립 용역〉, 26-27.

의해서 건립되었으니, 벌써 21년이 넘었다. 그러나 어이가 없게도 순서가 잘못된 것이다. 이승만 기념관 건립 이후에 김구 기념관이 세워졌어야 마땅하다. 중경임시정부의 주석으로 귀국한 김구는 마지막 생애에서 반건국(反建國) 행각을 벌이는 큰 과오를 범했다.[4] 이런 김구의 반건국노선이 항일운동과 건국, 그리고 한미동맹 체결의 방향을 설정했던 이승만 대통령의 업적과는 비교될 수가 없다. 해방 정국에서 5·10총선을 반대한 김구의 기념관이 용산공원에 버젓이 자리잡았고, 거의 대부분의 역대 대통령들은 자신의 기념관, 전시관 및 도서관 등을 서울 근교나 자신의 출생지 근처에 가지고 있다.

역대 대통령들의 기념관, 전시관 및 도서관 등에 소요된 비용은 다음과 같다. ⑴ 이승만 대통령의 경우, ① 종로 이화장 이승만 박사 사저에 보수 및 복원에 국비 5억원 이상 투입, ② 고성 화진포 이승만 별장 기념관에 군비 7억원 이상 투입, ③ 제주 귀빈사 이승만 별장의 보수 정비에 도비 등 3억원 투입, 총 15억원, ⑵ 박정희 대통령의 경우, ① 상암 박정희 기념관(2012)에 국비 208억원 이상 투입, ② 구미 새마을운동테마공원(2023) 등에 국비 등 1,445억원 투입, ③ 문경 청운각 박정희 기념관에 시비 17억원 투입, ④ 울릉군 군수 관사 기념관에 군비 10억원 투입, 총 1,680억원, ⑶

---

4 1948년 4월 평양에서 열리는 남북한정당제시민단체연석회의 참석을 위해 방북을 감행하여 김일성에게 이용당했으며, 귀국 후 5·10총선거를 반대하면서 건국을 방해하여 우익의 분열을 초래한 장본인이다. 결국 1949년 안두희 소위의 총탄에 의해 암살되었다.

김영삼 대통령의 경우, ① 김영삼 기념도서관에 국비 75억원 투입, ② 거제 김영삼대통령기록전시관(2010)에 시비 50억원 투입, 총 125억원, ④ 김대중 대통령의 경우, ① 연세대 김대중도서관에 국비 60억원 투입, ② 광주 컨벤션센터에 국비 등 1,500억원 투입, ③ 목포 김대중 노벨평화상기념관에 국비 등 200억원 투입, ④ 일산 김대중 사저 기념관(2021)에 시비 30억원 투입, 총 1,790억원, ⑤ 노무현 대통령의 경우, ① 김해 시민문화체험전시관에 국비 등 140억원 이상 투입, ② 종로 노무현 시민센터에 국비 45억원 투입, 총 185억원 등으로 비용 1위가 김대중 1,790억원, 2위가 박정희 1,680억원 순이었다.[5]

그러나 대통령기념관의 규모와 시설은 뚜렷한 원칙과 규정이 정해진 것은 아니다. 대통령의 업적에 비례하여 정해진 것이 아니라, 그 당시 집권한 정권이 행사하는 힘과 취향에 따라 전직 대통령기념관에 대한 규모는 들쑥날쑥이다. 과거 행적을 기념하기 위해 도서관, 컨벤션센터 등 가장 많이 세워진 것은 김대중 대통령 관련 건축물이다.[6]

---

5 더 자세한 내용은, 이원석 기자, [르포] 혈세로 지은 '썰렁한' 대통령 기념관…누구를 위한 기념관인가, 시사IN (2021.7.12.), https://www.sisajournal.com/news/articleView.html?idxno=220473(검색일; 2023.9.16.)

6 연세대 김대중 도서관(2003), 광주 김대중컨벤션센터(2005), 목포 김대중 노벨평화상기념관(2013), 일산 김대중 사저기념관(2021) 등이 있다.

백범김구기념관

II. 대통령기념관 건립의 고려사항과 원칙

1. 기본원칙과 기념사업회의 역할

대통령기념관 건립에 있어서 우선 고려사항과 원칙이 잘 정립되면 시행착오를 줄일 수가 있다. 먼저 과거 많은 전직 대통령들의 기념관들이 어떤 시행착오를 거쳐서 준공되었는지를 충분히 참작해야 할 것이다. 이승만의 일생에서 항일운동, 해방 정국에서 좌익공산세력과의 투쟁, 그리고 건국대통령으로서의 업적을 잘 정리하는 일이다. 그리고 최종적으로 과오가 무엇인지를 거시적으로 잘 선별하는 것이 필요하다. 교통이 편리한 장소에 부지선정을 하고 난 뒤 기념관에 들어갈 콘텐츠를 마련하고 필요한 예산을 책정하는 일이다.

첫째, 이승만 대통령의 위대한 업적을 국민들에게 널리 알리고, 장기집권으로 인해 생긴 과오는 객관적으로 사실을 중심으로 공정하게 기술, 전시되어야 할 것이다.

둘째, 정부는 유족과 충분히 상의해야 하고 또한 이승만건국대통령기념사업회와 긴밀하게 의견을 소통해 나가야 할 것이다. 부지확보와 공사 등은 정부가 책임을 지고 나서야 함은 당연하다.

셋째, 기념관 운영 및 관리주체를 정부와 기념사업회가 공동으로 추진하는 것을 신중하게 검토해야 할 것이다.

넷째, 기념관 건립 이후 정부의 지속적인 관심과 인력보강 및 예산지원이 필요할 것이다.

다섯째, 장소 선정에서 전철역 등 부근의 접근 수월성을 재고하고 동시에 문화적 상징성도 고려해야 할 것이다.

유족과 기념사업회는 이미 많은 자료와 기록물을 소장하고 있으며, 지난 50여년간 이승만 대통령의 명예회복과 선양사업을 지속적으로 추진해왔다. 이들은 대한민국 건국을 이끌어낸 고인의 의중을 잘 이해할 수 있는 분들이기에 기념관 건립에 중요한 역할을 할 수 있도록 해야 할 것이다.

기념관 설립 목적, 위치, 활용 등 기본방향이라든지 기념관의 내용이 될 소프트웨어 제공 등 여러 방향에서 많은 기여를 할 수 있기를 기대한다. 특히 국민을 설득하고 그리고 유품을 수집하는데 기념사업회가 솔선수범해야 한다.

2. 예상되는 좌익의 반발과 주의사항들

반면 기념관 건립을 놓고 좌익 진영 일각에서 이 전 대통령 기념관 건립에 시비를 걸고, 건립 비용 등을 놓고 시비를 걸 수 있다. 야당과 좌익 시민단체들은 반대를 위한 반대에 관성이 붙어있고, 소모적이고 국론분열을 위해 정쟁화할 수 있다. 좌익들은 지금도 이승만의 업적을 부정하고 기념관 건립을 맹렬하게 반대하고 있다. 좌익성향 한겨레신문이 8월 25일자 오수창 교수(서울대 역사학부)의 손을 빌려 '대한민국 반체제 인물 이승만 기념관이라니'라는 칼럼을 게재한 것이 대표적이다.[7] 오 교수는 이승만을 '반체제 인물'이라고 규정한다. 좌익학자들의 역사 왜곡이 이 정도에까지 도달했다. 대한민국 체제를 거부하고 헌정질서 파괴에 나선 주역이라면 문재인 등 좌익운동권 정치인들을 거론해야 마땅하지 않겠는가?

북한의 대남방송도 종북세력을 부추겨서 기념관 설립의 반대운동을 하도록 얼마든지 선전선동할 수 있다. 북한의 김정은 정권과 국내 좌익세력들은 애초부터 1948년 건국을 부정하였기에 그들이 소멸하지 않는 한 반대 목소리는 사라지지 않을 것이다. 여기에 휘둘리지 말아야 하고 좌고

---

7 오수창, "'대한민국 반체제 인물' 이승만 기념관이라니, 한겨레(23.8.25.)https://www.hani. co.kr/arti/PRINT/1105761.html(검색일; 2023.9.16.)." 이승만 정부는 전국에서 조직적으로 부정선거를 자행하고 민주주의 복원을 요구하는 시민을 향해 수도 한복판에서 발포 명령을 내려 국민을 대거 살해했다. 대한민국 정부 수립에 그가 어떤 공로를 세웠는지 학계 논란을 제쳐놓고, 6·25 당시 서울시민을 상대로 한 기만과 적반하장 등 국민 배신 행적을 묻지 않고, 4·19 민주이념을 계승한 헌법을 덮어둬도, 대규모 선거 부정과 국민 총격의 책임만으로도 그는 대한민국의 체제에 거역한 죄인이다." 이승만의 공과를 지적하는 부문에서 위 문장 일부에서 "대한민국 정부 수립에 그가 어떤 공로를 세웠는지 학계 논란을 제쳐놓고,"에서 언급되었듯이, 오 교수는 이승만의 건국 공로를 전혀 인정하지 않고 있음을 알 수 있다.

우면(左顧右眄)하지도 말아야 한다. 애국시민단체들과 언론매체들이 중심을 잡고 기념관 건립의 중요성과 당위성을 당당하게 국민들에게 설파할 때, 설립 반대운동을 잠재우게 될 것이다.

그러나 주의할 점도 몇 가지가 있다. 첫째, '박정희 대통령기념관' 건립 과정에서 빚어진 시행착오를 되풀이하지 말아야 한다는 점이다. 박 대통령 기념관은 서울 중심지에서 너무 멀리 떨어져 있는 월드컵경기장이어서 일반 대중의 접근성이 매우 떨어진다.[8] 박 대통령의 기념관이 서울 외곽에 너무 멀리 떨어진 것은 국민 교육 차원에서뿐만 아니라 관광 차원에서도 불행한 일이다. 그곳을 정차하는 버스정거장 이름도 세월이 흐르면서 '박정희 기념관'이란 이름이 슬그머니 지워져 있었다.

둘째, 외부의 건축물 공사에 과도하게 신경을 쓴 나머지, 내부 콘텐츠 문제를 소홀히 해서는 안된다는 점이다. 비근한 예를 들면, 이승만 기념관이 대한민국역사박물관의 전철을 밟아서는 안된다는 점이다.

① 천안의 독립기념관의 경우: 전두환 정권이 극일(克日) 구호를 내걸고 천안에 독립기념관을 설립했는데, 그 취지가 무색하게도 좌익의 일자리 역할을 했다는 비판에 직면했다. 기념관 내부에 독립운동사연구소를 만들어 정기간행물 〈한국독립운동사연구〉와 학술서적들도 많이 발간했다.

---

8 방문객이 적고 썰렁한 원인은 교통이 불편하고 외곽에 위치한 접근성의 문제에 있다. 이원석 기자, [르포] 혈세로 지은 '썰렁한' 대통령 기념관…누구를 위한 기념관인가, https://www.sisajournal.com/news/articleView.html?idxno=220473(검색일; 2023.9.16.)

그러나 불행하게도 좌익역사가를 대량 양성, 항일무장투쟁을 과대포장하여 반일(反日)정서의 진원지가 되었다. 현재 부지는 넓으나 콘텐츠 부족으로 국민들로부터 외면당할 위기에 처해 있다. ② 대한민국역사박물관의 경우: 이명박 대통령이 제안해 건립됐지만 역시 천안의 독립기념관처럼 좌익들의 일자리 역할을 해왔다는 비판을 받고 있다. 하드웨어만 만들었고 프로그램에는 무신경했기 때문에 생긴 안타까운 현상이다. 독립기념관과 대한민국역사박물관의 교훈은 이것이다: 이승만기념관은 올바른 역사인식을 소유한 학자들의 연구를 지원하는 예산과 프로그램에도 더욱 관심을 집중해야 할 것이다.

3. 기념관 추진위 출범과 고려사항들

윤석열 정부는 기념관 건립추진위원회를 별도로 구성해 국민 공감대와 여론을 수렴하기로 결정했다. 기념재단을 설립한 이승만 대통령기념관 건립추진위원회에는 4·19혁명 참여 인사 등을 포함해 각계의 대표적인 인물들이 다수 참여했다. 건립추진위원회는 호남 출신으로 대법관·감사원장을 역임한 김황식 전 국무총리가 위원장을 맡았고 이영일 대한민국역사와미래재단 고문, 주대환 조봉암기념사업회 부회장, 한화갑 한반도평화재단 총재 등 23명이 건립추진위원으로 참여하고 있다. 이 사업은 국민 모금으로 전체 건립 비용의 70%를 충당하고, 나머지 30%를 정부가 지원한다. 정부는 이미 460억 원의 예산을 배정한 상태이며, 윤석열 대통령도 각별한 관심을 쏟는 것으로 알려졌다. 벌써 국민들의 호응과 관심도가 커지고 있다. 톱스타 이영애는 9월 12일 이승만기념재단(사)에 5천만 원을 후원히고 격려하는 자신의 서신까지 전달했다.[9]

장소 선정에서 우선 고려되어야 할 사항은 매입 비용의 절약 여부다. 현재 논란거리가 된 사안은 기념관 자리인데 국가보훈부와 서울시가 협의 중이다. 장소에 대해 다양한 제안이 쏟아지고 있지만, 크게 4곳으로 압축되고 있다.

첫째, 이 대통령의 사저 이화장이나 이화장 인근이 거론된다. 이화장 근처는 주택가가 밀집해 있어서 도로가 좁고, 많은 인력의 왕래가 불편하다. 또 부동산 매입 비용이 많이 들고 건물 용도변경이 쉽지 않다.

둘째, 그가 다닌 배재학당이다. 서울 중심지에 있어서 교통이 편하고 국민들의 접근성이 용이하다. 그러나 이미 배제학당 역사박물관이 들어서 있다. 이 두 곳은 모두 보존과 관리가 필요한 역사적 유적이고, 더 이상 새로운 건축물이나 주차장이 들어갈 공간이 없다. 그리고 무엇보다 토지와 건물 매입에 상당한 비용이 소비된다.

셋째, 원로배우 신영균(95) 한주홀딩스코리아 명예회장이 기념관 부지로 기증하겠다는 뜻을 밝힌 서울 강동구의 사유지 4000평이다. 신 명예

---

9 이영애는 편지도 함께 황 위원장에게 전달했는데, 그 내용은 "이승만 초대 대통령께서는 과도 있지만, 그래도 오늘의 자유대한민국이 우뚝 솟아 있게끔 그 초석을 단단히 다져 놓으신 분으로 생각된다"며 "그분 덕분에 우리 가족도 자유대한민국의 품 안에서 잘살고 있는 게 아닌가 싶다"고 밝혔다. 매일경제(2023.9.13.) https://www.mk.co.kr/news/society/10828875(검색일: 2023.9.16.)

회장은 자신이 강동구에 소유하고 있는 땅 2만4000평 중에 이 대통령이 낚시를 즐기던 한강 변 고덕동 땅 4000평을 이승만 대통령기념관 건립추진위원회(위원장 김황식 전 국무총리)가 기념관 부지로 쓰겠다면 4000평을 모두 기증하겠다는 취지로 얘기하였다. 신 명예회장은 "뜻깊은 일이 제대로 추진되는 것 같아 너무나 다행스럽고, 참석한 내가 자랑스럽다는 느낌이 들었다"며 "건국의 아버지를 기리는 사업에 국민으로서 적극적으로 협조해야 하지 않겠느냐는 뜻에서 기증 의견을 밝히게 됐다"고 설명했다.[10]

신 명예회장이 넓은 땅도 애국심에서 선뜻 기증하겠다는 소식은 기념관 건립에 긍정적이 아닐 수 없다. 안타까운 점은 기증하겠다는 고덕동 부지는 넓은 부지인 면에서 장점이 있으나 장소적 접근성과 이승만 대통령의 발자취와의 관련성 면에서 무엇인가 부족해 보인다.

넷째, '이건희 미술관'이 들어설 송현동 부지도 공지로서 거론되고 있다. 청와대와 근접해 있어서 청와대 관광코스와 유기적 연관성을 고려할 때 이승만 대통령의 숨결을 느낄 수 있다는 점에서 바람직한 장소로 보인다. 또 교통의 접근성이 용이하다.

다섯째, 미군이 물러간 주인 없는 용산공원도 고려할 곳이다. 용산은 역사적으로 몽골군·왜군·청군·일본군이 주둔했었던 군사적 교통요충지로서 주한미군이 빠져나간 용산공원은 자주·독립 회복의 상징성이 큰 공

---

10 신영균, "이승만 기념관 건립에 서울 땅 4000평 기부," 〈주간조선〉, 2023. 7. 5.

간이다. 이 밖에도 이승만 기념관 부지 후보로 검토되는 곳은 서울 종로구에 있는 이승만 연구원과 낙산공원 인근 등이 있다.

정리하자면, 송현동 부지와 용산공원 중에서 하나를 선택하는 것이 바람직한 것으로 판단된다. 그런데 용산공원에는 이미 백범김구기념관이 설립되어 있어서 김구와 이승만의 업적이 비교되는 점도 그렇고, 한 장소에 두 인물의 기념관 설립은 중복의 의미가 있다. 또 용산은 이승만이 집무했던 장소와 직접 관련이 없는 곳이다.

송현동 공원은 경복궁(역사시설)과 청와대(헌법기관)를 이어주는 삼각벨트로서 오천년 역사를 대표하는 경복궁과 대한민국을 대표하는 청와대, 이 둘을 연결하는 역할이 이승만건국기념관이 될 것이다. 이승만의 청년시절은 종로 YMCA와 배재학당이었으며, 독립 후 12년간 경무대 생활로 보아 주무대는 광화문 중심이었다. 이승만 대통령의 숨결이 묻어나는 장소라면 송현동만 한 장소가 없다. 전국 초중고 학생들과 해외동포들의 순례코스로서 또 전세계인의 관광지화하는 접근성 측면에서 매우 우수하다.

건국기념관의 활용으로는 순례지, 관광지, 층별 독립관, 건국관, 호국관, 부국관, 강당(세미나, 영화 상영 가능), 사무실(기념관 사무실, 이승만기념사업회 사무실, 건국정신과미래학회, 트러스트포럼 등), 회의실, 이승만 도서관, 지하 주차장 등으로 배치할 수 있다. 기념관 주변은 녹지를 조성하여 이승만 공원화, 공원 내 이승만 동상을 설치한다.

4. 비용과 관리 주체의 문제

이승만건국대통령기념관 건축에 소요되는 비용을 어떻게 확보하느냐도 중요한 문제이다. 독립운동 유공자의 경우는 기념관을 전액 국고에서 충당하여 건축할 수 있고, 전직 대통령 기념관은 국고 30% 지원으로 건립할 수 있다고 한다. 독립유공자인 대통령은 이승만 대통령이 유일하여 전액 국고로 건축할 수 있음에도 국민들의 총의를 모아 건축한다는 의미를 살리기 위하여 전직대통령으로서의 기념관 건립을 택했다고 한다. 이승만 대통령은 독립유공자인 동시에 전직 대통령이며 또한 건국대통령이시다. 이 점에서 정부가 100% 국가예산으로 기념관을 건립하더라도 관련 규정에 전혀 저촉되지 않는다. 대한민국 국부의 기념관은 전액 국가예산으로 건립하는 것이 대한민국 국민 모두의 정성이 담길 수 있다는 너무도 당연한 이치가 아닐까?

기념관 관리주체에 있어서도 이승만 대통령기념재단과 이승만건국대통령기념사업회와의 관계정립이 현안 과제로 떠오르고 있다. 수십 년간 이승만 대통령의 물적, 정신적 유산을 지켜온 건국대통령기념사업회가 주도적으로 기념관 건립을 포함한 모든 기념사업에 직간접 관여가 매우 중요하다. 그 이유는 이승만 대통령에 대하여 잘 모르는 인사가 이권이나 기회에 편승하여 기념관 건립에 관여하게 되면 엉뚱한 방향으로 흘러가서 이승만 대통령의 명예가 추락하거나 기념관의 본질이 흐려지는 '괴물 기념관'이 될 우려도 고려해야 하기 때문이다. 따라서 대통령기념재단은

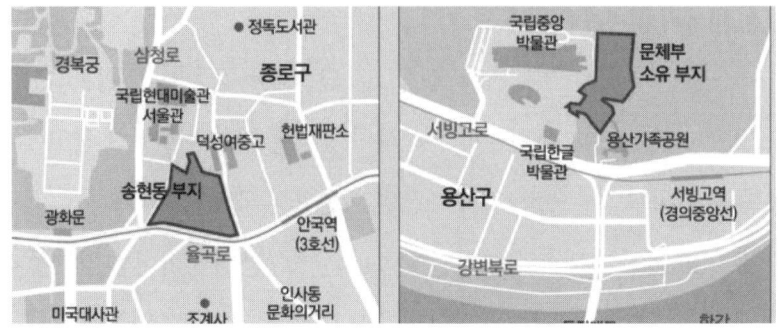

기념관 건립이 될 때까지만 기념관 건립이라는 특수한 목적을 위해 한시적으로 활동할 것인가? 아니면 두 조직의 기능과 역할을 조정하는 새로운 협의체를 만들 것인가? 또 계속 활동하여 기존의 기념재단과의 유기적 협조관계를 어떻게 조정할 것인지, 숙제를 남겨 놓고 있다.

건국대통령기념사업회가 오랜 풍진의 세월 동안 갖은 고초를 견디어 낸 전통의 역사성과 정통성이 있기에 그 의견이 존중되어야 함은 물론이고, 더 나아가 기념관 건립과정과 건립 이후에서도 명실상부하게 기념관 관리의 주체가 되어야 한다. 특히 조직 인선과 콘텐츠 구성에서 중요한 역할을 해야 한다. 그러기 위해서는 기념사업회와 기념재단과의 관계 조정 및 역할 분담을 서둘러야한다. 나중에 혼선과 반발이 발생할 소지가 있기 때문이다. 건축물 등 외형구조적 하드웨어 차원에서는 새로 생긴 기념재단이 맡고, 소프트웨어 차원의 콘텐츠 분야에서는 오랜 세월 이 대통령 관련 모든 것을 숙지, 관리해 온 기념사업회에서 관장하는 것이 바람직하다고 제안해 본다.

한편 기념관 추진위원회의 움직임도 구체화되고 있다. 지난달 29일 행

이화장 본채에서의 이승만 대통령 내외 모습
(1948년 봄)

이화장 본채
(이승만 대통령과 프란체스카 여사의 생활공간)

정안전부에 추진위원회를 비영리 민간단체로 재단등록을 신청한 데 이어 빠르면 이달 내에 사무국도 꾸릴 예정이다. 사무실은 추진위원인 조보현 배재학당 이사장의 제안으로 배재학당의 역사박물관 내에 차리기로 했다. 사무국을 총괄할 사무국장은 추진위원인 김군기 영남대 교수가 맡게 된다.

III. 미국의 대통령기념관이 주는 교훈

1. 워싱턴-버지니아 벨트웨이

외국의 사례 중에서 특히 한국처럼 대통령제도를 취하고 있는 미국의 경우, 우리가 가장 참조할 만하다. 미국민들은 19세기 말까지 가장 위대한 대통령 4인으로 워싱턴, 제퍼슨, 링컨 그리고 시어도어 루스벨트를 거론해왔다. 수도 워싱턴 D.C.에 위치한 백악관 남쪽에 초대 대통령 조지 워싱턴을 기념해 '워싱턴 기념탑'을 세웠고, 토머스 제퍼슨 기념관과 아브라함 링컨 기념관을 그 옆에 배치했다. 그리하여 워싱턴과 버지니아 인근을 중심으로 기념관-박물관-미술관-도서관-국립묘지 등으로 벨트웨이 축을 형성하여 국민교육의 장과 더불어 관광객 유치로 2중의 역할을 하고 있다.

특히 링컨 박물관을 방문한 이상훈 교수의 회고담, "링컨의 기념관(紀念館)"은 박물관이 완벽하게 만들어진 동상을 통해서 어느 정도 방문객들에게 친근감 있게 다가갈 수 있는지를 잘 보여준다.[11]

분명한 점은 남산-청와대-현충원-용산으로 이어지는 국가보훈의 4각 축이 형성되도록 하는 것이 바람직하다. 부지 비용의 경제성과 위치를 고려한다면, 그 부지는 청와대 인근의 송현동 부지나 미군이 나간 용산공원으로 압축할 수 있다. 관광객 유치, 이화장과의 연계성, 전통성을 고려한다면, 송현동 부지가 바람직할 것이고 건축물의 규모와 수많은 대중들의 이동성과 수용성을 고려한다면, 용산 부지도 좋을 것이다.

2. 함성득 교수의 제안

다만 미국의 경우 눈여겨보고 또 주의할 점은 대통령기념관과 대통령도서관 그리고 대통령기록관의 3중 체제로 발전해 가고 있는 점이다. 2차대전 이후 미국 내에서는 대통령기념관보다 대통령기록관이나 대통령도서관이 더 중요하다는 여론의 합의가 이루어졌다. 그러기에 박찬승 교수

---

11 더 자세한 방문기 내용은 이상훈, 링컨의 紀念館: 그와 白日夢중의 對話, 〈새벽〉 제7권 제4호, (새벽사, 1960년 4월), p156-159를 참조할 것.

(목포대 역사문화학부)와 같은 기록학 전문가들은 차라리 대통령기념관보다 대통령기록관을, 최정태 교수(부산대 문헌정보학과)와 같은 서지학 전공자는 대통령도서관을 세울 것을 오랫동안 외쳐왔던 것이다.[12]

대통령기록관은 간단히 말해서, 대통령직무에 관한 연구, 조사 및 수집 그리고 오럴 인터뷰를 통해 역사적 사료를 생성, 수집을 강화하는 곳이다. 그러나 한국의 경우, 대통령기록관에 대한 여론의 관심은 그다지 고양되지 않았기에 우선 이승만 대통령기념관은 대통령기록관의 역할도 병행할 필요가 있다는 점을 주문하고 싶다.

미국의 대통령기념관을 롤모델로 해서 미래의 이승만 기념관을 세우는 것도 한 가지 방안이 될 것이다. 대통령학 권위자 함성득 교수(고려대 행정학과)는 퇴임 후 불행에 처해진 한국의 역대 대통령들과 행복하게 말년을 향유한 미국의 대통령들을 비교·고찰하면서 한국의 대통령기념관이 미국의 대통령기념관 제도를 도입하는 것이 바람직하다고 주장했다.[13] 한국의 전직 대통령들은 과거의 역사적 질곡과 정치적 문제 때문에 좌표를 잃고 망명하거나 암살되고 감옥에 가거나 은둔했기 때문에 임기 후 사회활동을 할 겨를이 없었다. 우리의 어두운 현실과 달리 대통령제가 성공적으로 운영되고 있는 미국의 많은 전직 대통령들은 퇴임 후 다

---

12 박찬승, 역대 대통령기록관 설립을 제안함, 〈역사와 현실〉, 34집, 1999, 1-15. 최정태, "대통령 기념관, 기록관, 그리고 도서관," 〈도서관문화〉 제40집, 제5권, 1999, 308-310.

13 더 구체적 내용은 미국 대통령 기념관(스쿨)의 현황을 분석한 함성득, "미국과 한국의 대통령 기념관: 현황과 특징," 〈국제관계연구〉, 제16권 제1호, 2011, 253-276을 참조할 것.

양한 사회활동을 통해 국민들에게 '아름다운 전직 대통령'으로 기억되고 있다. 특히, 미국의 전직 대통령들은 재임 중 퇴임 대통령으로서의 역할과 활동 터전을 잘 준비하여 퇴임 후 대학교와 연계된 '대통령 도서관(presidential library)' 및 '대통령 기념관(presidential museum),' 나아가 '대통령 스쿨(presidential school)'을 설립한다는 것이다.

이를 통해 해당 대통령의 이념과 정책을 계승 발전시킬 미래의 공적 리더의 육성에 노력할 뿐만 아니라, 대통령 도서관 및 기념관이 소장한 방대한 공식적 혹은 비공식적 국정운영기록을 연구하여 역대 정부 정책의 성공과 실패 요인을 도출함으로써 국정운영의 효율성을 제고시키고 있다. 또한 대통령 기념관 및 도서관의 다양한 역사적 기록물을 활용한 전시 및 강연 활동을 통해 일반대중의 대통령에 대한 이해와 존경 그리고 시민의식의 성숙에 도움을 주고 있다. 함 교수는 대학 혹은 대학원과 연계하여 도서관 및 기념관을 통합적으로 운영하는 미국의 '대통령 스쿨'을 한국에 도입하는 것이 앞으로 우리 대통령 기념관이 지향해야 할 바람직한 방향이라고 강조했다.

IV. 결론

현재 대한민국은 반체제세력과 민주화세력으로 위장한 주사파운동권의 발호와 준동으로 국가정체성의 혼란은 물론이고 자유민주주의 체제가 전복될 수 있는 중대한 위기를 겪고 있다. 다단계 공산화의 목적에서 윤석열 정권으로 교체되었기에 잠시 그 진행이 일시적으로 중단된 상태일 뿐이다. 이런 국가적 위기를 극복하고 국가정체성을 확립하고, 분단체제를 강조하는 자학사관-단정사관을 말끔하게 청산하고 위대한 대한민국의 탄생과 발전을 역사인식의 근간으로 한 건국사관으로 재정립해야 한다. 그러므로 국민들에게 건국사를 제대로 알리기 위해서라도 이승만 건국대통령 기념관의 건립을 서둘러야 할 것이다.

이를 위해서는 예산확충, 장소, 콘텐츠 등을 세밀하게 검토하여 훌륭한 국민 교육의 장일 뿐 아니라 연구센터 및 유명 관광 명소의 3박자 기능이 발휘되도록 완벽하게 준비해야 할 것이다. 또 건국대통령 기념관의 위상을 갖추기 위해 다른 대통령 기념관과 비교해서 분명히 구별되는 특징으로 설계되어야 할 것이다. 최적의 장소로는 송현동 부지와 용산공원 부지가 무난할 것으로 보인다.

건국대통령 기념관의 콘텐츠도 장소 선정 못지않게 중요하다. 기념관은 이승만 대통령의 평생 업적이 많기 때문에 관람객들에게 보여줄 것이 많을 것이다. 오로지 역사적 사실에 근거하여 과장하지도 말고 이 대통령의 공적과 과실을 국민들에게 보여주는 공정성을 유지해야 한다. 역사의 균형감각을 살려서, 후손들에게 역사적 귀감(龜鑑)이 되도록 해야 한다. 아무쪼록 이승만 기념관이 국민들의 열렬한 호응과 지지에 힘입어 훌륭한 기념관으로 건립될 것을 기대해 본다.

참고문헌

1. 논문 및 보고서

박찬승, 역대 대통령기록관 설립을 제안함, 〈역사와 현실〉 34, 1999, 1-15.

李常薰, 링컨의 紀念館, 〈새벽〉, 제7권 제4호, 〈새벽사〉 1960.4. 156-159.

한국기업평가원, 간송기념관 건립 타당성 조사 및 기본계획 수립 용역, 2020.7.

여문정, 기념공간 디자인의 공간구성에 관한 연구, 동서대학교, 석사학위논문, 2014.

최정태, 대통령기념관, 기록관, 그리고 도서관, 〈도서관문화〉 제40집, 제5권, 1999, 308-310.

함성득, 미국과 한국의 대통령 기념관: 현황과 특징, 〈국제관계연구〉, 제16권, 제1호, 2011.3. 253-277.

2. 인터넷 사이트

오수창, "대한민국 반체제 인물 이승만 기념관이라니" 한겨레, 23.8.25.
 https://www.hani.co.kr/arti/PRINT/1105761.html.

신영균, "이승만 기념관 건립에 서울 땅 4000평 기부" 주간조선, 2023.7.5.
 https://weekly.chosun.com/news/articleView.html?idxno=27451.

이영애, "이승만 덕분에 우리도 잘살아..." 매일경제, 2023.9.13.
 https://www.mk.co.kr/news/society/10828875.

이원석, "[르포] 혈세로 지은 '썰렁한' 대통령 기념관…누구를 위한 기념관인가"
 https://www.sisajournal.com/news/articleView.html?idxno=220473.

"이승만기념관은 대한민국 역사 바로세우기 첫걸음" 자유일보, 2023.9.13.
 https://www.jayupress.com/news/articleView.html?idxno=21499.

"한국 세계에서 가장 강력한 국가 6위" 전자신문(etnews), 2023.1.2.
 https://www.etnews.com/20230102000088.

건국 76주년 기념 학술대회 (2024. 8. 12.)

이승만의 독립운동 재평가

이승만 건국대통령에 대한 오해와 진실

남 광 규

고려대학교 아세아문제연구원 통일과국제평화센터장

우남 이승만(雩南 李承晩, 1875~1965)은 한말 '자각적(自覺的)' 자유 민권과 공화주의운동 및 사회개혁운동을, 일제 식민지하에서는 미국을 무대로 자유민주주의를 건국노선으로 추구했던 독립운동가다. 이승만은 청년 시기부터 근대적인 자유 민권국가를 독립국가의 이상으로 추구했다. 해방 이후에는 자유반공노선으로 국가수립을 주도한 건국대통령으로 대한민국의 초석을 마련했다. 6·25전쟁이 끝난 후 이승만 대통령은 미국을 상대로 한미상호방위조약을 체결해 전쟁 재발을 막고 경제개발의 기반을 구축했다. 이승만은 한미상호방위조약으로 인해 대한민국이 홀로 이웃 나라의 침략을 받게 되는 상황은 피할 수 있게 되었다고 기대했다. 이승만 대통령은 오늘날 아시아·태평양 시대의 도래를 미리 예견하는 듯 일찍이 '태평양주의'를 내세웠다.

이승만은 입헌주의에 대한 확고한 인식을 바탕으로 공화주의를 최고의 정치제도로 추구하면서 공화제를 구현하기 위한 전제조건으로 국민교육의 필요성을 역설했다. 대한민국 건국 이후 진정한 교육 평등은 이승만 대통령이 시작했다. 이승만 대통령은 '국민학교 의무교육'으로 최초로 모든 국민에게 교육 권리를 보장했다. 이승만이 받아들인 자유민주주의는 자유, 민주, 반공을 기본 축으로 하는 내용들을 담으면서 기독교 입국론에 입각한 문명된 자주독립 국가를 지향하는 것이었다. 이승만은 일제하 미국을 중심으로 미국이 주도하는 자유민주주의를 문명사적 발전으로 받아들였고 이것이 2차 대전 종전 이후 반공자유민주주의국가의 형태로 나타났다.

이러한 이승만의 선택에 따라 1948년 건국 이후 대한민국은 민주주의와 자유, 시장경제를 바탕으로 하는 산업화, 개방과 국제화의 길을 걸어서 발전과 번영을 이루었다. 반면에 북한은 공산주의와 독재, 주체적 자립노선으로 폐쇄(閉鎖)와 고립화의 길을 걸었다. 그런 점에서 오늘날 대한민국의 '성공'과 북한의 '실패'는 이승만의 선택에서 나온 결과다.

그런 대한민국의 역사를 망각하고 이승만을 역사에서 지우려는 등 현재 대한민국은 망국(亡國)의 징조(徵兆)들이 곳곳에 넘쳐나는 위기에 직면하고 있다. 따라서 이제부터라도 대한민국 국민과 자유 시민들이 나서서 젊은이들에게 올바른 역사를 알려 주고 젊은이들과 손잡고 이승만을 대한민국의 역사 속에 올바르게 정립시켜 나가고 대한민국을 살려 이승만 대통령이 꿈꾸었던 자유통일의 길로 함께 가야 한다.

이상의 서론적 배경을 바탕으로 본 글에서는 이승만이 대한민국을 탄생시키고 지킨 개인적 정체성 요인들을 이승만의 공화주의, 자유반공주의와 이를 바탕으로 한 자유통일론, 그리고 대한민국 수호와 경제번영의 바탕이 되었던 한미동맹 체결 등을 중심으로 살펴보고 이와 함께 주로 반대한민국세력들에 의해 왜곡, 선동되어 형성된 이승만에 대한 일반의 몇 가지 오해와 그에 대한 사실을 말하고 있다. 결론에서는 이승만의 선택이 오늘날 대한민국의 성공과 북한의 실패로 나타났다는 평가를 재강조하면서 대한민국 역사와 이승만을 모르는 대중과 젊은이들에게 올바른 역사관과 이승만에 대한 정당한 평가를 널리 알려야 함을 말하고 있다.

I. 이승만과 공화주의

이승만은 일찍부터 공화주의를 지향하였는데 이는 1904년 한성감옥에서 저술한 그의 옥중 집필서인 『독립정신』을 통해 잘 드러난다. 유영익 교수는 이 글을 근거로 이승만은 세계 여러 나라의 정치 제도들을 비교하면서 미국과 일부 유럽 국가들이 채택하고 있는 대통령제(공화제)야 말로 백성이 지도자들을 직접 뽑고 지도자와 백성이 함께 나라의 부강을 도모하기 때문에 최상의 제도임을 지적하고 있다고 했다.[1] 이승만이 1914년 2월 『태평양잡지』에 기고한 「미국헌법의 발전」이라는 글에서는 공화에 대한 개념을 보다 구체적으로 정의하고 있다. 이 글을 통해 이승만은 공화 정치체제를 군주정과 반대되는 것이라고 지적하는 한편, 특권계급이 다스리는 것이 아니라 모든 국민이 동등한 권리와 의무를 지니는 것으로 인식했다.

조선 왕족의 후손인 이승만 대통령은 조선의 왕정 정치에 반대했는데 이승만은 1899년 1월 박영효 일파의 대한제국 고종 폐위 음모에 가담한 혐의로 체포되어 한성감옥에서 5년 7개월간 옥고를 치렀다. 한성감옥에서 받은 고문 후유증으로 안면 경련을 일으킬 정도로 심하게 고초(苦楚)를 겪었는데 이승만은 감옥 안에서 기독교를 접하게 된다. 특히 총 52편으로 이뤄진 '독립정신' 원고를 감옥에서 완성한다. 이후 민영환·한규설 등과 미 선교사들의 사면 요구 등의 노력으로 출옥한 이후에는 고종의 밀사로 '대한제국의 독립을 도와달라'는 뜻을 미국 대통령에 전하러 가지만 재미 공사가 친일파라 뜻을 이루지 못하고 미국에 남아 유학 생활을 하고 독립운동의 길에 뛰어들었다. 이후 미국을 무대로 한 독립운동이 인정을 받아 1919년 9월 11일 대한민국 임시정부의 초대 대통령에 선출되었다.

---

1 유영익, 『젊은 날의 이승만: 한성감옥생활(1899~1904)과 옥중잡기 연구』(서울: 연세대학교 출판부, 2002).

이승만이 적극적으로 주창한 공화주의는 3·1운동을 통해 근대국가를 발견한 당시 한국인들에 의해 반드시 실현되어야 할 시대적 요구로 급부상하게 되었다. 1919년 상해 임시정부 최초의 대통령이었던 이승만은 다른 서민 출신 지도자들과 함께 왕정 체제를 대신하여 공화주의 정치체제를 본격화시켰다. 임정 헌법을 만들 당시인 20세기 초 세계사적인 사조인 제국주의가 팽배하던 시대에 '대한민국은 민주공화제로 함'을 규정하는 임시헌법을 제정하였다. 이때 제정된 민주공화제의 정체는 오늘날 대한민국 헌법 제1조로 지금까지 이어지고 있다. 해방 후(解放 後) 1948년 8월 15일 대한민국의 초대 대통령이 된 이승만은 마침내 자신이 오랫동안 신념으로 간직해 왔던 민주공화국 체제를 5·10선거를 통해 대한민국에 실현시켰고 국민의무교육의 실시를 통해 민주공화주의를 전 국민에게 교육하고 내재화시켰다.

그런 점에서 대한민국 건국 이후 진정한 교육 평등은 이승만 대통령이 시작했는데 '국민학교 의무교육'으로 한민족 역사상 최초로 모든 국민에게 교육권리를 보장했다. 또한 미국에 우수한 인재들을 보내 무상으로 교육받게 해 대한민국 발전의 초석인 인재를 양성했다. 이승만은 본인 스스로 청년 시절 한성감옥에 있으면서 죄수들을 상대로 한글을 가르치고 독서지도를 하면서 최초의 한영사전을 만들기도 했다. 이 같은 국민교육을 통해 조선이 각종 구습에서 벗어나 개인의 자유와 평등을 기반으로 하는 문명국가를 건설해야 한다는 것이 이승만의 원대한 구상이었다.

II. 이승만과 자유반공주의

세계적인 반공지도자로 각인된 이승만의 공산주의에 대한 비판과 반대의 인식도 상당히 일찍이 형성되어 1920년 초부터 반공산주의적 입장이 분명하게 나타나고 있다. 이승만은 1923년 3월 『태평양잡지』에 실은 '공산당의 당부당(當不當)'이라는 논설에서 공산주의의 평등주의에 대해서는 긍정적인 평가를 하고 있으나 공산주의의 부당한 점으로 ① 인민의 노동의식을 약화시키고, 자본가들의 경쟁을 없앰으로써 상공업이 발달하기 어려운 것과 ② 지식계급이 없어지고 무종교 사회가 되는 것과 ③ 무정부주의적 국가폐지론에 가까운 것 등을 들어서 공산주의를 비판했다.[2] 이승만은 독립운동 과정에서는 공산주의의 계급사상이 독립운동을 분열시키는 주요한 요소라고 비판했다. 이승만은 공산주의가 "각 주의의 풍조에 파동되어 유무산자라 유무식이라 하는 계급 등 구별로 오족을 호상 분리케 하여 독립운동을 방해하는 것"으로 비판했다.[3]

실제 임정 내 공산주의자들은 독립운동보다는 임정을 공산주의 조직으로 만드는 것이 우선인 방해공작을 했고 이승만은 이에 맞서 투쟁했다. 의열단(義烈團)을 이끌었던 김원봉(金元鳳)이 대표적인 사례인데 1941년 12월 7일 일본이 미국에 대해 전쟁을 일으키자 미국에 있던 이승만 박

---

2 이승만, "공산당의 당부당", 『태평양잡지』(1923.3).

3 이승만이 윤치영에게 보낸 서한(1928.2), 유영익·송병기·이명래·오영섭, 『이승만 동문 서한집』(서울: 연세대 출판부, 2009), 93쪽.

사는 비서를 통해 임정의 김구 주석에게 대일 선전포고를 하고 연합국 일원으로 참전하라는 친서를 보냈다. 그런데 이 친서를 중간에서 이승만 박사의 비서로부터 넘겨받은 김원봉이 임정의 김구(金九) 주석에게 전달하지 않아 자주독립의 기회를 날려 버렸던 것이다. 이를 보면 이승만이 독립운동 방식으로 무력투쟁을 포기하고 대미외교에만 매달렸다는 주장도 사실이 아니다. 1942년 좌우가 통합해서 새롭게 진용을 꾸린 임정 내에서도 김원봉은 임정을 장악하기 위해 내내 김구 주석을 괴롭혔다. 김구의 아들인 김신은 김원봉이 아버지 김구를 줄곧 방해했다고 회고한 바 있다. 심지어 김원봉은 김구 주석을 비롯해 민족주의 우파계열의 임정 요인들을 몰살시키려는 계획을 추진하다가 임정 요인인 조완구(趙琬九)가 중국 국민당으로부터 정보를 받아 이를 사전에 막은 적도 있다.

그런 점에서 이승만의 반공노선은 남북한의 분단 시점에서부터 시작된 것이 아니라 그가 민권운동, 사회개혁운동을 하면서 내면화된 근대적 공화주의자로서 정치적 인식과 미국에서의 독립운동 활동을 통해 받아들인 자유민주체제에 대한 확신에서 나온 일관된 정치적 신념의 결과였다. 이승만은 농지개혁에서 나타나듯 개인의 자유를 위한 물적 토대로서의 평등을 수용했지만 인간의 보편적 가치가 아닌 계급적 가치로서의 평등은 거부했다.

그런 점에서 이승만은 일찍이 러시아를 경계했는데 이러한 의식은 옥중에서의 독서와 개신교 입교를 통해 더욱 강화되었다. 이승만은 러시아 정교(正敎)로부터 러시아의 침략적 속성을 찾았고, 유럽을 향한 러시아의 지정학적 야망이 크리미아전쟁에 의해 꺾인 이후 아시아로 오는 것으로 보았다.[4] 따라서 이승만은 러시아 공산화 이전부터 러시아의 지정적(地政的) 팽창을 이미 경계하고 있었다.[5] 러시아가 사회주의혁명에 성공하고 공산주의를 전세계 피압박 민족의 해방이념으로 확산하려고 나서자 이승만은 1920년대부터 공산주의 이론이 주권 국가를 먼저 이루어야 하는 식민지 민족운동에 방해가 되고 공산주의 종주국(宗主國)인 소련에 이용될 수 있다고 경계했다.[6] 이승만은 2차 대전 중 연합국으로부터 임시정부를 승인받기 위한 이유 중 하나가 그것이 소련의 한국 약탈(掠奪)을 막을 수 있는 유일한 수단이라고 보았으며, 2차 대전이 끝나면, 해방과 동시에 연합국 감시하에 선거를 실시해 임시정부에 대한 가승인을 받아내야 한다는 주장을 내세웠다.[7]

이승만은 소련이 공산주의를 내세워 세상을 속이고 인심을 정복하는 것을 민주국가들이 방치하고 있다고 비판했는데 전시 연합국이라 할 수 있는 미소관계에 있어서 2차 대전 이후 이승만은 미국이 소련의 공산주의가 갖는 세계 지배적 야심을 제대로 간파(看破)하고 있지 않다고 비판했

---

4 유영익, 『젊은 날의 이승만: 한성감옥생활(1899~1904)과 옥중잡기 연구』(서울: 연세대학교 출판부, 2002), 322~23쪽.

5 김명섭·김석원, "김구와 이승만의 지정인식 : 일제강점기를 중심으로", 한국정치학회보 제43집 제3호(서울: 한국정치학회, 2010).

6 국사편찬위원회, "공산주의의 당부당", (하와이: 태평양잡지, 1923.3), "사회공산주의에 대하야,"(태평양잡지, 1924.7), 『태평양잡지·태평양주보 색인』(과천: 국사편찬위원회, 2005), 참조.

7 김국태 역, 『해방 3년과 미국 I - 미국의 대한정책 1945~1948』(서울: 돌베개, 1984), 35쪽.

다. 이승만은 소련의 공산정부는 압제정책을 쓰면서도 겉으로는 민주국가라는 가식을 내세워 자유 국가들을 속이고 있으며 평화를 명분으로 내세우는 소련에 대해 자유민주주의 진영의 국가, 특히 미국이 빈번히 양보하여 협의와 합작을 주장하다 끌려 들어간다고 지적했다.[8]

이승만은 민주주의와 공산주의는 병립할 수 없고 둘 중에 하나는 없어져야 한다고 보았다. 이승만은 1895년 유교 경전을 공부할 때 미국이라는 나라에서 백성이 임금을 투표선거 한다는 말을 선교사로부터 처음 듣고 그때부터 스스로 혁명주의자가 되었다고 고백하면서 공산주의가 말하는 복리는 껍데기이고 실상은 제국주의와 군국주의라고 정의했다.[9] 이승만은 미국이 그리고 자유민주주의만이 세계평화를 유지할 수 있는 힘으로 보았고 공산주의를 나치스, 파시스트와 같은 정치이념으로 규정했다. 이승만은 "나치스나 파시스트나 공산주의 그리고 기타 파괴적인 분자들은 내가 이해하고 있는 바로는, 미국의 정부 형태를 전복하고 그 대신에 여하한 형태이건 간에 그 무리들 중에서 최강자가 지배하는 형태의 것을 수립하고자 하는 것이다."[10]라고 했다.

---

8 이승만, 1950.6.20, "정부지지를 요망", 『대통령이승만박사담화집』(서울: 공보실, 1953), 35쪽.
9 이승만, 1951.8.15, "제3회 광복절 기념사", 『대통령이승만박사담화집』(공보실, 1953), 58~59 쪽.
10 이승만 저·이종익 역, 『일본 군국주의의 실상』(서울: 나남, 1987), 35쪽.

III. 이승만의 자유통일론

통일에 대해 건국 이후 이승만 정부는 남한만이 한반도에서의 유일정통(唯一正統)의 합법 정부이고 북한은 불법 정부(不法政府)라는 인식 하에 '1민족, 1국가, 1정부'만이 존재한다는 논리에 입각해 전개했다. 이승만의 통일정책은 한반도를 대표하는 유일 합법 정부인 대한민국이 소련과 공산주의자들이 불법적으로 점령하고 있는 이북 지역을 대한민국으로 편입시키는 실지회복론(失地回復論)을 바탕으로 이것을 실현하기 위한 구체적인 방법에 있어서 평화적 통일방안으로는 유엔 감시하에 자유총선거를, 무력적 통일방안으로는 북진통일론(北進統一論)을 주장했다. 자유총선거와 북진통일을 기조로 자유와 민주주의로 북한 동포를 해방시켜야 한다는 것이 이승만 대통령의 기본적인 통일 논리이자 원칙이었다.[11] 이승만 정부의 통일정책을 주관했던 외무부의 정책 목표도 남북대화와 대공협상을 배제하고 유엔을 통한 북한 지역의 자유총선거를 통해 통일을 달성한다는 것이었다.[12] 남북한의 모든 주민들이 선거를 통해 원하는 방향으로의 통일을 이루는 것이야말로 진정한 자주통일의 방법이고 남북한을 포함해 국제 세력들도 거부할 수 없는 가장 합리적인 통일방안이라 할 수 있다.

---

11 김병기, "역대 정부의 대북정책과 통일 관련 국민적 합의 도출 방안" (과천: 법무부, 2010). 81쪽.

12 외무부 편, 『한국외교 30년: 1948~1978』, 63~64쪽.

1951년 2월 8일의 기자회견에서 이승만은 남북총선거에 대한 자신의 기대를 밝히면서 대통령 직선제 헌법 개정과 남북통일 성취, 상하 양원제가 실현되면 자신의 통일국가 구상의 대강이 끝나는 것이라 말했다.[13]

"만일 이북 동포들이 남북이 다 합해서 다시 총선거하는 것을 지지하는 것을 주장하면 나는 그것을 반대하거나 막지 않고 오직 민족자결주의에 따라 시행하겠다는 뜻이다. 나로 인해 장애가 되지 않기를 바라는 것이다. 대한민국이 유일 정부나 남북의 동포들이 합해서 새로 투표해 다른 대통령을 내고자 하는 경우에는 나 한사람이 사사관계로 장애된 것을 원치 않는 것이다."[14]

Ⅳ. 이승만과 한미동맹

6·25전쟁을 거치면서 이승만의 북진통일론(北進統一論)은 한미방위조약으로 바뀌어 갔다. 이승만은 회담으로 통일과 평화를 성취하기 어렵다면서도 그렇다고 전쟁만 주장하는 것은 아니라며 중공군과 유엔군이 동시에 한국에서 철퇴(撤退)하는 방안을 제시했다. 그러면서 이 조건에 따라

---

13 프란체스카 도너 리 저·조혜자 역, 『프란체스카의 난중일기-6·25와 이승만』(서울: 기파랑, 2010), 431쪽.
14 이승만, 1953.2.25, "남북총선거문제에 대하여", 공보실, 『대통령이승만박사담화집』, 135쪽.

서 한미공동방위조약을 체결하기를 미국에 요구했다.[15] 1951년 7월 공산 측의 중공, 북한과 연합군을 대표한 미국 사이에 휴전회담이 시작된 이후, 이승만 대통령은 휴전에 반대하면서 한미간에 상호방위조약을 체결할 것을 강력히 주장했다. 이승만 대통령은 정전협정 이후에 한국의 안보를 미국이 보장하지 않으면 다시 공격을 받을 것으로 우려해서 휴전협정 체결 이전에 한국과 상호방위조약을 맺을 것을 아이젠하워와 클라크 유엔군 사령관에게 요구했다.

애초 한미동맹 체결을 반대하던 미국은 이승만의 집요(執拗)한 요구와 반공포로 석방과 같은 충격적인 조치 등으로 결국은 이승만의 요구를 받아들이게 되었다. 휴전에 반대했던 이승만 대통령은 휴전의 대가로 〈한미상호방위조약〉을 미국에 요구하고 미국이 이를 받아들이면서 한국과 미국은 동맹국이 되었다. 이와 함께 1953년 7월 27일 휴전협정을 통해 남북한이 정전체제(停戰體制)로 접어들면서 한반도의 전략적 가치에 대한 미국의 평가가 바뀌게 되고 미국은 한반도의 전략적 중요성을 인식하게 되었다. 미국은 대한민국이 소련을 중심으로 하는 국제공산세력을 억지하는 자유 세계의 최전선, 일본 보호의 참호라는 것을 인식하였다.

1953년 4월 전쟁포로 문제로 인해 장기간 중단되었던 휴전협상이 재개되었고 6월 8일 휴전협상에서 전쟁포로의 교환에 합의하는 등 휴전협정의 최종 타결 움직임이 전해지면서, 휴전 이전에 미국과 방위조약을

---

15 이승만, 1953.6.25, "6·25사변 제3주년 기념사", 공보실, 『대통령이승만박사담화집』, 122쪽.

체결하려던 이승만 대통령은 즉각 휴전반대 운동을 전개했다. 이승만 대통령은 6월 18일 2만 7천여 명의 반공포로를 석방하는 조치를 전격(電擊) 단행해 미국은 물론이고 전 세계를 놀라게 했다. 이에 미국은 이승만 대통령을 제거하는 'Ever Ready 작전'까지 구상했다. 그러나 이승만 대통령의 강력한 휴전반대에 직면한 미국은 상황을 타개할 수 있는 유일한 처방책으로 이승만 대통령이 요구한 한미동맹 체결에 동의하게 된다. 이에 따라 1953년 10월 1일 워싱턴에서 양국 정부에 의해 〈한미상호방위조약〉이 조인되었고, 1954년 1월 15일 한국 국회 비준, 1월 26일 미국 의회 비준의 절차를 밟아 1954년 11월 17일부로 〈한미상호방위조약〉이 공식 발효되었다. 동맹조약 서문의 말미에서 "양국은 태평양지역에 있어서 더욱 포괄적이고 효과적인 지역적 안전보장 조직이 발생될 때까지 평화와 안전을 유지하고자 집단적 방위를 위한 노력을 공고히 할 것을 희망하여 다음과 같이 합의한다"라고 명기했다.[16] 이승만은 〈한미상호방위조약〉으로 인해 1905년부터 1910년 까지 조선이 홀로 이웃 나라의 침략을 받게 된 상황은 피할 수 있게 되었다고 기대했고[17] 실제 그렇게 되었다.

　〈한미상호방위조약〉에 따라 한반도에 적국의 침략에 의한 무력충돌이 발생할 경우 미국은 국제연합의 토의와 결정을 거치지 않고 즉각 개입할 수 있게 되었고 마찬가지로 미국이 침략당할 경우에는 한국군이 개입할

---

16 1953년 10월 1일자 대한민국과 미합중국 간의 상호방위조약.

17 이승만, 1955.3.1, "제35회 3·1절 기념사", 공보실, 4쪽.

수 있다. 〈한미상호방위조약〉의 주요 내용들은 다음과 같다. 첫째, 당사국 중 일국의 정치적 독립 또는 안전이 외부의 무력공격에 의하여 위협받고 있다고 인정될 경우 언제든지 양국은 서로 협의한다. 둘째, 각 당사국은 상대 당사국에 대한 무력공격을 자국의 평화와 안전을 위태롭게 하는 것이라고 인정하고, 공동의 위험에 대처하기 위하여 각자의 헌법상의 절차에 따라 행동한다. 셋째, 이에 따라 미국은 자국의 육·해·공군을 대한민국 영토 내와 그 부근에 배치할 수 있는 권리를 갖고 대한민국은 이를 허락한다. 넷째, 이 조약은 어느 한 당사국이 상대 당사국에게 1년 전에 미리 폐기 통보하기 이전까지 무기한 유효하다.

일반적으로 동맹은 공동의 적과 가치에 기반한 전략적 목표를 공유하고 동맹의 상대국이 이러한 목표를 달성하고자 하는 의지와 능력 그리고 이러한 의지와 능력을 구현할 수 있는 수단을 확보하고 있다는 신뢰가 있어야 가능하다. 한미동맹은 〈한미상호방위조약〉에 따라 세계 제1의 군사 강국인 미국의 지원을 보장하는 역할을 함으로써, 북한의 남침을 억제하는데 결정적인 기여를 해왔다. 한미동맹은 국가안보뿐만 아니라 대한민국의 경제 발전과 안정에도 크게 기여했다. 6·25전쟁 이후 북한과의 체제 대결 속에서 대한민국은 미국의 안보 지원 하에 대북 억제력을 유지할 수 있었고, 이를 바탕으로 고도의 경제 성장을 이룰 수 있었다.

V. 이승만에 대한 몇 가지 오해와 사실

그럼에도 불구하고 대한민국 건국 과정에서 대구 폭동(暴動), 제주 4·3 폭동, 여순반란(叛亂) 등을 통해 대한민국 탄생을 좌절시키려 했던 반대한 민국세력은 오늘날 소위 '민주화 세력'의 가면을 쓰고 대한민국 사회 분야 곳곳을 점령해 구축한 이른바 그람시의 '진지(陣地)'들을 바탕으로 대한 민국을 무너뜨리고 있다. 특히, 전교조 등을 통해 교육계를 장악한 반대 한민국세력은 대한민국 건국의 주인공 이승만을 어떻게 하든 역사에서 지워버리고 이를 통해 대한민국의 정통성을 부정하기 위해 이승만에 대 한 거짓 왜곡(歪曲)과 선동(煽動)을 일관해 왔다. 결국 반대한민국세력에 점 령된 교육에 의해 전후 세대들은 건국대통령 이승만을 제대로 알 기회도 없이 이승만에 대한 부정적 인식을 갖게 되었다. 그중 몇 가지 대표적인 사례들을 통해 이승만에 대한 오해와 사실 혹은 진실을 아래와 같이 말하 고자 한다.

1) '남한 정부수립'의 정읍 발언

1946년 6월 3일 이승만이 전북 정읍에서 남한에 단독정부를 수립해야 한다고 발언한 것을 이유로 좌파들은 이승만이 분단을 선도했다고 비판 한다. 그러나 1945년 12월 모스크바 3상회의에서 합의된 한반도에 대한 신탁통치 결정을 중심으로 남한 내에서는 찬·반탁(讚·反託)으로 좌우가 대 결하고 1946년 3월부터 시작된 미소공동위원회(美蘇共同委員會)는 공전(空

轉)되었다. 1946년 5월 서울에서 개최된 미소공동위원회가 결렬되자 남한 내 공산주의자들은 폭력투쟁노선으로 전환했다. 이는 소련의 한반도 정책 수정 결과에 기인한 것으로 북한지역에서 사실상 공산주의를 달성한 현실을 바탕으로 결정적 시기가 오면 남한까지 공산화한다는 전략으로 정책을 수정했다. 공산주의자들은 미군정과 우익진영에 대해 폭력적, 유혈적 투쟁을 전개하며 사회 혼란과 소요사태(騷擾事態)를 야기했다.

사실 해방 직후인 1945년 8월 30일 이미 스탈린은 김일성에게 한반도에 공산당 정권을 만들라고 지시했고, 9월 20일 스탈린이 북에 보낸 지령에서 북한에 사실상의 정부를 세우고 남한의 적화(赤化)를 추진하라고 지시했다. 남북한에 미소군정이 실시된 이후 1946년 2월에 이미 북한은 임시인민위원회를 설치해 사실상의 정부를 수립했다. 북한은 1945년 10월부터 전국적으로 인민위원회 조직에 들어가, 군대까지도 가진 사실상의 정부인 북조선임시인민위원회가 1946년 2월 7-8일에 조직되었다. 남북협상에 참가했던 김규식(金奎植)도 북한지역에서 화폐가 발행되고 토지개혁이 실시되고 군대를 조직하는 등 사실상의 정부가 수립되었다고 말했다.

이런 내외 현실(內外現實) 속에서 이승만은 우선 남한 정부를 만들어 남북선거를 통해 통일국가를 수립한다는 차선의 방법으로 정부 수립을 내세웠다. 이승만의 단정노선은 한반도 전체의 공산화(共産化)를 우려해 남한만이라도 공산화를 피해야 한다는 현실적 선택에서 나왔다. 이승만은 소련이 지배하고 있는 북한지역의 공산화가 기정 사실화(旣定 事實化) 되는 상황에서 통일민족 국가건설은 민족적 당위론이지만 관념적, 비현실적인 주장으로 보았다. 미소간 세계적 냉전 구도(冷戰構圖)가 확연히 정착되었다고 인식한 이승만의 단정론(單政論)은 적어도 남한에 정부를 수립하는 것이 독립과 민주주의를 확보할 수 있는 실질적인 최선책이라고 판단했다.[18]

2) 친일파 등용

반대한민국 좌파들은 이승만의 초대 내각이 친일파 인사들로 채워졌고 반면에 북한의 김일성 정권은 처음부터 친일파를 배제시켜 정부 정통성에서 북한이 우위에 있다고 주장하지만 이는 사실과 다르다. 이는 초대 이승만 내각과 김일성 정권의 인적 구성을 보면 쉽게 확인할 수 있다.

대한민국 초대 내각을 구체적으로 보면 대통령 이승만, 임정 부통령 이시영과 국회의장 신익희, 일제 하 항일 인권변호사였던 대법원장 김병로, 광복군 참모장이었던 국무총리겸 국방장관인 이범석, 일제 시대 청구구락부사건으로 투옥되었던 외무장관 장택상, 흥업구락부사건으로 옥고를 치른 내무장관 윤치영, '2·8독립선언'을 주도해 투옥되었던 재무장관 김도연, 항일 인권변호사였던 법무장관 이인, 해방 직후 공산주의에서 전향했던 농림장관 조봉암, 일제 하에서 노동운동을 전개했던 사회장관 전진한, 교육사회운동가인 체신장관 윤석구, 광복군 총사령관 출신의 무임소장관 이청천, 항일 목사로 조만식의 제자인 무임소장관 이윤영, 일제 하

---

18 차상철, "이승만과 하지: 견원의 동반자" (출처 분명, 1999), 6쪽.

수양동우회사건으로 옥고를 치렀던 국회부의장 김동원, 사회주의운동가였던 국회부의장 김약수 등등의 면모를 보면 대부분 항일독립운동을 했고 심지어 공산주의 출신자들까지 등용했다.

반면에 북한 정권의 초대 내각 인사와 주요 인사들을 보면 소련군 장교 김일성, 김일성의 친동생으로 일제 시대 헌병 보조원이었던 부주석 김영주, 일제 중추원 참의를 했던 임시인민위원회 사법부장 장헌근, 일제 때 도위원을 했던 인민위원회 상임위원장 강양욱, 친일단체 대화숙(大和塾 : 내선일체 강화를 위해 만들어짐)과 일제의 수탈기관 식량영단 이사를 했던 남로당 2인자 이승엽, 일제 하 아사히신문사 서울지국 기자로 일제의 밀정(密偵)이었던 문화선전성 부부장 정국은, 일제 시기 양주 군수를 지냈던 보위성 부상 김정제, 친일단체 대화숙 소속으로 학도병 징집에 앞장섰던 문화선전상 부상 조일명, 일제의 임정대책협의회에 가입했던 부수상 홍명희, 친일단체 예술인 총연맹 회원이었던 무용가 최승희, 일제 소위 출신으로 4·3폭동의 주범인 김달삼, 친일기관지 만선일보의 편집부장이었던 노동신문 편집부장 박팔양, 일제 검찰총장 출신의 김일성대 교수 한낙규, 일제 광산지배인이었던 행정10국 산업국장 정준택, 일제 시기 함흥철도국장을 했던 임시인민위원회 교통국장 한희지 등은 대부분 친일 경력을 갖고 있다.

이렇듯 명명백백한 사실을 보고도 이승만이 친일파를 등용했고 김일성은 친일파를 청산했다고 주장하는 것은 손으로 하늘을 가리는 것이고 그런 거짓말을 믿는 자들은 참으로 어리석은 자들이라 하지 않을 수 없다.

3) 반민특위(反民特委) 해산

　이승만 대통령이 친일세력을 비호했다는 또 다른 근거로 이승만 대통령이 반민특위(反民特委)를 해산시켰다는 주장도 사실과 다르다. 반민특위는 1951년 2월 14일자 법률 제176호로 제정된 「반민족행위처벌법등폐지에관한법률」의 시행으로 폐지되었다. 반민특위 폐지의 주체는 이승만 대통령이 아닌 국회였다. 이승만은 반민특위를 해산한 것이 아니라 반민특위 내 특경대(特警隊)를 해산하라고 한 것이다. 그렇게 한 것은 반민특위라는 민간 조사위원회가 조사의 범위를 벗어난 사법권을 행사하는 것은 위법이라는 이유에서이다.[19] 민간 조사위원회는 친일 여부를 조사하고 이를 토대로 사법부에서 법적 판결을 내려 처벌을 받게 하는 것이 민주주의의 기본적인 사법 절차다. 그런데 민간 조사위원회가 이른바 사설 민간 경찰대를 조직해 친일파 의혹이 있는 인사들을 독단적으로 처벌한다는 것은 있을 수 없는 일이다. 이승만 대통령은 그것을 문제삼은 것이다. 이승만 대통령은 기본적으로 친일파 처벌에 찬성하는 입장이었다.

　반민특위는 임정 요인인 김상덕(金尙德)이 위원장을 맡았지만 그는 국내 실정을 전혀 모르는 인사였다. 반면에 부위원장을 맡은 김상돈(金相敦)은 일제 때 동회장(통대), 경방 단장 등을 거친 친일인사였다. 반민특위를 통해 일제 시기 고등계 악질 형사였던 시경 수사과장 노덕술은 구속되었다. 그러나 반민특위가 해방 시기 시경 부국장인 사찰과장 최운하를 구속

---

19 허도산(역사연구가) 선생님의 자문.

하려고 하자 대다수 경찰이 반발했고 중부경찰서장이 특경대를 때려 부수는 충돌 사건도 발생했다. 실제 최운하는 부하 경찰들을 도와주고 많은 선행을 했던 사람으로 6·25때는 이시영 부통령의 한강 도하(漢江 渡河)를 도와주었고 한강 인도교 폭파 때 폭사했다. 최운하는 악질 친일 경찰이 아니었던 것이다.

사실 반민특위를 통해 친일파 인사 600여 명이 기소당하고 그 중 최남선, 이광수, 최린 등 30여 명이 넘는 저명인사들이 사법 처벌을 받은 것은 경시할 수 없는 과거사 청산이라 할 수 있다. 북한에서도 300여 명의 친일파를 처단했다고 하지만 그중 유명 인사는 한 명도 없고 대부분 무명 인사들이었다. 무엇보다도 2차 대전을 일으킨 전범 국가들인 독일과 일본이 뉘른베르크전범재판소와 동경전범재판소를 통해 전범으로 처벌받은 인사가 각각 20여 명에 불과한데 일제 지배를 받은 조선에서 친일파로 규정되어 처벌받아야 한다는 숫자가 민족문제연구소가 펴낸 〈친일인명사전〉에 4,776명이나 수록된 것은 이들의 동기가 친일파 처단이 목적이 아닌 이승만과 대한민국의 맥을 끊어버리겠다는 악의적 의도에서 나온 것이다.

4) 6·25전쟁 발발 시 서울 수호방송의 전말(顚末)

6·25전쟁 발발 초기 이승만 대통령은 북한군이 서울로 쳐들어오자 방송을 통해 "국민들은 동요하지 말고 맡은 일을 하고 군인들은 전투하라"는 내용의 방송을 보냈다. 이는 전쟁을 하는 국가의 지도자가 해야 할 당

연한 선무방송(宣撫放送)이라 할 수 있다. 그러나 문제는 이승만 대통령의 육성을 녹음해 라디오로 내보낸 육군본부 홍보단이 정동 방송국에서 방송하면서 이미 정부가 수원, 대전으로 내려갔는데 서울 정부로 방송해 서울 시민들을 혼란에 빠지게 했다는 점은 잘못이었다. 즉, 정훈(政訓) 장교들이 녹음방송을 계속 틀어 서울 시민들로 하여금 혼란에 빠지게 한 점은 큰 과오였다. 이 부분은 이승만 대통령도 나중에 알고 크게 상심했던 부분이다. 이승만 대통령에게 피신을 권유한 당시 서울 시경국장 김태선은 서대문, 마포, 영등포 형무소에 수감되어 있는 공산당 7천여 명이 탈옥해 경무대를 습격할 가능성이 있으므로 대통령이 피신해야 한다고 종용(慫慂)했다. 이전까지 이승만 대통령은 서울 시민을 놔두고 떠날 수 없다는 완강한 입장이었다.[20]

이럼에도 반대한민국세력들은 이른바 이승만이 서울 시민을 버리고 일신의 생명을 위해 도망갔다는 선동을 해 왔다. 기본적으로 전쟁 중인 국가들 사이에서 전황이 불리하고 수도까지 함락될 위기에 처해서는 당연히 국가 최고 지도부가 피신해서 전열을 재정비하는 것이 상식이다. 역사에서 적에 의해 죽게 되고 나라가 망하는 것을 알면서도 무모하게 버티는 지도자는 없다. 국군과 유엔군이 38선을 돌파해 평양을 향해 진격하자 김일성은 압록강 너머 중국 땅으로 피신했는데 이것도 당연한 행동이다. 전쟁 중인 최고 지도자의 피신 자체를 문제 삼을 수 없는 것이다.

---

20 허도산(역사연구가) 선생님의 자문.

5) 영친왕(英親王) 환국 저지(還國 沮止)의 내막(內幕)

한일합방 이후 대한제국의 황족은 일제에 의하여 일본에 인질로 끌려 갔다. 따라서 민족 정체성을 말살하려고 하는 일제의 간계와 잔혹함이 그 배경에 있었다는 통찰이 선행되어야 할 사안이다. 황족이 일본에 인질로 끌려갔으니 해방되었을 때 즉시 환국해야 맞지만 이승만 대통령이 이들 의 환국을 막았다는 비난이 있지만 이러한 비난을 수용할 수 없는 이유는 다음과 같다.

이승만 대통령은 조선왕조와 대한제국을 존중하는 입장에서 임시정부 의 법통을 계승하여 신생 대한민국을 건국하였다. 왕조와 체제가 상이한 신생 국민주권국가(新生 國民主權國家) 대한민국의 중심적 지도자가 된 이 승만 정부는 민주국가 건설과 민족 정체성을 회복해야 하는 시점에 서 있 었다. 영친왕(英親王)의 환국이 지연된 것은 이승만 대통령이 지연시켰기 때문이지만 이에 대한 국민적 비난은 오해에서 비롯되었음을 이인수 박 사의 생존 시 증언을 들어보면 이해된다.

"이승만 대통령은 영친왕이 일본 천황한테 받은 재산을 주일대사관에 기증 하고 환국하면 한국 생활을 보장해주겠다고 하셨으나 영친왕의 부인인 일 본인 출신 이방자 여사가 막았다고 합니다. 이방자 여사의 배후에서는 일본 이 조정했습니다."

영친왕은 일본 여성과 결혼하고 일제의 정치적 이용물로 전락된 채 친일행적이 있었다. 그런 점에서 친일적인 영친왕 환국은 정체성 혼란 및 국민 정서상 허용하기 어려웠다. 그런 우려로 이승만은 영친왕의 환국을 지연시켰다. 이승만 대통령은 영친왕이 재물과 부인을 통한 일본의 영향력에서 벗어날 수 없었기 때문에 환국을 지연시켰지 아무런 사유도 없이 환국을 저지한 것은 아니었다. 이승만 대통령은 영친왕의 친일행적을 씻어내고 정리한 후 명예롭게 환국할 기회를 주고자 했는데 이러한 제안을 영친왕이 거절하였던 것이다.[21]

6) 한강 인도교 폭파

6·25전쟁 초기 수도 서울이 함락될 위기에 처해 취한 한강 인도교 폭파는 애초 예정보다 일찍 폭파시킴으로써 많은 사상자가 발생했다. 당시 현장을 지휘했던 최창식이 폭파 책임자로 후에 총살당했으나 실제 책임은 폭파 명령을 성급하게 내린 육군참모총장 채병덕에게 있었다. 최창식은 후에 가족들의 노력으로 무죄판결로 명예가 회복되었다.[22] 최창식은 상관의 명령에 복종하여 폭파하였지만 군·민의 피해를 최소화할 시간에 폭파하였더라면 하는 아쉬움이 있다. 한강교 조기 폭파 등을 포함한 모든 민간인 피해에 대해서는 김일성, 박헌영 등 공산당에게 전범으로서 책임이 있다.

---

21 윤덕순(이승만건국대통령기념사업회 이사) 선생님과 박기승(이승만건국대통령기념사업회 자문위원) 선생님의 자문.

22 허도산(역사연구가) 선생님의 자문.

7) 조봉암 사건의 재발견

죽산(竹山) 조봉암(曺奉岩)은 1925년 조선공산당 창당에 역할을 한 공산주의운동의 핵심인물이었으나, 해방 후에는 미군정에 좌우합작을 위해 노력하겠다는 뜻을 밝히고 좌우합작노선의 당위성을 제기한 〈삼천만 동포에게 고함〉이란 소책자를 펴냈다. 이후 조봉암은 대한민국 제헌의원, 초대 농림부 장관, 2대 국회 부의장을 거쳐, 1952년 2대 및 1956년 3대 대통령 선거에 출마했는데 특히, 3대 대통령 선거에서는 504만 표(70%)로 당선된 이승만 대통령에 이어 216만 표(30%)를 득표하여 2위로 낙선한다. 대선 이후 조봉암은 남파간첩으로부터 진보당 창당자금을 지원받았다는 간첩혐의로 1958년 1월 체포되어 1959년 7월 사형이 집행되었다.

그러나 2011년 대법원에서 열린 재심심판에서는 조봉암을 무죄로 선고하였다. 이유는 진보당을 국가변란 목적의 단체로 볼 수 없고, 조봉암의 간첩혐의를 입증할 증거가 군부대의 영장 없는 체포와 불법감금을 통해 얻어진 증인의 진술뿐이라는 게 무죄판결의 근거였다. 52년 만에 조봉암이 재심에서 무죄를 받음으로써 이승만 정권이 조봉암을 제거하기 위해 정치적 탄압으로 사법살인을 했다는 비판을 받게 되었다.[23]

그런데 2020년 러시아연방 국가문서보관소에서 조봉암이 1956년 대통령 선거 때 북한에 도움을 요청하였고 김일성이 노동당 정치국 회의를

---

23 경향신문, "조봉암 52년 만에 재심에서 무죄 판결", 2011. 1. 20.

소집해 진보당 설립과 조봉암 대통령 후보를 지원했다는 내용이 기록된 구 소련 기밀문서가 발견되었다.[24] 이 같은 북한과 내통한 새로운 사실의 발견은 이승만 정권이 정적을 제거한것이 아니라 실체적 진실에 부합하는 사법적 처벌을 한 것임을 증명한다. 2011년 재심재판 당시는 결정적인 증거가 발견되지 않은 상태에서 무죄판결을 하였기 때문에, 결정적인 새로운 증거가 발견된 이상 사실관계를 바로잡아야 한다. 따라서 이승만 정권이 죄 없는 조봉암을 정적을 제거할 목적으로 처형했다는 것은 사실과 다르기 때문에, 조봉암 사건의 재평가가 필요하며 이승만 대통령이 억울한 오명을 쓰지 않도록 정치적, 법적 조치가 요구된다.

8) 3·15 부정선거

1960년 2월 중순 야당 대통령 후보인 조병옥(趙炳玉) 박사가 심장병으로 급서함으로써 이승만은 대통령에 자동으로 당선되게 되어 있었다. 4년 전 선거에서도 민주당의 신익희(申翼熙) 후보가 선거 유세를 하던 중 사망하고 당시 민주당 부통령 후보였던 장면(張勉)에게 동정표가 몰려 1956년 대선에서 장면은 부통령에 당선되었다. 4년 후 다시 민주당의 부통령 후보로 나선 장면과 대결하게 된 자유당 부통령 후보 이기붕은 고령인 이승만 대통령이 유고 시 장면이 대통령을 승계한다는 이유로 부정선거를 자행했다. 따라서 이승만 대통령은 부정선거와는 하등 상관이 없었지만

---

24 조선일보, "1956년 조봉암 대선 자금 지원했다"…봉인 풀린 구소련 극비문서, 2020. 5. 19.

4·19로 젊은이들이 희생당하자 국정 책임자로서 책임을 지고 대통령직에서 물러났던 것이다. 2차대전 이후 외국의 많은 독립운동가들이 신생 국가의 지도자가 되었지만 이승만 대통령처럼 도의적 책임을 지고 스스로 대통령직에서 물러난 사례는 찾을 수 없다. 그런 점에서 4·19로 대통령에서 물러난 이승만은 오히려 민주주의의 책임정치를 몸으로 실천한 위대한 민주주의 지도자로 평가되어야 한다.

VI. 대한민국의 '성공'과 북한의 '실패'

결론적으로 오늘날 대한민국의 '성공'과 북한의 '실패'는 이승만 대통령의 선택에서 나온 결과다. 현재 대한민국은 세계 최빈국에서 세계 10위권의 경제 대국이 되었고 국제사회의 원조를 받던 국가에서 최초로 빈국을 도와주는 공적개발원조(ODA) 국가가 되었다. 20세기 국가들 중 최단기간에 가장 많은 것을 성취한 대표적 성공국가가 대한민국이라는 사실은 세계가 인정하고 있다. 한민족 역사 5천 년사에 있어서도 이처럼 성공적이고 국력이 발달했던 시기는 없었다고 봐도 과언이 아니다.

이승만의 선택에 따라 1948년 분단 이후 남한은 민주주의와 자유, 시장경제를 바탕으로 하는 산업화, 개방과 국제화의 길을 선택해 발전과 번영을 이루었다. 반면에 북한은 공산주의와 독재, 주체적 자립노선으로 폐쇄와 고립화의 길을 걸어왔다. 분단 70여 년의 대립과 경쟁을 통해 비교되는 대한민국의 '성공'과 북한의 '실패'는 이승만의 선택에서 나온 결과였다. 그런 대한민국이 역사를 망각하고 망국의 길로 가고 있다.

서구 세력이 아시아로 몰려오는 '서세동점(西勢東漸)'의 시기였던 19세기 한말(韓末) 이후 지금까지 한민족은 120여 년의 역사를 거치면서 국권수호, 식민지 극복과 국가수립, 6·25전쟁, 근대화, 민주화와 같은 시대적 과제와 맞부딪히면서 세계 어느 국가와도 비교할 수 없는 파란만장(波瀾萬丈)한 근현대사를 겪어 왔다. 그러나 대한민국은 불가능하게 보였던 시대적 과제들을 하나하나 극복해 나가면서 비참했던 과거의 역사들을 뒤로 하고 전 세계에서 가장 발전하고 많은 성취를 이룬 '기적의 역사'를 만들어 냈다. 망국과 분단, 전쟁, 경제위기를 겪으면서 건국 70여 년 만에 대한민국이 이렇게 발전한 것은 '세계사의 기적'이라고 밖에는 달리 표현할 방법이 없다. 따라서 대한민국의 성취에 우리 모두는 가슴 뿌듯한 자부심(自負心)을 가져야 한다.

이제 대한민국은 21세기 세계화와 4차산업혁명이라는 문명사적 변화 속에서 선진화와 통일, 한민족 시대의 도래를 추구하는 시대적 과제들을 달성해야 한다. 이제부터라도 대한민국 국민과 자유 시민들이 나서서 젊은이들에게 올바른 역사를 알려 주고 젊은이들과 손잡고 이승만 대통령을 대한민국 역사 속에 올바르게 정립(定立)시켜 나가고 대한민국을 살려 이승만이 꿈꾸었던 자유통일의 길로 함께 가야 한다.

참고문헌

김국태 역, 『해방 3년과 미국 I - 미국의 대한정책 1945~1948』(서울: 돌베개, 1984).

김명섭·김석원, "김구와 이승만의 지정인식 : 일제강점기를 중심으로", 한국정치학회보 제43집 제3호, (서울: 한국정치학회, 2010).

김병기, "역대 정부의 대북정책과 통일 관련 국민적 합의 도출 방안", (과천: 법무부, 2010).

국사편찬위원회, "공산주의의 당부당", (하와이: 태평양잡지, 1923.3).

"사회공산주의에 대하야", (태평양잡지, 1924.7).

경향신문, "조봉암 52년 만에 재심에서 무죄 판결", (2011.1.20).

남광규, "이승만정부의 통일정책 내용과 평가", 한국통일전략학회, 『통일전략논총』, (2012.5).

남광규 외, 『한국 근대 공화주의자 6인의 리더십』(성남: 한국학중앙연구원출판부, 2019).

대한민국과 미합중국간의 상호방위조약, 1953년 10월 1일.

이승만, "공산당의 당부당", 『태평양잡지』(1923.3).

이승만이 윤치영에게 보낸 서한(1928.2), 유영익·송병기·이명래·오영섭, 『이승만 동문 서한집』(서울: 연세대 출판부, 2009).

이승만, 1950.6.20, "정부지지를 요망", 『대통령이승만박사담화집』(서울: 공보실, 1953).

이승만, 1951.8.15, "제3회 광복절 기념사", 『대통령이승만박사담화집』(공보실, 1953).

이승만, 1953.2.25, "남북총선거문제에 대하여", 『대통령이승만박사담화집』(공보실, 1953).

이승만, 1953.6.25, "6·25사변 제3주년 기념사", 『대통령이승만박사담화집』(공보실, 1953).

이승만, 1955.3.1, "제35회 3·1절 기념사", 공보실.

이승만 저·이종익 역, 『일본 군국주의의 실상』(서울: 나남, 1987).

유영익, 『젊은 날의 이승만: 한성감옥생활(1899~1904)과 옥중잡기 연구』(서울: 연세대학교 출판부, 2002).

외무부 편, 『한국외교 30년: 1948~1978』.

조선일보, "1956년 조봉암 대선 자금 지원했다"…봉인 풀린 구소련 극비문서, 2020.5.19.

차상철, "이승만과 하지: 견원의 동반자" (출처 분명, 1999).

『태평양잡지·태평양주보 색인』(과천: 국사편찬위원회, 2005).

프란체스카 도너 리 저·조혜자 역, 『프란체스카의 난중일기-6·25와 이승만』(서울: 기파랑, 2010).

박기승(이승만건국대통령기념사업회 자문위원) 선생님의 자문.

윤덕순(이승만건국대통령기념사업회 이사) 선생님의 자문.

허도산(역사연구가) 선생님의 자문.

다큐멘터리 백년전쟁
대법원 판결 평석 및 대책

구 충 서

한반도인권과통일을위한변호사모임 변호사

◈ 목 차 ◈

1. 서언(序言)

2024년 8월 15일 대한민국 건국 제76주년이 된다. 이승만 박사의 영도(領導)하에 자유민주주의와 시장경제를 바탕으로 한 자본주의 체제를 국가의 근본이념으로 하여 대한민국이 건국되었고, 건국 이후 수많은 시련과 고난을 극복하면서 오늘날 찬란한 발전을 이루어 세계 10위 안에 드는 경제강국, 군사강국이 되었으며, 정치적으로도 민주화를 이룩하여 세계의 찬탄을 받게 되었다.

그럼에도 불구하고, 오늘날 아직도 우리 사회 내에 대한민국 건국의 정당성과 정통성을 부정하고 폄훼하는 좌익세력이 뿌리를 내리고 준동(蠢動)하고 있는 실정이다. 자기 나라를 부정하는 세력은 한마디로 말하여 반국가세력이다. 이들이 목표하는 바는 대한민국의 공산화요 한반도의 적화통일이라는 것은 의심의 여지가 없다. 우리 국민들은 이러한 문제의 심각성을 깊이 깨닫고 이들 반국가세력과 맞서 싸워 대한민국을 굳건히 지키고 후손에게 물려주어야 할 것이다.

이들 반국가세력은 남로당(南勞黨) 후예(後裔)라 칭하여도 틀린 말이 아니다. 이승만 대통령이 대한민국 건국 시에 투쟁하였던 이들 남로당(南勞黨) 공산도당(共産徒黨)들과의 싸움은 건국 76주년이 되었음에도 아직도 끝나지 않았다는 것을 국민들은 직시하여야 할 것이다.

우리는 민주화와 인권이라는 명목 아래 이들 반국가세력의 끈질긴 대한민국 파괴공작을 묵인하고 용인해 왔다. 그러나, 대한민국을 부정하고 대한민국헌법을 부인하는 세력들에게 대한민국헌법이 부여하는 기본권이 적용될 여지는 없다 할 것이다.

이처럼 오늘날까지 대한민국 건국의 정당성과 정통성을 부정하고 폄훼하는 좌익세력이 세력을 넓혀갈 수 있게 된 기본적인 이유는 대한민국을 건국한 이승만 대통령에 대한 평가와 인식이 제대로 이루어지지 못한 채 오랜 세월을 지나왔기 때문이라고 할 수 있다. 그 틈을 이용하여 이들 좌익세력들은 이승만 대통령에게 반민주 독재자, 부정선거 원흉이라는 굴레를 씌워 그를 폄훼함과 동시에 역사에서 지워버리려 하였고, 이는 결국 대한민국 건국의 정당성과 정통성을 부정하는 역사인식을 국민들에게 심어주는 효과를 누려왔던 것이다.

이제 이승만 대통령에 대한 역사적 평가를 바로 세우고, 대한민국 건국의 정당성과 정통성을 국민들에게 널리 인식시켜 줌으로써 저들 좌익세력들을 척결하고 대한민국의 체제를 굳건히 하도록 해야 할 것이다.

2. 역사 다큐멘터리 '백년전쟁'에 관한 대법원 판결 검토

가. 대법원 2019. 11. 21. 선고 2015두49474 전원합의체 판결

이런 관점에서 볼 때, 대법원 2019. 11. 21. 선고 2015두49474 전원합의체 판결이, 대한민국 건국의 정당성과 정통성을 부정하고 건국대통령 이승만과 경제발전을 이룩한 박정희 대통령을 폄훼하고 희화화(戱畫化)한 이른바 역사 다큐멘터리 '백년전쟁[1]'을 방송한 케이블 방송사에 대하여 방송통신위원회가 제재조치를 내린 것이 위법하다면서 원심판결을 파기환송한 것은 국민들의 인식을 오도(誤導)하는 잘못된 판결로서 우려(憂慮)를 금할 수 없다.

이 대법원 전원합의체 판결을 통하여 당시 대법관들이 보여준 비뚤어진 역사인식과 대법원의 존재이유에 대한 인식결여는 대단히 심각한 문제가 아닐 수 없다. 이 판결을 보며 대한민국을 부정하는 반국가세력의 대한민국 파괴공작이 대법관들에게까지 스며들어 영향을 미치고 있는 것이 아닌가 하는 생각이 들기도 한다. 왜냐하면, 위 대법원 판결은 법률의 해석과 적용을 교묘하게 분칠하면서 대한민국 건국의 정당성과 정통성 그리고 건국대통령 이승만을 폄훼하는 다큐멘터리 방송에 대해 면죄부를 주고 있기 때문이다.

나. 소송 경과

1) 위 사건의 원고는 방송법에서 정한 방송채널사용사업자로서, 종합유선방송사업자 또는 위성방송사업자와 특정 채널의 전부 또는 일부 시간에 대한 전용사용계약을 체결하여 시민참여를 중심으로 하는 대한민

---

1 '백년전쟁'은 '친일인명사전'을 만든 민족문제연구소가 2012년 11월 대선을 앞두고 이승만·박정희 두 전직 대통령을 공격하기 위해 만든 영상이다. 유튜브와 인터넷을 통해 공개된 이후 200만 명 넘는 사람이 봤다고 한다. 이 영상은 이승만 대통령을 '악질 친일파', 'A급 민족 반역자', 박정희 대통령을 미국의 꼭두각시이자 '스네이크 박(Snake Park)'이라고 비난했다. 시청자 제작 전문 채널인 '시민방송'이 수십 차례 이 영상을 내보내자 방송통신심의위원회는 2013년 7월 방송의 객관성과 공정성을 위반했다는 이유로 제재조치를 명하였다.

국의 퍼블릭 액세스(Public Access, 시청자 제작 영상물 방송) 전문 텔레비전 채널을 운영하는 '재단법인 시민방송'이다. 피고는 위 방송사에 대해 다큐멘터리 '백년전쟁'을 방송한데 대해 방송법에서 정한 바에 따라 제제조치를 명령한 방송통신위원회이다.

2) 위 원고는 2013. 1. 21.부터 2013. 3. 3.까지 29회에 걸쳐 민족문제연구소가 제작한 다큐멘터리 '백년전쟁 1'(이승만 대통령에 관한 다큐멘터리)을 방송하였고, 2013. 1. 26.부터 2013. 3. 3.까지 26회에 걸쳐 민족문제연구소가 제작한 다큐멘터리 '백년전쟁 2'(박정희 대통령에 관한 다큐멘터리)를 방송하였다(아래에서는 이승만 대통령에 관한 방송내용 부분에 한정하여 살펴보기로 한다).

3) 피고는 2013. 8. 21. 원고에게 위 각 방송이 '방송심의에 관한 규정'(이하, '심의규정'이라 함) 중 공정성과 객관성에 관한 규정 및 명예훼손 금지에 관한 규정을 위반하였다는 이유로 해당 방송프로그램의 관계자에 대한 징계 및 경고를 명하고, 이에 관한 고지방송을 할 것을 명하는 처분을 하였다.

4) 이에 대해 위 원고는 서울행정법원에 제재조치명령의 취소를 구하는 소송(서울행정법원 2013구합28594 제재조치명령취소)을 제기하였고, 서울행정법원은 원고의 청구를 기각하였으며, 항소심인 서울고등법원 2014누61394 판결도 위 원고의 항소를 기각하였다. 그러나, 위 원고가 제기한 상고심인 대법원 2015두49474 사건에서 대법원은 사건을 전원합의체에 회부한 다음 제재조치명령이 위법하다는 이유로 원심판결을 파기하고 서울고등법원에 환송하였으며, 사건을 환송받은 서울

고등법원은 대법원 판결의 취지에 따라 제재조치명령이 위법하다는 이유로 이를 취소하였다.

다. 방송심의위원회의 제재조치명령 이유

방송심의위원회가 다큐멘터리 '백년전쟁'에서 방송한 내용 중에 제재 사유로 인정된다고 한 내용 및 그 이유는 아래와 같다.

1) 심의규정 제9조 제1항 및 제14조(객관성) 위반

가) 위 방송은 이승만 초대 대통령의 선출과정 등을 1948년 미국 CIA 문서 등을 통해 분석한다면서,

① '이승만은 사적인 권력욕을 채우기 위해 독립운동을 했고, 자신의 출세를 위해 수단, 방법을 가리지 않았다'는 내용의 CIA 문서, '이승만은 한인 학교에서 반일사상을 가르친다는 것을 부인했다'는 내용을 게재한 호놀룰루 스타블러틴 신문, '(이승만 기자회견) 한일합방 후 3년도 지나기 전에 한국은 낡은 인습이 지배하는 느림보 나라에서 활발하고 떠들썩한 산업경제의 한 중심으로 변모했다'고 운운하는 내용의 워싱턴포스트 기사, '(이승만이 재정문제를 제기한 국민회 대의원들을 폭동죄로 고소한 것에 대해) 통곡할 재판사건, 5천명 동포가 모두 망신이로다'라는 내용의 신한민보 기사 등을 인용하였고,

② "이승만과 관련되는 수많은 충돌은 다 돈과 관련이 있다. 이승만은 임시정부 대통령으로서 (자신을) 탄핵하려는 움직임이 있을 때, 미주

지방 성금을 딱 끊어버렸는데, 정치권력에서 헤게모니를 쥘 수 있다는 이승만다운 발상이다"라고 운운하는 소외 7 교수의 인터뷰, "미국사람들과 거래를 할 줄 아는 사람이었다. 프린스턴에서 박사를 받는데 하버드에 석사를 달라고 했다. 일본 감옥에서 고문을 당해 손끝이 시리다고 한 것은 독립투사로서의 이미지를 만들려는 시도였고, 이는 모두 거짓말이었다"라고 운운하는 소외 1 교수의 인터뷰, "(임시정부의 독립성금을 장악했다며) 그것은 이승만의 본능이나 본성에 가까운 행동이었다고 생각이 듭니다"라고 운운하는 소외 8 교수의 인터뷰 내용 등을 방송하였다.

이는, 미국 입장의 사료와 이승만에 대한 부정적인 기사만을 인용하거나, 이승만에 대해 부정적인 학자들의 인터뷰 내용만을 방송함으로써 사실을 왜곡한 것이다.

나) 이승만 대통령의 재테크, 사생활, 외교노선 등에 대하여,

① 이승만이 재정문제를 제기한 국민회 대의원들을 경찰에 폭동죄로 고발하고, 하와이 법정에 증인으로 나와 "이들은 소외 xx 패당이며 미국영토에 한국 군대를 만들었습니다. 그리고 위험한 반일행동을 하며, 일본 군함 이즈모가 호놀룰루에 도착하면 파괴하려는 음모까지 꾸민 무리들입니다. 판사님, 저들을 조처해 주십시오"라고 증언했다는 내용,

② 이승만의 재테크 방법에 대해, "(내레이션) 피 튀기는 테러까지 동원하여 국민회를 장악하고 현란한 부동산 재테크에 착수했다"라며,

여학생 기숙사 건립기금 및 국민회 재산 등을 담보로 돈을 챙기고 국민회 재산을 전부 매각해 목돈을 챙겼다는 내용,

③ 이승만과 소외 2의 사진을 패러디로 합성하고, "(내레이션) 나이 마흔여섯에 스물 두 살짜리 여대생과 여행도 하고, 틈만 나면 최고급 레스토랑에서 식사를 하고, 최고급 호텔에서 잠을 잤다. 백인 여자들에게도 접근해 재벌 2세처럼 최고급 식사를 사주며 데이트를 즐겼다. 미국 수사관들은 그를 기소해버렸다"라고 운운하는 내용,

④ 이승만이 대통령 연두교서에서 독립운동 전략으로 "우리 형편상 전쟁준비는 국민들에게 맡기는 것이 옳다. 국내외 일반 국민들은 각자 직업에 종사하며 여가시간에 병법을 연마하라. 무기도 각자 구하라. 그러다 좋은 시기가 오면 일제히 나가서 싸우라"라고 발표했고, 독립운동가 이봉창·윤봉길의 의거 등에 대해서는 "어리석은 짓들 좀 작작 해라. 독립운동에 하등 도움이 안 된다"라고 충고하였다는 내용,

⑤ 철저한 반공주의자인 맥아더를 향해 러브레터를 썼다며 "(이승만) 저희는 대일전에 참전하고 싶어요. 하지만 나쁜 소련의 방해로 좌절되었어요", "(내레이션) 물론 소련은 방해한 적이 없으나 맥아더의 사랑을 얻기 위해 약간의 거짓말을 좀 섞었다", "(이승만) 미국이 단독으로 한국을 점령해주세요. 전 소련이 싫어요"라고 운운하는 내용,

⑥ 프로그램 전반에 걸쳐 이승만을 저항세력(여운형, 김규식, 김구 등)과 비교하면서 외교정책 등을 비판적으로 다루는 내용을 방송하였다.

이는, 독립운동자금 장악과정과 임시정부 초대 대통령의 행적 등을 설

명하면서 이승만을 부도덕한 인물로만 묘사한 것으로, 전체적으로 사실을 정확하고 객관적인 방법으로 다루지 않고, 불명확한 내용을 사실인 것으로 방송하여 시청자를 혼동케 한 것이다.

2) 심의규정 제9조 제2항(공정성·균형성) 위반

이승만 대통령의 업적이나 긍정적인 평가자료 등에 대해서는 일체의 소개 없이,

① 미국 CIA 문서 일부를 인용하여, 이승만을 사적인 권력욕으로 독립운동을 하면서 출세를 위해 수단, 방법을 가리지 않는 인물로 묘사하는 내용,

② 단기간에 거래를 통해 하버드 석사학위를 취득함으로써, 프린스턴 박사학위를 취득했다는 내용,

③ 이승만이 손가락 끝에 입김을 부는 행동은 실제 일본에 의해 고문을 받지 않았음에도 독립투사로서의 이미지를 만들기 위한 것이었다는 내용,

④ 이승만이 독립운동자금을 장악하기 위해 하와이 깡패의 본색을 드러냈다며, 이는 이승만의 본능이나 본성에 가까운 행동이었다는 내용,

⑤ 이승만이 여대생 소외 2와 여행을 하다가 '부도덕한 성관계를 목적으로 여자를 데리고 주경계선을 넘으면 불법이다'라는 MANN법 위반으로 기소를 당하였고, 백인 여자들과 호화 데이트를 즐겼다는 내용,

⑥ 이승만이 맥아더 장군에게 한국을 단독으로 점령해 달라는 내용의

러브레터를 노골적으로 보냈다는 내용 등을 방송하였다.

이는, 이승만 대통령에 대한 긍정적인 평가가 다수 존재함에도 불구하고, 부정적인 시각만으로 평가를 하여, 사회적 쟁점이나 이해관계가 첨예하게 대립된 사안을 다루면서 공정성과 균형성을 유지하지 못하고 다양한 의견을 균형 있게 반영하지 못한 것이다.

3) 심의규정 제20조 제2항(사자의 명예존중) 위반

이승만 대통령의 행적에 대해 평가하면서,

① "(소외 1 교수) 세상에 제가 만약에 나 여기서 박사를 받는데 아직 거기 석사를 마치지도 않았음에도 불구하고 학위를 달라, 그러면 주겠어요? 미친놈이라는 소리를 듣지",

② "(내레이션, 이승만의 워싱턴포스트 기자회견에 대해) 이승만의 말은 일본의 식민지 근대화론과 똑같다. 이 사건만 본다면 그는 한국이 독립할 필요가 전혀 없다고 선전하고 다니는 악질 친일파다",

③ "(내레이션, 하와이 시절 이승만에 대해) 이승만, 그는 사이비 기독교인이었던 모양이다. 사랑을 실천하라는 예수님 말씀을 어기고 피 튀기는 테러까지 동원하며 국민회를 장악했다. 십계명도 어기며 현란한 재테크에 착수했다. 이것이 하와이 갱스터의 재테크 비결이다",

④ 재정문제를 제기한 국민회 대의원들을 고소한 것에 대해, "(내레이션) 이승만의 이런 행동은 자기 조국에 대한 명백한 반역행위 아닌가?", "(자막) 반역자 BETRAYER, 이승만 A Class Collaborator, A급 민족반

역자",

⑤ "(내레이션, 독립운동성금 장악에 대해) 그리고 한발 더 나아가 하와이 깡패의 본색을 드러내며 정부에서 걷은 돈도 전부 넘기라고 요구했다",

⑥ "(내레이션, 소외 2와 부적절한 여행을 했다며) 결국 미국 수사관들은 이승만을 부도덕한 플레이보이라고 판단했던지 그를 기소해버렸다",

⑦ "(내레이션, 이승만의 독립운동 전략에 대해) 대체 왜 이승만은 이런 돌대가리 같은 전략을 내놓은 걸까? 그 이유는 역시 돈과 관련이 있다",

⑧ "(자막, 이승만에 대한 임시정부 요인들의 발언) 저런 썩은 대가리와 함께 일할 수 없다" 등의 내용을 방송하였다.

이는, 이승만 대통령을 사적인 권력욕을 채우기 위해 독립운동을 했다거나, 독립투사로서의 이미지를 만들기 위해 거짓말을 하고, 여대생 및 백인 여자들과 데이트를 즐기며, 독립자금을 횡령한 인물로 묘사하면서, 직설적이고 저속한 표현을 함께 사용하여, 사자(死者)의 명예를 훼손한 것이다.

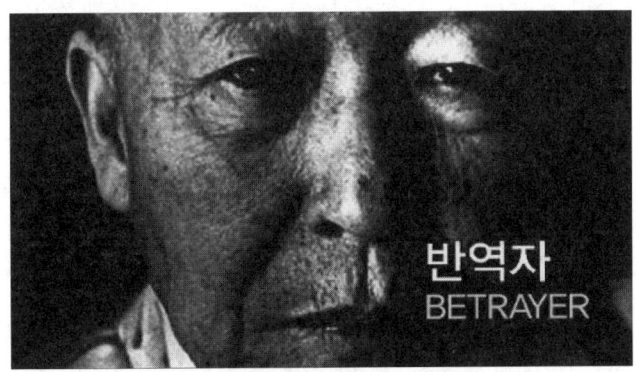

민족문제연구소가 제작한 '백년전쟁' 다큐멘터리에서
이승만 대통령의 얼굴 앞에 반역자란 자막을 넣은 장면

라. 1심 판결이 제재조치명령이 적법하다고 판단한 이유

1) 방송은 아직까지 소수의 기업이 매체를 독점하고 정보의 유통을 제어하는 '정보유통 통로의 유한성'이 완전히 극복되었다고 할 수 없다. 또한, 누구나 쉽게 접근할 수 있는 방송매체는 음성과 영상을 통하여 동시에 직접적으로 전파되기 때문에 강한 호소력이 있고, 경우에 따라서는 대중조작이 가능하며, 방송매체에 대한 사회적 의존성이 증가하여 방송이 사회적으로 강한 영향력을 발휘하는 추세이므로, 이러한 방송매체의 특수성을 고려하면 방송의 기능을 보장하기 위한 규율의 필요성은 신문 등 인쇄매체보다 높다(헌법재판소 2003. 12. 18.자 결정 2002헌바49 등 참조).

이에 따라 방송법 제6조 제1항은 방송사업자에게 방송보도의 공정성과 객관성을 요구하고 있으며, 같은 법 제32조, 제33조 제1항은 방송통신심의위원회로 하여금 방송이 공정성과 공공성을 유지하고 있는지 및 공적 책임을 준수하고 있는지를 심의하도록 권한을 부여하고 있다.

이를 토대로 심의규정 제9조 제1항은 방송은 진실을 왜곡하지 아니하고 객관적으로 다루어야 한다고 규정하고 있고, 제2항은 방송이 사회적 쟁점이나 이해관계가 첨예하게 대립된 사안을 다룰 때 공정성과 균형성을 유지하여야 한다고 규정하고 있으며, 심의규정 제14조는 방송이 사실을 정확하고 객관적인 방법으로 다루어야 하고 불명확한 내용을 사실인 것으로 방송하여 시청자에게 혼동을 주지 않아야 한다고 규정하고 있다. 또한 심의규정 제20조 제2항은 방송이 사자(死者)의 명예도 존중하여야 한다고 규정하고 있다.

2) 이 사건 방송은 이승만 대통령이 과연 진정한 독립운동가였는지에 관하여 특정 역사적 자료에 근거하여 의혹을 제기하려는 목적을 가지고 13개 정도의 에피소드를 삽입하여 이를 토대로 이승만 대통령에 대하여 재평가를 하는 것으로 구성되어 있다. 그 중 대표적으로 문제가 되는 부분은 아래 표 기재와 같다.

쟁점	방송 요지	다른 해석의 가능성 및 방송의 문제점
미국에서의 박사학위 취득 경위	이승만의 실력이 아니라 미국 기독교계의 지원으로 가능했다.	이승만 대통령이 고종의 밀사자격으로 루즈벨트 대통령에게 조선의 독립을 도와 줄 것을 요청하기 위해 미국에 가게 된 내용 및 이승만 대통령의 박사학위 논문이 여러 책에서 인용될 정도로 우수한 점에 관하여 언급하지 않았다
친일로 오해할 만한 이승만 대통령의 대일관(호놀룰루 스타블러틴)	이승만은 기회주의자이며 악질 친일파이다.	우리 하와이 한인학교는 일본인에 대한 증오를 가르치지 않는다. 우리 학교선생님들은 어느 특정 인종 혹은 민족에 대한 증오를 가르치기에는 너무나 세계 시민적인 사람, 철저한 코스모폴리탄이다.
	우리 학교에서는 일본을 비판하라고 가르치지 않는다. 나는 반일 감정을 일으킬 생각이 없다. 일본 신문들은 나에 대해 오해를 하지 말길 바란다. 오해는 빨리 풀수록 좋다.	(방송에서 인용되지 않은 마지막 부분) 만약 본토에 사는 일본인, 혹은 해외에 사는 일본인들이 진정으로 한국인과 친근하게 지내길 원한다면, 우리 한국인들은 하나의 민족으로서 생명, 자유, 행복에 관한 원천적 권리를 가지고 있다는 사실을 명확히 기억해 두어야 한다.[2]

---

2 한국인과 일본인이 섞여 사는 하와이 이민사회에서 특정 민족에 대한 적개심을 가르치지 않고 기독교 정신으로 교육하고 있음을 강조하기 위하여 반일·반일본인을 가르치지 않는다고 인터뷰한 것임에도, 이를 두고 이승만 대통령이 일본에 우호적이었다거나 심지어 악질 친일파라고 사실을 왜곡하였고, 기사 중 "일본인들은 한국인들이 하나의 민족으로서 생명권, 자유권 및 행복추구권을 가지고 있다는 것을 기억하여야 한다."라는 인터뷰 부분과 같이 자료 전체를 함께 볼 경우 달리 해석될 여지가 있는 부분은 누락시킴으로써 의도적으로 제작 의도에 부합하는 일부만 발췌하여 그 부분만이 역사적 사실인 것처럼 방영하였다.

쟁점	방송 요지	다른 해석의 가능성 및 방송의 문제점
하와이 교민사회의 갈등과 일본 군함 이즈모호	이승만이 살인 미수범 증인으로 재판정에 들어가서 체포된 대의원들을 모함하는데, 그들이 소외 xx의 패당이며, 미국영토에 한국 국민군단을 설립하고 위험한 배일 행동으로 일본 군함 이즈모호가 호놀룰루에 도착하면 파괴하려고 음모하고 있는 무리들이며, 이것이 미국과 일본 사이에 중대사건을 일으켜 평화를 방해하려는 것이니 저들을 조처하여야 한다.	소외 9, 소외 10의 주장을 기재한 책을 근거로 하였을 뿐, 이를 인정할 만한 객관적인 자료가 없다.
	근거: 소외 9의 '시국소감' 소외 10의 '재미한인오십년사'	
이승만과 소외 2의 Mann법 위반 문제	미국 수사관들은 이승만을 부도덕한 플레이보이라고 판단하고 기소했다.	하와이 이민국 소속 Richard Halsy의 보고서의 내용 : 명확한 증거가 제시되지 않는 한, 저는 이승만과 소외 2에게 인간이 마땅히 받아야 할 예우로서 대하는 것이 저의 직업상의 의무라고 생각합니다. 저는 그들에 관한 의심에 아무런 근거가 없다고 생각합니다'

쟁점	방송 요지	다른 해석의 가능성 및 방송의 문제점
		(이 부분의 앞, 뒤 문장과 함께 보는 경우)
이승만에 대한 CIA문서의 평가	이승만은 사적인 권력욕을 채우기 위하여 독립운동을 했다. 이 목적을 추구하면서 그는 자신의 출세를 위해 수단, 방법을 가리지 않았다.	그러나, 그는 한국에 가장 이익이 되는 것은 자신에게도 가장 이익이 되는 것으로 동일시 하는 경향이 있다. 적어도 그의 마음 속에서는 그 자신이 곧 한국인 것처럼 생각했다. 이승만은 한국의 독립이라는 대의를 위하여 평생을 바쳤는데, 궁극적으로는 그가 그 나라를 통치하겠다는 목적도 포함되어 있었다. 그는 이러한 목적을 추구함에 있어서, 자신의 성취를 위해 활용할 마음이 있는 세력들이 누군지에 관하여는 별로 개의치 않았다. 단, 중요한 예외가 있는데, 그는 절대로 공산주의자들과는 손잡지 않는다는 것이다. 이 사실은 이승만이 한국인들의 마음속에 반공주의의 상징이 된 이유를 설명해 준다[3].

3) 이 사건 방송에서 이승만 대통령에 대한 평가를 위한 근거가 되는 에피소드의 사실관계는 역사학자마다 다르게 평가하고 있다. 특정 자료와 특정 관점에만 기인한 역사적 사실과 위인에 대한 평가는 다른 해석의 가능성을 전제하지 않는 한 그 자체로 의도적인 사실왜곡이 될 가능성이 있다. 이는 기존의 역사적 통설에 대한 반대견해는 물론 덜 알려진 사실을 조명하는 경우에도 마찬가지이다.

---

3 CIA문서는 미국 정보기관이 독립된 한국의 지도자 후보들에 대한 성향분석의 일환으로 작성한 서류로 보이고, 그 내용 역시 이승만 대통령이 한국의 독립을 위해 평생을 바쳤다는 사실을 전제한 다음 공산주의자와의 협력을 제외하고는 집권이라는 목적을 위해 수단을 가리지 않았다는 작성자 개인의 의견으로 이루어져 있다. 설령 CIA문서가 이승만 대통령의 인격을 사실대로 기재한 것이라 가정하더라도, 이승만 대통령의 인격, 경력에 대한 입체적인 평가가 있음에도 이 사건 방송에서는 오로지 CIA가 이승만을 사이비 독립운동가로 부정적으로만 평가한 것처럼 방영하였다.

객관적인 근거에 기하여 해당 사실만을 중립적으로 방영하는 것이 아니라 추측이나 과장, 단정적 표현 및 편집기술을 통하여 사실관계와 평가를 자신의 관점으로 왜곡시켜 그 위인을 조롱하거나 희화화(戲畫化)하는 것은 그 위인의 명예를 훼손하고 공정성, 객관성을 위반한 것으로 볼 수 있다.

4) 그런데, 이 사건 방송은 이승만 대통령에 대한 긍정적인 평가 없이 부정적인 사례(기사 등)와 평가(역사학자의 인터뷰 등)만으로 구성하고, 제작의도와 달리 해석될 수 있는 부분은 의도적으로 배제함으로써 사실을 왜곡하였으며, 사회적 쟁점이나 이해관계가 첨예하게 대립된 사안을 다루면서 공정성과 균형성을 유지하지 못하고 다양한 의견을 균형 있게 반영하지 못하였다(역사적 위인과 관련된 역사적 사실은 사회적 쟁점이나 이해관계가 첨예하게 대립된 사안으로 볼 수 있고, 특히 이승만 대통령의 평가를 통한 대한민국 건국의 정통성 조명은 역사관에 따른 이해관계가 대립되는 사안으로 보이므로 공정성과 균형성을 유지하여야 한다). 또한, 그 불균형의 정도에 비추어 볼 때, 이 사건 방송의 기획의도와 참여프로그램의 제도적 취지를 감안하더라도 마찬가지이다.

5) 이 사건 방송은 이승만 대통령에 대한 에피소드의 근거가 된 자료 중 일부가 이승만 대통령과 적대적이었던 사람들(소외 10 등)의 저서이어서 그 자체로 객관성이 담보된다고 보기 어려움에도 이를 근거로 마치 그 사실관계를 역사적 사실인 것처럼 방영하면서 달리 해석될 수 있는 자료 및 관점은 전혀 밝히지 않았다. 또한, 신문기사, 보고서 등 자료 전체를 함께 볼 경우 달리 해석될 여지가 있음에도 의도적으로 제작의도에 부합하

는 일부만 발췌하여 그 부분만을 역사적 사실인 것처럼 방영하기도 하였고, Mann법[4] 위반과 관련하여 이승만 대통령은 무혐의 처분을 받았음에도 기소되었다[5]고 하는 등 자료 내용과 달리 이승만 대통령에게 부정적인 방향으로 사실관계를 왜곡, 과장하여 인정하기도 하였으며, 역사적 자료에 근거한 사실관계가 아닌 추측이 가미된 부분도 마치 역사적 사실인 것처럼 재구성하였다.

⑥ 나아가 위와 같은 사실을 설명하고 이해를 위하여 역사적 자료에 근거하지 않은 사진[6]을 제작자의 의도에 맞게 편집하여 삽입하기도 하였고, 해당 사실관계로부터 곧바로 추론될 수 없음에도 '악질 친일파, A급 민족 반역자, PLAY BOY, 하와이 깡패, 돌대가리, 썩은 대가리'라고 단정적이고 저속한 평가를 삽입함으로써 전체적으로 사실을 정확하고 객관적인 방법으로 다루지 않고, 불명확한 내용을 사실인 것으로 방송하여 시청자를 혼동케 하였으며, 동시에 사자(死者)인 이승만 대통령을 사적인 권력욕

---

4 매춘 따위의 목적으로 여자를 주에서 주로, 또는 국외에서 이송하는 행위를 하면 처벌하는 미국의 법률

5 정확하게 말하면, 미국 이민국의 고발(charge)에 대해 고발이 성립되지 않는다며 각하(却下)(dismiss)되었음. 기소(indictment)되었다고 한 사실이 없음

6 이승만이 그의 양녀 김노디와 함께 여행한 것을 이승만이 Mann법을 위반하여 체포되어 기소되었다고 하면서 이승만과 김노디에 대한 경찰의 범인식별용 얼굴 사진인 머그샷(mugshot) 사진을 방송하였다. 그러나, 이 머그샷 사진이라는 것은 다른 사진에서 이승만의 얼굴과 양녀의 얼굴 사진을 떼내어 편집, 조작하여 만든 것이다. 머그샷은 반드시 정면샷과 측면샷을 찍게 되어 있는데, 이승만과 김노디의 머그샷은 두 사람의 정면 사진만 제시하고 있고, 정면샷은 이승만의 1930년에 촬영된 사진에서 얼굴을 떼내고 김노디의 사진은 1919년에 촬영된 사진에서 얼굴을 떼내어 머그샷의 배경 화면에 합성하여 두 사람이 함께 머그샷을 찍은 것처럼 날조한 것이다.

을 채우기 위해 독립운동을 했다거나 독립투사로서의 이미지를 만들기 위해 거짓말을 하고 여대생 및 백인 여자들과 데이트를 즐기며, 독립자금을 횡령한 인물로 묘사하여 그 명예를 훼손하였다.

'백년전쟁'은 이승만 대통령을 '플레이보이'라고 비난하면서 당시 20대였던 김노디와 불륜관계인 것처럼 묘사했다. 이승만 뒷편에 서양 여성들과 함께 김노디의 얼굴이 보이게 편집했다.

1930년 대한부인구제회 정기총회
기념사진 속 국부 이승만

1919년 워싱턴 DC 구미위원회
간부 기념사진 속 김노디

조선일보 2024.1.9.자에서 인용

논객넷 자유토론방에서 인용

7) 이승만 대통령에 대한 역사적 평가에 대하여 의문을 제기하려는 이 사건 방송의 목적은 합리적인 의심에 기초한 것으로 볼 여지가 없지는 않지만, 위와 같은 방송의 구성, 내용, 편집 등에 비추어 볼 때, 이 사건 방송은 새로운 관점 내지 의혹을 제기하는 것에 그치지 않고 특정 입장에 유리하게 하거나 사실을 오인하도록 적극적으로 조장하고, 이승만 대통령을 희화화(戲畫化)하고 있다.

8) 이 사건 방송은 특정 자료만(CIA 보고서, 프레이저 보고서 등)을 근거로 지

나치게 일방적이고 부정적인 시각으로 대한민국의 전통성과 전직 대통령을 폄하하였고, '전체 관람가'로 2달에 걸쳐 약 55회[7] 방영되어 그 위반의 정도가 상당히 중하다. 퍼블릭 액세스 채널이라고 하더라도 방송법상 공정성과 객관성 준수에 대한 책임이 경감된다고 볼 수 없다.

이러한 제반 사정을 참작해 볼 때, 이 사건 제재명령 처분이 비례원칙에 위반하여 지나치게 과중하다거나, 피고가 이 사건 처분으로 달성하려는 공익보다 그로 인하여 침해받는 원고의 언론의 자유, 퍼블릭 액세스 및 국민의 알권리의 침해가 훨씬 커서 재량권을 일탈·남용하여 위법하다고 볼 수 없다.

마. 2심 판결이 제재조치명령이 적법하다고 판단한 이유

위 사건의 항소심에서 법원은 원고의 항소를 기각하면서 1심 판결의 이유를 그대로 인용하였으며, 이에 추가하여, "원고는 당심에서 이 사건 각 방송은 역사 다큐멘터리 프로그램에 해당하고 역사 다큐멘터리는 특정한 시각을 전제로 하여 역사적 사실을 그러한 시각에 따라 해석하고 재구성하는 것이므로 달리 해석될 가능성이나 입장을 반영하지 않았다고 하더라도 이를 방송의 공정성과 객관성을 갖추지 않은 근거로 보아서는 아니 된다는 취지로 거듭 주장한다. 보건대, 방송법 및 방송심의에 관한 규정의 내용 및 취지 등에 의하면 방송사업자는 방송의 공정성과 객관

---

7 박정희 대통령에 관한 방송 포함

성을 유지하고 공적 책임을 준수할 의무를 지는데, 특히 사회적 쟁점이나 이해관계가 첨예하게 대립된 사안을 다룰 때에는 공정성과 균형성을 유지하고, 관련 당사자의 의견을 균형 있게 반영하도록 하여야 하며, 이러한 의무는 해당 방송이 역사 다큐멘터리 형식을 취하였다고 하더라도 면제되는 것이 아니다.

이 사건 방송의 구체적인 내용과 구성 및 편집 형태 등을 종합하여 보면 원고는 단지 해당 역사적 인물에 대한 새로운 관점 내지 의혹을 제기하는 데에 그치지 않고, 특정 입장에 유리한 방향으로 사실을 편집하거나 재구성함으로써 공정성과 객관성을 상실한 정도로까지 나아갔다고 판단된다.

이에 의하면 이 사건 처분사유는 존재한다고 볼 것이고, 이 사건 처분으로 달성하려는 공익보다 그로 인하여 원고가 입는 권리 침해 등이 훨씬 크다고 할 수 없는 이상 위 처분은 적법하다"라고 판시하였다.

바. 대법원이 1심, 2심 판결을 뒤엎고 제재조치명령이 위법하다고 판단한 이유(다수의견)

1) 위 사건이 대법원에 상고되었고(대법원 2015두49474호), 대법원은 이 사건을 전원합의체로 회부한 다음, 상고 후 4년 4개월이 경과한 2019. 11. 21. 원심판결을 파기하고 서울고등법원에 환송하는 판결을 선고하였다. 이 당시, 제재조치명령이 적법하다는 견해를 표명한 대법관이 6명, 제재조치명령이 위법하다는 견해를 표명한 대법관이 6명으로 동수를 이루

었고, 대법원장 김명수가 캐스팅 보트를 행사하여 제재조치명령이 위법하다는 견해를 지지함으로써 7:6으로 제재조치명령이 위법하다, 즉, '백년전쟁'의 내용이 방송통신위원회의 제재를 받지 않아도 되는 내용이라고 판결하였던 것이다(다수의견). 다수의견의 요지는 아래와 같다.

2) 방송이 여론형성에 미치는 영향력이 크고, 이에 따라 사실을 왜곡하거나 특정 입장에 편파적인 방송이 초래하는 부정적 파급효과의 위험성을 고려하면, 방송내용을 규제할 필요가 있음은 부정할 수 없다. 다만, 다양한 견해가 사상의 자유시장에서 경쟁할 때 비로소 올바른 여론이 형성될 수 있고, 사회는 자율적인 규제와 정화작용을 통하여 국가의 발전과 공공복리에 기여할 수 있으므로, 국가는 방송내용에 대한 개입을 최대한 자제함으로써 방송의 본질적 역할을 부당하게 위축시켜서는 아니 된다. 방송의 내용 심의를 규정하고 있는 방송법 등 관련 규정의 해석·적용은 언론의 자유에 미치는 영향을 고려하여 신중하게 이루어져야 한다.

3) '객관성'이란 사실을 왜곡하지 않고 증명 가능한 객관적 사실에 기초하여 있는 그대로 가능한 한 정확하게 사실을 다루어야 한다는 것을 의미하고, '공정성'이란 사회적 쟁점이나 이해관계가 첨예하게 대립된 사안에 대해 다양한 관점과 의견을 전달함에 있어 편향적으로 다루지 않는 것을 의미하며, '균형성'이란 각각의 입장에 대하여 시간과 비중을 균등하게 할애해야 한다는 양적 균형이 아니라 관련 당사자나 방송 대상의 사회적 영향력, 사안의 속성, 프로그램의 성격 등을 고려하여 실질적으로 균등한 기회를 제공함으로써 공평하게 다루는 것을 의미한다. 여기에서 '사

회적 쟁점이나 이해관계가 첨예하게 대립된 사안'이란, 사회 구성원의 입장이나 해석이 우열을 가릴 수 없을 정도로 나뉘어 사회적으로 크게 부각된 사안이나 다양한 사회적 이해관계가 충돌하는 사안을 의미한다.

4) 방송이 사회에 미치는 영향력의 구체적인 차이를 고려하지 않은 채 일률적인 기준을 적용하여 객관성·공정성·균형성을 심사하면 공정한 여론의 장을 형성하고자 하는 방송의 역할을 과도하게 제한할 우려가 있으므로, 방송내용이 공정성과 공공성을 유지하고 있는지 등을 심의할 때에는 매체별, 채널별, 프로그램별 특성을 모두 고려하여야 하며, 해당 방송 프로그램을 방영한 방송매체나 채널이 국민의 생활이나 정서 및 여론형성 등에 미치는 영향력의 정도나 범위를 충분히 고려하여, 방송매체나 채널의 자율성, 전문성, 다양성이 침해되지 않도록 주의하여야 한다.

5) 해당 방송프로그램을 방영한 방송매체나 채널이 국민의 생활이나 정서 및 여론형성 등에 미치는 영향력의 정도나 범위가 크지 않은 한편, 다양한 정보와 견해의 교환을 가능하게 하는 데에 주로 기여하는 것이라면 방송의 객관성·공정성·균형성에 관한 심사기준을 완화함이 타당하다. 여기에서 심사기준을 완화한다는 것은 결국 방송내용의 심의규정상의 객관성·공정성·균형성 유지의무 위반은 엄격하게 인정해야 한다는 의미이다. 이를 통해 해당 방송프로그램의 자율성, 전문성, 다양성을 최대한 존중함으로써 궁극적으로 방송과 언론의 자유 보장을 강화하는 데 목적이 있다.

시청자 제작 방송프로그램[8]은 소수의 이해와 관점을 반영하여 다양한 사회적 의견을 형성하는 방송의 공적 역할을 위하여 도입된 것으로, 시청자가 제작한다는 점에서 기술이나 자본, 접근 가능한 정보의 양에 한계가 있고 그 결과 전문성이나 대중성이 부족할 수밖에 없는데, 이와 같은 한계는 각각의 다른 의견을 가진 시청자가 각자의 관점으로 방송프로그램을 제작하여 방송하는 방법으로 해결할 수 있다는 점에 특성이 있다. 따라서 시청자가 제작한 방송프로그램은 방송내용의 진실성과 신뢰도에 대한 기대의 정도나 사회적 영향력의 측면에서 방송사업자가 직접 제작한 방송프로그램과 다를 수밖에 없다. 그러므로 방송통신심의위원회가 시청자가 제작한 방송프로그램의 객관성·공정성·균형성 심사를 할 때는 방송사업자가 직접 제작한 프로그램에 비하여 심사기준을 완화할 필요가 있다.

⑥ 뉴스 등 보도에 관한 방송프로그램(이하, '보도 프로그램'이라 한다)은 국민의 개별적 의견 형성과 사회적 여론에 직접적인 영향을 미치므로, 방송법 제6조 제1항에서 규정하고 있는 바와 같이 공정성과 객관성이 더 강하게 요구된다. 그에 반하여 다큐멘터리, 지식·생활·문화 강좌 등 국민의 교양 향상과 교육을 목적으로 하는 교양에 관한 프로그램(이하, '교양 프로그램'이라 한다)이나 드라마, 영화, 스포츠 등 국민정서의 함양과 여가 생활의 다양화를 목적으로 하는 오락에 관한 방송프로그램(이하, '오락 프로그램'이라

---

8 이 사건 '백년전쟁'은 시청자, 즉, 민족문제연구소가 제작한 방송프로그램이다.

한다)은 여론을 형성하는 데 보도 프로그램과 같은 정도의 영향을 미친다고 보기 어렵다. 따라서 방송통신심의위원회가 교양 프로그램이나 오락 프로그램이 방송의 객관성·공정성·균형성 유지의무를 위반하였는지 여부를 심사할 때는 그 특성을 고려하여 보도 프로그램과는 차별화된 심사 기준을 적용하여야 한다.

7) 여기에서 심사기준을 완화한다는 것은 방송통신심의위원회가 방송내용이 심의규정상의 객관성·공정성·균형성을 준수하였는지를 심사하는 기준을 완화한다는 것으로서, 이는 결국 방송내용의 심의규정상의 객관성·공정성·균형성 유지의무 위반은 엄격하게 인정해야 한다는 의미이다. 이를 통해 해당 방송프로그램의 자율성, 전문성, 다양성을 최대한 존중함으로써 궁극적으로 방송과 언론의 자유 보장을 강화하는 데 그 목적이 있다.

8) 이 사건 각 방송내용에 대하여 위와 같은 방송의 매체별, 채널별, 프로그램별 특성을 반영하여 그 방송이 시청자에게 주는 전체적인 인상을 기준으로 객관성·공정성·균형성을 심사하면 아래와 같다.

이 사건 각 방송은 공적 인물과 공적 관심 사안에 관한 것인데, 이승만, 박정희 대통령에 대해서는 상반된 역사적·사회적 평가가 존재하고, 이들의 친일 여부나 업적과 관련된 논쟁은 지금도 정치적 견해 차이의 중요한 부분을 차지하는 등 현재 우리의 삶에 적지 않은 영향을 미치고 있다.

이 사건 각 방송은 제작자가 기획에서 방송에 이르기까지 사실 확인을 위하여 상당한 노력을 투입하였을 뿐만 아니라 그 내용도 사료에 기초하고 있으며, 이 사건 각 방송의 내용과 구성, 인터뷰 대상자의 지위나 경력 등 이 사건 각 방송이 시청자에게 주는 전체적인 인상은 기존에 입론된 역사적 사실과 그 전제에 관하여 의문을 제기한 정도에 그친 것으로 볼 수 있다. 제작자의 관점과 다른 관점을 가진 관련 당사자의 의견을 모두 반영한 역사 다큐멘터리만 방송하여야 한다면, 주류적 통념에 대한 의문이나 의혹을 제기하는 다큐멘터리는 방송에서 다루기 힘들 뿐만 아니라 자칫 역사적 관점에 대한 단순한 나열에 그칠 수 있다. 앞서 본 것처럼 이 사건 각 방송은 이미 많은 사람들에게 충분히 알려져 사실상 주류적인 지위를 점하고 있는 역사적 사실과 해석에 대해 의문을 제기함으로써 다양한 여론의 장을 마련하고자 한 것이므로, 그 자체로 다른 해석의 가능성을 전제하고 있음은 분명하다.

또한 역사 다큐멘터리의 경우에는 방송의 균형성을 선거방송이나 보도방송과 같이 한 프로그램 내에서 다양한 의견이나 관점에 대해 각각 동등한 정도의 기회를 기계적으로 제공해야 하는 것으로 이해하여서는 아니 되며, 이 사건 각 방송이 시청자 제작 프로그램인 점을 감안하면 다른 의견을 가진 시청자에게 접근 가능한 방송 기회가 보장되는 것으로 충분하다. 이 사건 각 방송과 관련 있는 당사자에게도 원고와 같은 시청자 제작 영상물 방송 전문 채널을 통한 방송뿐 아니라 방송법 제69조 제7항이나 제70조 제7항 등에서 규정하고 있는 바와 같이 시청자 제작 프로그램에의 참여 등을 통해 여러 상반되는 의견을 제시할 기회가 열려 있다.

따라서, 이 사건 각 방송이 진실을 왜곡하거나 관련 당사자의 의견을 균형 있게 반영하지 아니하여 구 심의규정상 객관성·공정성·균형성 유지 의무를 위반하였다고 단정하기 어렵다.

9) 방송법 제5조 제3항은, "방송은 타인의 명예를 훼손하거나 권리를 침해하여서는 아니 된다."라고 규정하고, 심의규정 제20조는 '명예훼손 금지'라는 표제 아래 제1항에서 "방송은 타인(자연인과 법인, 기타 단체를 포함한다)의 명예를 훼손하여서는 아니 된다."라고, 제2항에서, "방송은 사자(死者)의 명예도 존중하여야 한다."라고, 제3항에서 "제1항 및 제2항에 해당하는 경우에 그 내용이 진실한 사실로서 오로지 공공의 이익에 관한 때에는 예외로 한다."라고 규정하고 있다.

역사적 사실이나 인물에 대한 논쟁을 내용으로 하는 방송은 공적 관심 사안에 관한 것으로서 표현의 자유는 넓게 보장되어야 하고, 부분적인 오류나 다소의 과장이 있다 하더라도 섣불리 명예훼손을 인정하여 역사에 관한 논쟁을 막는 결과를 초래해서는 안 된다. 다만, 역사적 관심사에 관한 비판이나 문제제기를 널리 인정한다고 하더라도 구체적인 근거가 제시되지 않은 악의적인 모함이나 사실의 왜곡까지 방송에서 허용되는 것은 아니다.

10) 이와 같은 점을 종합하여 보면, 방송내용 중 역사적 평가의 대상이 되는 공인에 대하여 그 명예가 훼손되는 사실이 적시되었다고 하더라도 특별한 사정이 없는 한 심의규정 제20조 제2항을 위반하였다고 볼 수 없을 뿐 아니라, 그 적시된 사실이 공공의 이익에 관한 사항으로서 진실한 것이거나 진실한 사실이라고 믿을 상당한 이유가 있는 경우에는 구 심의

규정 제20조 제3항에 의하여 방송법 제100조 제1항에서 정한 제재조치의 대상이 될 수 없다고 보아야 한다.

여기서 '그 목적이 오로지 공공의 이익을 위한 것일 때'는 적시된 사실이 객관적으로 볼 때 공공의 이익에 관한 것으로서 행위자도 공공의 이익을 위하여 그 사실을 적시한 것을 의미하는데, 행위자의 주요한 목적이나 동기가 공공의 이익을 위한 것이라면 부수적으로 다른 사익적 목적이나 동기가 내포되어 있더라도 무방하고, 여기서 '진실한 사실'은 그 내용 전체의 취지를 살펴볼 때 중요한 부분이 객관적 사실과 합치되는 사실이라는 의미로서 세부에서 진실과 약간 차이가 나거나 다소 과장된 표현이 있더라도 무방하다(대법원 2016. 5. 24. 선고 2013다34013 판결 등 참조).

또한, 명예훼손과 모욕적 표현은 구분해서 다루어야 한다. 사실의 적시가 없는 모욕적 표현이나 저속한 표현은 "방송은 저속한 표현 등으로 시청자에게 혐오감을 주어서는 아니 된다."라고 규정한 구 심의규정 제27조 제2항 위반에 해당할 여지는 있을지언정, 명예훼손 금지를 규정한 구 심의규정 제20조 위반으로 포섭할 수는 없다.

11) 피고가 심의규정 제20조 제2항에 해당한다고 하여 제재사유로 삼은 내용은, 이 사건 방송에서 이승만 대통령이 사적인 권력욕을 채우기 위해 독립운동을 했다거나 독립투사로서의 이미지를 만들기 위해 거짓말을 하고 여대생 및 백인 여자들과 데이트를 즐기며 독립자금을 횡령한 것 등으로 묘사함과 동시에 저속한 표현을 사용하여 사자(死者)의 명예를 훼손하였다는 것이다.

먼저 이 사건 방송 중 '악질 친일파, A급 민족반역자, 돌대가리, 썩은 대가리' 등과 같은 표현이 사용된 부분은 제재사유에서도 언급된 바와 같이 저속하거나 모욕적인 표현에 해당할 여지는 있지만 사실 적시를 요하는 명예훼손이라고 볼 수는 없다.

이 사건 방송은 CIA문서(1948. 10. 28.자), 호놀룰루 스타블러틴 신문, 워싱턴포스트 기사, 신한민보 기사 등을 인용하였는데, 피고가 제재사유로 삼은 위와 같은 내용은 모두 이러한 자료에 근거한 것으로서, 표현 방식이 다소 거칠고 세부에서 진실과 약간 차이가 있거나 과장된 부분이 있기는 하나, 방송 전체의 내용과 취지를 살펴볼 때 그 중요한 부분이 객관적 사실과 합치되므로 명예훼손으로 볼 수 없다.

이 사건 방송은 이승만 대통령에 대한 독립운동가라는 평가와 관련하여 역사적 자료에 근거한 의혹을 제기하려는 것으로서 공적 인물과 관련된 공적인 관심 사안을 다루고 있다. 이 사건 방송은 역사적 사실과 인물에 대한 논쟁과 재평가를 목적으로 하고 있으므로 오로지 공공의 이익을 위한 것이라고 할 수 있고, 외국 정부의 공식 문서와 신문기사, 관련자 및 전문가와의 인터뷰 등을 기초로 하였다는 점에서 진실과 다소 다른 부분이 있다고 하더라도 진실한 사실이라고 믿을 상당한 이유가 있다고 보인다.

따라서 이 사건 각 방송은 사자 명예존중을 규정한 구 심의규정 제20조 제2항을 위반하였다고 볼 수 없거나, 심의규정 제20조 제3항에 의하여 제재조치를 할 수 없다고 보아야 한다.

3. 대법원 판결에 대한 평석 및 대책

가. 대법원 판결의 다수의견에 대한 비판

1) 위 대법원 판결의 다수의견에 대해서는 대법관 조희대, 권순일, 박상옥, 이기택, 안철상, 이동원이 반대의견을 개진하였는바[9], 아래에서는 이를 기초로 하여 대법원 판결의 다수의견에 대하여 검토해 보기로 한다.

2) 이 사건 제재조치명령의 처분사유는 위 방송이 이승만 대통령을 비판하였다는 것이 아니라 그 내용이 객관성·공정성·균형성을 갖추지 못하였고, 사자(死者) 명예존중 의무를 위반하였다는 것이다.

그런데, 위 방송이 근거로 내세운 자료들은 역사적 인물인 이승만 대통령에 관한 다양하고 방대한 자료들 중 제작 의도에 부합하도록 선별된 것이었고, 선별된 자료들 중에서도 제작 의도에 부합하지 아니하는 내용은 누락하거나, 부합하는 것처럼 보이는 일부 내용만을 발췌·편집하여 마치 그것만이 유일한 사실인 것처럼 꾸몄을 뿐만 아니라, 사용된 표현 역시 저속하고 모욕적인 것으로 점철되어 있다고 하겠다.

따라서, 이 사건 방송은 방송에 요구되는 최소한의 객관성·공정성·균형성을 갖추지 못하였고, 사자(死者) 명예존중 의무를 준수하지도 못하였으며 사자(死者)에 대한 모욕과 조롱이 '오로지 공공의 이익을 위한 것'에

---

9 반대의견 이외에, 다수의견에 대한 대법관 김재형의 보충의견, 다수의견에 대한 대법관 김선수, 김상환의 보충의견, 반대의견에 대한 대법관 조희대, 박상옥의 보충의견 등이 있으나, 여기에서는 생략한다.

포섭될 수도 없으므로, 위 각 제재처분이 적법하다는 원심판결에는 아무런 잘못이 없다고 할 것이다.

3) 방송심의제도 운영에 있어서, 매체별, 채널별, 프로그램별 특성을 고려한 심의가 필요하다는 다수의견은 타당하지 못하다. 이러한 견해에 의하게 되면, 이 사건 '백년전쟁'처럼 선별되고 편향된 일부 자료만을 근거로 특정 역사적 인물을 모욕하고 조롱하는 내용의 방송을 하더라도 '역사 다큐멘터리'라는 형식을 취하기만 하면 방송법에 따라 아무런 제재조치를 할 수 없게 되는 결론에 도달하고 말 것이기 때문이다.

4) 다수의견이 사용하는 '상대적으로 완화된 심사기준'의 의미가 불명확하다. 그 의미가 객관성·공정성·균형성 유지의무 위반을 엄격하게 인정해야 한다는 것이라면, 침익적(侵益的) 행정처분의 근거 법령에 관한 엄격해석의 원칙이라는 확립된 대법원의 법리를 동어반복(同語反覆)한 것에 지나지 않는다는 비판을 면할 수 없을 것이다.

다수의견이 주장하는 '완화된 심사기준'의 실천적인 의미는 결국 처분사유의 존재에 관한 방송통신위원회의 증명책임의 정도를 강화하거나 제재처분의 수위를 결정할 때 재량권 행사에 감안하라는 것일 수밖에 없으므로, 굳이 '완화된 심사기준'이라는 개념을 새로이 상정하지 않더라도 취소소송의 확립된 법리 안에서 충분히 그 취지가 반영될 수 있다는 비판을 받을 것이다.

5) 다수의견이 제시하는 완화된 심사기준에 따른 방송심의를 할 경우, 그 핵심은 어떠한 매체, 채널, 프로그램에 완화된 심사기준이 적용될 것

인지가 될 수밖에 없다. 다수의견은 매체의 영향력, 시청자 참여프로그램 여부, 교양·오락 프로그램 여부 등을 완화된 심사기준 적용 여부 판단의 기준으로 제시하고 있으나, 각 방송과 관련된 단편적인 기준만으로 완화된 심사기준의 적용대상이 구체적으로 어떤 것인지 아무런 설명이 되지 못한다.

나아가 이러한 다수의견의 결론을 따른다면 특정 매체, 채널, 프로그램의 영향력에 따라 심의규정 위반 여부가 달라진다는 것이어서 행정청의 자의적 처분을 용인하고 정당화하여 헌법이 요구하는 법치행정 원칙에 반한다 할 것이다.

그뿐만 아니라 각 방송의 특성을 고려하여 심사기준을 어떻게 달리 적용하여야 하는지 알 수 없으므로 상대적으로 완화된 심사기준을 적용할 방법도 없다.

결국 다수의견이 말하는 상대적으로 완화된 심사기준에 따른 심사는 법치행정에 반하는 것으로서 타당하지 않다 할 것이다.

⑥ 다수의견은 "방송내용에 대한 규제는 불필요하다, 방송내용에 대하여 규제를 하여서는 안 된다"는 견해를 바탕에 깔고 있는 것으로 보인다. 그러나, 방송매체의 특수성과 영향력에 비추어 볼 때, 방송의 사회적 기능과 책임을 보장하기 위하여 여전히 합리적 수준에서 방송내용에 대한 규제가 필요하다고 할 것이다(헌법재판소 2012. 8. 23. 선고 2009헌가27 전원재판부 결정 참조). 표현의 자유 영역에서 인정되는 사상의 자유시장 이론이 방송의 자유에 전면적으로 도입될 수 없다. 방송사업자의 자유롭게 방송을

할 권리뿐만 아니라 시청자인 국민 개개인의 이익과 권리도 고려되어야 하기 때문이다. 방송사업자가 한쪽 견해만 선택하여 일방적으로 방송하는 것은 시청자인 국민을 위한 방송이 아니라 방송사업자를 위한 방송이 될 뿐이다.

7) 원심판결은, 이 사건 방송의 구체적인 내용과 구성 및 편집 형태 등을 종합적으로 볼 때, 객관성·공정성·균형성을 상실한 정도에까지 이르렀으므로 이 사건 각 제재처분의 처분사유가 존재하고, 방송의 객관성·공정성·균형성 준수의무는 해당 방송이 역사 다큐멘터리 형식을 취하였다고 하더라도 면제되지 않으며, 이 사건 방송의 기획의도와 참여프로그램의 제도적 취지를 감안하더라도 그 불균형의 정도가 심하여 이 사건 각 제재처분이 적법하다고 분명하게 밝히고 있으므로, 원심판결은, 다수의견이 지적하고 있는 것과는 다르게 이미, 매체별, 채널별, 프로그램별 특성까지 고려하여 이 사건 각 제재처분의 적법성을 판단한 것이다.

또한, 이 사건 제재처분은 해당 방송프로그램의 정정·수정 또는 중지, 과징금 부과와 같은 중한 제재조치를 명한 것이 아니라 관계자에 대한 징계 및 경고에 불과하여 낮은 수준의 제재조치인바, 만약 이 사건 방송이 지상파방송에서 송출되었다면 제재의 정도는 훨씬 중하였을 것이므로, 원고에 대한 제재처분의 수위를 정하면서 이미 매체별, 채널별, 프로그램별 특성을 반영한 것으로 평가할 수 있다 하겠다.

8) 다수의견의 논리대로라면, 매체별, 채널별, 프로그램별 특성을 고려하라는 명분만 내세우면 이 사건 방송과 같이 객관성·공정성·균형성을

아예 상실한 경우에도 아무런 행정제재를 할 수 없다는 것이 되어 전혀 타당성과 정당성이 없는 결과를 가져오게 되고 말 것이다.

다수의견의 논리대로라면, 위성방송 및 종합유선방송 중 접근성이 낮은 채널에서 방영되는 시청자 참여 방식의 방송이 신문기사나 외국 국가기관이 작성한 자료를 근거로 제시하는 내용의 역사 다큐멘터리라면 방송법 제5조(방송의 공적 책임), 제6조(방송의 공정성과 공익성)에 위반되더라도 제재하지 말고 너그럽게 용인하라는 것 밖에 안 될 것이다.

9) 다수의견은 이 사건 '백년전쟁' 프로그램이 시청자가 참여하여 제작한 수준 낮고 영향력이 미미한 프로그램인 것처럼 전제하고 있으나, 이 사건 '백년전쟁' 프로그램은 개인인 시청자가 단순하게 제작한 것이 아니라 사단법인 민족문제연구소라는 단체에서 의도적인 목표를 가지고 기획하여 전문적인 제작장비와 체계를 갖춘 제작진이 유명 배우의 내레이션, 여러 교수들의 인터뷰, 각종 컴퓨터그래픽을 동원한 상당한 수준의 편집 등을 거쳐 제작한 시리즈 기획물인 장편 프로그램이다. 또한, 원고가 방송한 이 '백년전쟁' 프로그램은 2백만명이 넘는 시청자가 시청한 엄청난 파급효과와 영향력을 발휘한 프로그램이다.

그럼에도 불구하고, 다수의견은 이 사건 '백년전쟁' 다큐멘터리 프로그램의 제작과정과 원고의 방송으로 인한 막대한 영향력의 실체를 애써 외면하고, 마치 '시청자 개개인이 자유롭게 의견을 제시하는 방송' 정도로 그 수준을 낮춰 보는 것처럼 하면서 법리(法理)를 조작하고 다수의견이 가지는 의도와 목적에 맞게 없는 법리(法理)를 분칠하여 만들어

넘으로써 이 사건 '백년전쟁' 프로그램이 증거를 조작하며 사실을 왜곡하고 객관성과 공정성을 의도적으로 도외시하면서 대한민국 건국의 정당성과 정통성을 부인하고 건국 대통령 이승만을 폄훼하고 모욕하며 국민을 오도(誤導)한데 대하여 면죄부를 부여하고 말았다 할 것이다.

10) 다큐멘터리는 국민의 교양 향상과 교육을 목적으로 하는 프로그램으로서, 대중적으로 신뢰성 있는 유명인들이 출연하여 신문기사나 외국 국가기관이 작성한 자료 등을 보여주면서 주장을 펼쳐나가는 역사 다큐멘터리를 시청한 국민들은 어떤 측면에서는 단편적인 보도 프로그램보다 그 내용을 더욱 진실한 것이라고 믿게 된다. 역사 다큐멘터리에 요구되는 객관성·공정성·균형성 준수의무 및 사자(死者) 명예존중 의무를 단순한 오락 프로그램이나 드라마, 영화, 스포츠와 동등하게 볼 수도 없다. 그러므로, 매체별, 채널별, 프로그램별 특성에 따른다 하더라도 이 사건 방송에 대하여 너그럽게 완화된 심사기준을 적용하라는 다수의견의 결론은 방송법의 취지에도 전혀 부합하지 아니하는 자의적인 해석이라 아니 할 수 없다.

11) 다수의견은 방송의 영향력 등을 중요한 기준의 하나로 들면서 이 사건 방송에 완화된 심사기준이 적용되어야 한다고 판단하였다. 그러나 특정 위성방송 및 종합유선방송에서 방송되는 프로그램의 경우 시청률, 화제성 등이 지상파방송의 프로그램보다 월등히 높아진 현재의 방송환경을 감안하면, 이러한 다수의견은 시청률이 높게 나오는 유선방송이나 종합편성방송의 프로그램과 시청률이 낮게 나오는 지상파방송의 프로그

램 중에서 어느 쪽에 심사기준이 보다 완화되어야 하는가에 대한 기본적인 의문에도 아무런 답을 제시하지 못한다. 이와 같이 방송사업자, 채널, 프로그램마다 심의규정의 심사기준이 왜, 어떻게 달라져야 하는가에 대한 구체적 설명 없이 이 사건 방송에는 완화된 심사기준이 적용되어야 한다는 다수의견의 결론은 합리적 근거 없이 자의적으로 심의규정을 방송사업자, 채널, 프로그램마다 달리 적용함으로써 그 자체로 방송사업자의 평등권을 침해한다고 볼 여지도 있다 할 것이다.

12) 이 사건 방송은 제작자의 의도에 맞게 전체 사료 중 일부를 발췌·편집하면서 악의적인 추측까지 더하여 이승만 대통령을 '악질 친일파, A급 민족반역자, PLAY BOY, 하와이 깡패, 돌대가리, 썩은 대가리'라고 표현하여 사자(死者)의 명예를 훼손하였고, 이승만 대통령이 워싱턴포스트지와의 인터뷰에서 일본의 식민지배 후 한국이 산업적으로 발전한 상황을 말했을 뿐인데도 한국이 독립할 필요가 전혀 없다고 선전하고 다니는 악질 친일파라고 단정적으로 표현하거나, 이승만 대통령이 당시 임시정부 지도자로서 임시정부에서 모금한 독립자금을 요구한 이유가 있었을 것임에도 불구하고 하와이 깡패의 본색을 드러내며 정부에서 걷은 돈을 전부 넘기라고 요구했다고 표현함으로써, 이승만 대통령이 사적인 권력욕을 위해 독립운동을 하였다거나 독립자금을 횡령하였다는 허위사실을 적시하는 정도에 이르렀다.

이 사건 방송의 내용이 진실한 사실이라고 보기 어려우므로 '오로지 공공의 이익에 관한 것'인지 여부에 관하여 나아가 살필 필요 없이 심의

규정 제20조 제2항의 사자(死者) 명예존중 의무를 위반한 것이라고 보아야 한다. 이 사건 방송의 내용이 객관의무에 위반되어 사실로 볼 수 없는 것이고, 더군다나 특정인에 대한 모욕, 조롱의 내용을 두고 '진실한 사실'이라고 볼 수 없을 뿐만 아니라 공공의 이익에 관한 것이라고 평가할 수도 없는 것이다.

다수의견은 이 사건 각 방송이 저속한 표현에 해당하여 구 심의규정 제27조 제2항이 적용될 수 있을 뿐이라고 밝히고 있으나, 이 사건 방송은 특정인에 대한 모욕과 조롱이라고 볼 수밖에 없는 저속한 표현을 사용함으로써 타인의 기본권을 침해한 것이고, 이는 권리침해금지라는 표제 아래 규정된 심의규정 제20조 제2항이 적용될 사안이다. 불특정 다수인 혹은 방송내용 자체의 저속함을 규정하는 심의규정 제27조 제2항만이 적용될 수 있는 사안이 아니라 할 것이다.

13) 다수의견은 이 사건 방송이 이승만 대통령이 진정한 독립운동가였는지에 관하여 역사적 자료에 근거하여 주류적 시각에 의문을 제기하는 것을 목적으로 한다고 전제하고 있다. 그러나 이 사건 방송을 한 번이라도 시청하였다면 이승만 대통령 개인의 사생활 등 역사적 평가와 무관한 내용이 프로그램 전반에 걸쳐 있고, 정치적·정책적 과오를 지적하는 부분 역시 조롱과 모욕적인 표현과 화면구성을 통해 희화화(戲畫化)하고 있음을 알 수 있다.

이 사건 각 방송은 객관적이라고 보기 어려운 자료를 선별·발췌하였고, 그 자료를 번역하면서도 허용될 수 있는 오역(誤譯)의 가능성을 넘어 의도적 오역(誤譯)을 하였으며, 특정한 방향성에 따라 선별된 전문가나 학자의 인터뷰를 편집하여 사용하는 등 제작자의 제작 의도에 따른 방향성에 부합하도록 제작·방송되었다. 이 사건 방송은 자극적인 가십거리를 저속한 표현으로 나열하였을 뿐이다. 이러한 방송을 두고 제대로 된 역사 다큐멘터리라고 부를 수도 없을 것이다. 이 사건 방송은 역사 다큐멘터리로서 균형 잡힌 역사적 사실을 시청자에게 전달하려는 목적이 아니라 단지 이승만 대통령을 비하하고 조롱하기 위한 원고의 의도에 부합하는 것이라고 평가할 수밖에 없다.

역사적 인물의 정치적 행위나 정책에 대한 비판이 향후 역사 발전을 위해서도 필요하다는 명제에 이의를 제기할 사람은 많지 않을 것이다. 그러나, 이 사건 방송이 내세우는 목적과 달리 이승만 대통령을 조롱하고 희화화(戲畵化)하는 것에 불과하여 그 내용이 객관성·공정성·균형성을 상실하였고, 사자(死者) 명예존중 의무를 준수하지 아니하였기 때문에 이 사건 각 제재처분을 한 것이다. 그렇다면, 원고에 대해 제재명령을 한 이 사건 처분은 적법하다고 하여야 할 것이고, 다수의견에 따른 대법원 판결은 큰 과오를 범한 것이라 하겠다.

나. 대법원 판결에 드러난 문제점

1) 이 사건 대법원 판결의 경위와 대법관의 구성 및 판결이유 등을 살펴볼 때, 오늘날 우리나라 사법부의 법관 및 판결의 정치화, 우리나라 사법부의 법관 및 판결의 좌편향 이념화에 대한 우려를 금할 수 없다.

2) 대법원은 위 사건이 대법원에 접수된 후 이를 전원합의체에 회부하였다. 위 항소심 판결이 2015년 7월 15일 선고되었으니 그로부터 무려 4년 4개월이 지난 2019년 11월 21일에 대법원 판결이 선고되었다. 1심 판결이 선고된 2014년 8월 28일과 항소심 판결이 선고된 2015년 7월 15일은 당시 박근혜 대통령 정권기였다. 대법원 전원합의체 판결이 선고된 2019년 11월 21일은 문재인 대통령 정권기였다.

그렇다면, 2015년에 대법원에 상고된 사건에 대해 왜 판결을 미루고 있다가 2019년이 되어서야 판결을 선고하게 되었는지 묻지 않을 수 없다. 이 사건이야말로 대한민국의 정당성과 정통성을 부정하고 건국대통령 이승만을 폄훼하고 모욕하며 허위사실을 전파하여 선동하기 위한 목적을 가지고 만들어진 자칭 '역사 다큐멘터리' '백년전쟁'에 대해 방송 내용의 공정성, 객관성, 균형성 유지의무를 위반하였고, 사망한 이승만 대통령의 명예를 훼손하고 허위 조작한 사실을 내세우면서 이승만 대통령을 희화화(戲畫化)하였다는 이유로 제재조치명령을 한 방송통신위원회의 제재조치명령이 적법하다는 1심과 2심의 판결에 대해 왜 대법원이 판단을 신속하게 하지 않고 미루다가 좌파 정권이 들어선 후 원심판결을 번복하고 '백년전쟁'에 면죄부를 주는 판결을 하게 했는지 참으로 개탄스러운 일이 아닐 수 없다.

그 당시의 대법원 구성원인 대법관들이 역사인식이 부족하고 대한민국 건국의 정당성과 정통성에 대한 확고한 신념이 부족하여 대한민국을 파괴하려는 좌익들의 선전선동 전술에 대해 철퇴를 가함으로써 대한민국의 정통성과 대한민국헌법을 수호해야 하는 것이 대법원의 헌법적 책무라는 것을 망각한 한심한 작태였다 아니 할 수 없다.

그러는 중에, 박근혜 대통령에 대한 탄핵소추안이 2016년 12월 9일 국회에서 가결되었고, 대통령 권한행사가 정지되었으며, 2017년 3월 10일 헌법재판소는 탄핵소추안을 인용하여 박근혜 대통령은 대통령직에서 파면되었다. 이어서 2017년 3월 31일 박근혜 전 대통령에 대한 구속영장이 발부되었고, 2017년 4월 17일 기소되었다. 그리고, 대통령선거가 치뤄져 2017년 5월 10일 문재인 대통령이 취임하게 되었다.

문재인 대통령은 사법적폐 청산을 내세워 양승태 전 대법원장을 비롯하여 사법부의 법관들을 구속하고 기소하고 물갈이 하였고, 자기에게 주어진 권한을 십분 활용하여 대법원을 비롯한 사법부에 좌익 성향(저들은 진보 성향이라고 분칠한다)의 판사들을 주입시키는 작업을 감행하였다. 이렇게 해서 이 사건 대법원 전원합의체 판결을 할 당시에 대법원은 문재인 대통령이 임명한 대법원장 김명수, 대법관 박정화, 안철상, 민유숙, 김선수, 이동원, 노정희, 김상환 등 8명과 박근혜 대통령이 임명했던 조희대, 권순일, 박상옥, 이기택, 김재형 등 5명, 모두 13명으로 구성되어 있었다.

3) 이 사건에서 '백년전쟁'의 내용에 문제가 없다는 견해(원심 파기)를 피력한 대법관은 박정화, 민유숙, 김선수, 노정희, 김상환, 김재형 등 6명이고, 문제가 있다는 견해(원심 인용)를 피력한 대법관은 조희대, 권순일, 박상옥, 이기택, 안철상, 이동원 등 6명인데, 대법원장 김명수가 캐스팅 보트를 행사하여 문제가 없다는 견해를 지지함으로써, 7:6으로 원심을 파기

하게 되었다. 결국 문재인 대통령이 임명한 대법관 8명 중 대법원장 김명수, 대법관 박정화, 민유숙, 김선수, 노정희, 김상환 등 6명이 '백년전쟁'의 내용에 문제가 없다는 견해를 취한 것이다. 여기에 박근혜 대통령이 임명한 김재형 대법관이 가담하여 7명이 되었다. 문재인 대통령이 임명한 대법관 중 안철상, 이동원 대법관은 '백년전쟁'의 내용이 문제가 있다는 견해를 취하였다.

문재인 대통령이 임명한 6명 중 김명수 대법원장은 우리법연구회와 국제인권법연구회 회장이었고, 박정화 대법관(우리법), 김선수 대법관(민변), 노정희 대법관(우리법), 김상환 대법관(인권법)도 이런 '진보 서클' 출신이다. 이 5명은 모두 '백년전쟁은 문제가 없다'는 판단을 내렸다. 문제가 있다고 판결한 대법관 6명 중 4명은 박근혜 정권에서 임명된 사람들이다.

4) 이 대법원 판결 이후, 법조계에선 "대법원이 이 사건을 통해 이승만·박정희 전 대통령에 대해 사실상 '백년전쟁'과 비슷한 취지의 역사적 평가를 내린 것 같다"는 지적이 나왔다. 문재인 정권 들어 가속화된 김명수 대법원의 '진보 쏠림' 현상이 이런 판단이 나오게 된 가장 크고 직접적인 원인이라는 것이다.

대법원의 판단(다수의견)은 '백년전쟁'을 방송한 시민방송이 그동안 주장해온 내용과 거의 일치했다. 대법원은 "'백년전쟁'은 주류적·역사적 해석에 대해 의문을 제기함으로써 다양한 여론의 장(場)을 마련하고자 한 것"이라고 했다. 시민방송은 "다양한 역사적 견해들이 자유롭게 교류될 필요가 있다"며 방통위 제재가 잘못됐다고 주장해 왔다. 대법원은 "방송

내용이 (객관적) 사료에 기초하고 있다"고도 했다. '백년전쟁'의 객관성과 공정성에 문제가 없다는 뜻이다.

5) 그러나 법조계와 학계에선 '백년전쟁'이 한국 건국세력의 핵심인 이승만·박정희 전 대통령을 깎아내리려고 객관성이 의심되는 자료 중에서도 입맛에 맞는 일부 내용만 부풀려 '편파 방송'을 했다는 지적이 끊이지 않았다. 이 프로그램은 이승만 대통령이 독립운동 자금을 횡령해 개인적 목적의 '재테크'를 했다고 방송했다. 또 이렇게 빼돌린 돈으로 젊은 여성들에게 접근해 불륜을 저질렀고, 재판에까지 넘겨졌다고 했다. 이를 근거로 이 방송은 이 전 대통령을 독립운동가가 아니라 사욕에 눈먼 '친일 플레이보이'로 단정했다. 그러나 이 전 대통령은 독립운동 자금을 한인기독학원과 인하대학교 설립 등에 썼다는 연구가 축적돼 있었다. 그의 불륜설 역시 무혐의로 판명됐지만 이런 내용은 한 줄도 들어가지 않았다.

조희대·권순일 대법관 등 6명은 이날 반대 의견을 통해 "'백년전쟁'은 두 전직 대통령의 인격을 훼손하려는 악의적 동기로 제작됐다"고 했다.

〈백년전쟁 대법원 판단 정리 표〉

6) 이 사건에 관하여 대법관들 사이에선 격론이 오갔다고 한다. 일부 대법관은 "'백년전쟁'은 건전한 역사적 반박, 논쟁"이라고 했다. 반면, 다른 대법관들은 "일말의 공정성도 없는 왜곡 방송", "대법원이 특정 역사적 평가에 동조했다고 비칠 수 있다"고 맞섰다고 한다. 대법관 12명이 파기(6명)와 인용(6명)으로 팽팽히 갈려 있는 상황에서 김명수 대법원장이 파기 쪽에 서면서 '백년전쟁 방송은 문제없다'는 최종 결론이 나온 것이다.

이번 판결 결과는 대법원의 인적 변화와 밀접한 관련이 있다는 분석이 지배적이다. 문재인 대통령은 박근혜 전 대통령의 탄핵으로 인해 임기 중 대법원장과 대법관 14명 중 13명을 임명하게 된다. 한 전직 대법관은 "대법원이 우리 사회 '최후 보루' 역할을 할 수 있을지 모르겠다"고 했다. 한 변호사는 "미국 연방대법원의 경우 보수, 진보 성향 대법관 비율이 거의 비슷하게 유지된다"며 "한쪽으로 치우친 대법원은 사회갈등을 풀 수 없고, 되레 갈등을 생산하게 된다"고 했다.[10]

7) 이인호 서울대 명예교수는, "대법원은 대한민국의 정체성과 헌법의 가치를 수호하는 기관이다. 그런 대법원이 대한민국을 세우고 발전시킨 두 지도자를 민족반역자로 낙인찍은 방송에 손을 들어줬다. 독이 들었어도 음식은 음식이니 국민에게 선전해도 좋다는 것이다. 대한민국을 폄훼하는 사관(史觀)을 대법원이 앞장서 인정해준 것이다."라고 이 판결을 비판하였다. 즉, '백년전쟁' 판결은 독이 든 사관(史觀)을 대법원이 인정해 주

---

10 이상, 조선일보 2019. 11. 22.자 기사 참조

었다는 것이다.

이인호 교수는 "그 시대를 산 시민이자 역사학자로서 이승만·박정희 전 대통령을 다룬 '백년전쟁'이 객관성과 공정성을 갖췄다고 볼 수 없다. 거짓과 날조로 악의적으로 구성됐다. 그 시대를 살아본 사람이나 역사를 조금이라도 공부한 사람은 안다. 새 자료에 입각한 다큐멘터리라고 주장하면서 사실을 왜곡하고 거짓을 말하는 게 문제다. 나도 박정희 쿠데타에 대해 비판적이었다. 이승만도 결함이 있고, 정적이 많은 정치인이었다. 하지만 이승만을 하와이 깡패라고 부르며 범법자로 구속됐다고 사진까지 꾸며서 올리는 것 같은 악의적 날조는 용납할 수 없다. 사료에 기초한 듯 하면서 내용을 왜곡해 더 악랄하다."라고 하면서 이 대법원 판결을 비판하였다.

"이승만과 박정희를 친일파, 독재자, 미국의 꼭두각시로 못 박은 '백년전쟁'은 대한민국을 파괴하려는 공산진영의 주장을 그대로 반영하는 것이지 사실과는 거리가 멀다. 이승만은 1919년 임시정부 대통령으로, 1948년 대한민국 건국대통령으로 뽑힌 인물이다. 그가 친일파였다면 당시 독립운동 세력과 해방 이후 선거에서 이승만을 찍은 국민은 바보였을까. 당시를 살았던 앞 세대의 선택에 대한 존경심이 너무 없다. 박정희도 쿠데타로 집권해 절차적 정당성을 어긴 점은 비판해야 한다. 하지만 그는 혁명공약으로 내건 안보·경제성장을 거의 다 이뤘다. 2차 대전 독립국 중에 우리처럼 발전한 나라가 어디 있나. 대한민국은 두 지도자를 빼곤 얘기할 수 없다"

이인호 교수는 덧붙여, "이 정부[11]에서 임명된 대법관 2명이 '백년전쟁'에 반대하는 의견을 낸 걸 주목하고 싶다. 어떤 제도든 그 속에 몸담은 사람의 판단과 역할이 중요하다는 걸 일깨워줬다"라고 하였다.[12] 실제로, 문재인 대통령이 임명한 안철상, 이동원 대법관은 '백년전쟁'의 내용이 문제가 있다는 견해를 취하였다. 법관의 양심과 올바른 역사관이 중요함을 알 수 있다.

8) 이용우 전 대법관은, "만일 대법원이 이 사건 방송의 역사해석에 대한 당부를 논하였다면 다수의견은 어떤 입장에 섰을 것인가. 필자는 다수의견이 위와 같이 '완화된 심사기준'이라는 새로운 논리까지 개발하여 이 사건 방송에 대하여 지극히 우호적인 판단을 하게 된 진정한 이유는 이 사건 방송제작자의 역사관에 동의하거나 적어도 그것이 채택 가능한 역사관이라는 생각을 가지고 있기 때문이 아닌지 걱정을 한다. 이 사건 방송 제작자를 포함한 좌파진영은 '이승만이 민족을 분단시킨 원흉이요, 그가 세운 대한민국은 태어나서는 안 되는 정부였다'는 역사인식을 가지고 있고, 이 사건 방송도 그러한 역사인식을 뒷받침하기 위하여 제작된 것임을 다수의견도 모르지 않을 것이다. 다수의견이 이러한 역사인식을 단호히 거부하고 있다면 그러한 의견을 내지는 않았을 것이라고 생각한다."라고 비판하였다.

---

11 문재인 정권

12 조선일보 2019. 11. 26.자 기사 [김기철의 시대탐문] 참조

이어서, "해방 정국에서의 국내외 정치상황을 되돌아보면 이승만이 없었더라면 한반도는 김일성에 의하여 공산주의로 통일되었을 것임이 필연적인 추론이다. 그럼에도 이승만을 분단의 원흉으로 낙인찍고 대한민국 건국의 정당성을 부정한다면 김일성에 의한 공산주의 통일도 수용할 수 있다는 말이 아닌가. 대법원은 헌법을 수호해야 할 최후의 보루이다. 우리 헌법은 자유민주주의와 시장경제 체제로 건국이념을 세웠다. 대법원장은 물론 대법관들도 자유민주주의 헌법질서에 대한 확고한 믿음이 없으면 한시라도 그 자리에 있어서는 안 된다. 다수의견은 민주주의 국가에서 표현의 자유가 최대한 보장되어야 함을 그 의견의 대전제로 강조하지만, 아무리 자유민주주의사회라 하더라도 자유민주주의를 허무는 자유까지 허용되어서는 안 된다. 자유민주주의에서의 자유를 이용하여 도리어 자유민주주의체제를 전복시키려는 기도는 봉쇄되어야 한다. 다수의견이 결코 대한민국 건국의 정당성을 의심하고 있지는 않기를 바란다"라고 비판하였다[13].

9) 이 대법원 판결에 대하여 한국외국어대학교 박재윤 교수는, "위 대법원 판결은 그동안 실무가 결정해왔던 사례들과 무관한 '완화된 심사'와 같은 이례적 이론에 경도되어서 실무적으로 안정적인 기준을 제시하지 못한다는 점에서 비판받을 수 있을 것이다"라고 하였다. 박재윤 교수는, "다수의견의 보충의견은, '이 사건 각 방송이 불필요한 갈등과 분열만을

---

13 법률신문 2019. 12. 12.자 법조광장 [발언대] 참조

초래할 위험이 있다고 하나, 이러한 문제는 방송의 자유를 폭넓게 허용하여 우리 사회가 활발한 토론을 통해 사상의 자유시장에서 해결하도록 하는 것이 근본적인 해결책이 될 수 있을 것이다'라고 낙관하고 있다. 그러나 대법원 판결 이후 이 사건 방송이 불러온 파장은 지속적으로 확대되었고, 현재의 친일파 논란과 같은 정치적 대립상황에까지 영향을 미치고 있다. 오히려 다수의견이 염원한 근본적 해결책은 대법원 자체의 정치적 성향에 대한 논란으로 확대된 것은 아닌지 성찰해 볼 필요가 있다"라고 비판하였다.[14]

다. 대법원 판결에 드러난 문제점에서 도출되는 대책

1) 문재인 정권하에서 '대한민국 사회의 좌경화 개조운동'이 치열하게 전개된 바 있다. 그 중에서 '사법개혁'이라는 명목으로 대한민국 수호의 최후의 보루인 사법부에 대한 좌경화 개조운동을 적극 추진하여 양승태 전 대법원장 구속, 기소를 비롯하여 사법적폐 청산을 내세우면서 사법부 법관들의 '물갈이'를 감행하고, 좌경화, 의식화된 사법부의 법관들을 중용하여 법원의 요직에 배치하고 이러한 법관들을 대법원장을 비롯하여 대법관으로 투입하여 대법원을 장악하는 작업을 노골적으로 수행하였다.

그러한 작업의 결과 위에서 본, 대한민국의 정당성과 정통성을 부정하고 자유민주 대한민국 건국과 경제건설의 주역인 이승만, 박정희 대통령

---

14 박재윤, "방송의 공정성과 법의 포기", 행정판례연구 XXV-2(2020), pp.204~205 참조

을 폄훼하고 모욕하는 '백년전쟁' 프로그램에 대하여, 종래 행정법 이론에도 없던 '완화된 심사기준'이라는 알맹이 없는 허무한 법리를 만들어 내면서까지, 이 프로그램이 공정하고 객관적이고 공평하고 사자(死者)의 명예를 존중한 것이라고 강변(強辯)하면서, 1심판결과 2심판결을 뒤엎어 방송통신위원회의 제재조치를 취소하는 판결을 하기에 이른 것이다.

2) 위에서 본 바와 같이, 문재인 대통령이 임명한 안철상, 이동원 대법관은 '백년전쟁'의 내용이 문제가 있기 때문에 제재명령을 받은 것은 적법하다는 견해를 취하면서 다수의견에 대해 반대의견을 제시한 사실에서 나타나듯이 법관의 법관으로서의 양심과 올바른 역사관을 배양해 주고, 그러한 법관이 대법관을 비롯한 중요한 사법부의 직책을 맡도록 하여야 할 것이다. 그렇게 되도록 국민들은 법관의 임명에 대해 촉구하고 감시하여야 할 것이고, 법관이 행하는 판결에 대해 지속적으로 감시하고 비판하는 것을 멈추지 말고 수행해야 할 것이다.

위 대법원 판결의 다수의견을 개진한 대법관들과 같은 경우에는 그 판사들에 대하여 '탄핵' 소추를 발의할 것을 국회에 진정한다든지 기타 방법을 통하여 좌경화된 법관들의 헌법을 파괴하는 판결에 대한 감시와 견제를 국민들이 게을리 하지 말아야 할 것이다.

3) 국민들과 변호사단체, 민간 NGO, 대한변호사협회, 서울지방변호사회 등이, 예컨대 '한반도 인권과 통일을 위한 변호사 모임'이 2024. 7. 15. '사법파괴 대책 및 헌법수호 세미나-민주당 이재명 대표 방탄과 법치 파괴'를 개최한 것과 같은 활동을 통하여 사법감시 역할을 지속적으로 수행

해야 할 것이다.

또한, 문재인 정권이 법원에 심어 놓은 '정치판사'들을 조속히 재판에서 배제시키도록 대법원장에게 촉구하여야 할 것이다. 이들 '정치판사'들은 공공연하게 "재판도 정치다"라고 소리지르고 다니고 있는 실정이다. 이들은 법관으로서의 양심에 따라 공정하게 재판을 할 자격이 없는 자들로서 재판에서 배제되어야 할 것이다.

민족문제연구소가 '백년전쟁' 다큐멘터리를 막대한 비용과 시간을 들여 제작, 배포하고, 친일인명사전을 만들어 끈질기게 대한민국의 좌경화 운동을 수행하고 있는 것처럼, 국민들이 '대한민국을 부정하는 판결을 한 판사 인명사전'과 같은 것을 만들어 배포하고 이들을 감시하여야 할 것이다.

그리고, 민주당 이재명 대표에 대한 재판이 신속하게 진행되도록 촉구하고 감시하는데 힘을 모아야 할 것이다. '한반도 인권과 통일을 위한 변호사 모임'은 이재명 재판을 미루고 또 미루면서 지연시킨 판사들에 대하여 고발장을 접수한 바 있다. 또한, 법치수호센터를 설치하여 법치파괴를 감시하고 법치수호, 헌법수호를 위한 활동을 전개하고 있다.

4) 우리나라의 좌익 남로당 후예들이 끈질기게 진행해 오고 있는 대한민국의 정당성과 정통성 부정, 자유민주 대한민국 파괴를 위한 역사왜곡, 이승만 건국대통령과 박정희 경제개발 대통령에 대한 끊임없는 폄훼 등에 맞서서 대국민 역사교육을 수행하여야 할 것이다.

작금의 건국대통령 이승만 기념관 건립, 건국대통령 이승만에 관한 다큐멘터리 '건국전쟁', '기적의 시작' 제작·상영, 박정희 대통령에 대한 뮤지컬 '박정희, 경제대국을 꿈꾼 남자', 박정희 대통령과 육영수 여사에 대한 다큐멘터리 '그리고 목련이 필 때면' 등과 같은 영화, 다큐멘터리, 뮤지컬 등을 제작·상영·보급하여야 하겠다.

그리고, 사단법인 물망초에서 도서출판 물망초를 설립하여 어린이, 청소년용 역사도서 '나는야 코리안', '6·25가 뭐예요' 등과 같은 도서를 비롯하여 올바른 역사를 교육하는 도서들을 출판하여 보급하는 사업을 실시하고 있는 것처럼, 국민들과 어린이, 청소년들에 대한 올바른 역사교육을 실시하는 다양한 방법을 강구하여야 할 것이다.

4. 결어(結語)

위 대법원 전원합의체 판결을 계기로 남로당 후예들의 우리 사회에 대한 좌경화 작업이 오랜 세월 진행되어 오늘날 우리 사회에 상당히 깊게 뿌리를 내리고 있다는 사실을 알게 되었고, 그 심각성을 깊이 인식하고 대책을 세워야 한다는 깨달음을 갖게 되었다.

자유민주주의와 시장경제를 바탕으로 한 자본주의를 우리 대한민국의 근본이념으로 하여 대한민국헌법을 제정하고 대한민국을 건국한 이래 지금까지 우리 국민들은 피와 땀과 눈물로써 나라를 지키고 가꾸어 오늘날 우리 민족의 역사상 유례없는 자유와 인권, 경제적 풍요함을 누리고 있다.

우리 국민들이 대한민국 건국의 정당성, 정통성에 대한 확고한 믿음을 가지고 대한민국 수호의 의지를 굳건히 하면서 대한민국을 파괴하고 대한민국의 공산화를 기도하는 어떠한 행위에 대해서도 단호하고 결연하게 싸워 나가겠다는 각오를 다지고 이를 실천해 나가야 할 것이다.

참고문헌

박재윤, 방송의 공정성과 법의 포기, 행정판례연구 XXV-2(2020), p. 204~205
법률신문, 법조광장 [발언대], 2019. 12. 12.
조선일보, 김기철의 시대탐문, 2019. 11. 26.
조선일보, 1·2심의 '제재' 판결, 대법원이 뒤집었다, 2019. 11. 22.

이승만 대통령의 헌법적 통일론 고찰

제 성 호

중앙대학교 법학전문대학원 국제법 명예교수

I. 서언

금년은 대한민국이 건국된 지 76년이 되는 해이다. 지금 우리가 처한 대한민국의 모습을 보면, 어지럽고 위태롭기가 그지없다. 22대 총선이 끝난 후 윤석열 정부는 중심을 잡지 못한 채 야당과 재야 세력에 의해 휘둘리고 있다. 민생과 경제를 살리는 일에 한 마음 한 뜻이 돼야 할 정치권은 정파적 이익에만 급급해 딴전만 피고 있다. 여태껏 그래왔던 것처럼 앞으로도 계속 동상이몽(집권 연장과 정권 교체)만 꿈꾸다간 국민의 삶은 더더욱 피폐해질 것이 분명하다. 이는 "국민이 주인이 되는 나라를 만들겠다"는 선혈들의 건국이념을 무참히 저버리고 짓밟는 것에 다름 아니다. 이 같은 행태를 지속할 경우 역사의 죄인으로 남게 될 것임은 두말할 것도 없다.

얼마 전 극장가에서 상영된 「건국전쟁」이란 영화는 대한민국 건국의 민족사적 정당성과 당시 우리 국민들의 올바른 정치적 선택을 잘 보여준 다큐멘터리였다. 이 기록영화는 대한민국이란 신생국이 건국의 아버지들이 창안하여 세계 시민 앞에 내놓은 자랑스러운 걸작품이란 것을 분명하게 깨닫게 해주었다는 점에서 의의가 크다.

주지하는 바와 같이 이승만 대통령은 자유민주주의와 시장경제체제의 나라를 건립하는 데 앞장섰다. 뿐만 아니라 1948년 8월 분단국으로 출발할 수밖에 없었던 대한민국의 국민들에게 올바른 통일의 좌표를 제시한 분이기도 했다. 이런 점을 고려해 본고에서는 이승만 대통령이 품고 있던 헌법적 (조국)통일론의 내용과 그것이 후대에 끼친 영향을 개괄적으로 고찰하기로 한다. 이는 이승만 대통령이 재임 기간 남북통일과 관련해 이룩한 업적을 객관적으로 평가하는 데 있어 반드시 필요한 작업이기도 하다.

Ⅱ. 건국헌법의 제정과 이승만 대통령의 대북·통일관

1. 헌법 제4조 영토조항: 조국통일 의지 천명과 유일합법정부론

건국헌법은 제4조에 영토조항을 두었다. 그 내용은 "대한민국의 영토는 한반도와 그 부속도서로 한다"이다. 이 조항은 1987년 10월 29일 9차로 개정된 현행 헌법에서도 계속 유지되고 있다. 다만 한 가지 달라진 사실은 건국헌법 제4조에 있었던 영토조항이 1962년 12월 26일 5차로 개정된 헌법부터 현행 헌법에 이르기까지는 제3조로 이동했다는 점이다.[1]

가. 남북한은 민족과 역사를 공유한 분단국

과거에는 헌법에 영토조항을 두는 것은 일반적인 현상이 아니며 연방국가에서나 찾아볼 수 있는 예외적인 일로 생각되었다. 아마도 1948년 8월 건국헌법을 제정할 당시에는 이런 판단이 대체로 옳았을 것으로 보인다.[2]

---

1 https://www.law.go.kr/lsSc.do?menuId=1&subMenuId=17&tabMenuId=93&query=%ED%97%8C%EB%B2%95# undefined; https://www.law.go.kr/lsSc.do?menuId=1&subMenuId=17&tabMenuId=93&query=%ED%97%8C%EB%B2%95#undefined(검색일: 2024년 3월 2일) 참조.

2 그러나 제헌 당시로부터 76년이 지난 오늘날에는 사정이 달라졌다. 도회근 교수의 조사에 의하면, 세계 190개국 헌법 중 영토에 관한 조항이 없는 경우는 61개국이라고 한다. 즉, 세계의 2/3 이상의 국가가 어떤 방식으로든 헌법에 영토조항을 설치하고 있다는 것이다. 영토조항을 두고 있는 129개국의 예를 분석하면 53개국은 구체적 영토범위는 표시하지 않고 대체로 영토보존, 영토 불가침, 영토 불가양 등 원칙적 내용만 기술하고 있다. 반면 76개국(40%)의 헌법은 영토의 내용을 구체적으로 표시하는 영토조항을 갖고 있다 이 중 주로 연방국가인 37개국은 국가의 구성단위를 헌법에 열거하는 방식으로 영토의 범위를 설명하고 있고 39개국은 여러 가지 방식으로 영토의 범위를 구체적으로 표시하고 있다고 한다. 도회근, "헌법의 영토조항에 관한 비교헌법적 연구", 『법조』, 2009년 11월호, pp.295-303.

건국헌법을 기초한 대표적 인사의 하나인 유진오 박사는 헌법 초안 제
1독회 시 영토조항의 설치 의미를 다음과 같이 설명했다. "대한민국이 연
방제 국가가 아닌 단일제 국가라는 점을 고려한다면 영토조항이 반드시
필요한 사항은 아니다. 그러나 영토조항의 설치는 남북 분단에도 불구하
고 헌법의 적용범위가 기존 조선 고유의 영토 전체에 미친다는 의미를 표
시하기 위한 의도에서 비롯됐다."[3]

영토조항은 비록 국토가 분단되어 있을지라도 남북한은 결코 남남이
아니라는 것, 곧 민족과 역사를 공유한 하나의 나라임을 강조하려는 뜻이
담긴 헌법규정이라고 할 것이다. 요컨대, 영토조항은 사실상의 분단 현실
에도 불구하고 헌법상으로는 '법적 비분단(非分斷)'을 선언한 것으로 볼 수
있다.[4] 이렇게 본다면, 남북 분단이라는 정치적 특수상황이 영토조항을
잉태하였다 혹은 이것을 필요로 했다고 풀이할 수 있다.[5]

나. 북한의 정치실체 부정: 유일합법정부론, 반국가단체론, 실지회복론

대한민국의 영토가 한반도와 그 부속도서라고 한다면, 그 영토 안에는
대한민국 이외의 어떠한 국가도 존재할 수 없다. 그리고 대한민국을 대

---

3 국회사무처, 『제1회 국회속기록』, 제18호(1948.6.26.), p.12; 유진오, 『헌법해의』(서울: 명세당,
1949), p.23.

4 제성호, 『남북한관계론』(파주: 일조각, 2010), p.21; 제성호, "북한식 연방제통일의 위헌성", 배
정호·제성호 편, 『연방제 통일과 평화협정』(서울: 형설출판사, 2016), pp.92, 96; 제성호, "대한
민국 헌법상 북한식 연방제통일의 위헌성", 『법학논문집』, 제40집 제2호(2016), p.225.

5 정인섭, "제헌헌법 제4조 영토조항의 성립과 의미" 『서울대학교 법학』, 제61권 제4호
(2020.12.), p.132; 한수웅, 『헌법학』, 제12판(서울: 법문사, 2022), p.102.

내외적으로 대표하는 정부는 유일합법정부가 된다. 만일 한반도내에 대한민국 이외의 어떤 정치집단이 존재하고 그것이 대한민국에 도전한다면, 그 집단은 국제법상 교전단체의 승인대상이 되는 반도단체(叛徒團體, insurgency)일 것이며, 국내법상으로는 국가보안법 제2조에 규정된 대로 정부를 참칭(僭稱)하거나 국가변란(國家變亂)을 목적으로 하는 정치적 결사로서 반국가단체(反國家團體)가 된다.[6]

영토조항은 대한민국만이 한반도에 있어서 정통성과 법통성을 갖는 유일한 국가이고, 군사분계선 이북지역은 이른바 조선민주주의인민공화국이 불법적으로 점거하고 있는 미수복지역(未收復地域)이라는 것을 강조한 것이다.[7] 이후 우리나라 대법원의 판례도 이러한 입장을 취하고 있다.[8]

다. 대한민국 주도의 자유민주통일의지 함축

영토조항은 전술한 바와 같이 헌법상 '비분단'을 전제하고 있다. 그 당연한 결과로 영토조항은 건국 이래 북한을 국제법상 국가로 승인(承認)하지 않음은 물론, 북한의 '국가적 실체성'까지도 부인하는 조항으로 기능

---

6 장기붕, "남북한 평화통일의 기초조건", 『국제법학회논총』, 제35권 1호(1990), p.24; 제성호, "헌법상 통일관련 조항의 개폐문제", 『통일연구논총』(민족통일연구원), 창간호(1992), p.266; 정종섭, 『헌법학원론』, 제13판 전면개정판(서울: 박영사, 2022), p.117.

7 권영성, 『헌법학원론』, 개정판 7쇄(서울: 법문사, 2005), p.126; 성낙인, 『헌법학』, 제23판(서울: 법문사, 2023), p.313; 정종섭, 『헌법학원론』, p.117.

8 성낙인, 『헌법학』, p.313; 정종섭, 『헌법학원론』, pp.117-118.

하고 있다.[9]

또한 영토조항은 "대한민국의 영토는 한반도와 그 부속도서로 이루어져야 한다"는 당위적 명제를 내포한다. 하지만 건국 당시부터 "대한민국의 영토는 한반도와 그 부속도서로 이루어져야 한다"는 규범적 요구에 맞지 않는 정치적·사실적 분단이 존재하였다. 그렇기에 국가구성 요소와 관련해서 "대한민국의 영토가 한반도와 그 부속도서로 이루어져야 한다"는 규범적 요구를 내포하는 영토조항은 결국 대한민국 주도의 자유민주통일 '의지'를 함축한다고 볼 수 있다.[10] 즉, 분단 현실은 당장 어쩔 수 없더라도 이 같은 분단을 '거부'한다는 정치적 의미를 내포한다고 할 것이다.[11]

라. 기타: 대한제국의 영토승계 및 국제평화 지향

이밖에도 영토조항은 대한민국의 영토가 구한국인 대한제국 시대의

---

9 제성호, "헌법 개정: 통일관련 조항을 중심으로", 헌법을 연구하는 국회의원 모임 편, 『「헌법개정」은 시대정신의 반영입니다』(서울: 하나출판, 2005), p.127.

10 영토조항의 경우, 헌법규범과 헌법사실 간에 괴리가 존재한다. 이 점에서 영토조항은 '실제 관할 영토' 개념이라기보다는 '최종지향 목표' 개념이라고 할 수 있다. 즉, 영토조항의 실질적 의미는 "대한민국의 영토가 한반도와 그 부속도서로 이루어져야 한다"는 것으로 국가적 통일의 지를 간접 천명한 규정으로 풀이할 수 있다. 제성호, "'영토와 통일관련 조항에 관한 검토'에 대한 토론문", 국회 미래한국헌법연구회, 『21세기 미래헌법, 무엇이 바람직한가: 기본권·통일·경제·지방자치 조항을 중심으로』, 제2회 토론회(2008.7.22.), p.56. 한수웅 교수는 비슷한 맥락에서 영토조항은 통일의 목표와 과제를 제시한 '통일과제조항'이라고 그 성격을 규정하고 있다. 한수웅, 『헌법학』, p.102.

11 방성주, "대한민국 헌법 영토조항의 역사정치학: 영토조항의 탄생과정과 존속양상을 중심으로", 연세대학교 정치학석사 학위논문, 2018년 8월, pp.63-64.

국가영역에 입각하고 있음을 의미한다(구한말 영토승계론). 아울러 대한민국 영토의 범위를 명백히 하여 타국의 영토에 대한 야심이 없음을 표시하는 국제평화주의적 의미가 있다(국제평화지향론).[12]

2. 체제안보와 방어적 민주주의의 채택

가. 자유민주주의 체제 안전을 위한 헌법적 장치 마련

자유민주주의는 포용과 관용의 이념을 특징으로 한다. 그래서 자유민주주의와 양립 가능한 이질적인 요소들을 최대한 포용하려고 한다. 하지만 자유민주질서 하에서 보장되는 자유를 악용하여 자유(민주체제)를 위협할 경우, 이것마저 용납하지는 않는다. 즉, 자유의 적에게는 자유가 없다. "헌법상 보장된 자유가 자유의 조건을 제거하는 자유까지 보장하는 것은 그 자체로 이율배반"이기 때문이다.[13] 그렇기에 자유민주주의는 곧 '방어적 민주주의(abwehrbereite Demokratie, defensive democracy)'를 그 내포로 한다.

본래 방어적 민주주의 이론은 독일연방헌법재판소의 판례를 통해 성립되었다.[14] 이는 자유민주주의 체제를 제도화한 '바이마르 헌법' 하에서 히틀러의 나치즘이 발호한 것을 뼈저리게 반성한 결과이다.[15] 즉, 나치

---

12 성낙인, 『헌법학』, p.313; 권영성, 『헌법학원론』, pp.125-126; 제성호, 『남북한관계론』, p.21.

13 한수웅, 『헌법학』, p.165.

14 정종섭, 『헌법학원론』, p.165.

15 제성호, "제헌헌법 자유민주정신 지켜내야", 『미래한국』, 제669호(2022.7.6.), p.44; 제성호, "한반도 최초의 '국민국가' 대한민국의 헌법 정신"(https://www.futurekorea.co.kr/news/articleView.html?idxno=146583, 검색일: 2024년 3월 27일).

(Nazi)에 의해 바이마르 공화국이 무너진 이유가 바이마르 헌법에서는 민주주의를 보호하는 장치가 제대로 마련되어 있지 않았고, 민주주의의 적(敵)들이 이 헌법의 약점을 파고들며(특히 언론과 결사의 자유를 최대한 악용하는 방법으로) 자유민주주의를 부식(腐蝕)시키고 있음에도 불구하고 이를 수호하려는 세력과 의지가 미약했기 때문이라는 처절한 '헌정사적 반성'이 담겨 있다.[16]

건국헌법은 '방어적 민주주의'를 공식 채용하지는 않은 것으로 보는 견해가 일응(一應) 우리 헌법학계에서 우세한 것으로 판단된다.[17] 그럼에도 필자는 건국헌법에서 '방어적 민주주의'의 편린(片鱗)을 발견할 수 있다고 생각한다. 우선 건국헌법 제1조는 "대한민국은 민주공화국"이라고 규정하여 대한민국의 국가형태가 민주공화국임을 천명하고, 제2조에서는 "대한민국의 주권은 국민에게 있고 모든 권력은 국민으로부터 나온다"고 규정하여 국민주권주의(주권재민의 원칙)를 선언하였다.[18] 또한 헌법 전문에

---

16 이부하, 『비교헌법론』(서울: 법영사, 2014), pp.337, 338; 제성호, "제헌헌법 자유민주정신 지켜내야", p.45; 제성호, "위헌·반국가 단체 해산할 법적 장치 마련해야", 『조선일보』, 2014년 1월 9일.

17 한국 헌법사(憲法史)에 있어 '방어적 민주주의'가 공식 채용된 것은 3차로 개정된 1960년 헌법(제2공화국 헌법, 1960년 6월 15일 시행)에서부터라고 보는 것이 일반적이다. 1960년 헌법 제83조의3에서는 헌법재판소가 ① 법률의 위헌 여부 심사, ② 헌법에 관한 최종적 해석, ③ 국가기관 간의 권한쟁의 외에 ④ (위헌) 정당의 해산 등의 사항을 관장하도록 규정하였다. 물론 위헌정당 해산은 정당활동의 자유 남용 방지를 통한 국가의 존립 유지, 헌법의 (민주적) 기본질서 보장에 있어 중요한 것은 사실이다. 김철수, 『헌법학신론』, 제21 전정신판(서울: 박영사, 2013), p.74. 그러나 위헌정당 해산 제도가 방어적 민주주의의 핵심적 요체이긴 하지만, 그 전부는 아니라고 할 것이다.

18 민주공화국을 국가형태로 채택했다는 것은 일체의 군주국은 물론 전제국(專制國), 특히 전체주의에 기반한 공산독재국가에 반대한다는 것을 가리킨다. 또, 국민주권주의는 인민주권론,

서 '민주주의 제도 수립'과 더불어 국민의 안전과 자유와 행복의 확보를 천명하는 한편, 본문에서 자유와 창의 존중(제5조), 개별적 자유와 인권 보장(제8조 내지 제28조)을 통해 한국식 권리장전(權利章典)을 명문화했다.[19] 특히 건국헌법 제28조 제1항은 "국민의 모든 자유와 권리는 헌법에 열거되지 아니한 이유로써 경시되지는 아니한다"라고 규정하여 실정헌법(實定憲法)에 명시되지 않은 '전(前) 국가적 기본권'의 존재를 인정하였다. 이는 인민민주주의 국가나 사회주의 국가의 헌법에서는 찾아볼 수 없는 규정으로 결국 대한민국 헌법이 개인의 자유와 인권, 인격과 존엄적 가치를 중시하는 민주주의, 곧 자유민주주의를 추구·지향함을 밝힌 것이라 할 수 있다.[20]

이와 동시에 건국헌법 제57조 제1항은 "내우, 외환, 천재, 지변 또는 중대한 재정, 경제상의 위기에 제하여 공공의 안녕질서를 유지하기 위하여 긴급한 조치를 할 필요가 있는 때에는 대통령은 국회의 집회를 기다릴 여유가 없는 경우에 한하여 법률의 효력을 가진 명령을 발하거나 또는 재정상 필요한 처분을 할 수 있다"고 규정하였다. 이는 국가위기 상황에 봉착할 경우 대통령의 국가긴급권(특히 긴급명령권)[21] 행사를 허용한 것이다. 또

민중주권론을 배격함을 말한다. 이 점에서 건국헌법은 북한 공산독재체제(전체주의체제)를 부정한다는 입장을 취하고 있다고 볼 수 있다.

19 김명주, 『헌법사 산책: 헌법에 비친 주권의 풍경』(서울: 도서출판 산수야, 2010), p.278.

20 제성호, "한반도 최초의 '국민국가' 대한민국의 헌법 정신", p.43.

21 성낙인, 『헌법학』, pp.600-602.

한 건국헌법 제81조에서는 위헌법률 심사·무효화 및 명령·규칙 등의 위헌·위법 심사에 관한 규정을 도입하였다.[22] 이러한 규정들은 헌법 질서의 수호 및 헌법의 최고규범성을 확보하기 위한 것으로 이른바 헌법수호(Schutz der Verfassung) 내지 헌법보장(Verfassungssicherung, Verfassungsgarantie) 제도를 구현한 것으로 평가된다.[23]

그런데 방어적 민주주의는 이 같은 헌법보장과 깊은 관련이 있다. 이 밖에도 헌법보장과 관련있는 제도적 장치로는 '위헌정당 강제해산제도', '탄핵심판제도', '기본권 상실 제도', '이적 단체 금지·해산 제도' 등이 있다.[24] 우리와 같은 분단국이었던 독일은 일찍부터 이러한 장치를 모두 두고 있었다.[25] 하지만 대한민국 건국헌법에서는 위의 여러 제도 중에서 긴

---

22 건국헌법 제81조:
대법원은 법률의 정하는 바에 의하여 명령, 규칙과 처분이 헌법과 법률에 위반되는 여부를 최종적으로 심사할 권한이 있다.
법률이 헌법에 위반되는 여부가 재판의 전제가 되는 때에는 법원은 헌법위원회에 제청하여 그 결정에 의하여 재판한다.
헌법위원회는 부통령을 위원장으로 하고 대법관 5인과 국회의원 5인의 위원으로 구성한다.
헌법위원회에서 위헌결정을 할 때에는 위원 3분지 2이상의 찬성이 있어야 한다.
헌법위원회의 조직과 절차는 법률로써 정한다.

23 성낙인, 『헌법학』, p.313; 한수웅, 『헌법학』, pp.69-80. 헌법보장은 헌법의 핵심적 내용이나 규범력이 헌법에 대한 침해로 인해 변질되거나 훼손되지 않도록 보호하는 것을 말한다. 권영성, 『헌법학원론』, p.65; 김철수, 『헌법학신론』, pp.56, 58-60, 65. 즉, 그와 같은 헌법침해 행위를 사전에 예방하거나 사후에 배제함으로써 국민 기본권을 보장하고 국가권력의 정당성을 확보하며, 나아가 헌법이념을 구현하는데 그 존재이유가 있다. 헌법에 대한 위협이나 침해를 사전에 방지하기 위한 수단이라 할 수 있는 바, 이는 결국 자유민주주의체제 수호에 이바지하게 된다.

24 정종섭, 『헌법학원론』, p.164; 권영성, 『헌법학원론』, pp.86-87; 전광석, 『한국헌법론』, 제17판(서울: 집현재, 2023), p.136; 제성호, "제헌헌법 자유민주정신 지켜내야", p.45.

25 권영성, 『헌법학원론』, pp.86-87; 제성호, "제헌헌법 자유민주정신 지켜내야", p.45. 다른 한편, 방어적 민주주의와 관련된 개념으로 헌법충실 의무가 있다. 서독기본법에서는 공무원의

급명령권과 위헌법률심사 제도만을 도입하였다. 이 점에서 일정한 한계가 있었던 것은 사실이다. 그렇다고 할지라도 건국이념의 실천을 방해하는 세력의 혹여 있을지도 모를 위헌적 입법 기도를 저지하기 위한 제도적 장치를 건국 당시부터 헌법에 반영한 것은 국가이념 수호의 일환이자 방어적 민주주의 차원에서도 의미 있는 중요한 조치였다고 할 것이다.[26] 이런 관점에서 볼 때 방어적 민주주의의 법리는 이미 건국헌법에서부터 기원하는 것으로 파악하는 것이 타당하다고 사료된다.

현재 우리나라의 대법원과 헌법재판소는 모두 방어적 민주주의의 법리를 적용하고 있다.[27]

나. 국가보안법 제정과 북한의 대남 공산혁명전략에 적극 대처

제1대 국회는 1948년 12월 1일 법률 제10호로 국가보안법을 제정하였다. 이승만 정부는 같은 날 국가보안법을 공포하고 시행에 들어갔다. 형법이 1953년 9월 18일에야 비로소 제정되었던 사실을 감안하면, 국가

헌법충실 의무, 교수의 자유와 관련한 헌법충실 요구, 결사의 자유와 관련된 헌법충실의 요구, 그리고 헌법충실 의무에 반하는 행위를 할 경우 실시되는 기본권 실효제도, 헌법재판소의 위헌정당 해산 결정이 모두 헌법충실이란 개념과 통한다는 것이다. 이부하, 『비교헌법론』, p.337.

26 권영성 교수는 방어적 민주주의의 채택을 '사전예방적' 헌법보장제도의 하나로, 반면 위헌법령 심사제를 '사후교정적' 헌법보장제도의 하나로 인식한다. 그리고 이 같은 '평상적' 헌법보장제도와는 달리, 국가긴급권 발동은 '비상적(非常的)' 헌법보장제도의 하나로 간주한다. 정재황 교수도 비슷한 입장을 취하고 있다. 권영성, 『헌법학원론』, pp.66-70; 정재황, 『신헌법입문』, 제12판(서울: 박영사, 2023), pp.48-53 참조.

27 정종섭, 『헌법학원론』, pp.165-167.

보안법의 제정 및 시행이 자유민주체제 수호 및 국민의 생존권 확보를 위해 얼마나 절박했는지를 시사한다.[28] 한마디로 국가보안법은 헌법 제1조 민주공화국 조항, 제4조 영토조항, 제81조 제2항 위헌법률심사권 등 건국헌법 전체로부터 연역되는 헌법 수호 의지와 방어적 민주주의의 정신을 법률의 형태로 구현된 것이라 할 수 있다.

모든 법이 그렇듯이 국가보안법은 시대적 산물이다. 이 법은 1948년 4월과 12월에 각각 발생한 '제주 4·3사건'과 '여순반란사건' 등 극도로 혼란한 해방 정국과 깊은 관련이 있다.[29] 전자는 대한민국의 건국, 특히 남한 내 제헌 국회의원 선거(단독 총선거)를 저지·파탄내기 위해 일으킨 사건이었고,[30] 후자는 신생 대한민국의 국가 존립을 중대하게 위태롭게 한 사건이었다. 이 밖에도 해방공간에서는 각종 좌·우익 간의 충돌이 끊이질 않았다.

좌익세력은 건국과 더불어 자유민주주의체제의 정당성을 부정하는 한편, 남한의 사회혼란을 조성하는 데 주력하고 있었다. 이들은 경찰서 등

---

28 법무부, 『개혁과 인권』(과천: 법무부, 1994), p.48.

29 1945년 9월 조선정판사 위조지폐 사건을 필두로 1948년 11월 개성경찰서 상도지서 습격 사건에 이르기까지 북한은 26건에 달하는 주요 공안사건과 대남 도발을 일으켰다. 국방부 군사편찬위원회, "북괴의 대남도발 주요일지", 『군사』, 제12권(1986.9.), pp.240-243.

30 당시 남한 내의 좌익세력은 유엔 소총회(총회 중간위원회)가 남한에서 총선을 실시하기로 결의하고(자세한 내용은 후술 참조) 유엔한국임시위원단이 미군정과 협력하여 남한 총선 준비 업무를 진행하자 이를 격렬하게 비난하고 나섰다. 이어 '단독 선거, 단독 정부 수립(단선단정)' 저지를 위한 투쟁을 조직적으로 전개하기 시작했고 '성스러운 전인민적 항쟁'에 전국의 동포가 총동원 궐기할 것을 촉구하였다. 양동안, "대한민국 건국과정", 국방부, 『대한민국: 과거·현재 그리고 미래의 가치』(서울: 국방부, 2006), pp.106-108; 양동안, 『대한민국 건국사』(서울: 건국 대통령 이승만박사기념사업회, 1998), pp.502-537.

관공서 습격, 살인, 파괴, 약탈, 허위사실 유포(유언비어 날조), 대중선동 등의 범법행위를 저질렀다. 때문에 국내 치안은 어수선하기 짝이 없었다.[31]

이승만 대통령은 정치·사회적 혼란 상황을 수습하는 한편, 북한의 대남 공산화 위협에 대처하기 위한 법·제도적 장치를 강구하기 시작했고, 이러한 노력이 바로 국가보안법의 제정으로 가시화됐던 것이다.[32] 이 법에 따라 대통령은 대한민국 영토내에 존재하는 반국가단체를 진압하고, 그 단체의 수괴(首魁)와 간부들이 행하는 반국가활동을 억제·처벌해야 할 법적 의무를 지게 되었다. 또한 대통령이 그러한 의무를 이행하지 않거나 해태(懈怠)할 경우 이는 국가를 보위하여야 할 그의 책무를 수행하지 않는 것으로 직무유기를 구성한다는 법리가 도출되게 되었다.[33]

1948년 제정된 최초의 국가보안법은 6개의 조문으로 구성된 소략한 법률이었다. 이 법은 ① 국헌을 위배하여 정부를 참칭하거나 그에 부수하여 국가를 변란할 목적으로 결사 또는 집단을 구성한 자의 처벌(제1조),

---

31 제성호, "남북한 화해와 협력을 효율적으로 추진하기 위해서 국가보안법을 폐지해야 한다 - 아니다", 김계동·박선영 엮음, 『한국 사회 논쟁: 민주사회 발전을 위한 찬성과 반대 논리』(서울: 명인문화사, 2019), p.58.

32 제성호, 『남북한관계론』, p.126.

33 장기붕, "남북한 평화통일의 기초조건", p.24. 다만 이와 같은 법리는 국가보안법이 제정된 지 42년이 지난 1990년부터는 다소 수정이 이루어지게 된다. 이는 1990년 8월 「남북교류협력에 관한 법률」이 제정되고 1991년 9월 남북한이 유엔에 동시 가입하는 것과 관련이 있다. 곧, 북한을 한편으로 국가보안법상의 반국가단체로 보면서도 다른 한편으로는 대화와 교류협력의 동반자 혹은 민족통일의 동반자라는 시각(이중적 대북관)이 자리잡게 되었다. 현재 헌법재판소와 대법원은 남북한 특수관계론 내지 이중관계론을 인정하고 있다. 다시 말하면 영토조항이 존재하는 상황에서도 우리 헌법체계상 북한에 대해 국가에 미치지 않는 혹은 국가에 준하는 제한적 실체(당국)를 인정하는 것이 가능하다고 할 것이다. 제성호, "헌법 개정: 통일관련 조항을 중심으로", p.128.

② 살인·방화 또는 운수, 통신기관 건조물 기타 중요시설의 파괴 등의 범죄행위를 목적으로 하는 결사나 집단을 조직한 자나 그 간부의 직에 있는 자의 처벌(제2조 제1항), ③ 범죄행위를 목적으로 하는 결사나 집단이 아니라도 그 간부의 지령 또는 승인하에 집단적 행동으로 살인·방화·파괴 등의 범죄행위를 감행한 경우, 대통령의 당해 결사 및 집단의 해산 명령(제2조 제2항), ④ 상기 범죄의 실행을 협의, 선동 또는 선전하는 행위의 처벌(제3조), ⑤ 본법의 죄를 범하게 하거나 그 정을 알고 총포, 탄약, 도검 또는 금품을 공급, 약속 기타의 방법으로 자진 방조하는 행위의 처벌(제4조), ⑥ 자수를 한 경우 형의 감면(제5조), ⑦ 허위의 고발 위증 또는 직권을 남용하여 범죄사실을 날조하는 행위의 처벌(제6조)을 명시하였다.[34]

국가보안법은 건국헌법에서 직·간접으로 표시된 헌법 수호 및 보장 의지와 방어적 민주주의의 정신을 법률의 형태로 구현한 것이라고 볼 수 있다.

III. 이승만 대통령의 헌법적 통일론 분석

1. '유엔 감시 하 자유총선거'에 의한 평화통일론

가. 평화통일론 성립의 배경 및 경위

(1) 유엔 총회에서의 한국 독립문제 논의와 5·10 제헌 국회의원 선거

1943년 12월 1일 채택된 카이로선언에서 보는 바와 같이 소위 한국

---

34 https://www.law.go.kr/lsSc.do?menuId=1&subMenuId=17&tabMenuId=93&query=국가보안법#undefined(검색일: 2024년 4월 2일).

문제(the Korean Question), 곧 한국의 해방(자유)·독립 문제는 당초 연합국(the United Nations) 수뇌 간에 논의되기 시작했던 사안이었다. 일본의 무조건항복 선언으로 태평양전쟁이 사실상 끝난 이후에는 한반도에 진주한 미·소 두 점 령국 간의 협상 테이블에 올려졌다. 하지만 미·소 양국 간의 첨예한 의견 차이로 인해 동 사안은 1947년 9월 이후 유엔으로 이관되기에 이른다.

이런 배경에서 유엔 총회는 한국의 독립문제를 다루기 시작했다. 그리고 이에 관한 첫 조치는 1947년 11월 14일 총회 결의 제112(II)호의 채택으로 가시화됐다. 이 결의는 첫째, "미국과 소련의 점령 하에 있는 한반도가 아직 독립을 이룩하지 못하고 있다는 사실"을 확인하고 둘째, "전체 한국민들의 독립 의지의 정당성을 인정"하면서, 셋째, 한반도 전역을 지배하는 독립국가를 수립하는 절차를 명시하고 있다. 또한 결의는 독립국가 수립을 위하여 총회 산하기관으로 '유엔임시한국위원단'(The United Nations Temporary Commission on Korea: UNTCOK)을 구성하고, 이의 감시와 협의 하에 성인 참정권과 비밀투표 및 인구비례에 입각한 선거를 1948년 3월 1일 이전에 한반도 전역에서 실시하여 국회를 구성하며, 전국적인 정부를 수립할 것을 요구하였다.[35] 이 같은 절차(남·북 총선거 실시)를 충족시

---

35 유엔 총회 결의 제112(II)호는 Part A와 Part B로 나누어지는데, 제112(II)호-B 중 관련 부분을 옮기면 아래와 같다. 1. 생략 2. 성인 참정권과 비밀 투표를 통하여 한반도 주민들이 조속히 자유와 독립을 쟁취하는 문제에 관하여 '임시위원단'이 상담할 수 있는 대표들을 선출하기 위한 선거를 늦어도 1948년 3월 1일 이전에 실시하고 그렇게 선출되는 대표들로 국회를 구성하여 한반도를 대표하는 정부를 구성하게 할 것을 건의한다. 각 투표구를 통하여 선출될 대표의 정수는 인구비례에 의거하여 결정하고 이 선거는 '임시위원단'의 감시 하에 실시되어야 한다. 3. 또한 이 선거 실시 후 가능한 한 최단 시일 안에 국회를 개원시키고 전국 정부를 구성하여 그 사실을 '임시위원단'에 통보하도록 건의하며, 4. 생략 5. 생략 6. 모든 관련 회원

키는 것이 곧 한국 독립의 내용이었던 것이다.

그런데 한반도에서는 유엔 총회 결의가 제시한 절차를 적법하게 밟아 대한민국이 성립되었다. 대한민국이, 아니 대한민국만이, 한반도에 그렇게 출현한 유일한 독립국가였다. 다만, 1948년 대한민국의 독립이 '불완전 독립'이라는 한계가 있었던 것은 사실이다. 북한 지역을 장악하고 있던 공산주의 세력(소련 군정장관 슈티코프 중장과 김일성)이 유엔 총회 결의 제112(II)호에 따라 유엔 감시 하에 실시되는 자유 총선거를 거부하고 방해했기 때문이다. 그러자 유엔은 1948년 2월 26일 프랑스 파리에서 열린 유엔 총회 중간위원회(Interim Committee, 또는 소총회)에서 미국이 제출한 결의안(A/583)을 채택하여 "우선 유엔 한국임시위원단이 한국 내의 가능한 지역에서 임무를 수행(총선거 실시·관리 및 협의·감시)"하여 그 같은 선거가 실시된 지역에서 총회 결의 제112(II)호가 요구하는 독립국가를 우선 수립하기로 의결하였다.[36] 이에 따라 1948년 5월 10일 38도선 이남 지역에서 실시된 자유 총선거를 통하여 대한민국 제헌국회가 구성되었고, 이후 일정

국들에게 '임시위원단'이 주어진 책임을 완수할 수 있도록 지원과 편의를 제공할 것을 촉구한다. 7. 모든 유엔 회원국들에게 한반도의 독립을 위한 준비가 진행되는 기간 중 총회의 결의를 이행하게 하는 것 이외에는 한국민들의 문제에 간섭하는 것을 자제하고, 한국민들의 독립과 주권에 유해한 모든 행동을 완전하게 지양할 것을 촉구한다.

36 이 결의는 찬성 31, 반대 2, 기권 11로 채택되었다. General Assembly Official Records, Reports of the Interim Committee of the General Assembly (5 January-5 August 1948) A/578, A/583, A/605, A/606, UN GA 3rd Session Supplement. No. 10(1948); Yearbook of the United Nations, 1947-1948, p. 284. http://unyearbook.un.org/unyearbook.html?name=isysadvsearch.html(2016년 4월 1일 검색); 이한기, "한국통일문제와 UN의 권능", 『국제법학회논총』, 제21권 제1·2호 합병호(1976.12.), p.184; http://un.mofat.go.kr/eng/am/un/business/investment/index.jsp(검색일: 2016년 4월 1일) 참조

한 법적 절차를 밟아 8월 15일 대한민국 정부가 수립되었다.[37]

한편 유엔 총회 결의 제112(II)호의 수용을 거부한 북한지역의 공산주의 세력은 같은 해 8월 25일 제1기 최고인민회의 대의원 선거를 실시하고 대의원 572명을 선출하였다.[38] 그리고 이어 9월 9일 '조선민주주의인민공화국'이라는 이름이 별개인 '국가' 수립을 발표했다. 이로써 한반도에는 대한민국 정부와 북한 정권이란 2개의 '정치실체'가 출현하게 되었다.[39]

이상에서 보는 바와 같이 남한에서 실시된 5·10 제헌 국회의원 선거는 유엔 총회 결의에 근거한 것이었다. 더 거슬러 올라가면 1943년의 카이로선언에서 연합국 수뇌가 결정한 방침을 따른 것이었다. 곧 식민지였

---

37 1948년 대한민국 건국은 국내적으로는 '5.10 총선거 → 5.31 국회 구성·개원 → 7.17 헌법 제정 → 7.24 초대 대통령 선출 → 8.15 정부 수립'의 5단계로 진행되었는데, 1948년 8월 15일의 정부 수립은 대한민국 건국의 완성을 의미하는 것이었다. 이 과정에서 유엔이 대한민국 건국에 산파역을 했음은 잘 알려진 바와 같다. 제성호, "건국절 제정의 타당성과 추진방안", 『법학논문집』, 제39집 제1호 (2015), p.200.

38 북한에서는 1948년 8월 25일 6시에 투표가 시작되어 여섯 시간만인 12시에 마감되었다. 투표율은 99.97%였다. 선거구 212개에 후보는 모두 1217명이었다. 이중 227명이 북조선로동당을 비롯한 주요정당들의 연합체인 '북조선민주주의민족전선'의 공동후보였다. 단일 후보로 내는 것이 원칙이었지만, 15개 지역에서 복수 후보가 출마했다. 투표는 흑백함에 찬성 또는 반대표를 던지는 찬반 투표였다. 유권자들은 212명의 공동 후보에게 98.49%의 찬성표를 던졌다. 그리고 남한에서는 공개선거가 불가능한 특수한 사정을 고려하여 이중 비밀 지하 선거를 실시하기로 결정해 7월 중순부터 조선최고인민회의 대의원을 선거할 대표자들을 선출하는 '예비선거'에 돌입했다. 선거관리는 남쪽의 남조선로동당과 중도파 정당들이 연합하여 만든 '조선최고인민회의 남조선대의원선거지도위원회'에서 담당했다. 선거방식은 선거운동원들이 후보자의 이름이 적힌 종이를 들고 다니며 찬성하는 사람들의 도장이나 손도장을 받는 것이었다. 선거가 비공개리에 진행되었기 때문에 공정성이나 대표성에서 근본적인 한계를 가질 수밖에 없었다. https://ko.wikipedia.org/wiki/제1기_최고인민회의_대의원_선거#이북_선거(검색일: 2024년 4월 13일).

39 제성호, "자주통일과 '한국 주도'의 법적 논리: 주로 급변통일의 경우를 상정하여", 『전략연구』, 통권 제70호(2016.11.), pp.134-137.

던 일본 통치하의 한반도 해방과 독립을 위한 조치였던 것이다. 그리하여 5·10 제헌 국회의원 선거는 유엔의 선거관리와 감시 하에 공정하게 치러졌다. 반면, 김일성을 주축으로 한 북한 공산집단은 유엔 총회 결의 제112(Ⅲ)호의 이행을 거부했다. 즉, 유엔한국임시위원단의 입북과 민주적 총선 실시를 위한 제반 활동을 모두 거부하고 무산시켰다. 이를테면 반(反)유엔적 태도로 일관했단 것이다.

요컨대, 5·10 제헌 국회의원 선거는 카이로선언과 유엔 총회 결의 제112(Ⅲ)호에 근거해 실시된 총선으로서 국제적 합법성과 정당성을 갖춘 것이었다. 실제로 보통·평등·직접·비밀·자유의 5대 원칙이 제대로 구현된 민주적인 선거였다. 그에 비해 북한의 선거는 유엔 총회 결의를 무시한 결과로 유엔의 선거감시와 관리가 전혀 없이 오로지 소련 군정의 지원 아래 김일성 집단이 주도하고 일방적으로 밀어붙인 것이었다. 특히 비밀·자유의 원칙이 보장되지 않은 '반민주적 선거공작'이자 '강압적 정치폭거'였다고 할 수 있었다.

(2) 제헌국회에서의 대북 제안: 북한 국회의석 100석 유보

① 제헌국회 개원 시 이승만 국회의장의 개회사

1948년 5월 31일 오후 2시에 열린 제헌국회 개원식에서 초대 국회의장으로 피선된 이승만(나중에 대통령으로 선출)이 다음과 같이 개회사를 하였다.

"우리가 오늘 우리 민국 제1차 국회를 열기 위하여 모인 것입니다. … 이 국회는 전(全) 민족을 대표한 국회이며 이 국회에서 탄생되는 민국정부는 완전한 한국(韓國) 전체를 대표한 중앙정부임을 이에 또한 공포하는 바입니다.

우리 이북오도(以北五道) 동포가 우리와 같이 공선(公選)으로 대표를 선거하여 우리와 이 자리에서 원만(圓滿)히 합석치 못한 것은 우리가 극히 통념(痛念)히 여기는 바입니다. 그러나 이북에서 넘어온 450만 이재동포가 우리 선거에 참가하였고 피선(被選)된 대표도 여러분일 뿐 아니라 이 국회에 자리를 상당한 수효(數爻)대로 비어 놓아 하루바삐 자유선거로 이북(以北) 대표가 와서 이 자리를 점령하고 우리와 함께 직책과 권리를 분담하여 완전무결한 국가를 회복하도록 준비하리니 우리는 이북(以北) 동포와 합심합력하여 미국과 유엔의 협조로 통일의 조속(早速) 성공을 재래(齎來)하기를 결심할 것이며 또다시 맹서하는 바는 우리 민족은 죽어도 같이 죽고 살아도 같이 살 것이오 우리 강토는 일척일촌(一尺一寸)이라도 남에게 양여하지 않을 작정입니다. …

공산당 한인들에게 우리가 마지막으로 한 번 더 기회를 줄 것이니 개과회심(改過回心)해서 전 민족이 주장하는 국권회복에 우리와 같이 합심합력(合心合力)하여 민족진영으로 동주병제(同舟竝濟)하는 결심을 충분히 표명하게 되면 우리는 전과(前過)를 잊어버리고 다 같이 선량한 동포로 대우할 것이요, 종시(終是) 회개(悔改) 치 못하고 국가를 남의 나라에 부속(附屬)시키자는 주의(主意)로 살인, 방화, 파괴 등을 자행할진대 국법으로 준엄히 처단할 것이니 지금부터는 타국의 간섭으로 용서나 석방한다는 것은 다 막힐 것을 확실히 깨달아서 자기도 살고 남도 살아서 자유, 복리를 같이 누리도록 법망(法網)에 복종해야 될 것이니 …"

이승만 국회의장의 개회사가 끝나고, 이어 198명의 피선 국회의원 전체가 태극기를 향하여 다음과 같은 의원 선서를 복창하였다.[40]

"나는 빛나는 역사적 조국 재건과 독립 완수의 중책임을 다하기 위하여 먼저 헌법의 제정으로 민국 정부를 수립하고, 남북 통일의 대업을 수행하여 국가 만년의 기초 수립과 국리 민복을 도모하기 위하여 공헌함에 최대의 충성과 노력을 다하기로 이에 하느님과 순국 선열과 삼천만 동포 앞에 삼가 선서함."

위에서 보듯이 이승만 대통령은 북한도 하루빨리 자유선거를 실시하여 국민을 대표하는 국회의원을 선출해서 대한민국 국회에 보내줄 것을 촉구하고 있다. 곧 통일국회를 구성하자는 것이다.

② "북한동포에게 고함" 결의문 채택

이어 제헌국회는 1948년 6월 12일 "북한동포에게 고함"이라는 명칭의 결의문을 채택하였다. 그 내용은 아래와 같다.

"북한동포에게 고함

우리는 기미 독립운동 이래 여러 순국열사의 피와 애국지사의 힘으로 「카이

---

40 허정, 『우남 이승만』(서울: 태극출판사. 1970), p.269.

로」 국제공약과 「포쓰담선언」을 보게 되었다. 그러나 그 업무가 우리 삼천만 민중의 의사에 배치되여 결국 결렬되고 말았다.

국제 정의는 1947년 11월 14일 「유엔」 총회의 결의로 표현되여 국제연맹 임시조선위원단이 내조하고 또 1948년 2월 27일 「유엔」 소총회의 결의로 우선 가능한 지역에서 자유스러운 분위기 가운데 지난 5월 10일 총선거는 시행되었다.

국민의 자유의사로 선출된 우리 의원 일동은 5월 31일 역사적 국회 개회식을 전세계 주시리에 엄숙히 거행하였으며, 이에 완전 자유독립의 건국대업을 실천하고 있으나 「유엔」 총회 결의에 대한 소련의 「뽀이코트」로 인하야 북한 동포들이 우리와 같이 총선거를 실시할 기회를 갖지 못하였음은 심히 유감으로 생각한다.

이제 우리 국회의원 일동은 좌의 의결로써 북한 우리 동포에게 충심으로 고하는 바이다.

결의문

북한 동포는 우리와 같이 「유엔」 결의에 의하야 자유 분위기속에서 속히 총선거를 실시함으로써 진정한 민중대표를 선출하야 국회로 보내기를 바란다.

우 결의함

"북한동포에게 고함"이란 결의문에서는 이승만 대통령의 국회 개회사와 같은 입장에서 유엔 총회 결의에 의거하여 자유로운 분위기 속에서 속히 총선거를 실시함으로써 진정한 국민대표를 선출하고 대한민국 국회로 보낼 것을 요구하고 있다. 이 결의문은 대한민국의 공식 기관이 통일

문제와 관련해서 북한에 제의한 최초의 사례이다.[41]

나. 자유총선거에 의한 평화통일론의 정립

(1) 정부 수립 선포 시 평화통일론 천명

1948년 8월 15일 대한민국 초대 정부로 출범한 이승만 정부는 정부 수립을 대내외에 선포하면서 '통일에 관한 기본입장'을 천명하였다. 그 내용은 다음과 같다.[42]

① 대한민국 정부는 헌법 규정에 따라 한반도 전체에 대한 주권을 가진 유일한 합법정부이다.

② 선거가 보류된 북한에서 조속히 민주적 선거를 실시, 북한동포를 위하여 국회에 공석으로 남겨둔 100석의 의석을 채워야 한다.

③ 북한 동포들의 자발적 의사가 계속적으로 공산주의자들에 의하여 억압받을 경우에는 대한민국은 북한에 대한 주권을 회복할 권한이 있다.[43]

위의 ①과 ②는 대한민국 정부가 한반도 전체에서 유일한 합법정부(곧 북한은 괴뢰정권)로서, 북한은 조속히 유엔 총회 결의에 따라 북한지역에서

---

41 통일연수원, 『통일문제 이해 1994』(서울: 통일연수원, 1993), p.168; 통일원, 『1990 통일백서』(서울: 통일원, 1990), p.21.

42 황인태, 『통일정책론』(서울: 국제평화연구소, 1995), pp.175-176; 통일부, 『1998 통일백서』(서울: 통일부, 1998), p.17; 김병오, 『민족통일과 남북연합』(서울: 여강출판사, 2001), p.118.

43 통일원, 『1990 통일백서』, p.21; 외무부, 『외무행정의 십년』(서울: 외무부, 1959), p.93; 외무부, 『한국외교 30년: 1948-1978』(서울: 신흥인쇄, 1979), p.63.

자유선거를 실시하여 대한민국에 합류(귀속)해야 함을 강조한 것이다.[44] 즉, 남한에서는 이미 자유로운 민주적 선거에 의해 합법적이고 정당한 정부가 구성되어 있는 반면, 북한의 경우는 민의를 정확히 대변할 수 있는 총선이 실시되지 못하였음을 지적하고 있다. 그렇기에 북한지역에서만 자유로운 총선의 추가적 실시를 통해 선출된 국회의원들이 대한민국 국회에 합류하여 잔여의석 100석을 채워야 한다는 점을 밝히고 있다. 이는 대한민국의 정통성(正統性)에 근거해 북한 출신의 국민대표를 대한민국 국회에 편입시키는 방안이라고 할 수 있다.[45] 이 같은 자유총선거에 의한 통일구상은 내용 구성의 면에서 불충분하고 초보적인 것이기는 했지만, 한국 정부가 밝힌 최초의 공식적인 통일론이었다는 점에서 의미가 크다고 하겠다.[46]

이승만 대통령은 자유총선거에 의한 평화통일을 추구한다는 기본입장에서 1949년 2월 15일 처음으로 이북5도 지사들을 임명하였다.[47] 이후 동

---

44 통일부, 『2002 통일백서』(서울: 통일부, 2002), p.18; 이형, 『장면 정권과 민주당: 제2공화국의 재평가』(서울: 삼일서적, 2005), p.176. 그러나 이와는 다른 입장을 보이는 견해도 있다. 양영조 박사는 이승만 대통령이 현실 가능성과는 상관없이 북진통일을 주장한 것은 단순한 정치적 상징 조작을 위한 '허세'만으로 파악할 수 없으며, 당시 전 세계적 냉전체제에 조응하는 전반적인 정치 전략으로서 보다 포괄적인 차원의 의미를 내포한 것이라고 강조한다.

45 통일연수원, 『통일문제 이해 1994』, p.168; 통일원, 『1990 통일백서』, p.20; 남광규, "이승만 정부의 통일정책 내용과 평가", 『통일전략』, 제12권 제2호(2012), p.147.

46 양영식 전 통일부 차관은 이승만 정부의 통일정책을 '십자군적 해방통일론'이라고 그 성격을 규정하였다. 양영식, 『통일정책론』(서울: 박영사, 1997), p.11.

47 남광규, "이승만 정부의 통일정책 내용과 평가", p.147; 한국학중앙연구원, "이북5도 (以北五道)", 『한국민족문화대백과사전』(발간 년도 미상); https://encykorea.aks.ac.kr/Article/E0044490(검색일: 2024년 4월 18일).

년 5월 23일 이범석(李範奭) 국무총리의 임석 하에 서울특별시 중구 북창동 137번지 구 서울시경 청사 4층에 이북5도청을 개청하였다.[48] 이로써 북한지역이 상징적으로나마 우리 정부기관의 관할 하에 놓이게 됐다.

다른 한편, 이승만 대통령은 북한 동포들의 자발적 의사가 계속적으로 공산주의자들에 의하여 억압받을 경우에는 대한민국은 북한에 대한 주권을 회복할 권한이 있다고 강조하였다. 이는 대한민국 정부가 정통정부로서 북한 주민들이 공산주의자들에 의해 계속 억압받는 조건이 충족될 경우 북진하여 '무력에 의해서라도' 북한지역을 수복(통일)하겠다는 입장을 내포하는 것으로 해석될 소지가 있다. 하지만 이 같은 북한지역 주권 회복을 위한 무력행사 불사론(不辭論)은 정치적 구호 또는 정치적 상징 조작의 의미가 짙다는 것이 일반적 견해이다. 실천적 차원에서보다는 남북협상파(한독당과 중도파·소장파 의원들)나 북한이 제시한 '남북협상론' 또는 '주한미군 철수론'에 대한 반작용과 대한민국의 안전보장을 위한 이승만 대통령의 확고한 신념에서 나왔다는 것이다.[49]

---

48 한국학중앙연구원의 "이북5도 (以北五道)"에 관한 글; 정훈, "전시 민군작전간 이북5도청 활용 방안", 『합참』, 제60호(2014.7.), p.75; 이북5도위원회 연혁 참조(https://www.ibuk5do. go.kr/cont/103000.do, 검색일: 2024년 4월 18일); "왜 대한민국 대통령이 북한 도지사를 임명할까", 『슬로우뉴스』, 2014년 2월 18일(https://slownews.kr/19495, 검색일: 2024년 4월 18일) 참조.

49 통일연수원, 『통일문제 이해 1994』, pp.168-169; 통일원, 『1990 통일백서』, p.22; 김일영, "이승만 정부에서의 외교정책과 국내정치: 북진·반일정책과 국내정치경제와의 연계성", 『국제정치논총』, 제39집 3호(1999), p.248.

(2) 유엔 총회 결의 제195(Ⅲ)호와 이승만 대통령의 언명

① 유엔 총회 결의 제195(Ⅲ)호의 법적 의미: 대한민국의 국제적 정통성 확보

한반도에는 사실상 2개의 '정치실체'가 출현하게 됨에 따라 남의 대한민국과 북의 '조선민주주의인민공화국'의 법적 지위를 결정해야 하는 난제가 등장하게 되었다. 이 난제에 대하여 유엔 총회가 유권적 결정을 내렸는데, 그것이 바로 1948년 12월 12일 채택된 유엔 총회 결의 제195(Ⅲ)호였다.[50] 총회 결의 제195(Ⅲ)호는 제1항에서 우선 1947년 11월 14일자 유엔 총회 결의 제112(Ⅱ)호를 상기하면서 "유엔한국임시위원단의 보고에서 언급한 어려움 때문에 1947년 11월 14일자 결의에서 제시된 목적들이 완수되지 못했고, 특히 한반도의 통일이 성취되지 못했다는 사실에 유의한다"는 문장으로 서두를 열고 있다. 이 결의는 한반도가 아직 분단되어 있다는 사실, 즉 한반도에는 2개의 정치실체('정부')가 존재하고 있다는 사실을 전제로 하고 있는 것이다.[51] 이러한 전제 위에서 이 결의는 제2항에서 유엔 총회는 "한반도의 유엔한국임시위원단이 감시하고 협의할 수

---

50 유엔 총회 결의 제195(Ⅲ)호의 명칭 역시 「한국의 독립문제」였다. UN Doc. A/RES/195(Ⅲ) adopted at the 3rd session(1948-1949) of the UN General Assembly on 12 December 1948(http://www.un.org/depts/dhl/resguide/r3.htm; http://daccess-dds-ny.un.org/doc/RESOLUTION/GEN/NR0/043/66/IMG/NR004366.pdf?OpenElement, 검색일: 2024년 4월 20일).

51 또한 유엔 총회 결의 제195(Ⅲ)호에서는 전한반도 혹은 전한국(全韓國)을 all Korea 또는 Korea로, 대한민국은 the Republic of Korea, 남한지역은 that part of Korea로 표기하는 한편, 북한은 UNTCOK가 접근할 수 없었던 한국의 지역임을 표시하고 있다. 이 밖에 the division of Korea(제4항 b호)라는 표현을 사용함으로써 전한국(한반도)이 분단되어 있음을 밝히고 있다.

있었고, 전체 한국민의 절대다수가 거주하는 지역에 하나의 합법정부(대한민국)가 수립되었다"고 선언하고 있다.[52] 이 결의는 같은 제2항에서 "이 정부는 임시위원단의 감시 하에 한반도 해당 지역의 유권자들의 자유로운 의지가 정당하게 표현된 선거를 통해 수립되었다"[53]면서, "따라서 이 정부는 한반도에 존재하는 유일한 그러한 정부(and that this is the only such government in Korea)"라고 선언하고 있다. 이 결의 제2항의 의의는 한반도에 이미 존재하는 복수의 '정부' 가운데 "대한민국 정부만이 유일한 합법정부"라는 유엔의 선택적 입장을 천명한 데 있었다.[54] 곧 유엔은 대한민국 정부의 유일 합법성 내지 정통성의 문제를 다룬 것이었다. 이후 유엔 총회 결의 제195(III)호의 핵심 내용은 "한국의 독립문제"라는 명칭의 1949

---

52 해당 부분의 원문은 "(The General Assembly declares that) there has been established a lawful government(the Republic of Korea) having effective control and jurisdiction over that part of Korea where the Temporary Commission was able to observe and consult and in which the great majority of the people of all Korea reside."이다.

53 해당 부분의 원문은 "this Government is based on elections which were a valid expression of the free will of the electorate of that part of Korea and which were observed by the Temporary Commission."이다.

54 유엔 총회 결의 제195(III)호의 법적 의미와 관련해서 대한민국 정부가 전한반도에 있어서 유일합법정부라고 보는 견해와 대한민국 정부는 남한지역에서만 유일합법정부라는 견해로 나누어져 있다. 우리 학계(이한기, 배재식, 김명기, 김학준, 이상면 교수 등)에서는 전자가 통설적 지위를 갖고 있다. 이 같은 입장에서의 유엔 총회 결의 제195(III)호에 대한 국제법적 분석 및 검토에 대해서는 김명기, "국제연합총회의 결의 제195(III)호에 관한 연구 -한국에 있어서 유일합법정부를 중심으로-", 『국제법학회논총』, 제28권 제1호(1983.6.), pp.5-29; 이한기, "한국통일문제와 UN의 권능", p.185. 반면 후자의 입장을 취하는 견해는 김일영·백승주, "북한 붕괴시 통치주체 문제: 한국군의 역할 및 한계를 중심으로", 심지연·김일영(공편), 『한미동맹 50년: 법적 쟁점과 미래의 전망』(서울: 백산서당, 2004), pp.365-367; 이근관, "북한의 급격한 체제 변화 시 통치주체에 대한 국제법적 검토", 심지연·김일영(공편), 『한미동맹 50년: 법적 쟁점과 미래의 전망』(서울: 백산서당, 2004), p.310; 김연수, "북한의 급변사태와 남한의 관할권 확보방안", 『신아세아』, 제13권 제4호(2006년 겨울), p.86.

년 10월 21일자 유엔 총회 결의 제293(IV)호[55]에 의해 재확인되었다.

② 1948년 제1대 국회 폐회시 이승만 대통령의 언명

이승만 대통령은 유엔 총회의 대한민국 유일합법정부 승인 결의 (1948.12.12.) 채택 후 6일 만인 1948년 12월 18일에 거행된 제1대 제헌 국회 폐회식에서 "우리가 유엔과 협의해서 이북에 자유선거를 진행하여, 100명 내외의 이북 의원들을 선출하여 국회의 비워놓은 자리를 보충하도록 할 것"이라고 천명하였다.[56]

(3) 유엔 감시 하 인구비례에 의한 남북한 총선거 통일론의 공식화

이승만 대통령은 건국 초기에는 북한지역만의 자유총선거에 의한 통일구상을 밝혔다. 즉, 그는 평화통일 방안에 주안점을 두고 있었다. 그의 평화통일론은 실지(失地) 회복의 입장에서 인식하고 있었음은 1948년 대통령 취임사에서 잘 나타나고 있다. 그는 실지 회복을 강조하면서 아울러 '공산당의 매국주의'를 배제한 평화통일 방안을 강구해야 한다고 역설했

---

55 유엔 총회 결의 제293(IV)호의 명칭도 「한국의 독립문제」였다. 이 결의의 전문은 UN Doc. A/RES/293(IV) adopted at the 4th session of the UN General Assembly on 21 October 1949. http://daccess-dds-ny.un.org/doc/RESOLUTION/GEN/NR0/051/12/IMG/ NR005112.pdf?OpenElement(검색일: 2024년 4월 20일).

56 통일부 통일교육원, 『통일문제 이해 2009』(서울: 통일교육원, 2009), p.56; "대한민국 제헌국회 제1회 폐회식", 『위키문헌』(https://ko.wikisource.org/wiki/대한민국_제헌국회_제1회_폐회식, 검색일: 2024년 4월 16일).

던 것이다.[57] 북한지역 자유총선거에 의한 평화통일구상은 1950년 10월 17일 이승만 대통령의 「남북통일」에 관한 담화, 1950년 10월 30일 「통일문제에 관하여」라는 담화, 1950년 11월 27일 「남북통일의 담화」 발표 등에서 재확인되었다.[58]

그러나 휴전의 성립으로 6·25전쟁이 사실상 끝난 후인 1953년 11월 23일 이승만 정부는 「남북한 총선거에 관한 성명」을 통해 북한 주민이 원한다면 '전국 총선거'를 받아들일 용의가 있음을 처음으로 표명하였다.[59] 이런 입장의 연장선상에서 변영태 외무장관은 1954년 4월 27일 제네바 정치회담(4.26.-6.15.) 제1차 발언에서 「14개항의 통일구상」을 발표하였다. 그 골자는 '유엔 감시 하의 인구비례에 의한 남북한 총선거'를 실시하여 '전한국(全韓國)의회를 구성'하자는 제안이었다.[60] 종래 북한지역에서만의 자유총선거론은 1954년의 제네바 정치회담 계기 시 변영태 구상의 발

---

57 양영조. "이승만 북진통일론의 오해와 진실", 『미래한국』, 제411호(2012.1.2.), p.32; http://www.futurekorea.co.kr/news/articleView.html?idxno=20816(검색일: 2024년 4월 20일).

58 김명기, 『남북한 통일정책』(서울: 국제문제연구소, 1995), p.85.

59 다만 이 남북한 총선거에 관한 성명도 북한만의 단독선거로 국회의 잔여 의석을 채우는 것이 원칙이란 점을 분명히 하였다. 공보부, 『광복이십년』(서울: 공보부, 1965), p.243; 신영석, 『역대정권의 통일정책 변천사: 한반도 통일논의 60년』(서울: 평화문제연구소, 2008), p.70에서 재인용.

60 이 「14개항의 통일구상」을 발표하기에 앞서 변영태 외무장관은 제1차 발언에서 "대한민국은 유엔의 감시 하에 총선거를 실시하여 수립되었으며, 유엔 총회에서 한반도의 유일합법정부로 승인받았기 때문에 북한에서만의 자유 총선을 실시하되, 선거 실시 전에 중공군의 철수가 완료되어야 한다"고 주장하였다. 변영태, 『나의 조국』(서울: 자유출판사, 1956), p.372; 통일원, 『1990 통일백서』, pp.20, 24-25. 상기 구상은 '남북한 총선거 통일론의 실행계획(action plan)'에 해당하는 것이었다. 본고의 말미에 첨부하는 〈부록〉 참조.

표를 통해 남북한의 자유총선거론으로 전환되기 시작했다.[61] 1954년 7월 30일 이승만 대통령의 미국 방문 시에 발표된 한미공동성명도 기본적으로는 이런 기조 위에서 나온 것으로 풀이된다. 이승만 대통령은 이 한미공동성명에서 "우리는 유엔 헌장 및 한국문제에 관한 유엔 총회의 제 결의에 따라 통일독립된 민주 한국을 성취하기 위하여 계속해서 행동하려는 우리의 의도를 재확인한다"고 천명하였다.[62]

이후 휴전이 장기화하면서 「유엔 감시 하 인구비례에 의한 남북한 총선거 통일론」은 자연스럽게 이승만 정부의 조국통일론으로 자리 잡게 되었다. 앞에서 언급한 유엔 총회 결의 제195(Ⅲ)호는 대한민국의 통일정책이 자유총선거론(북한지역만의 선거 실시든 전국적 단위의 총선거든 불문하고 양자 모두)을 중심으로 전개되는 근거와 계기를 마련해 주었다고 할 것이다.[63]

2. 북진통일론의 전개: 헌법 제4조 영토조항에 근거한 북진·수복통일론

이승만 대통령은 유엔한국(임시)위원단의 평화통일 노력을 존중하면서도 주요 계기 시에 북진통일에의 의욕을 내비친 바 있다.[64] 그

---

61 통일연수원, 『통일문제 이해 1994』, p.169.

62 통일원, 『1990 통일백서』, p.25. 그러나 이승만 정부는 1954년 11월 11일 대한민국 정부가 유엔의 결의에 의해 수립되고 유엔에 의하여 한반도의 유일 합법정부로 인정되었다는 전제하에 "유엔 감시하에 북한지역에서 전공산군이 철퇴한 후 선거를 실시하여 대한민국의 주권을 확충하는 것"만이 국시임을 천명하기도 했다. 이는 전국적 단위의 남북한 자유총선 통일론과는 결이 다른 것이었다. 통일연수원, 『통일문제 이해 1994』, p.169.

63 통일연수원, 『통일문제 이해 1994』, p.167.

64 이승만 대통령은 기본적으로는 유엔이 제안하고 있는 남북총선에 의한 평화통일의 방법을

는 1949년 2월 소련군 철수 발표 때와 1949년 6월 전후 주한 미군 철수와 관련해서 북진(北進)을 주장했다. 하지만 이들은 실천성이 담보되지 못한 상황에서 실지 회복 의지 표명 차원이나 북한의 대남 정치공세 대응 및 미국의 안보 공약 확보 차원에서 제시된 것들이었다.[65] 따라서 정치적 수사(修辭)의 성격이 강했다고 볼 수 있다.

그에 비해 9·15 인천상륙작전의 성공과 9·28 서울 수복 이후 북진통일론을 주장한 것은 북한의 남침을 저지하고 한반도를 통일하기 위한 절호의 기회라고 보았기 때문이다. 이에 북진통일론은 한국전쟁 시기 가장 강력한 정책 방침이 되었다. 인천상륙작전으로 전세를 뒤집어 1950년 10월 1일에는 38선을 돌파하여 북진이 개시되었기에 실제로 북진통일론이 실천되고 있었던 상황이었다. 그러나 1951년 1·4후퇴와 휴전회담이 시작되면서 이승만 정권의 북진통일론은 좌절될 상황에 처하게 되었다. 이런 배경에서 북진통일론은 더욱 더 강하고도 절실하게 주장되기도 하였다.[66]

여기서 6·25전쟁 당시 북진통일론의 법적 근거에 관해 잠시 살펴보기로 하자. 북진통일론은 국내적으로는 건국헌법 제4조 영토조항과 1948년 8월 15일 이승만 대통령이 발표한 '통일에 관한 기본입장'

지지했지만, 그것이 불가능하다면 실력으로 통일하자는 입장이었다. 남광규, "이승만 정부의 통일정책 내용과 평가", p.147.

65 양영조. "이승만 북진통일론의 오해와 진실", p.33.

66 한국학중앙연구원, "북진통일론", 『한국민족문화대백과사전』(발간 년도 미상); https://encykorea.aks.ac.kr/Article/E0073408(검색일: 2024년 4월 22일).

에 터잡고 있다.[67] 곧 한반도 내 유일합법정부론과 북한지역에 대한 주권회복론(영토수복론)에 근거한다. 국제적으로는 1948년 12월 12일자 유엔 총회 결의 제195(III)호와 1950년 10월 7일자 유엔 총회 결의 제376(V)호가 북진통일론을 직·간접으로 뒷받침했다고 볼 수 있다. 전자는 앞에서 설명하였기에 반복을 피하고 여기서는 총회 결의 제376(V)호만 간단히 언급하기로 한다.

유엔 총회 결의 제376(V)호의 명칭은 "한국의 독립문제"(the Problem of the Independence of Korea)이다.[68] 이 결의에서는 첫째, 총회는 1947년 11월 14일 결의 제112(II)호, 1948년 12월 12일 결의 제195(III)호, 1949년 10월 21일 결의 제293(IV)호에 유의하고, 둘째, 총회 결의의 근본목적은 통일·독립된 민주주의 한국 수립이라는 것을 상기하며, 셋째, 유엔군은 안보리의 제권고에 따라 한국에서 활동하고 있으며, 유엔 회원국은 북한의 무력공격을 격퇴시키고, 동 지역에 국제평화와 안전을 회복시키기 위하여 필요한 원조를 대한민국에 제공하는 것에 유의하는 것과 더불어, 넷째, 유엔군은 한국 전역에서 안정을 위한 조건을 보장하고, 통일·독립·민주 정부 수립에 필요한 한도에서 한국의 어느 지역에서도 잔류할 수 있다는 것, 다섯째, 통일·독립된 전한국 민주정부 수립을 실현시킴에 있어 유엔

---

67 이는 대한민국에 국가의 정통성이 있다는 점에 근거해 "무력에 의한 북한통일의 권리가 남한에 있다"는 것을 가리킨다. 남광규. "이승만 정부의 통일정책 내용과 평가", p.147.

68 김명기, 『주한 국제연합군과 국제법』(서울: 국제문제연구소. 1990), pp.174-176; https://documents.un.org/doc/resolution/gen/nr0/059/74/pdf/nr005974.pdf?token=3yU3XoShfcgCIWwoPZ&fe=true(검색일: 2024년 4월 23일).

을 대표하며, 한국에서의 구호와 부흥과 관련하여 총회가 정하는 제임무를 수행토록 하기 위해 유엔한국통일부흥위원단(United Nations Commission for the Unification and Rehabilitation of Korea: UNCURK)을 설치한다는 것 등을 명시하고 있다.[69] 이 결의의 핵심은 유엔한국통일부흥위원단의 설치에 있지만, 전문 가들 사이에서는 '통일·독립·민주 정부 수립을 위한 유엔군의 북진 허용 결의'로 더 잘 알려져 있다.[70] 유엔군이 9·28 서울 수복 이후 38도선을 넘어 북진할 수 있도록 하는 내용이 담겨 있기 때문이다. 즉, 유엔군의 북진, 38도선 이북으로 진출이 가능하다는 논리의 도출은 상기 결의 제1항 (d)호(위에서 '넷째'로 언급한 내용)의 반대해석[71]에 따른 것이다.

유엔 총회 결의에 따른 북진은 북한의 무력남침과는 성격이 완전히 달랐다. 후자는 유엔 헌장 제39조에 명시된 평화의 파괴(breach of the peace) 혹은 침략행위에 해당하는 것이다. 반면 유엔군과 국군의 북진은 유엔 총회 결의 제376(V)호에 근거한 합법적인 무력사용이었기 때문이다. 이 점에서 북진은 건국헌법 제6조 제1항에 명시된 "대한민국은 모든 침략적인

---

69 제성호, "북한 급변사태 시 한국의 국제법적 대응", 『중앙법학』, 제15집 제1호(2013.3.), p.192 주) 61; 제성호, "자주통일과 '한국 주도'의 법적 논리: 주로 급변통일의 경우를 상정하여", 『전략연구』, 통권 제70호(2016.11.), p.139.

70 김명기, 『주한 국제연합군과 국제법』, pp.96-97.

71 유엔 총회 결의 제376(V)호 제1항 (d)호는 "유엔군은 위의 소항 (a)와 (b)에서 특정하고 있는 목적 달성을 위해 필요한 경우 이외에 이와는 달리 한국의 어느 지역에서도 체재하여서는 아니 된다(United Nations forces should not remain in any part of Korea otherwise than so far as necessary for achieving the objectives specified in sub-paragraphs (a) and (b) above)"고 명시하고 있다. 이를 반대해석하면, "위의 소항 (a)와 (b)에서 특정하고 있는 목적 달성을 위해 필요한 경우에는 한국의 어느 지역(북한 지역도 포함)에서도 체재할 수 있다"는 것이 된다.

전쟁을 부인한다"는 규정과 배치되지 않는다.

하지만 미국은 유엔군을 주도하면서 이승만 정부의 북진통일 주장을 헤아리기보다는 미국의 국가이익을 고려해 전쟁을 수행하고 있었다. 따라서 전쟁을 계기로 한 북진통일은 미국의 입장에서 그리 큰 관심사가 아니었다. 이런 배경에서 이승만 대통령의 휴전반대와 북진통일론은 국민적 통일 열망을 북돋는 가운데, 한미상호방위조약 체결을 이끌어냄으로써 북한의 재남침을 억제하고 국가안보를 공고히 하는 지렛대로 삼는 것에 만족할 수밖에 없었다.[72] 또한 시간이 감에 따라 전술한 바와 같이 평화통일론, 즉 인구비례에 의한 남북한 총선거 통일론에 더욱 무게가 실리게 되었다. 급기야 제2공화국에서는 북진통일론을 폐기하기에 이른다.

IV. 이승만 대통령의 헌법적 통일론이 후대에 미친 영향

1. 대한민국 정부의 공식 통일방안 정립 토대 형성

이승만 정부 시절 제안했던 남북한 총선거 통일론은 대한민국 정부의 공식적인 통일방안 수립에 지대한 영향을 미치게 된다. 현재 한국 정부의 공식적인 통일방안은 김영삼 정부가 1994년 8월 15일 광복절 제49주년 경축사 때 밝힌 「민족공동체통일방안」(정식 명칭은 한민족공동체 형성을 위한 3

---

72 주 66)의 글; 제성호, "한미상호방위조약의 국제법적·외교적 함의와 파급효과", 『법학논문집』, 제47집 제3호(2023), pp.8-11 참조.

단계 통일방안)이다.[73] 「민족공동체통일방안」은 '민족공동체'를 통일의 패러다임으로 제시하고 통일의 3원칙으로 자주, 평화, 민주의 세 가지를 들고 있다. 그리고 깨어진 민족공동체의 회복·발전을 위한 과정을 3단계로 설정하고 있다. '화해·협력 ⇒ 남북연합 ⇒ 통일국가'의 3단계가 그것이다. 특히 '남북연합'을 통일과도체제로 상정하고 있는 것이 특징적이다. 통일국가의 수립과 관련해서는 「남북연합의 기구를 구성하는 '남북평의회'에서 통일헌법 기초 → 통일헌법 제정 및 민주적 방법과 절차에 따라 확정·공포 → '통일헌법이 정하는 바에 따라 남북한 총선거 실시' → 통일국회와 통일정부 구성」을 예정하고 있다.[74] 여기서 핵심은 '남북한 총선거 통일'이다.[75] 이렇게 볼 때 이승만 대통령이 천명했던 '남북한 총선거 방

---

73 「민족공동체통일방안」은 1989년 9월 11일 노태우 대통령이 발표한 「한민족공동체통일방안」에 기초하고 있고 후자를 일부 수정·보완한 것이었다. 「한민족공동체통일방안」에 관해서는 통일원, 『한민족공동체 통일방안: 이렇게 통일하자는 것이다』(서울: 통일원, 1989.9.), pp.3-28.

74 제성호, "남북한의 통일정책 비교", 『한국보훈논총』, 제11권 제2호(2012.6.), p.85.

75 1989년 「한민족공동체통일방안」의 정식화에 앞서 전두환 정부(제5공화국)도 1982년 「민족화합민주통일방안」이라는 통일방안을 발표한 바 있다. 이 방안에서는 "남북 주민의 뜻을 대변하는 남북 대표로 가칭 「민족통일협의회의」를 구성하고 여기서 민족·민주·자유·복지의 이상을 구현하는 통일민주공화국을 실현하기 위한 통일헌법 초안을 마련한 다음, 남북 쌍방이 남북한 전역에서 민주적 방식에 의한 자유로운 국민투표를 실시하여 통일헌법을 확정·공포하고, 이에 따라 총선거를 실시하여 통일국가를 완성(통일정부와 통일국회를 구성)할 것"을 제안하였다. 국토통일원, 『남북대화백서』(서울: 국토통일원, 1988), p.177. 곧 「민족화합민주통일방안」에서도 '통일헌법에 기초한 남북한 총선거'를 통일국가 건설을 위한 핵심 절차로 설정했던 것이다. 아울러 한 가지 추가로 지적할 것은 박정희 대통령이 1974년 8월 15일 광복 29주년 경축사에서 「평화통일 3대 기본원칙」을 천명한 것이었다. 그 내용은 "① 한반도에 평화를 정착시켜야 한다. ② 상호 문호를 개방하고 신뢰를 회복해야 하며, 이를 위해 남북대화를 성실히 진행하고 다각적인 교류와 협력을 이루어야 한다. ③ 이 바탕 위에서 공정한 선거관리와 감시 하에 토착인구 비례에 의한 남북한 자유총선거를 실시하여 통일을 이룩한다."는 것이었다. 여기서도 남북한 자유총선거를 통한 평화통일을 명시하였다. 같은 책, pp.468-469 참

식에 의한 평화적 통일론'은 1980-90년대 한국 정부의 공식 통일방안 수립에 있어 초석을 이루었다. 뿐만 아니라 이후 한국의 통일정책 추진 방향 설정에도 향도적(嚮導的) 역할을 하였다. 이는 이승만 대통령의 통일정책 분야에서 이룩한 지대한 공헌이라고 할 만하다. 나아가 위에서 살핀 이승만 대통령의 헌법적 통일론은 현행 헌법 제4조의 평화통일 조항에 녹아져 있다 해도 지나친 말은 아닐 것이다.

2. 영토조항의 마련과 국가보안법 제정을 통한 한국 주도의 자유민주통일 측면 지원

건국헌법 제4조의 영토조항은 대한민국이 '국가 정통성 보유론' 내지 '유일합법정부론'을 견지하면서 분단된 한반도의 재통일을 지향케 하는 원동력이 되어 왔다. 물론 지금도 그러하다. 건국헌법에 영토조항이 삽입되는 과정에서 유진오 박사 등 적지 않은 분들이 많은 기여를 했음은 잘 알려진 사실이다. 하지만 건국헌법 제정 시 이승만 박사가 (초대 국회에서 대통령으로 선출되기 7일 전) 초대 국회의장으로서 국회의원들의 합의를 이끌어냈고, 또한 국회의장 명의로 동 헌법을 공포한 역할을 결코 과소평가할 수는 없다. 그리고 건국헌법의 영토조항은 제헌 이래 지금까지 일관되게 헌법에 존속하는 대표적인 조항의 하나인 것은 주지하는 바와 같다.

또한 이승만 정부는 건국 초기인 1948년 12월 1일 국가보안법을 시행

조.

하기 시작했다. 앞에서 지적한 바와 같이 국가보안법이 처음 제정됐을 때는 6개 조항으로 구성된 작은 법률이었다. 그러나 이후 오늘날까지 13차례의 개정을 보게 되었다. 북한의 대남공작, 특히 남한 내 지하당 구축이나 파괴·전복 및 사회교란 등이 보다 정교해지고 친북·용공(容共) 세력의 반국가활동도 다양한 양상을 띠면서 법의 규정 내용도 그에 따라 확대되었기 때문이다. 더불어 국가보안법의 남용을 억제하는 한편, 헌법의 요구인 기본권 보장에 더욱 충실하도록 하기 위한 노력이 반영된 측면도 있다. 2024년 6월 말 현재 국가보안법은 25개 조문, 63개 항으로 구성되어 있다.

국가보안법은 자유민주체제 수호를 위한 자위적·방어적 법률이라 할 수 있는데, 이 같은 헌법수호법의 제정은 결코 이례적인 현상이 아니다. 나라마다 명칭, 형식과 내용은 다소 다를지라도 오늘날 세계 각국은 체제수호법을 모두 다 갖고 있기 때문이다.[76] 미국의 국가안보법, 공산주의자규제법, 애국법과 국토안보법, 영국의 공공기밀보호법, 정보기관법, 대테러법, 독일의 형법, 연방헌법보호법과 결사법(사회단체규제법으로 번역하기도 함), 프랑스의 형법, 일본의 파괴활동방지법, 무차별대량살인행위를 한 단체의 규제에 관한 법률과 비밀보호법 등이 그런 대표적인 예들이다.[77]

---

76 법무부, 『개혁과 인권』, p.52; 사이버안보감시단 외, 『국가보안법 바로 알기 10문 10답』(서울: 사이버안보감시단, 2012), p.8.

77 대검찰청, 『각국 및 북한의 안보형사법제와 공안기관의 역할』(서울: 대검찰청, 2007), p.277; 제성호, "남북한 화해와 협력을 효율적으로 추진하기 위해서 국가보안법을 폐지해야 한다- 아니다(No)", 김계동·박선영 엮음, 『한국사회논쟁』(서울: 명인문화사, 2019), p.59; 제성호,

프랑스와 독일은 주로 형법에 의해 국가안보 법익 침해 범죄를 규율하고 있지만, 오늘날 대부분의 국가들은 형법과 함께 별도의 형사특별법을 제정·실시하고 있다. 국가보안법은 우리나라의 안보 주권 실현 차원에서 제정된 형사특별법이라 할 수 있다.

국가보안법은 자유민주체제 수호를 위한 형사특별법인 까닭에 남북교류협력이나 인도적 지원을 촉진하는 등 적극적인 통일 노력을 지원하는 법률이 아니다.[78] 그런데도 이 법은 제정 이후 북한은 물론, 남한 내 친북세력 등으로부터 끊임없이 폐지 요구에 직면하였다. 하지만 만일 국가보안법을 폐지할 경우, 다양한 형태의 반국가적·이적 목적의 친북활동을 처벌할 수 없게 되어 치명적인 '안보 누수'가 발생하게 된다. 대한민국의 국가정체성이 심대하게 훼손됨은 물론, 자유민주주의의 존립과 안전이 중대한 위협을 받게 될 수밖에 없다.[79] 지난 시기 북한은 전통적인 대남전략의 일환으로 국가보안법을 '반통일악법'으로 매도하면서 폐지하려 한 진의를 직시해야 한다. 북한은 국가보안법이 그들이 추구하는 남한 내 공산당 활동의 합법화 및 연방제 통일의 기반 조성에 역행하기 때문에 어떻게든 이를 철폐하려 하는 것이다.

"외국의 국가수호법 소개", 한국위기관리연구소·한국정책거래소, 『국가안보, NLL 어떤 "법"으로 지킬 것인가?』, 자유민주주의 수호 법률 토론회(2012), pp.11-14.

[78] 그러한 법률로는 1990년 8월 「남북교류협력에 관한 법률」과 남북협력기금법이 처음으로 제정되었고, 이후 다수의 법령들이 입법되었다.

[79] 제성호, "남북한 화해와 협력을 효율적으로 추진하기 위해서 국가보안법을 폐지해야 한다-아니다(No)", pp.68-69.

이런 상황에서 국가보안법은 북한의 대남혁명전략에 기초한 체제전복적 반국가활동을 억제하고 대한민국의 안보를 튼튼히 함으로써 '자유민주적 기본질서에 입각한 평화통일정책', 특히 질서 있는 남북교류·협력과 내실 있는 민족공동체 형성 노력을 측면에서 지원하는 기능을 수행하고 있다. 곧, 국가보안법은 북한의 공산화 통일에 걸림돌은 될 수 있어도 우리가 추진하는 자유민주통일에는 결코 방해가 되지 않는다고 하겠다.[80]

요컨대, 이승만 정부 출범 초기에 제정·실시된 국가보안법과 이에 근거한 반공정책은 대한민국이 지금까지 존립하고 유지할 수 있게 한 법적·정치적 토대가 되었다. 그와 같은 법과 정책을 통해 우리는 북한의 집요한 대남 혁명전략을 저지하고 자유민주주의 체제안보의 기틀을 마련하였기 때문이다. 또한 국가보안법은 건국헌법 제4조 영토조항에서 (간접적으로) 표시된 대한민국 주도의 통일 의지를 뒷받침하는 동시에, 자유·민주·평화통일을 측면(側面)에서 지원하는 역할을 담당하고 있다. 친북좌익세력들은 인정하려 들지 않겠지만, 국가보안법의 제정은 체제안보와 올바른 통일론의 정립과 관련해 이승만 대통령이 후대에 끼친 크나큰 또 하나의 공(功)이라고 할 수 있다.

3. 한미상호방위조약 체결을 통해 전쟁재발 억제 및 평화통일의 기반 구축

1953년 10월 1일 대한민국의 이승만 초대 정부는 한미상호방위조약

---

80 위의 글, p.70.

에 서명했다. 이후 이승만 정부는 1954년 11월 18일 동 조약을 비준했다.[81] 한미상호방위조약은 한마디로 말해서 조약의 형식을 빌어 한미 군사동맹을 제도화한 것이었다.[82] 한미상호방위조약 체결은 이승만 대통령이 주창한 '휴전반대론'과 '북진통일론'을 통해 얻어낸 최대의 외교적 성과였다.[83] 실제로 한미상호방위조약은 냉전시대 초기에 대한민국을 서구 자유진영에 편입시키는 국제정치적 효과를 발생시켰으며, 북·중 동맹관계를 견제하는 외교·군사적 대응 메커니즘으로 작동하였다. 한미상호방위조약은 무엇보다도 한미동맹관계를 공고히 하는 데 이바지하였으며, 그로 인한 국제법적·외교적 파급영향도 매우 컸다.[84]

한미상호방위조약 체결은 외교 및 안보 정책의 일환으로 이루어진 것으로 그 자체가 이승만 대통령의 헌법적 통일론을 구성한다고 말하기는 어렵다. 그럼에도 불구하고 동 조약의 체결이 이승만 정부가 채택하였던

---

81 건국헌법 제7조 제1항은 "비준공포된 국제조약과 일반적으로 승인된 국제법규는 국내법과 동일한 효력을 가진다"고 명시하고 있다. 한미상호방위조약은 이 헌법 조항에 근거해 체결된 것이었다.

82 제성호,『한미동맹의 법적 이해』(서울: 한국국방연구원, 2015), pp.20, 22.

83 주 66)의 글; 1953년 7월의 휴전 직후 이승만 대통령은 민족자결과 단독북진론을 표방하면서, 이것을 위협의 재료로 삼아 미국과 상호방위조약을 체결할 수 있었다. 그럼으로써 한국을 미국의 안보체계에 계속 묶어두었다. 홍석률, "1950년대 남한 정치세력의 통일 논의",『국사관논총』, 제70집(1996.10.), p.145. 나아가 정치적 레토릭으로서의 북진통일론은 선동적 측면이 강하긴 했으나 이승만 대통령이 이를 자주 제기한 것은 한미상호방위조약만으로는 한국의 안보가 불충분하기 때문에 한국군의 증강과 현대화를 미국으로부터 보장받기 위한 강력한 의지의 표출이었으며, 동시에 대미협상에 유리한 여건을 조성하기 위한 전략으로도 작용하였다. 차상철, "이승만의 미국 인식: 형성과 전개",『한국인물사연구』, 제9호(2008.3.), p.295.

84 제성호, "한미상호방위조약의 국제법적·외교적 함의와 파급효과",『법학논문집』, 제47집 제3호(2023), pp.19-24.

자유·민주·평화통일론과 일정한 관련성을 갖는다고 볼 수 있다. 한미상호방위조약 체결을 통한 한미군사동맹의 강화는 대한민국의 국가안보를 유지하는 가운데 원칙 있는 남북관계 형성과 더불어 질서 있는 교류협력과 북한 인권 개선 등 북한의 변화를 위한 대북·통일정책 추진을 가능케 하는 동력이 되기 때문이다. 요컨대, 한미동맹 공고화 및 튼튼한 안보태세 확립은 일찍이 이승만 대통령이 제시한 남북한 총선거 방식에 의한 자유·민주·평화통일을 촉진할 것으로 믿어 의심치 않는다.

V. 이승만 대통령의 헌법적 통일론과 북한의 연방제 통일방안의 관계

전술한 바와 같이 이승만 대통령의 헌법적 통일론은 대한민국의 정통성 및 유일합법정부론에 입각한 한국 주도의 평화통일, 북한 지역에 할당된 100석 국회의원들의 한국(통일) 국회에 합류 또는 남북한 민주적 총선거에 의한 통일, 필요할 경우 한반도 통일을 위한 무력사용 불사 등으로 집약된다. 휴전이 장기화되면서 점차 평화통일론으로 무게 중심이 바뀌었다는 점도 위에서 살펴보았다. 그런데 이승만 대통령의 평화통일론은 당시에는 보다 자세하게 밝히지는 않았지만, 북한체제의 근본적 변화(개혁·개방 인권 개선 및 민주화 등 체제전환)와 북한의 대한민국 합류를 전제로 한다는 점을 지적하지 않을 수 없다. 이 같은 자유·민주·평화통일론은 이승만 정부 이래 지금까지 역대 정부를 관통하고 있다고 해도 틀린 말은 아닐 것이다.

그런데 한국의 자유·민주·평화통일론은 북한이 1960년부터 주장하여 온 연방제통일론과는 정면 배치된다. 무엇보다 북한의 연방제안은 대한민국의 헌법 정신을 유린 내지 무시하는 것으로서 우리가 받아들일 수 없다. 그 이유는 다음과 같다.

첫째, 북한의 연방제는 남북한이 '동등한 지역(자치)정부'라는 점을 인정할 것을 요구한다. 이는 대한민국이 스스로 주권 혹은 주권국가성을 포기하라는 것에 다름 아니다. 건국헌법의 영토조항에 따르면, 대한민국이 국가 정통성과 유일합법성을 갖는다. 반면 북한은 반국가단체로 간주된다. 이를 국제법적으로 표현하면, '교전단체에 준하는 지방적 사실상의 정권'에 해당한다는 것을 의미한다. 우리를 북한과 대등한 위치에 서라고 주장하는 것은 대한민국의 정통성과 유일합법성을 포기하고 반국가단체 혹은 '교전단체에 준하는 지방적 사실상의 정권'과 같은 지위로 내려오라는 것을 가리킨다. 그리고 남북한이 동등한 입장에서 대한민국을 초월하는 상위의 단일주권을 창설하자는 것이다. 이 같은 요구를 받아들이면 대한민국은 더 이상 주권과 독립을 유지할 수 없게 된다. 그러한 조치는 당연히 반헌법적인 것이 된다. 따라서 북한의 연방제는 대한민국 헌법과 상용(相容)할 수 없다.

둘째, 북한의 연방제는 남과 북이 서로 '사상과 제도를 인정·존중'하자는 것을 전제로 한다.[85] 그런데 이 같은 전제는 상호주의적 실천이 이루어질 때 의미가 있다. 지난 시기의 남북관계사를 되돌아보면, 북한의 '사상과 제도 인정·존중' 주장은 남한에 대해서만 강요하는 것이고, 북한에 대해서는 타당하지 않는 것이었다. 즉, 북한은 남한에 대해서는 주체사상(김일성주의)과 사회주의제도를 인정·존중하라고 하면서, 그들은 남한의 자유민주주의와 자본주의적 시장경제체제를 인정·존중할 생각이 전혀 없었던 것이다. 그 결과 북한은 대한민국에 대해서는 국가보안법 철폐를 통해 반국가사상인 주체사상과 공산당 활동 합법화를 지속적으로 요구해왔던 것이다. 이렇게 볼 때 북한 측 '사상과 제도의 인정·존중' 주장은 공산주의자들이 즐겨 사용하는 '용어혼란전술'의 일환으로 대한민국의 이념적 무장해제를 기도하는 술책에 지나지 않는다. 요컨대, 위와 같은 북한의 대남전략과 전술적 태도에 비추어 대한민국이 북한 연방제와 그 대전제를 결코 받아들일 수 없다고 할 것이다.

셋째, 대한민국의 국가정체성은 민주공화국(건국헌법 제1조, 현행 헌법 제1조 제1항)이자 '단일국가(unitary state)'이다. 이중 단일국가는 관습헌법(慣習憲法)으로 확립되어 있다.[86] 또한 북한이 근본적인 체제개혁과 대외개방, 인권 개선과 민주화를 이룩한다면, 대한민국은 현재의 국가정체성(특히 단일국가성)을 유지하고도 얼마든지 자유·민주·평화통일을 이룩할 수 있다.

---

85 김정일, 『위대한 수령 김정일 동지의 조국통일유훈을 철저히 관철하자』(평양: 조선로동당출판사, 1997.8.4.), p.7. 제성호, 『남북한관계론』, p.161.

86 제성호, "북한식 연방제통일의 위헌성", pp.81-86, 117.

그렇기 때문에 굳이 북한이 제시하는 「1민족 1국가 2제도 2정부」의 연방제를 수용·실시해야 할 이유도 필요도 없다.

역사적 경험과 국제적 사례에 비추어 볼 때 연방국가는 모두 다 하나의 이념과 체제와 제도 아래 창설되었다. 보편적 개념의 연방제(국가)는 그 자체가 통일국가의 한 형태이다. 미국, 캐나다, 독일, 스위스, 말레이시아, 나이지리아, 구소련, 러시아 등이 그런 대표적인 나라이다. 이 점에서 상극적이고 대립적인 사상과 제도의 병존을 상정하는 북한식 연방제는 역사적 선례가 없는 것이다.[87] 또한 2000년 6월 남북정상회담에서 언급한 '낮은 단계 연방제'라는 것은 그 실체가 모호한 것으로 보편적 개념의 연방과는 전혀 다른 것이다. 그것은 1991년 1월 1일 김일성이 신년사에서 말한 것처럼 1980년 10월 10일 조선로동당 6차 당대회에서 제의한 「고려민주련방공화국창립방안」에 대한 민족적 합의를 보다 쉽게 이루기 위한 전술적 변용(變容)이라고 볼 수밖에 없는 것이었다.

넷째, 위에서 언급한 내용에서 시사되듯이 북한의 연방제는 자신들은 변화하지 않고 우리 대한민국만 변화(북한측 제안의 무조건적 수용)해서 그들이 제시하는 연방제식 '통일 모자' 밑으로 들어오라는 일방적 제안이라고 할 것이다. 즉, 북한의 연방제는 체제개혁과 대외개방, 자유화와 민주화, 인권 개선과 국민복지 증진과 같이 인류보편의 가치와 세계사적 발전 방

---

87 제성호, 『북한 연방제안의 분석 및 평가』, 연구보고서 91-2(서울: 민족통일연구원, 1991), pp.19-24; 제성호, "북한의 「낮은 단계 연방제안」: 전략적 의도와 문제점", 『북한학보』, 제31집(2006), p.24.

향을 거부하고 있다. 그렇기에 우리가 받아들일 수 없다. 특히 세계의 모든 시민들이 자유로이 접근가능한 인터넷조차 연결하려 하지 않는, 이에 따라 남북한 주민 간의 자유로운 의사표현과 소통조차 거부하는 북한과 연방제 통일을 이야기하는 것 자체가 모순이고 허구라고 할 것이다.

요컨대, 북한의 연방제는 한마디로 위장 평화통일공세이자 사회주의 통일로 가기 위한 과도적 조치라고 할 수 있다. 그렇기에 궁극적으로는 북한 주도의 대남 흡수통일 내지 전한반도의 공산화 통일을 실현하기 위한 기만적 술책이라는 점을 확실히 알아야 한다. 우리 국민들이 북한식 연방제 통일론의 문제점과 허구성을 분명하게 인식할 경우, 그에 따른 불필요한 혼선과 혼란, 사회적 비용을 줄일 수 있게 될 것이다.

VI. 결어

1948년 8월 대한민국이 공식 출범할 때부터 남북 분단 상태가 시작되었다. 하지만 현실적 분단에도 불구하고 건국헌법 제4조 영토조항은 법적 '비분단'을 상정하였다. 이는 대한제국의 국가적 법통성 계승, 민족사적 정통성과 대한민국 정부의 유일합법정부성을 전제로 한 헌법 규정이었다. 이승만 대통령은 이 같은 헌법규범에 기초하여 조국통일론을 전개하였다. 초기에는 유엔 총회 결의에 따른 '북한지역 단독 자유총선거에 의한 대한민국 국회 합류'를 제안하였다. 그러나 북한이 계속 이에 불응하자 점차 '유엔 감시 하 남북한(전국적) 자유총선거'에 의한 평화통일론으로 변천해갔다. 1954년 제네바 정치회담에서 변영태 외무부 장관이 제시한 소위 「14개항의 통일구상」은 '유엔 감시 하 남북한 자유총선거' 통일론의 절차를 보다 구체화한 것으로 볼 수 있다.

다른 한편, 이승만 대통령은 '북진통일론'을 개진하기도 했다. 북진통일은 당시 대한민국의 힘과 역량만으로는 실현시킬 수 있는 위치에 있지 않았다. 그럼에도 불구하고 그 같은 주장을 함으로써 북한의 공세적인 대남전략 앞에서 국민을 결속시키는 효과를 내기도 했고, 정통성 경쟁에서 우위에 서기 위한 정치적 제스처의 측면도 있었다고 풀이된다. 그렇지만 유엔군의 참전으로 일시적으로나마 '북진통일론'이 실행에 옮겨진 적도 있기는 했다. 더불어 그의 휴전반대론과 북진통일론은 함께 상승작용을 일으켜 한미상호방위조약을 이끌어내는 데 결정적 역할을 했다. 이 조약은 이후 한미동맹 강화, 곧 한미연합방위체제 발전의 제도적 근간이 되었다. 또한 이승만 대통령은 건국 초기에 국가보안법을 공포·실시하기 시작했다. 이 법은 자유민주주의 체제수호를 위한 자위적·방어적 법률로서 북한의 대남혁명전략에 영합하는 반국가적 활동을 적절히 규제하고 있다. 요컨대, 전자는 군사안보적 및 국제법적 차원에서, 그리고 후자는 체제안보적 및 국내 형사법적 차원에서 각각 대한민국이 추진하는 자유민주통일노선을 측면 지원해오고 있다고 볼 수 있다.

이승만 대통령이 전개한 두 갈래의 헌법적 통일론 중 북진통일론은 1953년 성립된 휴전이 장기화하고 분단이 고착화하면서 점차 퇴조하게 되었다. 반면 자유평화통일론은 이후에도 생명력을 유지하면서 후대에 많은 영향을 미쳤다. 이승만 대통령의 남북한(전국적) 총선거에 의한 평화통일론은 1974년의 「평화통일 3대 기본원칙」을 거쳐, 1982년의 「민족화합민주통일방안」, 1989년의 「한민족공동체통일방안」, 그리고 1994년의 「민족공동체통일방안」에 이르기까지 지속되고 있다. 이러한 점을 고려할 때 이승만 정부의 남북한 총선거 통일론은 오늘날 대한민국 정부의 공식적 통일방안의 뼈대와 골격을 형성하는데 지대한 공헌을 하였다고 평가할 수 있다.

이를테면 이승만 대통령은 대한민국 건국의 아버지일 뿐만 아니라 조국통일의 이정표가 되고 있다 해도 과언은 아닐 것이다. 하지만 이승만 대통령이 꿈에도 그리던 통일은 그의 타계 후 80년이 지나도록 아직까지 이루어지지 않고 있다. 통일은 우리 후손의 몫이 되었지만, 자라나는 다음 세대들에게 있어 통일의 의지가 무디어지고 있는 것은 안타까운 일이 아닐 수 없다. 통일의 제1차적 요건은 무엇보다도 통일 의지이기 때문이다. 제 아무리 통일의 여건이 성숙되고 통일의 능력을 갖추었다고 하더라도 통일의 의지가 없으면 현행 헌법이 제시한 자유민주통일을 이룩할 수는 없는 일이다.

반면 남한에게 통일 의지가 없다고 해서 북한마저 통일 의지를 포기할까? 결코 그렇지 않다고 본다. 북한의 존재이유가 조선로동당규약에서 밝히고 있는 바와 같이 전 한반도의 공산화인 까닭이다. 2023년 말부터 북한은 「적대적 두 국가론」을 표방하는 가운데 통일이란 용어를 지우고 통일 관련 부서를 개편하는 것으로 알려지고 있기는 하지만, 그들이 내심

사회주의 통일을 완전히 포기했다고 단정할 수는 없다. 최근 김정은이 '국토완정론'과 '핵무력을 동원한 남조선 전 영토 평정'을 언급하고 있기 때문이다. 그렇기에 우리는 한편으로 확고한 안보태세를 갖추면서, 다른 한편으로 이승만 대통령이 제창한 자유·민주·평화통일론을 가다듬고 범국민적 통일역량을 확충·강화하는 데 뜻과 지혜를 모아야 할 것이다.

〈참고〉 변영태 외무부 장관이 제시한 「14개항의 통일구상」(1954.4.27.)

1. 통일·독립·민주의 한국을 확립할 목적으로 이에 관한 종전의 유엔의 제 결의에 의거하여 유엔 감시하에 자유선거를 실시한다.
2. 자유선거는 이러한 선거가 종래 가능하지 못했던 북한과 남한에서 대한 민국의 헌법절차에 의거하여 실시한다.
3. 선거는 이 제안이 채택된 날로부터 6개월 이내에 실시한다.
4. 선거 실시 전후와 선거기간 중 선거감시에 종사하는 유엔감시위원은 전 선거지역에서 자유분위기가 조성되도록 감시하고 그러한 임무수행에 필 요한 행동 및 언론 등의 자유를 전적으로 향유한다. 그 지역 소관의 행정 당국은 그들에게 모든 가능한 편의를 제공한다.
5. 선거 실시 전후와 선거기간 입후보자 운동원과 가족 등은 행동·언론 등 의 자유와 기타 민주국가에서 인정되고 보장되는 인권의 완전자유를 향 유한다.
6. 선거는 비밀투표와 일반 성인 선거권의 기초에 입각하여 실시한다.

7. 전 한국의희의 대표 수는 전국 인구의 정비례에 의한다.

8. 선거지역의 인구에 대한 정확한 비율에 의하여 대표수를 배정하기 위하여 유엔감시 하에 인구조사를 실시한다.

9. 전 한국의회는 선거 직후 서울에서 개최한다.

10. 특히 다음과 같은 문제는 전한국의회의 입법사항으로 위임한다.

     · 통일한국의 대통령을 새로이 선출하느냐의 여부

     · 현행 대한민국 헌법의 개정문제

     · 군대의 해체문제

11. 현존하는 대한민국 헌법은 전 한국의회에서 개정되지 않는 한 계속 유효하다.

12. 중공군은 선거일 1개월 전에 한국으로부터 철수를 완료한다.

13. 한국으로부터 유엔군의 철수는 선거 전에 시작할 수 있으나, 전한반도에 대한 통제가 통일한국정부에 의해 실현되고, 또 이 사실을 유엔이 증명하기 전에는 완전히 철수해서는 안 된다.

14. 통일·독립·민주의 한국

참고문헌

1. 단행본

국토통일원, 『남북대화백서』, 서울: 국토통일원, 1988.

국회사무처, 『제1회 국회속기록』 제18호(1948.6.26.).

김명기, 『남북한 통일정책』, 서울: 국제문제연구소, 1995.

김명기, 『주한 국제연합군과 국제법』, 서울: 국제문제연구소. 1990.

김병오, 『민족통일과 남북연합』, 서울: 여강출판사, 2001.

대검찰청, 『각국 및 북한의 안보형사법제와 공안기관의 역할』, 서울: 대검찰청, 2007.

법무부, 『개혁과 인권』, 과천: 법무부, 1994.

신영석, 『역대정권의 통일정책 변천사: 한반도 통일논의 60년』, 서울: 평화문제 연구소, 2008.

양동안, 『대한민국 건국사』, 서울: 건국 대통령 이승만박사기념사업회, 1998.

양영식, 『통일정책론』, 서울: 박영사, 1997.

외무부, 『외무행정의 십년』, 서울: 외무부, 1959.

외무부, 『한국외교 30년: 1948-1978』, 서울: 신흥인쇄, 1979.

유진오, 『헌법해의』, 서울: 명세당, 1949.

이형, 『장면 정권과 민주당: 제2공화국의 재평가』, 서울: 삼일서적, 2005.

제성호, 『남북한관계론』, 파주: 일조각, 2010.

제성호, 『한미동맹의 법적 이해』, 서울: 한국국방연구원, 2015.

통일부, 『1998 통일백서』, 서울: 통일부, 1998.

통일부, 『2002 통일백서』, 서울: 통일부, 2002.

통일부 통일교육원, 『통일문제 이해 2009』, 서울: 통일교육원, 2009.

통일연수원, 『통일문제 이해 1994』, 서울: 통일연수원, 1993.

통일원, 『1990 통일백서』, 서울: 통일원, 1990.

통일원, 『한민족공동체 통일방안: 이렇게 통일하자는 것이다』, 서울: 통일원,

1989.9.

허정, 『우남 이승만』, 서울: 태극출판사. 1970.

황인태, 『통일정책론』, 서울: 국제평화연구소, 1995.

2. 논문

김명기, "국제연합총회의 결의 제195(III)호에 관한 연구 -한국에 있어서 유일합
　　법정부를 중심으로-", 『국제법학회논총』, 제28권 제1호(1983.6.).

김일영, "이승만 정부에서의 외교정책과 국내정치: 북진·반일정책과 국내정치
　　경제와의 연계성", 『국제정치논총』, 제39집 3호(1999).

김일영·백승주, "북한붕괴시 통치주체 문제: 한국군의 역할 및 한계를 중심으
　　로", 심지연·김일영(공편), 『한미동맹 50년: 법적 쟁점과 미래의 전망』, 서
　　울: 백산서당, 2004.

남광규, "이승만 정부의 통일정책 내용과 평가", 『통일전략』, 제12권 제2호
　　(2012).

도회근, "헌법의 영토조항에 관한 비교헌법적 연구", 『법조』, 2009년 11월호.

방성주, "대한민국 헌법 영토조항의 역사정치학: 영토조항의 탄생과정과 존속양
　　상을 중심으로", 연세대학교 정치학석사 학위논문, 2018년 8월.

양동안, "대한민국 건국과정", 국방부, 『대한민국: 과거·현재 그리고 미래의 가
　　치』, 서울: 국방부, 2006.

양영조. "이승만 북진통일론의 오해와 진실", 『미래한국』, 제411호(2012.1.2.).

이근관, "북한의 급격한 체제 변화 시 통치주체에 대한 국제법적 검토", 심지연·
　　김일영(공편), 『한미동맹 50년: 법적 쟁점과 미래의 전망』, 서울: 백산서당,
　　2004.

이한기, "한국통일문제와 UN의 권능", 『국제법학회논총』, 제21권 제1·2호 합병
　　호(1976.12.).

장기붕, "남북한 평화통일의 기초조건", 『국제법학회논총』, 제35권 1호(1990).

정인섭, "제헌헌법 제4조 영토조항의 성립과 의미", 『서울대학교 법학』, 제61권 제4호(2020.12.).

정훈, "전시 민군작전간 이북5도청 활용 방안", 『합참』, 제60호(2014.7.).

제성호, "남북한의 통일정책 비교", 『한국보훈논총』, 제11권 제2호(2012.6.).

제성호, "남북한 화해와 협력을 효율적으로 추진하기 위해서 국가보안법을 폐지해야 한다 – 아니다", 김계동·박선영 엮음, 『한국 사회 논쟁: 민주사회 발전을 위한 찬성과 반대 논리』, 서울: 명인문화사, 2019.

제성호, "대한민국 헌법상 북한식 연방제통일의 위헌성", 『법학논문집』, 제40집 제2호(2016).

제성호, "북한식 연방제통일의 위헌성", 배정호·제성호 편, 『연방제 통일과 평화협정』, 서울: 형설출판사, 2016.

제성호, "북한의 「낮은 단계 연방제안」: 전략적 의도와 문제점", 『북한학보』, 제31집(2006).

제성호, "자주통일과 '한국 주도'의 법적 논리: 주로 급변통일의 경우를 상정하여", 『전략연구』, 통권 제70호(2016.11.).

제성호, "한미상호방위조약의 국제법적·외교적 함의와 파급효과", 『법학논문집』, 제47집 제3호(2023).

제성호, "헌법 개정: 통일관련 조항을 중심으로", 헌법을 연구하는 국회의원 모임 편, 『「헌법개정」은 시대정신의 반영입니다』, 서울: 하나출판, 2005.

제성호, "헌법상 통일관련 조항의 개폐문제", 『통일연구논총』(민족통일연구원), 창간호(1992).

차상철, "이승만의 미국 인식: 형성과 전개", 『한국인물사연구』, 제9호(2008.3.).

홍석률, "1950년대 남한 정치세력의 통일 논의", 『국사관논총』, 제70집(1996.10.).

3. 기타

한국학중앙연구원, "북진통일론", 『한국민족문화대백과사전』(발간 연도 미상); https://encykorea.aks.ac.kr/Article/E0073408(검색일: 2024년 4월 22일).

General Assembly Official Records, Reports of the Interim Committee of the General Assembly (5 January-5 August 1948) A/578, A/583, A/605, A/606, UN GA 3rd Session Supplement. No. 10(1948).

Yearbook of the United Nations, 1947-1948; http://unyearbook.un.org/unyearbook.html?name=isysadvsearch.html(2016년 4월 1일 검색).

이승만 건국대통령에 대한 오해와
진실에 대한 토론문

정 영 순

한국학중앙연구원 북한학 교수

남광규 박사님께서는 이승만과 공화주의, 자유반공주의, 자유통일론, 한미동맹을 중심으로 이승만 대통령의 주요 치적과 이에 대한 오해와 진실이 무엇인지를 일목요연하게 항목별로 객관적인 역사적 사실을 중심으로 밝혀주셨습니다. 역사학자인 저 또한 새로운 사실들을 알게 되었고 많은 공부를 할 수 있게 되어 감사하게 생각합니다. 이 논문을 학술지에 게재하고, 이승만 대통령에 대한 오해 부분을 주제별 소항목별로 나눈 소책자로 출판하여 대국민 홍보를 하는 것이 필요하다고 봅니다. 따라서 저는 남 박사님의 글에 이견이 없기 때문에 몇 가지 의문점만을 여쭤보고, 보충 발언으로 토론을 마치고자 합니다.

논문에서 "이승만은 한미상호방위조약으로 인해 1905년부터 1910년까지 조선이 홀로 이웃 나라의 침략을 받게 된 상황은 피할 수 있게 되었다고 기대했고 실제 그렇게 되었다"라고 하신 내용이 시기적으로 맞지 않아 이해가 되지 않는데 부연 설명을 부탁드립니다.

오랜 역사상 군주제와 일제 식민치하에서 개인의 자유를 보장받지 못하고 국민으로서의 권리를 찾지 못했던 암흑의 역사에서 개인의 자유를 누리는 공화주의 체제로의 역사적 전환을 가능하게 해준 이승만 대통령이 위대한 건국 대통령이었음을 잘 설명해 주셨습니다. 자유민주주의 체제의 국가 건설은 이승만 대통령이 공화주의에 대한 강한 신념을 가지고 '초등학교 의무교육'을 실시함으로써 기존 군주제 하의 백성에서 공화국의 국민으로 탄생이 가능하게 되었던 것입니다. 이것은 이미 독일의 경우에는 18세기에 프리드리히 대왕이 국민교육을 통해 유럽 내에서 선진국으로 도약할 수 있는 발판을 마련한 것과 대비되는 것입니다. 즉 이승만 대통령이 독일의 프리드리히 대왕과 같이 국민적 계몽을 통한 위로부터의 혁명이 필요함을 인식하고 국민교육을 통한 의식혁명을 주창한 것이 현재 대한민국 민주주의 발전의 기틀을 마련한 매우 중요한 획기적인 역사적 사건이었습니다. 4·19가 일어날 수 있었던 것 역시 이러한 민주시민교육 덕택이라고 할 수 있습니다.

공산주의를 지향한 북한에서 무상몰수 무상분배를 주창한 프롤레타리아 계급 타파보다 남한은 유상몰수 유상분배의 합리적인 방향으로 농지개혁을 함으로써 실질적인 평등을 실현한 자유반공주의가 대한민국 이데올로기의 역할을 함으로써 국가 건설의 중요한 초석이 다져졌던 것입니다. 이승만 대통령이 소련의 지정학적 야욕과 나치스와 파시스트 같은 전체주의적 성격을 가진 공산주의 사상의 맹점을 꿰뚫어 보고, 반공주의를 내세우면서 국가 건설에 박차를 가한 것이 조선민주주의인민공화국과의 차별성이 있다는 점을 부각시켜 주셨습니다.

또한 북한의 끊임없는 남침 야욕을 저지하기 위해서는 '한미상호방위조약'이 필요하였고, 이는 대한민국의 정치, 경제, 사회, 문화 발전의 초석을 마련하는 데에 중요한 역할을 하였습니다. 북한이 남한을 비방할 때에 외세인 미국에 의존하여 자주성을 찾지 못하고 일제로부터 해방된 이후에 미국의 식민지로 다시 전락하였다고 하는 주장에 반박할 중요한 논리를 제공하셨습니다.

더 나아가 남 박사님께서는 이승만 대통령에 대한 왜곡을 바로잡는 데에 역사적 사실을 명확하게 제시함으로써 오해를 푸는 데에 결정적인 역할을 해주고 계십니다. 즉 1945년 10월부터 북한이 임시인민위원회를 설치해 사실상의 정부를 수립한 상태에서 자유민주주의 체제의 국가인 대한민국을 건립하지 않으면 한반도 전체가 공산주의로 물들어갈 수밖에 없음을 간파한 이승만 대통령이 남한만이라도 국민투표를 통한 자유민주주의 체제의 정부를 수립하여 공산화를 막아야 한다는 현실적인 훌륭한 선택을 하였음을 역설하였습니다.

북한에서는 대한민국이 북한보다 먼저 건립되었다고 하여 이승만 대통령을 분단의 원흉으로 깎아내리고 있는데, 남한 내의 많은 학자들은 이러한 북한의 주장에 동조하여 이승만의 업적을 격하시키고 있습니다. 전 세계의 어느 국가에서도 건국 대통령을 우리나라처럼 심하게 폄하하는 사례가 없습니다. 우리 스스로 역사에 대한 평가를 보다 객관적이고 과학적으로 증명함으로써 공과 과를 정확하게 구분하는 안목이 필요하다고 봅니다. 이것이 우리 역사 바로 세우기이며 자학사관의 극복이라고 생각합니다.

당시 세계사적 흐름 속에서 약소국이었던 한반도는 자주적이고 주체적으로 국가를 건설하기 힘든 상황에서 남한이 자주적 독립국인 대한민국을 건국한 것은 반만년 역사에서 가장 획기적인 혁명적 사건입니다. 북한의 경우 소련 스탈린의 지령에 따라 꼭두각시 역할을 한 김일성에 의해 조선민주주의인민공화국이 소련의 위성국으로 탄생한 것과 비교하면, 국민투표를 통해 우리 손으로 직접 국가지도자인 대통령을 선출한 것이 당시 식민지 국가였던 신생 독립국들에게는 모범사례가 될 수 있다고 보입니다.

그리고 친일파 등용 문제에 있어서도 남한보다 북한 정권 수립 과정에서 훨씬 많은 친일 인사들이 주요 내각 인사로 들어갔음에도 불구하고 북한이 친일파 청산에 보다 적극적이었고 남한은 친일파 정권이라고 선전하였습니다. 이러한 북한의 주장에 남한 학자들이 동조하고 있는 것이 매우 안타까운 현실입니다. 이외에도 반민특위 해산, 6·25전쟁 발발 시 서울 수호 방송의 전말, 영친왕 환국 저지의 내막, 한강 인도교 폭파, 조봉암 사건의 재발견, 3·15 부정선거 등 역사 왜곡에 의한 오해 내용을 역사의 객관적인 사실을 제시함으로써 진실을 밝혀주셨습니다. 이에 대해 많은 공부를 할 수 있었습니다.

마지막으로 남광규 박사님께서는 앞으로의 통일방안은 이러한 자유민주주의 체제를 중심으로 한 '1민족 1국가 1정부'만이 존재해야 하며 북한 김정은 정권이 최근 '2민족 2국가 2정부'를 주장하는 것이 얼마나 반민족적인 것인가를 논리적으로 설명해 주고 계십니다. 최근 북한은 남한과의 체제 경쟁에서 이길 수 없음을 인정하고 같은 동포인 한민족임을 부정하고 김일성 민족을 강화함으로써 2민족의 국가체제로 완전히 분리하는 정책으로 전환하였습니다. 따라서 통일의 길은 점점 더 요원해지는 것 같은데, 이에 대한 대응으로서 앞으로의 한국 통일 정책은 어떠한 방향으로 진전되어야 하는지 궁금합니다. 특히 이승만 대통령의 철저한 반공주의를 비판하는 학자들은 남침유도설까지 주장하고 있는데 이러한 상황을 어떻게 이해해야 하는지 궁금합니다.

다큐멘터리 백년전쟁 대법원 판결 평석 및 대책에 대한 토론문

박 재 윤

한국외국어대학교 법학전문대학원 교수, 법학박사, 변호사

구충서 변호사님의 풍부한 식견과 애국심이 절절히 녹아 있는 소중한 발제에 감사드립니다. 발제자의 전반적인 문제의식에 동감합니다. 이에 본격적인 토론보다는 저의 기초적인 의문과 소박한 생각을 말씀드리고 자 합니다.

1. 판결의 이념성과 편향성 문제

발제자가 지적한 것처럼 최근 몇 년간 대법원의 구성이 다양화되면서, 판결이 대법관의 이념에 의하여 좌우되는 것이 아닌가 하는 우려가 있는 것은 사실입니다. 대법관의 구성이 어떤 정권시기에 이루어졌는지에 따라 이념적 성향이 변하고, 그에 따라 판결의 논리와 결론도 바뀐다는 것

은 이미 피상적이지만, 대중에게도 잘 알려진 사실이 되고 있습니다.[1]

대법원의 이러한 이념화, 혹은 정치적 양극화 내지 파편화의 원인은 어디서 찾을 수 있을까요?

과거 엘리트 법관 위주로 대법원이 구성되던 시기에는 유수한 대학을 나오고, 사법연수원이라는 동일한 기관에서 판례 위주의 동일한 커리큘럼과 법논리를 배웠다는 점에서 법조인의 정체성이 거의 동질적인 (보수적) 집단인 것으로 인식되었습니다. 하지만, 최근에는 우리 사회의 파편화 내지 양극화가 심화되면서 이러한 가정은 깨져가고 있습니다. 그 원인 중의 하나로, 대법관 인준과정에서 국회의 검증이 매우 정치화되면서, 자연스럽게 대법관 후보자도 파당적인 구조를 공고화하는 방향으로 나가고 있는 것이 아닌가 추측해 볼 수 있겠습니다.

이미 미국 대법원을 중심으로 한 정치학적인 연구를 살펴보면, 사실 대법관의 이념화는 자연스럽고 당연한 것으로 전제되고 있습니다. 문제는 이러한 이념성향을 어떻게 검토하고, 확인하여 연구할 것인지입니다. 사회과학적인 방법이 대개 그러듯이 이는 이념(ideology)과 개별 이슈(issue)에 대한 관계를 양적으로 사례를 수집하여 도식화하는 방식으로 이루어지는 것으로 보입니다. 물론 이러한 선행연구들에서 단순한 이념의 영향 외에도 다양한 차원이 영향을 미칠 수 있다는 점도 지적되고 있습니다.[2] 법

---

[1] 동아일보, "김명수 제청 대법관 3명, '진보성향 톱10'에", 2023. 10. 4; 아시아경제, "엄상필·신숙희 대법관 취임… 중도·보수 성향 짙어진 대법원", 2024. 3. 4. 등 참조.

[2] Lawrence Baum, Ideology in the Supreme Court, 2017, p.5-11 참조. 로렌스 바움은 다양

학자인 저로서는 이러한 정치학의 연구성과를 쫓아서 그대로 소개하는 것보다는 몇 가지 직관적인 가설을 제시하는 것이 어떤가 싶습니다.

먼저, 판결의 내용에 판사 자신의 이념성향 혹은 역사의식이 반영된 것이라고 가정해 본다면, 대법관의 이념적 성향을 청문회 등을 통하여 보다 투명하게 공개하고, 대법원의 구성에 따라서 그 결정방향이 어떻게 변화될 것인지를 예측할 수 있게 하는 것이 중요할 것입니다. 이는 대법원에 대한 민주주의적인 통제나 정치적인 선출과정을 중요시하게 될 것이므로, 자연스럽게 우리 사회의 다양한 구성을 반영할 수 있도록 대법관 구성도 다양성을 추구하는 게 필요할 것입니다.

다른 한편, 대법원도 사회의 변화를 수용하여 대법관 자신의 성향에도 불구하고 판결의 방향을 변화시킨다고 가정할 수 있을 것입니다.[3] 정상적인 사회의 변화를 수용하는 것은 당연합니다. 문제는 급격한 변화를 불러오는 위기상황에서 대법원이 어떻게 반응할 것인지입니다. 제 개인적인 추론은 문제가 된 대상판결이 있었던 시기에 대법원은 일종의 위기상황이었고, 스스로 위기에 대응하기 위해서 급격한 법리변화를 통해서 조직을 방어하는 형태로 운영했던 것이 아닐까 추측해 봅니

한 연구를 개괄적으로 소개하는데, 가령 이념은 개인의 자기동일시(self-identification)이라던가, 대법관이 전략적으로 대법원의 결정과정에서 자신의 정책적 목적에 맞게 행동한다는 이론(strategic models, rational choice conception) 등이 있습니다.

3 사회의 변동이나 이념의 발전에 따라 상호작용하여 이를 수용하는 방식으로 대법원도 판결할 수 있습니다. Ibid, p.13-18. 참조.

다. 가령, 그 당시 표현의 자유 등이 문제되었던 일련의 진보적 판결[4]과 대상판결의 법리는 추상적인 불확정개념을 지나치게 확장해서 해석함으로써 결론의 정당성을 유지하는 외관과 함께 실질적으로 유연한 결론을 낼 수 있게 합니다.[5] 하지만, 이러한 판결은 결과적으로 일관성을 유지할 수 없어서 대법원의 공정성과 정치성의 논란을 야기할 우려가 있었다고 생각합니다.[6] 따라서 이러한 가정하에서는 지나치게 급격한 판례의 변화보다는 신중하고, 엄격한 방식으로 체계적인 법리를 발전시키도록 감시하는 것이 중요하다고 하겠습니다.

2. 현행 방송심의제도의 쟁점

대상판결의 법리적 원천은 방송심의제도를 사전검열에 준하여 폐지되어야 할 제도로 보는 표현의 자유를 극단적으로 중시하는 일련의 사회적 흐름을 반영한 것이라고 볼 수 있습니다.[7] 특히 오늘날 새로운 인터넷 환

---

4 경기도지사의 공직선거법위반사건(대법원 2020. 7. 16. 선고 2019도13328 판결), 법외노조 통보사건(대법원 2020. 9. 3. 선고 2016두32992 전원합의체 판결) 등은 당시 대법원의 위기에 대응하여 일종의 '법의 포기'를 한 것으로 평가할 수 있습니다. 박재윤, 방송의 공정성과 법의 포기, 행정판례연구 25-2, 2020, 192면 참조.

5 미국 행정법학자인 Adrian Vemeule은 9·11 이후 법의 지배의 예외상태를 설명하면서, 위기시에 법체계 자체에 내재하는 제대로 된 판단기준이 없는 개념인 블랙홀과 그레이홀을 사용해서 위기시에 행정기관의 결정을 사법적으로 존중하는 방식으로 행동한다고 합니다. 박재윤, 미국 행정법은 슈미트적 행정법인가?, 행정법연구 제64호, 2021. 3. 참조.

6 박재윤, 방송의 공정성과 법의 포기, 204면 참조.

7 박재윤, 방송의 공정성과 법의 포기, 180면 참조.

경이 이러한 사상의 자유시장론을 넘어 방임적인 태도로 유지가 될 것인지가 문제되고 있습니다.

특히, 최근에도 정권과 반대되는 진영을 대표하는 방송사의 각종 프로그램에서의 공정성이 지속적으로 문제됩니다. 이는 실정법적으로는 방송심의제도와 제재처분을 통하여 법적으로 분쟁화되고, 제도 자체의 존재마저 의문시될 정도로 제도의 실효성과 공정성에 대한 반발이 심화되고 있습니다.[8]

그런데, 문제를 법적인 차원으로 세부적으로 들여다보면, 결국 심의제도의 근간이 되는 규범인 공정성이라는 개념이 과연 구체적인 판단기준이 될 수 있는가에 관한 평범한 의문에서 비롯되는 것을 알 수 있습니다. 이는 법학은 물론 언론과 미디어에 관한 연구에서 항상 문제되는 것이지만 획일적으로 해결할 수 없는 문제라는 점은 이해할 수 있습니다. 그러나, 다른 모든 법적인 개념에도 이러한 문제는 항상 내재화되어 있는 것이어서, 단순히 표현의 자유와 같은 추상적인 헌법적인 가치를 주장하는 것으로 그 개념을 폐기시켜야 할 것인지는 의문이 있습니다. 우리는 여전히 방송심의라는 제도가 우리 공동체의 기본적인 가치를 보장하는 실정법적인 최소한의 장치라고 이해할 수 있습니다.

다만, 실무적으로 들어가면, 균형성이나 객관성을 중시하는 전형적인 보도 프로그램에 비해서, 제작자의 강한 주관성이 드러나는 이른바 '견해

---

8 연합뉴스, "불공정 보도" vs "왜 심의 대상" 선방위-MBC 정면충돌, 2024. 2. 15. 등 참조.

표명' 프로그램들의 성향이 큰 쟁점이 되는 것으로 보입니다. 과거의 정치적 쟁점에 대하여 나름의 정의감을 가지고 이슈마다 심층적인 취재를 거쳐 제작진의 주관을 여과 없이 드러내는 이른바 'PD저널리즘' 프로그램들을 방송심의에 있어서 어떻게 처우할 것인지 여부입니다. 아마도 방송사에서는 이런 프로그램들은 어차피 사실을 보도한 것이 아니라 제작진의 견해를 표명하는 것이니, 대상판결의 핵심법리인 프로그램별로 다른 기준에 따라 완화된 심사기준을 적용해야 한다고 주장할 수 있을 것입니다.

선거방송심의의 문제도 실무적으로 문제됩니다. 선거방송이 무엇인지에 대한 기준이 없어서, 명확성이 떨어진다는 것입니다.[9] 이러한 문제들은 결국, 불확정개념이라는 법개념의 문제를 회피하려는 당사자와 이를 엄격하게 규제하려는 측 사이에서, 사실은 이념적인 배경을 전제로 한 정치적 투쟁을 배경으로 해서, 이를 법개념의 해석문제로 변환해서 다투고 있다고 할 것입니다. 그런데, 사실 이러한 법개념은 결국 판례를 통하여 형성되는 것이고, 엄격한 해석을 기반으로 한 기존의 법도그마틱의 형성 과정을 전제로 한다면 논란을 확대시킬 필요는 없을 것입니다.[10] 문제는

---

9 시장경제, "유례 없는 언론검열"... 선거보도심의위는 어쩌다 '헌법소원' 대상이 됐나, 2024. 5. 9.

10 우리 방송에는 허구라는 점을 사전에 잘 알고 있는 드라마에도 사전에 허구라는 점을 인식하게 하는 경고표시를 하는 관행이 성립되어 있습니다. 그렇다면, 진실을 표방하는 탐사프로나 저널리즘 혹은 다큐멘터리에서 다른 견해가 있을 수 있다는 점에 관한 경고표시가 당연히 있어야 할 것입니다. 제작진이 방송 프로그램의 형식을 선택했다는 점만으로 공정성과 객관성의 의무를 회피하는 것은 실질적인 규제의 실효성을 떨어뜨리는 결과를 야기한다고 생각합니다.

사법부의 신뢰 저하와 지나치게 튀는 이례적 결정에 있습니다.

3. 바람직한 개선방향

사법부의 이념화나 방송심의의 문제는 모두 우리 사회의 정치적 파편화를 반영한 것이어서 이것을 해결하는 것이 가능할 것인지 솔직히 의문이 있습니다. 다만, 다양한 방면에서 개선방안을 모색하는 것을 멈출 수는 없습니다.

일반론적으로 생각해 볼 때, 사회발전의 방향을 주도하는 임무는 행정부와 입법부에게 주어지는 것이 타당합니다. 사법부는 이러한 변화에서 나타나는 문제점을 검토해서, 잘못된 방향으로 나아가지 않도록 적절한 제동장치의 역할을 하는 것이 보편적으로 기관에 부여된 기대입니다.

최근에는 민주주의의 가치를 중시하는 소위 '민주적 통제론'이 비등해지면서 소위 선출된 권력인 입법부가 다른 국가기관에 비해서 우위에 있다는 사고가 팽배해 있습니다. 그러나 국회는 태생적으로 당파성에 영향을 받는 한계가 있으므로, 통합적인 법을 통해서 국가발전의 비전을 제시하는 데에는 한계가 있다는 점을 인식할 수 있습니다. 결국, 일반적인 사회발전의 방향은 행정부가 제시하는 것이 보편적이고, 다만 사법부와 입법부가 이를 잘 통제하면서 행정부의 객관성과 신뢰성을 제고하는 것이

중요합니다.[11]

최근에는 방송통신위원회와 방송심의위원회의 거버넌스를 둘러싼 논쟁이 국회의 법안을 둘러싸고 심화되고 있습니다.[12] 이러한 논란은 국가기관이나 방송사의 거버넌스를 자신의 진영의 사람으로 장악하면, 방송의 공정성에 관한 논란도 자신들의 진영에 유리하게 해결될 수 있을 것이라는 전망에서 비롯된 것으로 생각됩니다. 공정성을 가장한 일종의 정파적인 입장이라고 하겠습니다.

사견으로는, 소모적인 논쟁을 지속하기보다는 방통위와 같은 합의제 기관의 권한을 한정하고, 인사권은 헌법상의 원칙에 따라 대통령에게 궁극적으로 주어지도록 하는 것이 타당하다고 생각합니다. 반면, 방송심의에 관한 실천적인 부분에 있어서는 특히, 공정성에 관한 세부적인 규정을 구체화해서 재량의 여지를 줄이는 것이 필요하다고 보입니다.

사실, 이론적으로나 실천적으로나 방송사의 경영진이 실무적인 보도의 현장에 직접 개입하는 것은 제한적이고, 자제하는 것이 원칙입니다. 따라서 방송사의 거버넌스가 어떻게 바뀌더라도 방송의 공정성에 관한 실질적인 실현은 현장에 달려 있습니다. 현장의 구성원들이 룰을 지켜야 방송의 공정성도 지켜질 수 있습니다. 다만, 현장의 실수가 방송사 자체의 독립에 영향을 미치는 것은 과도한 측면이 있을 것입니다.

---

11 박재윤, 한국의 적극행정과 법적 역동성, 2021 행정법포럼 자료집, 2021. 11, 173면 이하 참조.

12 한국경제, 野, '방송4법' 강행처리 완료…與 "거부권 건의", 2024. 7. 30. 등 참조.

결론적으로 제 사견으로는, 방송심의에 관한 제재는 하더라도, 방송사 자체의 재승인, 재허가와 연계하는 것은 거리를 두는 것이 필요하다고 할 것입니다.

이승만 대통령의 헌법적 통일론 고찰에 대한 토론문

이 수 석

국가안보전략연구원 박사

제성호 교수님의 글은 분단시대 통일의 초석을 마련한 이승만 대통령의 업적에 대해 잘 설명하고 있다. 지금까지 이승만 대통령의 통일관은 평화통일이 아닌 무조건적인 무력통일, 북진통일로만 알려져 있고 북진통일에 담겨 있는 의미를 간과하고 있다. 제 교수님의 글에서는 북진통일 주장은 대한민국이 한반도에서 정통성 있는 정부라는 점을 일깨우는 계몽주의적 성격을 갖고 있다는 점을 알 수 있다. 분단 이후 한반도에 거주하고 있는 국민은 남북 정부의 정체성에 대해 혼란스러웠을 것이다. 이를 깨우친 분이 이승만 대통령이다. 북한 공산주의 체제의 특성을 잘 간파한 이승만 대통령은 대한민국의 정통성을 확립하고 북한지역을 미수복지구로 규정하여 통일해야 할 대상임을 밝혔다. 당시 헌법에서 대한민국의 영토조항을 넣어 헌법상 '비분단'을 전제하고 있다는 해석은 우리 헌법이 통일지향성을 지니고 있다는 점을 잘 알려주고 있다.

또한 국가보안법을 통일과 연결시켜, 통일의 기반을 닦는데 큰 역할을 했다는 점에서 국가보안법에 대한 긍지와 자신감을 가져야 한다. 국가보안법은 건국헌법에서 직·간접으로 표시된 헌법 수호 및 보장 의지와 방어적 민주주의의 정신을 법률의 형태로 구현한 것이라는데 공감한다.

이승만 대통령의 평화통일론은 북한 체제의 근본적 변화와 북한의 자유민주주의 체제에의 합류를 전제로 한다는 점에서 우리가 지향해야 할 가치관을 뚜렷이 잘 담고 있다. 이승만 대통령의 자유·민주·평화통일론은 역대 정부의 통일관에 영향을 미쳐 오늘날까지 그 정신이 내려오고 있다는 제 교수님의 설명은 명쾌하다.

이 글은 헌법적 가치와 법률적 언급이 있어 이해하기에 어려울 수 있다. 그러나 이 글의 핵심 주장은 후반부에서부터 뚜렷이 드러나면서 전반부의 많은 논의들을 포괄하여 일관된 논지가 두드러진다. 이 세미나에 참가한 분들뿐만 아니라 모든 사람이 일독을 할 필요가 있다.

이승만 대통령의 공과에 대한 논란이 많다. 해방 정국에서의 활동, 1950년대 대통령으로서의 통치 기간에 대해 여러 분석들이 있다. 통일 논의에서도 이 대통령에 대해 제대로 된 평가를 하지 못했다. 분단을 맞아 이 대통령은 공산주의 속셈을 정확하게 간파하여 한반도의 절반이라도 지켜 향후 통일을 대비하려 했다. 이 대통령이 아니었다면, 한반도는 공산화 통일이 되었을 것이다. 소련군이 진주한 지역은 모두 공산화가 되었다. 그렇기에 당시 공산주의자와의 협상을 통한 통일은 곧 소비에트화로 보았다. 이는 신탁통치 논쟁에서도 마찬가지였다. 한반도에 신탁통치가 실시되었더라면 자주독립은 커녕 소비에트화가 되었고 궁극적으로는 김씨 집안의 수령 체제가 수립되었을 것이다. 이 점을 이승만 대통령은 꿰뚫고 있었다.

이상주의적 통일관을 지닌 사람들이 북한과의 협상 통일을 주장할 때, 그들의 어리석음과 통일 주장의 허구성을 안 것이다. 오히려 자유민주주의 통일을 이루기 위해서는 북한과의 협상이 아닌 우리 내부의 체제를 튼튼히 할 필요가 있었다. 국가보안법 제정과 강화, 한미상호방위조약을 핵심으로 하는 한미동맹 체제 구축, 국제 사회의 교류, 교육개혁을 통한 문맹율 퇴치 등은 이승만 시대 큰 업적이다.

이승만 시대에 국가가 형성되고 발전하기 위한 기초적인 작업들이 이루어진 것이다. 이런 기초 작업들이 없었더라면, 대한민국은 번영의 시대를 구가하지 못했고 통일 역량을 키우지도 못했을 것이다. 이승만 대통령은 통일 역량의 기반을 마련해서, 대한민국의 기초 체력을 튼튼히 다졌다. 그 결과로 북한의 대남 도발, 대남 공세, 내부 분열 공작에도 한국이 흔들리지 않고 안보와 경제 두 개를 다 이룰 수 있었다. 이런 논지들이 제 교수님의 글에서 잘 드러나 있다.

이제는 이승만 대통령의 헌법적 가치, 헌법적 통일론을 이어받아 북한에 자유민주주의에 기반한 통일 의식을 불러일으킬 필요가 있다. 북한 인권 문제를 포함해서 북한 주민의 알 권리를 보장해주고, 한국의 헌법적 가치를 전파할 의무가 우리에게 있다. 자유민주주의 통일이야말로 남북한 주민 모두를 살리면서, 분단 시대를 극복한 새로운 통일 시대를 열어갈 수 있다.

건국정신과 미래의 길

인 쇄 2025년 12월 4일

발 행 2025년 12월 6일

편 저 건국정신과미래학회

　　　　Tel : 02-741-0815

　　　　Email : help@kfuture.or.kr

　　　　Homepage : kfuture.or.kr

　　　　주소 : 서울시 종로구 이화장1길 32 이화장 내(종로구 이화동 1번지)

저 자 최대권, 김학성, 이주천, 이희천, 박철균, 정영순, 이성원, 남광규, 구충서,
　　　　제성호, 박재윤, 이수석

발행인 최 원 목

발행처 오색필

　　　　Tel : 02-2264-3334

　　　　주소 : 서울시 종로필동로 42-1 2F

디자인/인쇄 아름원 02-2264-3334

ISBN 979-11-988339-8-3　03340

정가 30,000원